문법적으로 쉽게 풀어 쓴

논어

엮은이 **김승곤**

한글학회 직전 회장, 현 재단이사 및 명예이사
건국대학교 문과대학 국어국문학과, 대학원 졸업
건국대학교 인문과학대학장, 문과대학장, 총무처장, 부총장 역임
문화체육부 국어심의회 한글분과위원 역임
건국대학교 명예교수

문법적으로 쉽게 풀어 쓴
논어

ⓒ 김승곤, 2010

1판 1쇄 인쇄 ‖ 2010년 10월 20일
1판 1쇄 발행 ‖ 2010년 10월 30일

엮은이 ‖ 김승곤
펴낸이 ‖ 이종엽
책임편집 ‖ 김현아
기획·마케팅 ‖ 주재명 노경민
디자인 ‖ 김미미
경영지원 ‖ 조기호 최정임

펴낸곳 ‖ 글모아출판
등 록 ‖ 제324-2005-42호
공급처 ‖ (주)글로벌콘텐츠출판그룹
대 표 ‖ 홍정표
주 소 ‖ 서울특별시 강동구 길동 349-6 정일빌딩 401호
전 화 ‖ 02-488-3280
팩 스 ‖ 02-488-3281
홈페이지 ‖ http://www.gcbook.co.kr
이메일 ‖ edit@gcbook.co.kr

값 22,000원
ISBN 978-89-94626-00-0 03150

문법적으로 쉽게 풀어 쓴

논어

김 승 곤 엮음

글모아출판

머리말

글쓴이는 한문을 잘 모른다. 그런데 우연한 기회에 『논어』의 몇 가지 주석서를 읽어 보니까 문법적으로 설명된 책은 아주 드물고 또 풀이도 지나치게 의역을 하였기 때문에 초보자는 도저히 납득이 가지 않을 뿐 아니라, 『논어』 공부에 의욕을 잃을 것 같이 느껴졌다. 그래서 생각 끝에 박지홍 교수의 『한문입문』(1995, 을유문화사)과 일본 도쿄대학의 명예교수인 阿部吉雄아베 요시오 문학박사의 『漢文の研究한문의 연구』를 열 번 스무 번을 읽고 한문문법을 익힌 다음에 장기근 교수의 『논어』(1986, 명문당)를 읽고 또 일본의 金谷治가나야 오사무 선생의 『논어』(2007, 岩波書店刊)도 몇 번 읽고 어느 정도 주석할 수 있지 않을까 하는 믿음을 갖게 되어 만용을 부리게 되었다. 『논어』에 보면 많은 사람 이름과 지명이 나오는데, 이에 대한 설명은 장기근 교수의 『논어』에 주로 의지하였다. 왜냐하면 글쓴이는 『논어』가 전공이 아니기 때문이다. 그리고 어려운 낱말의 풀이는 장기근 교수의 풀이를 참고하고 너무 의역된 것은 주로 민중서관의 『한한대자전』에 의지하였다. 서툰 한문 지식으로 주석하였기 때문에 군데군데 틀린 데도 있을지 모르겠다. 읽을이 여러분의 따뜻한 가르침을 바란다. 덧붙이고 싶은 말은 이 책이 『논어』를 공부하는 분들에게 조금이라도 도움이 되었으면 한다. 여기에 덧붙이고 싶은 것은 14편 「憲問」부터는 풀이를 좀 간소화하였는데 그 까닭은 1편에서 13편까지 자세히 설명하였으므로 13편까지 꼼꼼히 읽은 이는 어법이나 낱말의 뜻을 잘 알고 해석도 할 수 있을 것으로 생각했기 때문이다. 글에 따라서는 직역한 데가 있는데 직역을 알아야 의역이 나올 수 있기 때문이다.

끝으로 『논어』에 대한 서지적인 설명을 간략하게 풀이하기로 한다. 장기근 교수의 「『논어』의 연혁」과 金谷治 선생의 『논어』에 대한 해설에 따르면 『논어』는 공자와 그 제자, 또는 공자와 내왕했던 사람들과의 문답이나 언행을 수록한 고전인데, 공자가 돌아가자 문인들이 그것을 추려 모아 논찬한 것이므로 '논어'라 한다고 後漢代의 班固가 後漢 藝文志에서 위와 같이 말했다고 한다. 그리고 後漢代의 鄭玄은 "『논어』는 仲弓, 子游, 子夏 등이 찬정했다"고 하였다 한다. 책 이름으로 論語를 제일 먼저 쓴 사람은 孔安國(BC 160~BC 120 전후)일 것이라고 하며 史記 속에 처음으로 論語가 책이름으로 보인다고 하였다. 일반화된 것은 東漢 時代에 이르러서였다고 한다. 『논어』 편찬에 대한 설은 구구한데 皇侃황간은 칠십 제자의 문도들이 공동으로 편찬했다 하였으며 柳宗元은 曾子의 문인이 찬정했을 것이라고 하였고 程子도 有子와 曾子의 문인들에 의해 지어졌다고 하였다는 것이다. 『논어』 二十篇의 내용은 거의 단편적인 것으로 되어 있고 그 배열의 차례도 별다른 뜻이 없다. '學而'라든가 '爲政'이라고 하는 篇名은 각 편의 첫 두 자를 취하여 이름 붙인데 불과하다. 『논어』의 주석서에는 많은 것이 있으나 그 중에 대표적인 것은 魏위의 何晏하안의 集解집해와 南宋의 朱熹주희의 集注집주이다. 전자는 漢·魏의 모든 주해를 모아 何晏 자신의 견해도 더한 것으로 古注라 하고 후자는 北宋 學者의 해석을 종합하여 一家의 說을 세운 것으로 新注라고 한다. 古注 계통에는 宋의 刑昺형병의 「疏소」, 梁의 皇侃의 「義疏의소」, 淸의 劉宝楠유보남의 「正義」, 潘維城반유성의 「古注集箋고주집전」 등이 있고, 新注를 부연한 것에는 南宋의 金履祥김이상의 「考証」, 淸의 簡朝亮간조량의 「述疏술소」

등이 있다. 우리나라에는 이퇴계의 釋義, 이율곡의 諺解修正에 이르러 『논어』는 우리나라에서 비로소 완성되었다. 그 뒤 김장생의 經書辨疑 정약용의 『論語古今註』 40권 13책 사본이 있는데 책머리에 총괄하여 175조목을 들어 각 편의 요지를 설명한 다음 각 章의 全文을 게재하고 고금 학자들의 주를 집성. 고증, 연구를 덧붙였으며, 권말에 「『논어』 대책문」 10절과 「春秋聖言蒐춘추성언수」 1편이 붙어 있다. 이 책은 여유당 전집 58권에서 78권까지에 수록되어 있다. 이 밖에 『論語諺解』 4권 4책 인본이 있다. 이 책은 『논어』를 한글로 해석한 것인데, 이조 선조 때 왕명으로 편찬하였다. 『논어』가 우리나라에 언제 들어 왔는가는 확실하지 않으나 백제의 王仁이 일본에 전한 점에 비추어 보아 상당히 오래전부터 전해진 듯하다. 철학사전에 따르면 설총이 九經을 해독하였다고 하였는데 이 九經 속에 『논어』가 들어 있는 듯한 느낌을 주는 설명이 되어 있다.

목 차

第一篇 學而

제1편 학이

제1편을 '學而'라고 한 것은 이 편의 첫 두자, 즉 '學而時習之'의 學而에서 따와서 편명으로 한 것이다. 그러므로 편명은 그 편 내용을 요약한 뜻을 나타내는 것이 아니다.

1 子曰 學而時習之 不亦說乎 有朋自遠方來 不亦樂乎 人 不知而不慍 不亦君子乎

공자가 말씀하셨다. 배워서 때로(적당한 때에) 그 배운 것을 익히면 또한 기쁘지 아니한가. 벗이 있어 멀리로부터 바야흐로 오니 또한 즐겁지 아니한가. 남이 알아 주지 아니하여도 성내지 아니하면 또한 군자가 아니겠는가.

子曰(자왈) ⇨ 子: 덕을 갖춘 남자의 존칭으로 공자를 가리킴, 즉 공 선생님이라는 뜻임.

學而時習之(학이시습지) ⇨ 而: 순접의 접속사로 '그리하여, 그리고'로 풀이하는데 원인 결과의 관계 또는 일의 순서를 나타낸다. 영어의 'and'와 같음. 時: 때. 즉 알맞은 시기 또는 늘(항상). 習: 익히다. 복습하다. 之: '이것', 즉 '學'을 가리키는 대명사. 배운 것.

不亦說乎(불역열호) ⇨ 不亦~乎: 감동을 나타내는 반어형으로서 '또한 ~하지 아니한가'로 풀이하고 그 뜻은 '참으로 ~하다'임. 亦~不乎가 되면 '또한 A하지 않는다'의 뜻이 된다. 說: 여기서는 '悅열'과 같은 음으로 읽고 '기쁘다'로 풀어야 한다.

有朋自遠方來(유붕자원방래) ⇨ 有朋: 벗이 있어. 有를 일본 학자들은 '있어'로 푸는데 有는 특수한 동사로서 주어를 뒤에 가진다. 朋: 같은 스승 밑에서 글을 배운(배우는) 벗. 自遠: 멀리로부터. 自는 '~로부터'. 方來: 바야흐로 오니.

〈풀이〉 벗이 있어 멀리로부터 바야흐로 오니 (일본에서는 '벗이 멀리로부터 바야흐로 옴이 있으니'로 푸는 학자도 있다.)

不亦樂乎(불역낙호) ⇨ 〈풀이〉 또한 즐겁지 아니한가(어찌 즐거운 일이 아니겠는가).

人不知而不慍(인부지이불온) ⇨ 人: 사람. 남. 不知: 알지 아니하다. 즉 남이 자기를 알아주지 아니함. 而: 역접. 그러나, 그래도. 아래 위의 사상(내용)이 반대임을 나타낸다. 영어의 'but'과 같음. 不慍: 성내지 아니하다. 慍은 '성내다, 노여워하다'.

〈풀이〉 남이 알아주지 아니하여도 성내지 아니하다.

不亦君子乎(불역군자호) ⇨ 〈풀이〉 또한 군자가 아니겠는가. (역시 군자이다.)

2 有子曰 其爲人也 孝弟而好犯上者 鮮矣 不好犯上而好作亂者 未之有也 君子務本 本立而道生 孝弟也者 其爲仁之本與

유자가 말하였다. 그 사람됨이 효제하면서 위를 범하기를 좋아하는 자는 드물다. 위를 범하기를 좋아하지 않으면서 작란을 좋아하는 자는 아직 이것이 있지를 아니하다. 군자는 근본에 힘쓸 것이니 근본이 서고서 도리가 생기니 효제라는 것이 그것이 인의 근본이 되는 것인가?

有子(유자) ⇨ 공자의 제자. 성은 有. 이름은 若약. 공자보다 43살 젊음. 용모가 공자를 닮았으므로 공자 사후에 학단의 중심으로 하려는 일이 있었다. 有子는 有 선생임.

其爲人也(기위인야) ⇨ 其: 그. 爲人: 사람됨(사람 됨됨이). 也: 부를 때, 또는 그 위의 말을 제시할 때 쓰는 종미사(阿部吉雄의 설명). 이에 대해 박지홍 교수는 '也'를 전성후치사라 하여 '熙也 汝知五倫乎(희야, 너는 오륜을 아느냐?)' '回也 聞一知十(회는 하나를 들으면 열을 안다)'로 설명하고 있다. 〈풀이〉 그 사람됨이

孝弟而好犯上者(효제이호범상자) ⇨ 孝弟: 孝는 효도함. 弟는 형제 간에 우애가 있음. 而: 순접. '~면서, 그러면서'. 好: 좋아하다. 犯: 범하다. 도리에 벗어난 행동을 하다. 上: 위. 者: '자'로서 '好犯上'의 꾸밈을 받음. 〈풀이〉 효제하면서 위를 범하기를 좋아하는 자는

鮮矣(선의) ⇨ 鮮: 드물다. 矣: 也보다 어기가 센 종미사로서 보통은 풀이하지 않는다. 그러나 '甚矣吾衰也'는 '심하구나 나의 세약함이여'로 풀이되는 일이 있으나 여기는 특별이 풀이하지 않는 종미사. 〈풀이〉 드물다.

不好犯上(불호범상) ⇨ 不好: 좋아하지 아니하다. 犯上: 위를 범하다. 〈풀이〉 위를 범하기를 좋아하지 아니한다.

而好作亂者(이호작란자) ⇨ 而: 순접. ~면서. 好: 좋아하다. 作亂: 오늘날의 '작란'이 여기서 왔다. 그러나 여기서는 정치적인 亂난 즉 반란이나 난동을 말함. 者: 好作亂의 꾸밈을 받는다. 〈풀이〉 작란을 좋아하는 자

未之有也(미지유야) ⇨ 未: 아직 ~아니하다. 그 밑의 말을 미연적으로 부정. 之: 有의 주어로 好作亂者 전체를 받는 대명사. 也: 어세를 강하게 나타내기 위하여 쓰인 종미사. 〈풀이〉 아직 이것은 있지 아니한다.

君子務本(군자무본) ⇨ 君子: 知지, 仁인, 勇용을 갖춘 지성인 또는 임금을 도와 정치에 참여할 수 있는 학식과 덕성 및 실력을 갖춘 지식인. 務: 노력하다. 힘쓰다. 本: 근본 원리. 원칙.

〈풀이〉 군자는 근본에 힘쓴다.

本立而道生(본립이도생) ⇨ 本立: 근본이 서다. 而: 순접. ~하고서. 道: 사람이 좇아가야 할 바른 길, 절대 선. 生: 생기다.

〈풀이〉 근본이 서고서 도가 생긴다.

孝弟也者(효제야자) ⇨ 孝弟: 부모에게 효도하고 형제 간에 우애 있음. 也: 뜻을 돕는 후치사로서 윗말을 제시하는 종미사. 者: 사람을 나타내기도 하나 여기서는 '효제'를 나타냄.

〈풀이〉 효제라는 것이

其爲仁之本與(기위인지본여) ⇨ 其: 그것. 爲: 되다. 仁之本: 인의 근본. 與: 월 끝에 와서 의문, 반어를 나타낼 때 쓰이는 종미사. ~인가.

〈풀이〉 그것이 인의 근본이 되는 것인가.

3 子曰 巧言令色 鮮矣仁

공자가 말씀하셨다. 듣기 좋게 꾸며 하는 말이나 좋은 안색으로 꾸미는 자는 인(인덕)이 적다.

巧言令色(교언영색) ⇨ 巧: 好와 같은 뜻 즉 좋아하는 말. 듣기 좋게 꾸민 말. 令: 善과 같은 뜻임. 色: 얼굴빛.

〈풀이〉 듣기 좋게 꾸며 하는 말이나 착한 척하는 얼굴빛 또는 아양 떠는 안색.

鮮矣仁(선의인) ⇨ 仁鮮矣의 도치형. 〈풀이〉 인이 적다.

※ 본문에는 사람을 나타내는 글자가 없으나 있는 것으로 풀어야 말이 됨.

4 曾子曰 吾日三省吾身 爲人謀而不忠乎 與朋友交而不信 乎 傳不習乎

증자가 말하였다. 나는 매일 나의 몸을 세 번 반성한다. 남을 위하여 일을 도모하여서 성실하지 않게는 하지 않았는가? 벗과 더불어 사귀어서 미쁘지 않게 하지는 않았는가? (충분히) 익히 지 아니한 것을 남에게 전수하지는 않았는가?

曾子(증자) ⇨ 공자의 문인. 성은 曾증. 이름은 參삼. 자는 子與자여. 공 자보다 46세 젊었다. 『孝經효경』의 저자로 알려져 있고, 『曾子』라는 책도 있었다. 후세에의 전승을 위해서는 중요한 인물이다. 『논어』 중의 문인으로 반드시 '子'를 붙여서 불리는 사람은 曾子뿐이다. 有 子와 冉子와 閔子는 자로서도 불려지기 때문이다.

吾日三省吾身(오일삼성오신) ⇨ 吾: 나. 日: 하루. 三省: 세 번 살피다. 吾身: 나의 몸.

〈풀이〉 나는 하루에 (매일) 나의 몸을 세 번 살핀다.

爲人謀而不忠乎(위인모이불충호) ⇨ 爲人: 사람(남)을 위하여. 謀: 도 모하다. 而: 순접이므로 '~위하여서'로 푼다. 不忠: 불충하다. 乎: 의 문종미사. '~는가?'

〈풀이〉 남을 위하여 도모하여 불충하지 않았는가?

與朋友交而不信乎(여붕우교이불신호) ⇨ 與는 더불어. 朋友: 朋은 같 은 스승 밑에서 글을 배운 벗. 友는 사회에서 자기와 뜻이 같아 사 귄 벗. 交: 사귀다. 而: 순접 '~하여서'. 不信乎: 미쁘지 않게 하지 않았는가?

〈풀이〉 붕우와 더불어 사귀어서 미쁘지 않게 하지 않았는가.

傳不習乎(전불습호) ⇨ 傳: 전수하다. 不習: 습득하지 아니하다. 乎: 의문종미사.

〈풀이〉 (충분히) 익히지 아니한 것을 남에게 전수하지는 않았는가?

5 子曰 道千乘之國 敬事而信 節用而愛人 使民以時

공자가 말씀하셨다. 천승의 나라를 다스리는 데는 사업을 신중히 하고 신의를 지키고 내용을 절약하고 사람을 사랑하여 백성(인민)을 부림에는 적당한 때에 하여야 한다.

道千乘之國(도천승지국) ⇨ 道: 導도와 음이 같음으로 서로 통용함. 즉 인도하다, 이끌다. 千乘之國: 周王朝가 정한 것으로 전시에 전차 천 대를 낼 수 있는 나라. 즉 제후의 나라.
〈풀이〉 천승의 나라를 이끄는 데는

敬事而信(경사이신) ⇨ 敬: 경건히 하다. 신중하다. 事: 사업. 거사. 而: 순접의 접속사. 信: 신의. 미쁘게 하다.
〈풀이〉 일(거사)을 신중히 하며 미더워야 한다.

節用而愛人(절용이애인) ⇨ 節: 절약하다. 用: 내용. 而: 순접. ~하고. 愛: 사랑하다. 人: 사람(들).
〈풀이〉 내용을 절약하고 사람을 사랑하다.

使民以時(사민이시) ⇨ 使: 부리다. 臣: 백성. 인민. 以時: 때로써. 여기서의 본뜻은 농번기 같은 때를 피하고 적절한 때를 말함.
〈풀이〉 적당한 때에 백성을 부린다(백성을 부리되, 적절한 때에 하여야 한다).

6 子曰 弟子入則孝 出則弟 謹而信 汎愛衆而親仁 行有餘力 則以學文

공자가 말씀하셨다. 연소자가 집에 들어서는 효도를 하고 밖에 나가서는 윗사람을 섬기고 삼가고 믿음성 있게 하고 널리 대중을 사랑하고 어진 사람과 친하며 그와 같이 행하고 여유가 있으을 경우에는 학문을 배울 일이다.

弟子入則孝(제자입즉효) ⇨ 弟子: 연소자. 入: 들어서. 則: 위를 받아 아래에 접속하는 말. '~할 때에는, ~할 경우에는'. 孝: 효도하다.

〈풀이〉 연소자는 들어서는, 즉 효도하다.

出則弟(출즉제) ⇨ 出: 나가서는 弟: 웃사람을 공경(순애)하다.

〈풀이〉 나가서는, 즉 웃사람을 공경(순애)하다.

謹而信(근이신) ⇨ 謹: 삼가다. 而: 순접. ~하고. 信: 믿음이 있다.

〈풀이〉 삼가하고 믿음이 있게 하다.

汎愛衆而親仁(범애중이친인) ⇨ 汎: 널리. 愛衆: 여러 사람을 사랑하다. 而: 순접. 親仁: 仁인 즉, 어진사람과 친하다.

〈풀이〉 널리 여러 사람을 사랑하고 어진 사람을 친히 하다.

行有餘力(행유여력) ⇨ 行: 행하다. 有餘力: 有는 주어를 그 뒤에 가진다. 餘力은 남는 힘. 여력이 있다.

〈풀이〉 행하고 남는 힘이 있다.

則以學文(즉이학문) ⇨ 則以: 다른 책에서는 '비로소' '거기서는'으로 풀고 있으나 이는 '以之學文'으로 보아야 할 것 같다. 之는 餘力을 받는다.

〈풀이〉 즉, (여력이 있을 경우에는) 그것(여력)으로써 문을 배우다.

7 子夏曰 賢賢易色 事父母能竭其力 事君能致其身 與朋友交 言而有信 雖曰未學 吾必謂之學矣

자하가 말하였다. 어진 사람은 어질게 대접하고 여색을 경시하며 부모를 섬김에는 능히 그 힘을 다하고 임금을 섬김에는 능히 그 몸을 바치며 붕우와 더불어 사귀어서 말을 하여 믿음이 있으면 비록 배우지 않았다 하더라도 나는 반드시 이를 배웠다고 말하겠다.

子夏(자하) ⇨ 공자의 문인. 성은 卜복. 이름은 商상. 子夏는 자. 공자보다 44세 젊다. 子游자유와 함께 문학과 학문에 뛰어났다.

賢賢易色(현현이색) ⇨ 賢賢: 앞의 賢은 동사로서 뜻은 '어진이에게 어진이 대우를 하다'이다. 뒤의 賢은 '현인'을 나타내는 명사. 易色: 易는 바꾸다. 어떤 일본 학자는 如(같다)로 풀고 있으나 『자전』에 보면 易는 그러한 뜻이 없고 '소홀히 하다'라는 뜻이 있으므로 이때는 독음이 '이'이다. 고로 易色은 '이색'으로 읽고 뜻은 '색을 소홀히 하다'로 풀어도 좋을 것이다. 色은 여색을 뜻한다.

〈풀이〉 어진이를 어진이로 대접하고 여색을 가벼이 하다.

事父母能竭其力(사부모능갈기력) ⇨ 事父母: 事는 섬기다. 父母는 목적어. 부모를 섬기다. 能: 능히. 竭: 다하다. 其力: 그 힘.

〈풀이〉 부모를 섬김에는 능히 그 힘을 다하다.

事君能致其身(사군능치기신) ⇨ 事君: 임금을 섬기다. 能: 능히. 致: 다하다. 其身: 그 몸.

〈풀이〉 임금을 섬김에는 능히 그 몸을 다하다.

與朋友交(여붕우교) ⇨ 與: '더불어'로 부사. 與朋友: 붕우와 더불어. 交: 사귀다.

〈풀이〉 붕우와 더불어 사귀다.

言而有信(언이유신) ⇨ 言: 말하다. 而: 순접. ~하여서. 有信: 信은 有의 주어. 고로 믿음이 있다.

〈풀이〉 말을 하여 믿음이 있다.

雖曰未學(수왈미학) ⇨ 雖: 비록. 아무리(암만) ~하여도. 曰: 말하다. 未: 두 번 읽어 풀이하는 글자로서 '아직 ~아니하다 하더라도'임.

〈풀이〉 비록 배우지 아니하였다고 말하더라도

吾必謂之學矣(오필위지학의) ⇨ 吾: 나. 必: 반드시. 謂: 말한다. 之: '이것을'로 읽고 위 월의 명사를 받는 대명사. 學: 배우다. 矣: 也보다 어기가 센 종미사로 쓰이나 보통은 풀이하지 않는다.

〈풀이〉 나는 반드시 이것을 배웠다고 말한다.

8 子曰 君子不重則不威 學則不固 主忠信 無友不如己者
過則勿憚改

공자가 말씀하셨다. 君子는 무게가 없으면(진중하지 않으면) 위엄
이 서지 않고 학문을 하여도 경고하지 아니한다. 忠과 信을 위
주로 하고 나와 같지 아니한 사람과 벗하지 말아야 하고 잘못
하면 고치기를 꺼리지 말라.

君子不重則不威(군자부중즉불위) ⇨ 君子: 知仁勇을 갖춘 지식인. 不
重: 무겁지 아니하다. 則: 위를 받아 아래에 접속하는 말. ~할 때에
는. ~할 경우에는. 不威: 위엄이 있지 아니하다.
〈풀이〉 군자는 무겁지 아니하면 위엄이 없다.

學則不固(학즉불고) ⇨ 學則: 배울 때에는. 배운즉. 固: 굳다. 경고하다.
〈풀이〉 학문을 한즉 경고하지 아니한다.

主忠信(주충신) ⇨ 主: 주로 하다. 숭상하다. 忠信: 성실의 덕. 忠은 내
적 양심. 信은 그 발로로서 거짓말을 하지 않는 덕.
〈풀이〉 충과 신을 주로 하다(숭상하다).

無友不如己者(무우불여기자) ⇨ 無友: 벗하지 말다. 友는 벗하다는 동
사. 不如: ~와 같지 못하다. 己: 나. 者: 사람. 不如는 者를 꾸미는
관형구. 〈풀이〉 나와 같지 못한 사람을 벗하지 말아야 한다.

過則勿憚改(과즉물탄개) ⇨ 過則: 잘못한즉. 勿: 없다. 부정사. 憚: 꺼
리다. 주저하다. 改: 여기서는 명사로 목적어. 즉 고치기.
〈풀이〉 잘못한즉 고치기를 꺼리지 말라.

9 曾子曰 愼終追遠 民德歸厚矣

증자가 말하였다. 부모의 상을 삼가하여 모시고 조상의 제사를

잘 지내면 백성의 덕은 두터워질 것이다.

愼終追遠(신종추원) ⇨ 愼終: 죽음을 성의껏 하다. 愼은 성의껏 하다. 終은 '마치다, 죽음'. 追遠: 조상을 생각하고 제사 지내다(조상을 추모하다). 追는 지난 일을 포착함. 쫓다. 遠는 멀다. 먼 데(곳).
〈풀이〉 부모의 상을 성의껏하고 조상의 제사를 잘 지낸다.

民德歸厚矣(민덕귀후의) ⇨ 民德: 백성의 덕. 歸: 돌아가다. 厚: 歸의 위치어로서 뜻은 두터움. 矣: 也보다 어기가 강한 종미사로서 보통은 풀이하지 아니한다.
〈풀이〉 백성의 덕은 (그것에 감화되어) 두터운 데로 돌아간다.

10 子禽問於子貢曰 夫子至於是邦也 必聞其政 求之與 抑與之與 子貢曰 夫子溫良恭儉讓以得之 夫子之求之也 其諸異乎人之求之與

자금이 자공에게 물어 가로되 선생이 이 나라에 이르르면 반드시 그 정치를 들으셨습니다. 이것을 요구한 것입니까. 오히려 이것을 그 나라 임금이 자청하여 들려 드린 것입니까. 자금이 말하였다. 선생은 온화하고 선량하고 공검하고 검박하고 겸양의 덕을 갖추심으로써 이것(정사)를 들으신 것입니다. 따라서, 선생이 이(정치)를 듣고자 하셨더라도 무릇 다른 사람이 이를 듣고자 (자청한) 한 것과는 다르지 않습니까?

子禽問於子貢曰(자금문어자공왈) ⇨ 子禽: 鄭注정주에서는 孔子의 문인. 일설에는 子貢의 문인이라고도 한다. 성은 陳진. 이름은 亢항. 子禽은 자. 問: 묻다. 於: 간접 목적어 앞에 쓰이어 '~에게'를 뜻하며 장소, 시간, 비교 등을 나타내나 여기서는 장소를 나타낸다. 子貢:

공자의 문인. 성은 端木단목. 이름은 賜사. 子貢은 자. 공자보다 31살 젊다. 〈풀이〉 자금이 자공에게 물어 가로되

夫子至於是邦也(부자지어시방야) ➪ 夫子: 본래는 大夫를 지낸 사람을 부르는 말이나 여기서는 선생, 곧 공자. 至: 이르다. 於: 장소를 나타내는 전치사. 是: 이는 특정의 한 나라만을 가리키지 아니하고 공자가 주유한 여러 나라를 가리키는 부정지시사. 是邦: 이 나라. 也: 종미사. 〈풀이〉 선생이 이 나라에 이르다.

必聞其政(필문기정) ➪ 必: 반드시. 聞: 듣다. 其政: 그 정치. 여기서는 聞의 목적어. 〈풀이〉 반드시 그 정치를 듣는다.

求之與(구지여) ➪ 求: 요구하다. 之: 이것을. 與: 의문종미사.
〈풀이〉 이것을 요구하신 것입니까.

抑與之與(억여지여) ➪ 抑: 선택사. 오히려. 與: 더불어, '주다'의 뜻인 본동사. 之: 이것을. 與: 의문종미사.
〈풀이〉 오히려 이것을 주신 것입니까. 즉 오히려 저쪽에서 (그 나라 임금이) 자청하여 들려 드린 것입니까.

夫子溫良恭儉讓以得之(부자온량공검양이득지) ➪ 夫子: 선생(이). 溫良恭儉讓以: 온량공검양으로써. 得之: 이를 얻었다. 정사를 들었다.
〈풀이〉 선생은 온화하고 선량하고 공검하고 검박하고 겸양의 덕을 갖춤으로써 정사를 들었다.

夫子之求之也(부자지구지야) ➪ 之: 주격조사. 이. 求: 구하다. 之: 목적어. 이것을. 也: 어세를 세게 하는 종미사.
〈풀이〉 선생이 이를 구한 것이다(들으신 것이다).

其諸異乎人之求之與(기제이호인지구지여) ➪ 其諸: 其도 어조사요, 諸도 어조사이므로 '아마', '혹은'으로 풀기도 하나 諸의 뜻을 따라 '무릇'으로 풀어도 좋을 것이다. 일본 학자는 '이래저래'로 푸는 어조사로 보기도 한다. 異: 다르다. 乎: 비교를 나타내는 전치사. '과'. 與: 의문종미사로 의문, 반어를 나타냄. 따라서 異~與는 '다르지 않느냐?'.
〈풀이〉 그래 다른 사람이 이것을 구하는 것과 다르지 않습니까?

11 子曰 父在觀其志 父沒觀其行 三年無改於父之道 可謂孝矣

공자가 말씀하셨다. 아버지가 살아 계시면(계시는 동안은) 아버지의 뜻을 살피고 아버지가 돌아가시면(아버지의 사후에는) 아버지의 행적을 살피며 3년 동안 아버지의 도를 바꿈이 없으면(바꾸지 아니하면) 효라 할 수 있다.

父在觀其志(부재관기지) ⇨ 父: 아버지. 在: 살아 계시다. 觀: 보다. 즉 관찰하다. 살피다. 其志: 그 뜻.
〈풀이〉 아버지가 살아 계시면. 그 뜻을 살핀다.

父沒觀其行(부몰관기행) ⇨ 沒: 돌아가다. 其行: 그 행적.
〈풀이〉 아버지가 돌아가시면 그 행적을 살핀다.

三年無改於父之道(삼년무개어부지도) ⇨ 三年: 삼 년(동안). 無: 없다. 改: 고치다. 於: 동작의 목적 대상을 강하게 나타내기 위하여 직접 목적어 앞에 쓰이어 '~을'로 읽는다. 다만, 시술법에 있어서는 시간, 장소, 비교를 나타낸다. 父之道: 아버지의 도.
〈풀이〉 3년 동안 아버지의 도를 고침이 없다.

可謂孝矣(가위효의) ⇨ 可: ~할 수 있다. 謂: 말하다. 孝: 효행(효도). 矣: 也보다 어기의 센 종미사인데 보통은 풀이하지 않는다.
〈풀이〉 효라 할 수 있다.

12 有子曰 禮之用和爲貴 先王之道斯爲美 小大由之 有所不行 知和而和 不以禮節之 亦不可行也

유자가 말하였다. 예의 시행에는 조화가 귀중하다. 선왕의 도도 이것(조화)을 미로 삼았다. 작은 일과 큰 일이 이것에 말미암으면서 행하여지지 않는 바가 있다. 조화를 알고 조화하여도 예로써 이것을 조절하지 않으면 또한 행하여지지 아니한다.

禮之用和爲貴(예지용화위귀) ⇨ 禮: 예의. 之: '~의'로 읽고 다음 말을 꾸민다. 여기서는 用을 꾸민다. 用: 작용. 시행. 和: 조화. 화. 爲: 되다. 삼다. 하다. 貴: 귀중하다.

〈풀이〉 예의 시행에는 조화가 귀중하다.

先王之道斯爲美(선왕지도사위미) ⇨ 先王: 선왕. 之: ~의. 道: 도. 여기서는 예법. 예절. 斯: 이. 이것. 爲: 삼다. 하다. 美: 미. 아름답다. 여기서는 훌륭하다는 뜻.

〈풀이〉 선왕의 도도 이것(조화)을 미로 삼다.

小大由之(소대유지) ⇨ 小: 작다. 大: 크다. 由: 말미암다. 之: 이것. 대명사. 즉 조화.

〈풀이〉 작고 큰 것도 이것(조화)에 말미암다.

有所不行(유소불행) ⇨ 有: 있다. 이 월의 서술어. 所: 바. 이월의 주어. 不行: '행하지 아니하는'으로 所를 꾸미는 구.

〈풀이〉 행하지 아니하는 바가 있다.

知和而和(지화이화) ⇨ 知: 알다. 조화. 和의 목적어. 而: 순접. ~하고. 和: 동사. 조화하다.

〈풀이〉 조화를 알고 조화하다.

不以禮節之(불이례절지) ⇨ 不: 아니하다. 以: ~으로써. 禮: 예의. 節: 조절하다. 여기서는 동사임. 之: 이것 즉 조화.

〈풀이〉 예로써 조화를 조절하지 않으면.

亦不可行也(역불가행야) ⇨ 亦不: 이것 또한 ~하지 아니하다. 可: ~할 수 있다. 行: 행하다. 여기서는 이루어지다의 뜻. 也: 어세를 강화하기 위하여 쓰인 종미사.

〈풀이〉 이것 또한 행하여지지 아니한다(이루어지지 아니한다).

13 有子曰 信近於義 言可復也 恭近於禮 遠恥辱也 因不失 其親 亦可宗也

유자가 말하였다. 신의가 정의에 가까우면, 말한 것이 이행될 수 있다. 공손함이 예의에 가까우면 치욕은 멀리 할 수 있다. 의지할 사람이라도 그 친근함을 잃지 않아야 역시(또한) 존경할 만하다(의지할 만하다).

信近於義(신근어의) ⇨ 信: 믿음. 신의. 近: 가깝다. 於: 위치를 나타내는 전치사. ~에. 義: 의로움, 정의.
〈풀이〉 신의가 정의에 가깝다.

言可復也(언가복야) ⇨ 言: 말한 것. 可: 가능을 나타냄. ~할 수 있다. 復: 이행하다. 실천하다. 也: 월을 끝맺는 종미사.
〈풀이〉 말대로 이행할 수 있다.

恭近於禮(공근어례) ⇨ 恭: 공손함. 近: 가깝다. 벗어나지 아니하다. 於: ~에. 禮: 예의.
〈풀이〉 공손함이 예의에 가까우면(벗어나지 않으면).

遠恥辱也(원치욕야) ⇨ 遠: 멀다. 멀어지다. 恥辱: 수치와 욕. 也: 종미사. 풀이하지 않아도 된다.
〈풀이〉 치욕이 멀어진다(멀리할 수 있다).

因不失其親(인불실기친) ⇨ 因: 의지할 사람. 의지하다. 不: 부정사. 失: 잃다. 其親: 그 친근함.
〈풀이〉 의지할 사람이라도 그 친근함을 잃지 아니하다.

亦可宗也(역가종야) ⇨ 亦: 또한, 역시. 可: ~할 만하다. 宗: 존경하다. 의지하다. 높이다. 也: 종미사.
〈풀이〉 역시 존경할(의지할) 만하다.

14 子曰 君子食無求飽 居無求安 敏於事而愼於言 就有道而 正焉 可謂好學也已

공자가 말씀하셨다. 군자는 먹이를 먹되 배부르기를 구함이 없고 거처하되 편안함을 구함이 없으며 일을 하는 데는 민첩하고 말을 삼가하며 도의가 있는 사람에게 나아가서 바르게 나아간다면 학문을 좋아한다고 말할 수 있을 따름이다.

君子食無求飽(군자식무구포) ⇨ 食: 먹다. 無求: 구함이 없다. 구하지 아니하다. 飽: 배부르다.

〈풀이〉 군자는 식사를 하되 (먹이를 먹되) 배부르기를 구함이 없다(구하지 아니한다).

居無求安(거무구안) ⇨ 居: 거처하다. 安: 편안함. 안락함.

〈풀이〉 거처하되 편안함을 구함이 없다(구하지 아니하다).

敏於事而愼於言(민어사이신어언) ⇨ 敏: 민첩하다. 於: 장소를 나타내는 전치사. 事: 일. 而: 순접의 접속사. 그리고. 愼: 삼가다. 於: 장소를 나타내는 전치사. 言: 말.

〈풀이〉 일에 민첩하고 말에 신중하다.

就有道而正焉(취유도이정언) ⇨ 就: 좇아 붙다. 有道: 도가 있다. 즉, 도의가 있는 사람. 而: 순접의 접속사. 그리고. 그리하고. 正: 바르다. 焉: 확인의 뜻을 나타내는 종미사.

〈풀이〉 도의가 있는 사람에게 나아가서 바르다면(바르게 나아간다면)

可謂好學也已(가위호학야이) ⇨ 可: 할 수 있다. 謂: 말하다. 好: 좋아하다. 學: 학문. 也已: '~일 뿐이다'의 한정의 뜻을 나타낸다.

〈풀이〉 학문을 좋아한다고 말할 수 있을 뿐이다(있을 따름이다).

15 子貢曰 貧而無諂 富而無驕 何如 子曰 可也 未若貧而樂 富而好禮者也 子貢曰 詩云 如切如磋 如琢如磨 其斯之 謂與 子曰 賜也 始可與言詩已矣 告諸往而知來者

자공이 말하였다. 가난한데 아첨하지 아니하고 부유한데 교만하지 아니하면 어떠합니까? 공자가 말씀하셨다. 좋다. 가난한데 낙도하며 부유한데 예를 좋아하는 것만 같지 못하다. 자공이 말하였다. 『시경』에 말하되 베는 것과 같고 줄로 쏘는 것 같고 쪼는 것 같고 가는 것 같다고 한 것은 이것을 두고 한 말입니까? 공자가 말씀하셨다. 사야 비로소 너와 더불어 시를 말할 수 있을 따름이다. 지난 일을 말하니 앞으로 다가올 일을 알겠구나.

貧而無諂(빈이무첨) ⇨ 貧: 가난하다. 而: 순접의 접속사. ~하면서. 無: 없다. 諂: 아첨하다.

〈풀이〉 가난하면서 아첨함이 없다(아첨하지 아니하다).

富而無驕(부이무교) ⇨ 富: 부하다. 부유하다. 而: 순접의 접속사. 驕: 교만하다. 〈풀이〉 부유하면서 교만함이 없다(교만하지 아니하다).

何如(하여) ⇨ 何: 무엇. 의문사. 如: 같다.

〈풀이〉 무엇과 같으냐? 즉 어떠하냐?

可也(가야) ⇨ 可: 옳다. 좋다. 可하다. 也: ~하다의 뜻을 나타내는 종미사. 〈풀이〉 좋다.

未若貧而樂(미약빈이락) ⇨ 未若: 비교형. ~와 같지 못하다. ~한만 못하다. 이것은 富而好禮者也까지 걸린다. 貧: 가난하다. 而: 순접의 접속사. ~하면서. 樂: 즐기다.

富而好禮者也(부이호례자야) ⇨ 富: 부유하다. 而: 순접의 접속사. 好: 좋아하다. 禮: 예의. 예. 者: 사람. 也: '하다'의 뜻으로 쓰인 종미사.

〈풀이〉 가난하면서 도를 즐기고 부유하면서 예를 좋아하는 자만 같지 못하다.

詩云(시운) ⇨ 〈풀이〉 시에 말하다.

如切如磋(여절여차) ⇨ 如切: 칼로 베는 것과 같다. 如는 같다. 切은 자르다. 베다. 磋: 줄로 쓸다.

〈풀이〉 칼로 베는 것 같고 줄로 쓰는 것 같다.

如琢如磨(여탁여마) ⇨ 如琢: 쪼는 것 같다. 如磨: 가는 것 같다.

〈풀이〉 줄로 쪼는 것 같고 숫돌에 가는 것 같다.

其斯之謂與(기사지위여) ⇨ 其: 그것. 斯: 이것. 之: 위의 말을 받는 대명사. 또는 목적어임을 나타냄. 謂: 말하다. 與: 의문·반어를 나타내는 종미사. 여기서는 의문을 나타냄.

〈풀이〉 그것은 이것을 말하는 것입니까.

賜也(사야) ⇨ 賜: 자공의 이름. 也: 부름을 나타내는 후치사.

〈풀이〉 사야.

始可與言詩已矣(시가여언시이의) ⇨ 始: 비로소. 可: 할 수 있다. 與: 더불어·함께의 뜻을 나타내는 부사. 言: 말하다. 詩: 시. 已矣: 따름이다. 뿐이다.

〈풀이〉 비로소 함께 시를 말할 수 있을 따름이다.

告諸往而知來者(고제왕이지래자) ⇨ 告: 고하다. 여기서는 말하다. 諸往: 之於往와 같은 뜻으로 '지나간 것에서 이것을'. 之는 대명사. 往은 지나간 것. 而: 순접의 접속사. 知來者: 知는 알다. 來者는 오는 것. 즉 앞으로 다가올 것. 여기서 者는 사람이 아니라 사물을 가리킴.

〈풀이〉 지나간 것에서 이것을 말하니 앞으로 다가올 것을 알다.

16 子曰 不患人之不己知 患不知人也

공자가 말씀하셨다. 남이 나를 알지 아니하는 것을 걱정하지 아니하고 (내가) 남을 알지 아니하는 것을 걱정하라.

不患人之不己知(불환인지불기지) ➡ 不患: 걱정하지 아니하다. 人之: 사람이. 여기서 之는 '의'로 읽고 '~이/가'라는 주어를 나타내는 후치사. 不己知: 이것은 不知己의 도치형. 不知는 알지 아니하다. 己는 나.

〈풀이〉 사람(남)이 나를 알지 아니하는 것을 걱정하지 아니하다.

患不知人也(환부지인야) ➡ 患: (내가) 걱정하다. 不知: 알지 아니하다. 人: 남. 也: 어세를 강하게 하는 종미사.

〈풀이〉 (내가) 남을 알지 아니하는 것을 걱정하라.

第二篇 爲政

제2편 위정

이 편의 제목을 '爲政'이라 한 것은 첫째 구가 '爲政'으로 시작하기 때문이다.

] 子曰 爲政以德 譬如北辰居其所 而衆星共之

공자가 말씀하셨다. 정치를 하는데 도덕으로써 하면 비유하건대 북극성이 그 자리에 있는데, 뭇별이 북극성을 향하여 두 손을 마주잡고 공경하는 것과 같다.

爲政以德(위정이덕) ➡ 爲: 하다. 행하다. 政: 정치. 以: '~으로써'로 푸는데, 목적어 앞에 와서 동작의 방법 자료를 나타내는 전치사. 德: 도덕.
〈풀이〉 정치를 하는데(하는 데 있어) 도덕으로써 하다.

譬如北辰居其所(비여북진거기소) ➡ 譬如: 비유하건대 마치 ~와 같다. 이것은 而衆星共之까지 걸린다. 譬는 비유하건대. 北辰: 북극성. 古代는 북극성은 거의 不動이라고 믿었다. 따라서 북극성을 天樞천추라고도 했다. 居: 있다. 其所: 그곳. 그 자리.
〈풀이〉 비유하면 북극성이 그 자리에 있다.

而衆星共之(이중성공지) ⇨ 而: 순접의 접속사 ~하여. 衆星: 뭇별. 共: 이것은 음이 같은 拱공으로 풀이한다. 공경하는 뜻을 나타내기 위하여 두 손을 마주 잡다. '향하다, 공경하다'. 之: '이것'으로 풀이하여 앞 명사(북극성)를 받는 대명사이다.

〈풀이〉 뭇별이 북극성을 향하여 두 손을 마주잡고 공경하다.

2 子曰 詩三百 一言以蔽之 曰思無邪

공자가 말씀하셨다. 『시경』에 있는 300편의 시는 한말로 덮는다면 생각에 사악함이 없다는 것을 말하는 것이다.

詩三百(시삼백) ⇨ 〈풀이〉 『시경』 300편의 시
一言以蔽之(일언이폐지) ⇨ 一言以: 일언으로써. 以는 '~으로써'의 조사. 蔽: 덮다. 之: '이것', 즉 시 300편을 가리킴.
〈풀이〉 한 마디 말로써 이것(300편의 시)을 덮는다.
曰思無邪(왈사무사) ⇨ 曰: 말하다. 思: 생각. 無: 없다. 邪: 사악함.
〈풀이〉 생각에 사악함이 없다는 것을 말하는 것이다.

3 子曰 道之以政 齊之以刑 民免而無恥 道之以德 齊之以禮 有恥且格

공자가 말씀하셨다. 백성을 법령에 의한 정치로써 이끌고 백성을 형벌로써 가지런히 하면 백성은 이를 면하고서 수치심이 없다. 백성을 도덕으로써 이끌고 백성을 예의로써 가지런히 하면 수치심도 있고 또한 격식도 있다(바르게 된다).

道之以政(도지이정) ⇨ 道: 導, 즉 이끌다. 之: 대명사. 이것. 여기서는 백성. 以: 으로써. 政: 법으로 다스림.

〈풀이〉 백성을 법으로 이끌다(다스리다).

齊之以刑(제지이형) ⇨ 齊: 동일하게 갖추어 다루다. 之: 대명사, 즉 '이것'. 여기서는 백성. 以: ~으로써. 刑: 형벌로써 하면.

〈풀이〉 백성을 형벌로써 가지런히 하다.

民免而無恥(민면이무치) ⇨ 民: 백성. 免: 면하다. 而: 순접의 접속사 '그리하여'. 無: 없다. 恥: 부끄러움.

〈풀이〉 백성은 이를 면하고서 부끄러움이 없다.

道之以德(도지이덕) ⇨ 道: 이끌다. 之: 대명사 '이것'. 즉 백성. 以: ~으로써. 德: 덕. 도덕.

〈풀이〉 백성을 덕으로써 이끌다.

齊之以禮(제지이례) ⇨ 齊: 가지런히 하다. 之: 대명사 '이것'. 즉 백성. 以: ~으로써 禮: 예의.

〈풀이〉 백성을 예로써 가지런히 하다.

有恥且格(유치차격) ⇨ 有: 주어를 뒤에 가지는 특수동사. 且: 또한. 格: 격식. 법식. 바르게 되다.

〈풀이〉 수치심도 있고 또한 격식도 있다(바르게 된다).

4 子曰 吾十有五而志于學 三十而立 四十而不惑 五十而知天命 六十而耳順 七十而從心所欲 不踰矩

공자가 말씀하셨다. 나는 15세가 되어 배움에 뜻을 두어서 30세에 학문이 서고 40이 되어 유혹되지 않게 되었고 50이 되어서 천명을 알게 되었다. 60이 되어 귀가 순종하게 되었고 70이 되어 마음이 바라는 바에 따랐으나 법도를 넘지 아니하였다.

※ 이에 따라서 15세를 志學, 30세를 而立, 40세를 不惑, 50세를

知命, 60세를 耳順, 70세를 從心이라 한다.

吾十有五而志于學(오십유오이지우학) ⇨ 吾: 나는. 十有五: 열에 다섯이 있어서. 而: 순접의 접속사. 志: 뜻을 두다. 學: 배움.
〈풀이〉나는 열하고 다섯이 있어서 배움에 뜻을 두었다.

三十而立(삼십이립) ⇨ 而: 순접의 접속사. 立: (학문이) 서다.
〈풀이〉삼십이 되어서 학문이 섰다.

四十而不惑(사십이불혹) ⇨ 不: ~아니하다. 惑: 유혹되다.
〈풀이〉사십아 되어 유혹되지 아니하다.

五十而知天命(오십이지천명) ⇨ 知: 알다. 天命: 하늘이 명하는 것.
〈풀이〉오십이 되어서 천명을 알다.

六十而耳順(육십이이순) ⇨ 耳順: 귀가 순종하다. 즉 남의 말, 주장 등을 잘 받아들이다.
〈풀이〉예순이 되어서 귀가 순하다.

七十而從心所欲(칠십이종심소욕) ⇨ 從: 따르다. 心: 마음. 所欲: 바라는 바. 〈풀이〉칠십이 되어서 마음이 바라는 바를 따르다.

不踰矩(불유거) ⇨ 踰: 넘어서다. 矩: 법도. 常法상법.
〈풀이〉법도를 넘어서지 아니하였다.

5 孟懿子問孝 子曰 無違 樊遲御 子告之曰 孟孫問孝於我 我對曰無違 樊遲曰 何謂也 子曰 生事之以禮 死葬之以禮 祭之以禮

맹의자가 효도에 대하여 물었다. 공자가 말씀하셨다. 어김이 없어야 한다. 번지가 수레를 몰았다. 공자가 이에 고하여 말씀하셨다. 맹손이 나에게 효도를 묻기에 나는 대답하여 말하되 어김이 없어야 한다고 하였다. 번지가 말하기를 무엇을 말씀하

신 것입니까. 공자가 말씀하셨다. (부모가) 생존 시에는 부모를
예로써 섬기고 돌아가서는 부모를 예로써 장사지내며 예로써
부모를 제사 지내야 한다.

孟懿子問孝(맹의자문효) ⇨ 孟懿子: 노나라의 대부. 이름은 何忌하기.
당시 노나라에서 세도를 부렸던 三大夫삼대부의 한 사람. 懿는 그의
시호이다. 노나라에서는 公室공실의 一族의 孟孫맹손, 叔孫숙손, 季孫계
손의 三家가 실력자였다. 問孝: 효도를 묻다.
〈풀이〉 맹의자가 효도를 물었다.

無違(무위) ⇨ 無: 없다. 違: 어김.
〈풀이〉 어김이 없어야 한다.

樊遲御(번지어) ⇨ 樊遲: 공자의 문인, 이름은 須수 자는 자지子遲. 공자
보다 36세 젊다. 御: 수레를 몰다.
〈풀이〉 번지가 수레를 몰았다.

子告之曰(자고지왈) ⇨ 子: 공자. 告: 고하다. 之: 대명사로서 '그'. 曰:
말하다. 〈풀이〉 공자가 그에게 고하여 말하였다.

孟孫問孝於我(맹손문효어아) ⇨ 孟孫: 이는 '맹의'를 말함. 問: 묻다.
孝: 효도. 於: '~에게'를 나타내는 전치사. 我: 나.
〈풀이〉 맹손이 나에게 효도를 물었다.

我對曰無違(아대왈무위) ⇨ 我: 나. 對曰: 대답하여 말하다. 無違: 어
김이 없어야 한다.
〈풀이〉 나는 대답하여 말하기를 '어김이 없어야 한다' 하였다.

樊遲曰(번지왈) ⇨ 〈풀이〉 번지가 말하였다.

何謂也(하위야) ⇨ 何: 무엇. 사물 의문대명사. 謂: 말씀하다. 也: '이다로
종미사. 〈풀이〉 무엇을 말씀하신 것입니까?

生事之以禮(생사지이례) ⇨ 生: 살았을 때. 事: 섬기다. 之: 대명사. 부
모. 以: ~으로써. 禮: 예의.
〈풀이〉 (부모가) 살아 있을 때는 부모를 예로써 섬기다.

死葬之以禮(사장지이례) ⇨ 死: 돌아갔을 때. 葬: 장사지내다. 之: 부
모를. 以禮: 예의로써.

〈풀이〉 돌아갔을 때는 부모를 예로써 장사지내다.

祭之以禮(제지이례) ⇨ 祭: 제사지내다. 之: 부모를. 以禮: 예의로써.

〈풀이〉 예로써 부모를 제사지내다.

6 孟武伯問孝 子曰 父母唯其疾之憂

맹무백이 효도를 물었다. 공자가 말씀하셨다. 부모는 오직 그
질병만을 근심하게 하라(그 이외의 일에는 근심을 끼치지 않게 하라).

孟武伯問孝(맹무백문효) ⇨ 孟武伯: 孟懿子맹의자의 아들. 이름은 彘체.
武무는 시호(어떤 이는 武伯을 시호라 함). 伯은 장자의 뜻. 순량한 성품
이었으나 몸이 약했다.

〈풀이〉 맹무백이 효도를 물었다.

父母唯其疾之憂(부모유기질지우) ⇨ 父母: 부모. 唯: 오직. 오로지.
疾: 질병. 之: 목적어 '其疾'이 동사 '憂' 앞에 올 때 그 사이에 끼워
넣는 목적격조사. 憂: 근심하다.

〈풀이〉 부모는 오직 그 질병을 근심한다.

7 子游問孝 子曰 今之孝者 是謂能養 至於犬馬 皆能有養
不敬何以別乎

자유가 효도를 물었다. 공자가 말씀하셨다. 지금의 효도는, 이
는 잘 봉양하는 것을 말하나 개와 말에 이르러도 모두 잘 기르
는 일이 있으나 공경하지 않으면 무엇으로 구별하겠는가.

子游問孝(자유문효) ⇨ 子游: 공자의 문인. 성은 言언. 이름은 偃언. 子游는 자. 공자보다 45세 젊다. 문학에는 子游와 子夏라 한다.

〈풀이〉 자유가 효도를 물었다.

今之孝者(금지효자) ⇨ 今: 지금. 之: 의. 者: 사물·일·사실·장소·때 등을 나타낸다. 여기서는 사실(일)을 나타낸다.

〈풀이〉 지금의 효도라는 것은

是謂能養(시위능양) ⇨ 是: 이것. 효를 가리킴. 能: 능히. 잘. 養: 봉양하다. 謂: 말하다.

〈풀이〉 이것(효도)은 잘 봉양하는 것을 말한다.

至於犬馬(지어견마) ⇨ 至: 이르다. 於: 간접목적어 앞에서 장소를 나타내는 전치사 '~에'.

〈풀이〉 개와 말에 이르다.

皆能有養(개능유양) ⇨ 皆: 모두. 能: 잘. 有: 있다. 養: 기르다.

〈풀이〉 모두 잘 기르는 일이 있다.

不敬何以別乎(불경하이별호) ⇨ 不: 아니하다. 敬: 공경하다. 何: 무엇. 사물의문대명사. 以: '~으로써'를 나타내며 이유를 설명한다. 別: 구별하다.

〈풀이〉 공경하지 않으면 무엇으로써 구별하겠는가.

⑧ 子夏問孝 子曰 色難 有事弟子服其勞 有酒食先生饌 曾是以爲孝乎

자하가 효를 물었다. 공자가 말씀하셨다. 얼굴의 표정이 어렵다. 일이 있으면 연소자가 그 힘드는 일을 떠맡아 처리하고 술과 음식이 있으면 어른에게 올린다. 즉 이것으로써 효라 할 수 있겠는가?

色難(색난) ⇨ 色: 여기서는 '얼굴 표정'을 말함. 難: 어렵다.

〈풀이〉 색이 어렵다(얼굴 표정이 어렵다).

有事弟子服其勞(유사제자복기로) ⇨ 有事: 有는 있다. 事는 일. 弟子: 젊은이. 연소자. 服: 복무하다. 대신 일을 떠맡아 처리하다. 其: 그. 관형사. 勞: 노고. 힘드는 일.

〈풀이〉 일이 있으면 연소자가 그 힘드는 일을 떠맡아 처리한다.

有酒食先生饌(유주식선생찬) ⇨ 有酒食: 有는 주어 앞에 온다. 酒食이 주어. 酒: 술. 食: 음식. 先生: 먼저 난 사람. 어른. 饌: 식사를 올리다. 어른에게 (식사를) 올린다.

〈풀이〉 술과 음식이 있으면 어른께 올린다.

曾是以爲孝乎(증시이위효호) ⇨ 曾: 乃. 則. 이에. 是: 이것. 以: ~으로써. 목적어 앞에 와서 동작의 방법, 재료를 나타낸다. 또 이유, 조건을 나타낸다. 여기서는 방법이나 재료를 나타낸다. 是以는 '이것으로써'. 爲: ~하다. 즉, ~라고 하다. 乎: 의문종결사.

〈풀이〉 곧 이것으로써(즉 이러한 일로써) 효도라 할 수 있겠는가?

9 **子曰 吾與回言終日 不違如愚 退而省其私 亦足以發 回也不愚**

공자가 말씀하셨다. 나와 희는 종일토록 말하였는데 바보같이 거스르지 않았다. 그가 물러나서 그의 사생활 하는 품을 살피니 역시 (부자의 도를) 분명히 하고 있다. 회는 어리석지 아니하다.

吾與回言終日(오여회언종일) ⇨ 吾: 나. 與: 접속사 '와'. 回: 공자의 수제자의 이름 성은 顔안, 자는 子淵자연. 노나라 사람. 공자보다 30세 어림. 공자 묘에 공자 다음으로 안회를 모셨다. 言: 말하다. 終日:

하루 종일. 때를 나타내는 부사어.

〈풀이〉 나와 회가 종일토록 말을 하다.

不違如愚(불위여우) ⇨ 不違: (공자의 말을) 듣기만 하고 되물어 보든
가 의아하게 여기는 일이 없다. 如愚: 如는 같다. 愚는 어리석은 사람.

〈풀이〉 공자의 말을 종일 듣기만 하고 이설이나 반대도 하지 아니하고 마치 어
리석은 사람 같았다(어리석은 사람 같이 어김이 없다).

退而省其私(퇴이성기사) ⇨ 退: 물러가다. 而: 순접의 접속사. 그리하
여. 省: 살피다. 其: 관형사. 그. 私: 사생활. 其私는 省의 목적어.

〈풀이〉 물러나서 그 사생활을 살피다.

亦足以發(역족이발) ⇨ 亦: 또한. 역시. 足: 족하다. 동사 앞에 놓여 목
적어의 동작의 방법. 재료를 나타낸다. 發: 밝히다. 여기서는 '공자
의 도를 분명히 하다'임.

〈풀이〉 역시 나의 도를 분명히 하는 데는 충분하였다.

回也不愚(회야불우) ⇨ 回: 안회. 也: 부를 때. 또 위의 말을 제시할 때
쓰이는 종미사. 고로 回也는 '회는, 회야는'임. 不: 아니다. 愚: 어리
석다. 〈풀이〉 회는 어리석지 아니하다.

10 子曰 視其所以 觀其所由 察其所安 人焉廋哉 人焉廋哉

공자가 말씀하셨다. 그 행하는 바를 보고 그 말미암은 바를 살
피며 그가 편안히 여기는 바를 (깊이) 살피면 사람이 어떻게 숨
기겠느냐? 사람이 어떻게 숨기겠느냐?

視其所以(시기소이) ⇨ 視: 보다. 其: 그. 관형사. 所以: 행하는 바. 불
완전명사 所는 그 수식어를 뒤에 가진다. 그것은 以(행하다)이다.
불완전명사에는 所 이외에 所以, 攸유가 있다.

〈풀이〉 그 행하는 바를 본다.

觀其所由(관기소유) ➡ 觀: 살피다. '자세히 살피다'의 뜻. 其: 그. 所由: 지내온 바, 즉 경력(내력). 所는 불완전명사로 그 뒤에 수식어 由(지내오다)를 가진다.

〈풀이〉 그 경력(지내온 바)을 살피다.

察其所安(찰기소안) ➡ 察: 속을 깊이 살펴보다. 所安: 所는 불완전명사. 그 뒤에 수식어 安을 취함. 安은 속으로 만족하고 안락하게 여기다. 고로 所安은 만족하고 안락하게 여기는 바.

〈풀이〉 그 만족하고 안락하게 여기는 바를 깊이 살피다.

人焉廋哉(인언수재) ➡ 人: 사람. 여기서는 내통의 대상이 되고 있는 사람. 焉: 의문사. 어찌 ~할 것이냐. 이는 구의 앞이나 끝에 쓰인다. 廋: 숨기다. 감추다. 哉: 의문종미사. 어찌 ~겠느냐?

〈풀이〉 사람이 어찌 숨길 수 있겠느냐?

11 子曰 溫故而知新 可以爲師矣

공자가 말씀하셨다. 옛 것을 습숙하여 새로운 것을 안다면 스승이 될 수 있다.

溫故而知新(온고이지신) ➡ 溫: 익히다. 習습. 故: 예, 옛일 古와 같음. 而: 순접의 접속사. 知: 알다. 新: 새로운 것. 새로운 사물.

〈풀이〉 옛것을 습숙하여 새로운 것을 알다.

可以爲師矣(가이위사의) ➡ 可: ~할 수 있다. 긍정하는 말. 以: '~써', '가지고'로 읽으나 단지 어조를 고르기 위하여 후치사로서 쓰임. 여기서는 可以가 '~할 수 있다'임. 爲: 되다. 이는 불완전 타동사임. 이에는 謂위, 稱칭, 出출, 道도, 言언 등이 있다. 師: 스승. 矣: 종미사. 也보다 어세를 강하게 할 때 쓰는 종미사.

〈풀이〉 스승이 될 수 있다.

12 子曰 君子不器

공자가 말씀하셨다. 군자는 자질구레한 직능공 노릇은 하지 아니한다.

君子不器(군자불기) ⇨ 器: 기물이나 기계. 일기일예 같은 특수한 직능자. 백관. 부분적인 기술자. 그릇. 역자에 따라서는 '군자는 그릇이 아니다'로 풀기도 한다.
〈풀이〉 군자는 자질구레한 직능자 노릇은 하지 않는다.

13 子貢問君子 子曰 先行其言 而後從之

자공이 군자를 물었다. 공자가 말씀하셨다. 먼저 그 말하고자 하는 바를 실행하고 그 후에 그것에 따른다.

子貢問君子(자공문군자) ⇨ 子貢: 공자의 제자. 問: 묻다. 君子: 군자.
〈풀이〉 자공이 군자를 묻다(군자에 대하여 묻다).
先行其言(선행기언) ⇨ 先: 먼저. 行: 실행하다. 其: 관형사 '그'. 言: 말. 〈풀이〉 먼저 그 말을 실행하다.
而後從之(이후종지) ⇨ 而: 순접의 접속사 '그리고'. 後: 후에. 從: 따르다. 之: 대명사. 이것. 여기서는 '말'을 가리킴.
〈풀이〉 그리하여 후에 말을 따른다(쫓는다).

14 子曰 君子周而不比 小人比而不周

공자가 말씀하셨다. 군자는 두루 미치고 무리짓지 아니하며 소인은 무리를 짓고 두루 미치지 아니한다.

君子周而不比(군자주이불비) ⇨ 君子: 군자. 周: 두루 미치다. 而: 순접의 접속사. 不: 부정사. 比: 무리. 무리짓다.
〈풀이〉 군자는 두루 미치고 무리짓지 아니하다.

小人比而不周(소인비이부주) ⇨ 小人: 신분이 낮고 덕이 없는 사람. 比: 편당하다. 무리짓다. 而: 순접의 접속사. 不周: 두루 미치지 아니하다.
〈풀이〉 소인은 무리를 짓고 두루 미치지 아니하다.

15 子曰 學而不思則罔 思而不學則殆

공자가 말씀하셨다. 배우고 사색하지 않은 즉 어둡고 사색하고 배우지 않은 즉 (독단에 빠져서) 위태롭다.

學而不思則罔(학이불사즉망) ⇨ 學: 배우다. 而: 순접의 접속사. 그리고. 不: 아니하다. 思: 사색하다. 則: 원인과 결과를 나타내는 접속사. 즉. 罔: 도리를 모르고 어둡다. 이 罔은 '어둡다'는 뜻.
〈풀이〉 배우고 사색하지 아니한즉 어둡다.

思而不學則殆(사이불학즉태) ⇨ 殆: 위태롭고 튼튼하지 못하다.
〈풀이〉 사색하고 배우지 않은 즉 위태롭다(바탕이 굳지 못하다).

16 子曰 攻乎異端 斯害也已

공자가 말씀하셨다. 이단을 연구(공부)하는 것은 해로울 따름이다.

攻乎異端(공호이단) ⇨ 攻: 학문을 전공하다. 乎: 직접목적어인 異端 앞에 쓰인 전치사로 '을'을 뜻함. 異端: 성인 군자의 도가 아닌 다른 학문. 〈풀이〉 이단을 공부하다.

斯害也已(사해야이) ⇨ 斯: 대명사 '이것'. 害: 해롭다. 也已: 한정을 나타내는 종미사. 즉 ~일 따름이다.

〈풀이〉 이것은 해로운 따름이다.

17 子曰 由 誨女知之乎 知之爲知之 不知爲不知 是知也

공자가 말씀하셨다. 유야, 너에게 안다는 것을 가르쳐 주랴? 아는 것을 아는 것으로 삼고 알지 아니하는 것은 알지 아니하는 것으로 삼(하)는 것이, 이것이 아는 것이다.

由(유) ⇨ 공자의 문인. 성은 仲중. 이름은 由. 자는 자로子路. 공자보다 9살 아래다. 본래 협객이었으나 공자에게 감화되어 애제자가 되었다. '정사에는 염유冉有와 자로'라 일컫는다.

誨女知之乎(회녀지지호) ⇨ 誨: 가르치다. 女: 이는 汝와 같음. 여기서는 객어 '너에게'. 知: 알다. 之: 목적어를 만든다. 乎: 의문종미사. ~할까? 〈풀이〉 유야 너에게 안다는 것을 가르쳐 주랴?

知之爲知之(지지위지지) ⇨ 知之: 아는 것을(①), 아는 것으로(②). 爲: 삼다. 간주하다.
①　②

〈풀이〉 아는 것을(①), 아는 것으로(②) 삼다(간주하다).

不知爲不知 是知也(부지위부지 시지야) ⇨ 不知: 모르는 것. 주어. 爲: 삼다. 간주하다. 불완전자동사. 不知: 객어. 알지 아니하는 것. 是: 사물대명사. 이것이. 주어. 知: 아는 것. 也: 종미사 '~이다'.

〈풀이〉 알지 아니하는 것은 알지 아니하는 것으로 삼는 것이(간주하는 것이), 이것이 아는 것이다.

1B 子張學干祿 子曰 多聞闕疑 愼言其餘 則寡尤 多見闕殆
愼行其餘 則寡悔 言寡尤行寡悔 祿在其中矣

자장이 녹을 구하는 것을 배우려 하였다. 공자가 말씀하셨다.
많이 듣고 의심스러운 것은 빼어 버리고 그 나머지 (자신이 가
지고 있는) 것은 신중히 말하여라. 그런즉 허물이 적다. 많이
보고 위태로운 것은 빼어 버리고 그 나머지 (확실한) 것을 신중
히 행하여라. 그런즉 후회는 적다. 말에 허물이 적고 행동에 후
회가 적으면 녹은 그 가운데 있느니라.

子張學干祿(자장학간록) ⇨ **子張**: 공자의 문인. 성은 顓孫전손 이름은
師사. 子張은 자. 공자보다 48세 젊다. 學: 배우다. 干: 구하다. 祿:
녹. 봉급.
〈풀이〉 자장이 녹을 구하는 것을 배우다.

多聞闕疑(다문궐의) ⇨ **多聞**: 많이 듣다. 闕: 궐하다. 적게 하다. 빼놓
다. 疑: 의심스러운 것.
〈풀이〉 많이 듣고 의심스러운 것을 빼놓고(의심스러운 것은 그만 두고)

愼言其餘(신언기여) ⇨ **愼**: 삼가하다. 言: 말하다. 타동사. 其: 그 관형
사. 餘: 나머지. 여기서는 그 이외의 것 즉 자신이 가지고 있는 것.
〈풀이〉 삼가하여 자신이 가지고 있는 것을(그 나머지를) 말하여라.

則寡尤(즉과우) ⇨ **則**: 접속사. 위의 월에서 한번 끊고 則과 그 다음
월의 처음에 쓰인다. 이럴 때는 '~한즉'으로 푼다. 寡: 적다. 尤: 허물.
〈풀이〉 (그 나머지를 말한) 즉 허물이 적다.

多見闕殆(다견궐태) ⇨ **多見**: 많이 보다. 闕: 그만두다. 殆: 위태로운 것.
〈풀이〉 많이 보고 위태로운 것은 그만 두다(하지 않다).

愼行其餘(신행기여) ⇨ **愼**: 삼가하다. 行: 행하다. 其餘: 그 나머지의
(확실한) 것.
〈풀이〉 삼가하여 그 나머지(그 이외의 확실한 일)를 실행하여라.

則寡悔(즉과회) ⇨ 則: 그러한즉. 접속사. 寡: 적다. 悔: 후회.

〈풀이〉 그런즉 후회가 적어진다.

言寡尤行寡悔(언과우행과회) ⇨ 言: 말. 寡: 적다. 尤: 허물, 行: 행동.
寡: 적다. 悔: 후회.

〈풀이〉 말에 허물이 적고 행동에 후회가 적으면.

祿在其中矣(녹재기중의) ⇨ 祿: 녹. 在: 불완전 자동사. 이것은 객어를
그 뒤에 가진다. '있다'. 其: 관형사 '그'. 中: 가운데. 矣: 종미사로
也보다 어세가 강하나, 보통은 풀이하지 않는다.

〈풀이〉 녹은 그 가운데 있다.

19 哀公問曰 何爲則民服 孔子對曰 擧直錯諸枉 則民服 擧 枉錯諸直 則民不服

애공이 어떻게 하면 백성이 복종합니까 하고 물으니 공자가
대답하시기를 곧은 사람을 굽은 사람 위에 쓰면(기용한즉) 백성이
복종하고 굽은 사람을 곧은 사람 위에 쓰면 백성은 복종하지 아
니한다.

哀公(애공) ⇨ 노나라 군주. 공자 59세(공자의 나이는 노나라 양공 21년(BC
552) 탄생설에 따라 나이 74세 설을 취함) 때 定公정공의 뒤를 이었다. 공
자의 별세는 그의 16년(BC 479).

何爲則民服(하위즉민복) ⇨ 何: 무엇. 사물을 가리키는 의문대명사.
爲: 하다. 則: 원인과 결과를 이어주는 접속사. '~하면 즉'으로 푼다.
民: 백성. 服: 복종하다.

〈풀이〉 무엇을 하면 백성이 복종합니까?

孔子對曰(공자대왈) ⇨ 〈풀이〉 공자가 대답하여 말씀하셨다.

擧直錯諸枉(거직조제왕) ⇨ 擧: 기용하다. 直: 정직한 사람. 錯: 놓다.

諸: 之於지어. 枉: 사악한 사람. 枉은 '구부러진'의 뜻인데 원래 곧은 목재를 굽은 목재 위에 놓으면 펴진다는 뜻으로 이를 사람에 비유하였다. 錯諸枉은 錯之於枉이 된다. 이때 之는 '곧은 사람'을 가리키는 대명사이다.

〈풀이〉 곧은 사람을 굽은 사람 위에 이를 기용하면(쓰면)

則民服(즉민복) ⇨ 則: 윗월에서 일단 끊고 則을 아랫월 처음에 오는 일이 있는데 그때는 '~한즉'으로 푼다. 民服: 백성이 복종한다.

〈풀이〉 곧 백성이 복종한다.

擧枉錯諸直 則民不服(거왕조제직 즉민불복) ⇨ 擧枉: 굽은 사람을 기용하다. 錯: 두다. 諸直: 이것을 다시 쓰면 之於直이 되는데 풀이하면 '곧은 사람 위에 이를 쓰면'이 된다. 則民不服: 그런즉 백성은 복종하지 아니한다.

〈풀이〉 굽은 사람을 곧은 사람 위에 쓰면 곧 백성은 복종하지 아니한다.

20 季康子問 使民敬忠以勸 如之何 子曰 臨之以莊則敬 孝
慈則忠 擧善而敎不能則勸

계강자가 백성으로 하여금 공경(삼가)하고 충직하게 함으로써 부지런하게 하려면 어떻게 하면 됩니까 하고 물었다. 공자가 말씀하셨다. 엄중한 태도로써 백성에게 임하면 백성은 공경(삼가)하게 된다. 효도하고 자애스럽게 하면 백성은 충실(충직)하게 된다. 착한 이를 등용하고, 재능이 없는 자를 가르치면 (백성은) 권면하게 된다.

季康子(季康子) ⇨ 노나라의 대부 季孫氏계손씨, 이름은 肥비. 康강은 시호. 노의 세도가였던 三桓삼환의 한 사람. 哀公애공 4년에 季桓子계환자의 뒤를 이었다.

使民敬忠以勸 如之何(사민경충이권 여지하) ⇨ 使: 사동사 '~로 하여 금 ~하게 하다'로 푼다. 民: 여기서는 使가 있으니까 '백성으로 하 여금'으로 푼다. 敬: 공경하다. 삼가다. 忠: 충실하다. 以: ~으로써. 이는 전성후치사로써 위의 말을 강조한다. 如之何: 之는 목적어로 '이것을'. 如~何는 '어떻게(何)하면 됩니까(如)?'.

〈풀이〉 백성으로 하여금 공경하고 충실하게 함으로써 근면하게 하려면, 이것을 어떻게 하면 됩니까?

臨之以莊則敬(임지이장즉경) ⇨ 臨: 임하다. 之: 대명사. 여기서는 백성. 莊: 무게가 있어 존귀하게 보임. 엄중. 여기서는 엄중한 태도. 以: 전치사 '~으로써'. 則: 접속사. 원인과 결과를 이어줌. 敬: 존경하다.

〈풀이〉 백성을 장중한 태도로 임하면 존경한다.

孝慈則忠(효자즉충) ⇨ 孝: 효도하다. 慈: 아랫사람에게 자애롭게 하 다. 則: 접속사. 앞의 則과 같다. 忠: 충실하다.

〈풀이〉 효도하고 아랫사람에게 자애롭게 하면 (백성은) 충실하게 된다.

擧善而敎不能則勸(거선이교불능즉권) ⇨ 擧: 추켜올리다. 등용하다. 善: 착한 사람. 而: 순접 '~하면'. 敎: 가르치다. 不能: 재능이 없는 사람. 則: 접속사. ~한즉. 勸: 권면하게 된다.

〈풀이〉 착한 이를 등용하고 재능이 없는 자를 가르친즉 백성은 권면하게 된다.

21 或謂孔子曰 子奚不爲政 子曰 書云 孝乎惟孝 友于兄弟 施於有政 是亦爲政 奚其爲爲政

어떤 이가 공자에게 선생은 어찌하여 정치를 하지 않습니까 하 고 말하였다. 선생이 말씀하시되 『서경』에 말하기를(말하되), 효 도가 아닐까? 오직 효도로다. 형제에게 우애로우며 정사를 베 풀면, 이 또한 정치를 함이로다(하는 것이다). 어찌 그것이 정치를 함이 되지 않겠는가?

或謂孔子曰(혹위공자왈) ⇨ 或: 어떤 이. 이것은 삼인칭의 부정칭 대명사. 謂: 말하다. 孔子: 여기서는 객어. 공자에게. 曰: 가로다.

〈풀이〉 어떤 이가 공자에게 말하여 가로되.

子奚不爲政(자해불위정) ⇨ 子: 공자. 선생. 奚: 의문부사. 어찌. 爲: 타동사 '~하다'. 政: 정치.

〈풀이〉 선생은 어찌 정치를 하지 않습니까?

書云(서운) ⇨ 書: 『서경』을 뜻함.

〈풀이〉 『서경』에 말하다.

孝乎惟孝(효호유효) ⇨ 孝乎: 孝: 효도. 乎: 가정의 조건을 나타내는 의문종미사. 惟: 오직.

〈풀이〉 효도가 아닐까? 오직 효도로다.

友于兄弟(우우형제) ⇨ 友: 우애 있게 하다. 于: 직접목적어 앞에 오는 전치사. 〈풀이〉 형제에게 우애있게 하고

施於有政(시어유정) ⇨ 施: 베풀다. 於: 전치사 '~를'. 有政: 정치. 정사. 有는 조사. 〈풀이〉 정사를 베풀면.

是亦爲政(시역위정) ⇨ 是: 이것. 사물대명사. 亦: 역시. 또한. 爲: 하다. 政: 정치. 〈풀이〉 이것 또한 정치를 하는 것이다.

奚其爲爲政(해기위위정) ⇨ 奚: 의문부사 '어찌 ~않겠는가'. 其: 대용대명사. 그것. 爲: ~하다. ~되다. 爲政: 정치를 하다.

〈풀이〉 어찌 그것이 정치를 하는 것이 되지 않겠는가?

22 子曰 人而無信 不知其可也 大車無輗 小車無軏 其何以行之哉

공자가 말씀하셨다. 사람이면서 믿음이 없으면 그 가능함을(좋음을) 알 수 없다. 큰 수레에 멍에가 없고 작은 수레에 멍에가 없다면 그 무엇으로써 가겠는가?

人而無信(인이무신) ⇨ 而: 순접을 나타낸다. 無信: 믿음이 없다.

〈풀이〉 사람이면서 믿음이 없으면

不知其可也(부지기가야) ⇨ 不知: 알지 못하다. 其: 관형사. 그. 可: 좋은 점. 가능성. 也: 단정종미사.

〈풀이〉 그 좋은 점(가능성)을 알지 못한다.

大車無輗(대차무예) ⇨ 大車: 큰 수레. 無: 그 뒤에 주어를 가지는 특수 형용사. 輗: 큰 차의 끌채 끝의 멍에를 매는 곳. 즉 멍에.

〈풀이〉 큰 수레에 멍에가 없고

小車無軏(소차무월) ⇨ 軏: 끌채 끝의 멍에를 매는 곳. 즉 멍에.

〈풀이〉 작은 수레에 멍에가 없으면

其何以行之哉(기하이행지재) ⇨ 其: 관형사. 그. 何: 의문대명사로 이것은 사물을 가리킨다. '무엇', 즉 수레를 가리킴. 以: ~으로써. 之: 어조를 고루기 위하여 동사 밑에 쓰는 후치사. 哉: 의문종미사.

〈풀이〉 그 무엇으로써 가겠는가.

23 子張問 十世可知也 子曰 殷因於夏禮 所損益可知也 周因於殷禮 所損益可知也 其或繼周者 雖百世可知也

자장이 십세(앞일)를 알 수 있습니까 하고 말하였다. 공자가 말씀하시되 은나라는 하나라의 예를 따랐는데, 덜고 더한 바를 알 수 있다. 주나라는 은나라의 제도를 따랐는데 덜고 더한 바를 알 수 있다. 그 어떤 나라가 주나라를 계승하면 비록 백세라 하더라도 알 수 있다.

十世可知也(십세가지야) ⇨ 也: 이것은 乎와 같이 쓰인다.

〈풀이〉 자장이 십세를(십세 앞의 왕조의 일을) 알 수 있습니까?

殷因於夏禮 所損益可知也(은인어하례 소손익가지야) ⇨ 因: 인하다.

이어 받다. 따르다. 於: 전치사. ~를. 所: 바. 損益: 덜고 더함. 가감.

也: 단정종미사.

〈풀이〉은나라는 하나라 예법(제도)을 따랐는데, 덜고 더한 바를 알 수 있다.

周因於殷禮(주인어은례) ⇨ 因: 이어받다. 따르다.

〈풀이〉주나라는 은나라 제도를 따랐다.

所損益可知也(소손익가지야) ⇨ 損: 덜다. 폐지하다. 益: 더하다. 可知

也: 알 수 있다. 〈풀이〉덜고 더한 바를 알 수 있다.

其或繼周者(기혹계주자) ⇨ 其或: 그 어떤 나라가 繼: 계승하다. 周:

주나라 者: 전성후치사로서 周를 목적어로 만든다.

〈풀이〉그 어떤 나라가 주나라를 계승한다

雖百世可知也(수백세가지야) ⇨ 雖: 비록. 百世: 백세. 앞일. 可知也:

알 수 있다. 〈풀이〉비록 백세(앞의 일)라 하더라도 알 수 있다.

24 子曰 非其鬼而祭之 諂也 見義不爲 無勇也

공자가 말씀하셨다. 그 귀신(제가 받들어야 할 귀신)이 아닌데도 이
를 제사지내면 아첨이다. 의로운 일을 보고 행하지 않으면 용
기가 없는 것이다.

非其鬼而祭之 諂也(비기귀이제지 첨야) ⇨ 非: 명사를 부정하는 부정

사. 其鬼: 그 귀신. 제가 제사 지내야 하는 精靈정령. 祭之: 之는 앞

鬼를 가리키는 대명사. 諂: 아첨. 也: 단정종미사.

〈풀이〉제가 모셔야 할 귀신이 아닌데 이(귀신)를 제사지내면 아첨이다.

見義不爲(견의불위) ⇨ 見義: 의로운 일을 보고. 不爲: 행하지 않으면.

〈풀이〉의로운 것을 보고 행하지 않으면

無勇也(무용야) ⇨ 無: 주어를 뒤에 갖는 특수형용사. 也: 단정종미사.

〈풀이〉용기가 없다(없는 것이다).

第三篇 八佾

제3편 팔일

1 孔子謂季氏 八佾舞於庭 是可忍也 孰不可忍也

공자가 계씨를(계씨의 일을) 말씀하셨다. 팔일의 춤을 (그의 선조 묘의) 뜰에서 추게 하고 있다. 이것을 용납할 수 있다면 무엇인들 용납할 수 없겠는가?

孔子謂季氏(공자위계씨) ⇨ 季氏: 노나라의 대부 季孫氏계손씨. 孟孫맹손(中孫중손), 叔孫숙손과 같이 三桓삼환 또는 三家라 하여 당시의 세도가로서 전횡하였다. 여기서도 대부의 신분인 그가 天子의 무악인 팔일을 추게 함으로써 명분을 흐리고 질서를 어기고 있다. 季氏는 謂의 목적어. 〈풀이〉 공자가 계씨를 말하였다.

八佾舞於庭(팔일무어정) ⇨ 八佾: 佾은 列(一列은 八名). 천자는 팔열(64명), 제후는 육열(48명), 대부는 사열(32명), 士사는 이열(16명)의 무악을 추게 되어 있었다. 그런데 季氏는 그것을 어겼다. 庭: 자기 집 선조묘의 뜰. 舞: 추게 하다.

〈풀이〉 팔일을 뜰에서 추게 하다(추다).

是可忍也(시가인야) ⇨ 是: 이것을. 忍의 목적어. 可: 할 수 있다. 忍: 참다. 참고 견디다. 용서하다. 也: 종미사.

〈풀이〉 이것을 용서할 수 있다.

孰不可忍也(숙불가인야) ⇨ 孰: 의문대명사로 여기서는 목적어로 쓰였다. 무엇을. 不可忍也: 용서할 수 없다.

〈풀이〉무엇인들 용서할 수 없겠느냐?

2 三家者以雍徹 子曰 相維辟公 天子穆穆 奚取於三家之堂

삼가는(에서는) 옹의 노래로써 제사를 끝냈다. 공자가 말씀하셨다. (그 노래의 구절에는) '도우는 것은 제후들, 천자가 기뻐하는 모습이 아름답다'로 되어 있다. 어찌하여 삼가의 사당에서 쓰느냐?

三家者以雍徹(삼가자이옹철) ⇨ 三家: 노나라 공실의 일족인 맹손, 숙손, 계손 등 삼가의 실력자. 者: 전성후치사 '~은/는'. 雍: 雍은 『시경』周頌주송의 편명으로 이것을 부르는 것은 天子의 예인데, 三家는 이것을 어겼다. 徹: 거두다. 치우다. 제거하다.

〈풀이〉三家는 옹이란 노래로(옹시로써) 제사를 끝내었다.

相維辟公(상유벽공) ⇨ 相: 도우다. 維: 어조사. ~은. 辟公: 제후. 辟은 임금. 君의 뜻.

〈풀이〉(그 노래의 구절에는) 도우는 것은 제후.

天子穆穆(천자목목) ⇨ 穆穆: 천자의 용모가 아름답다.

〈풀이〉천자의 모습이 (매우) 아름다웠다.

奚取於三家之堂(해취어삼가지당) ⇨ 奚: 어찌. 의문부사. 取: 사용하다. 쓰다. 於: 장소를 나타내는 전치사. 三家: 맹손, 숙손, 계손의 삼가. 之: 후치사. '~의'. 堂: 사당.

〈풀이〉어찌하여 삼가의 사당에서 쓰느냐?

3 子曰 人而不仁 如禮何 人而不仁 如樂何

공자가 말씀하셨다. 사람이면서 어질지 아니하면 예의를 어찌
할 것이냐? 사람이면서 어질지 아니하면 음악을 어찌할 것이냐?

人而不仁(인이불인) ⇨ 人: 사람. 而: 순접. '~면서'. 不: 부정조동사.
또는 부정보조형용사. 仁: 어질다.
〈풀이〉 사람이면서 어질지 아니하다.

如禮何(여례하) ⇨ 如何(어떠하랴) 안에 禮가 들어간 형식. 禮: 목적어.
〈풀이〉 예를 어떻게 하겠는가? 즉 예의를 어떻게 지킬 수 있겠는가?

如樂何(여악하) ⇨ 樂: 목적어.
〈풀이〉 악(음악)을 어떻게 할 수 있을까?

4 林放問禮之本 子曰 大哉問 禮與其奢也寧儉 喪與其易也 寧戚

임방이 예의 근본을 물었다. 공자가 말씀하셨다. 크도다 물음
이여! 예는 그 사치보다는 오히려 검소하고 장사는 형식적인
것보다 진심으로 슬퍼해야 한다(슬퍼하는 것이다).

林放問禮之本(임방문예지본) ⇨ 林放: 노나라 사람. 問: 묻다. 禮之本:
예의 근본. 〈풀이〉 임방이 예의의 근본을 물었다.

大哉問(대재문) ⇨ 哉: 감탄종미사. 〈풀이〉 크도다 물음이여!

禮與其奢也寧儉(예여기사야영검) ⇨ 與~寧: 비교형으로서 한쪽을 선
택하는 뜻을 나타낸다. 즉 '~보다는 ~하다'로 풀어야 한다. 禮: 예.
其奢: 그 사치. 也: 전성후치사. 儉: 검소한.
〈풀이〉 예는 그 사치함보다는 오히려 검소하다.

喪與其易也寧戚(상여기이야녕척) ⇨ 喪: 장사. 易: '간략히 함, 간편함' 등의 뜻에서 '형식적으로 갖추다'의 뜻임. 戚: (진심으로) 슬퍼하다. 〈풀이〉 장사는 형식적인 것보다는 오히려 진심으로 슬퍼한다.

5 子曰 夷狄之有君 不如諸夏之亡也

공자가 말씀하셨다. 이적의 임금 있음은 제하의 임금이 없음에 미치지 못한다.

夷狄之有君(이적지유군) ⇨ 夷狄: 중국 주변의 미개 민족. 동이 서융 남만. 북적 등. 之: 후치사. ~의. 有: 주어를 뒤에 가지는 특수동사. 君: 임금. 주어. 〈풀이〉 이적의 임금이 있다.
不如諸夏之亡也(불여저하지망야) ⇨ 不如: ~함에 미치지 못한다. 諸夏: 제하의 諸는 衆의 뜻. 諸夏는 여러 제후국으로 나뉘어 있었던 중국 땅을 말함. 之: 의. 亡: 없다. 也: 종미사.
〈풀이〉 제하의 (임금이) 없음에 미치지 못한다.

6 季氏旅於泰山 子謂冉有曰 女弗能救與 對曰 不能 子曰 嗚呼 曾謂泰山不如林放乎

계씨가 태산에서 제사를 지냈는데 공자가 염유에게 말씀하여 가로시되 네가 못하게 할 수 없느냐? 대답하여 가로되, 할 수 없습니다. 공자가 말씀하시되, 아아! 곧 태산이 임방에도 미치지 못한다고 하는구나!

季氏旅於泰山(계씨여어태산) ⇨ 旅: 제사의 한 가지. 제후가 영내의

산천을 제사 지내는 것이 예의였는데 계씨는 대부로서 그것을 범하였다. 泰山: 산등성에 있는 명산

〈풀이〉 계씨가 태산에서 旅라는 제사를 지냈다.

子謂冉有曰(자위염유왈) ⇨ 冉有: 공자의 제자. 성이 冉. 이름은 有. 자는 子有. 노나라 사람으로 子路와 같이 정사에 뛰어났었다. 공자보다 29세 젊었다. 당시 염유는 계씨의 宰재(가신의 우두머리)로 있었다.

〈풀이〉 공자가 염유에게 말하여 가라사대

女弗能救與(여불능구여) ⇨ 女: 汝와 같음. 너. 弗能: 할 수 없다. 弗는 뜻이 不과 같으나 조금 강한 뜻을 나타냄. 救: 막다. 못하게 하다. 與: 의문의 종미사. 〈풀이〉 너는 못하게 할 수가 없느냐?

對曰(대왈) ⇨ 〈풀이〉 대답하여 가로되

不能(불능) ⇨ 〈풀이〉 할 수 없다.

嗚呼(오호) ⇨ 감탄사. 〈풀이〉 아아!

曾謂泰山不如林放乎(증위태산불여림방호) ⇨ 曾: 이에(곧). 謂: 말하다. 不如: ~에 미치지 못하다. 乎: ~구나. 영탄종미사.

〈풀이〉 이에 태산이 임방에도 미치지 못한다고 하는구나.

7 子曰 君子無所爭 必也射乎 揖讓而升下 而飮 其爭也君子

공자가 말씀하셨다. 군자는 다투는 바가 없다. 반드시 다투는 일이 있다면 활쏘기에서로다. 예를 지키며 양보하여 당에 오르고 내리면서 (승자가 패자에게) 술을 마시게 하면 그 다툼이야말로 군자답다.

君子無所爭(군자무소쟁) ⇨ 無: 특수 형용사로 주어를 뒤에 가짐. 所爭: 다투는 바. 所는 수식어 爭을 그 뒤에 가짐.

〈풀이〉 군자는 다투는 바가 없다.

必也射乎(필야사호) ⇨ 必也: 也는 어세를 강하게 하기 위하여 사용함. 고로 必也는 반드시 그럴 양이면. 射乎: 射는 활쏘기·경쟁. 乎는 뜻을 강화하기 위한 종미사.

〈풀이〉 반드시 그럴 양이면(경쟁을 할 양이면), 활쏘기 경쟁뿐이다.

揖讓而升下(읍양이승하) ⇨ 揖讓: 揖 두 손을 앞가슴에 대고 절하는 품. 讓은 양보. 즉 예의 바르고 서로 양보하다. 而: 순접. 升下: 오르고 내리다. 升은 오르다. 下는 내리다.

〈풀이〉 예의 바르고 서로 양보하여 (당에) 오르고 내리며

而飮(이음) ⇨ 而: 순접. 그리하여. 飮: 마시게 하다. 승자가 패자에게 벌주를 주다.

〈풀이〉 그리하여 벌주를 마시게 한다.

其爭也君子(기쟁야군자) ⇨ 其爭也: 그 경쟁은. 也는 위의 말을 제시할 때 쓰는 전성후치사로 其爭를 주어로 만든다. 뜻은 '은'. 君子: 군자로다.

〈풀이〉 그 경쟁은 군자로다. 즉 그 경쟁이야말로 군자답다.

■ 子夏問曰 巧笑倩兮 美目盼兮 素以爲絢兮 何謂也 子曰 繪事後素 曰禮後乎 子曰 起予者商也 始可與言詩已矣

자하가 물어 가로되, 좋게 웃는 품이 예쁘며 아름다운 눈의 검은자위나 흰자위가 분명한데 흰 분으로써 곱게 하는 것은 무엇을 말하는 것입니까. 공자가 말씀하시되, 그림을 그리는 법은 흰 가루를 나중에 칠한다고 말하니, 예가 뒤라는 것입니까 하고 반문하니 공자가 말씀하시되 나를 계발하는(일으키는) 사람은 상이로구나. 비로소 함께 시를 말할 수 있구나.

子夏問曰(자하문왈) ⇨ 子夏: 근엄한 인격자이자 예악에 대하여 깊이

알고 있었다. 순자는 자하의 학풍을 따랐고 한 대의 경학도 자하로 부터 크게 영향을 받았다.

〈풀이〉 자하가 물어 가로되

巧笑倩兮(교소천혜) ⇨ 巧는 好. 巧笑는 좋게 웃는다. 倩: 예쁘다. 兮: 이기가 일단 그쳤다가 음조가 다시 올라가는 것을 나타내는 조사.

〈풀이〉 좋게 웃는 품이 예쁘며

美目盼兮(미목반혜) ⇨ 美目: 아름다운 눈. 盼: 예쁘다. 즉 눈의 검은 자위와 흰자위가 분명하며 예쁜 모양.

〈풀이〉 아름다운 눈이 예쁘며

素以爲絢兮(소이위현혜) ⇨ 素: 흰 분가루. 以: 으로써. 후치사. 爲: 하다. 絢: 곱다.

〈풀이〉 흰 분으로써 곱게 하다.

何謂也(하위야) ⇨ 何: 무엇. 의문사. 謂: 말하다. 평하다. 也: 종미사.

〈풀이〉 무엇을 말하는 것입니까?

繪事後素(회사후소) ⇨ 繪事: 그림 그리는 법. 즉 그림을 그리는 것. 後素: 흰 가루를 나중에 칠한다.

〈풀이〉 그림을 그림에 있어서는 (그림을 그리는 법은) 흰 가루를 나중에 칠한다.

曰禮後乎(왈례후호) ⇨ 曰: 말하다. 禮: 예. 後: 나중에 하다. 乎: 의문 이나 반어를 나타내는 종미사.

〈풀이〉 말하니 예로써 끝마무리를 하는 것입니까(예가 뒤라는 것입니까)?

起予者商也(기여자상야) ⇨ 起: 일으키다. 계발하다. 予: 나. 起予는 者를 꾸밈. 者: 사람. 商: 자하의 이름. 也: 서술종미사.

〈풀이〉 나를 일으키는 사람은 상이다.

始可與言詩已矣(시가여언시이의) ⇨ 始: 비로소 可: ~할 수 있다. 與: 더불어. 言: 말하다. 詩: 『시경』. 已矣: 단정을 나타내는 종미사. '~ 이다'.

〈풀이〉 비로소 더불어 시를 말할 수 있구나.

9 子曰 夏禮吾能言之 杞不足徵也 殷禮吾能言之 宋不足徵 也 文獻不足故也 足則吾能徵之矣

공자가 말씀하시되 하나라 예를 나는 말할 수 있으나 기나라는 증명하기가 부족하다. 은나라의 예는 나는 그것을 말할 수 있으나 송나라는 증명하기가 부족하다. 문헌이 부족하기 때문이다. 족하면 나는 그것을 증명할 수 있다.

夏禮吾能言之(하례오능언지) ⇨ 夏禮: 하나라의 문물제도. 言의 목적어. 能: 가능의 조동사. 能言之: 之는 하례를 받고 있는 대용대명사. '이것을 말할 수 있다'

〈풀이〉 하례를 나는 이를 말할 수 있다.

杞不足徵也(기부족징야) ⇨ 杞: 주 무왕이 하 우왕의 후예 東樓公동루공으로 하여금 우왕의 제사를 지내게 하기 위하여 세운 나라. 현재의 하남성인 杞縣기현에 있었다. 徵: 이는 證과 같다. 증명하다. 也: 종미사. 〈풀이〉 기는 증명할 만한 것이 부족하다.

殷禮吾能言之(은례오능언지) ⇨ 殷: 은나라. 禮: 문물제도. 吾: 일인칭 대명사. 之: 후치사. 〈풀이〉 은나라의 예를 나는 말할 수 있다.

宋不足徵也(송부족징야) ⇨ 宋: 주의 무왕이 은의 주왕을 멸하고 주왕의 서형 微子啓징지계를 봉하여 탕왕의 제사를 지내게 한 나라. 현 하남성 商丘縣상구현에 있었다.

〈풀이〉 송나라는 증명하기가 부족하다.

文獻不足故也(문헌부족고야) ⇨ 文獻: 문헌. 不足: 부족. 故也: 때문이다.

〈풀이〉 문헌이 부족하기 때문이다.

足則吾能徵之矣(족즉오능징지의) ⇨ 足則: 족한즉. 則은 접속사. 吾: 나. 能: 할 수 있다. 徵: 증명하다. 之: 대용대명사. 그것. 矣: 뜻을 강조하는 종미사.

〈풀이〉 족한즉 나는 그것을 증명할 수 있다.

10 子曰 禘自旣灌而往者 吾不欲觀之矣

공자가 말씀하셨다. 체제에서 이미 관의 의식이 끝나고 나면 나는 그것을 보고 싶지 아니하다.

禘自旣灌而往者(체자기관이왕자) ⇨ 禘: 제사 이름. 천자가 정월에 祖神조신과 선조를 모시는 제사. 노나라는 제후의 나라였으므로 체제를 지내는 것은 도를 넘은 비례였다. 自: 스스로. 旣: 이미. 灌: 제사를 시작할 무렵 울창으로 향을 들인 손을 땅에 뿌려 강신시켰다. 而: 첨가의 뜻을 나타냄. 往者: 지나간 일. ~한 이후.
〈풀이〉 체제에서 스스로 이미 관의식이 끝나고 난 이후는

吾不欲觀之矣(오불욕관지의): 不: 부정사. 欲: 소원조동사. ~하고 싶다. 觀: 보다. 之: 대용대명사. 矣: 강세종미사.
〈풀이〉 나는 그것을 보고 싶지 아니하다.

11 或問禘之說 子曰 不知也 知其說者之於天下也 其如示諸斯乎 指其掌

어떤 사람이 체제의 설(의의)을 물었다. 공자가 모른다고 말씀하셨다. 그 설(의의)을 아는 자의 천하에 있어서는, 그것을 여기에서 보는 것 같지 않으랴 하며 그 손바닥을 가리켰다.

或問禘之說(혹문체지설) ⇨ 或: 삼인칭의 부정칭 대명사. 어떤 이. 禘之說: 체제의 설(의의). 체제는 제왕이 시조를 하늘에 제향하는 큰 제사. 〈풀이〉 어떤 이가 체제의 설을 물었다.

子曰 不知也(자왈 부지야) ⇨ 也: 종미사.
〈풀이〉 공자가 모른다고 말씀하셨다.

知其說者之於天下也(지기설자지어천하야) ⇨ 知其說者: 이것은 그 다음의 者를 꾸미는 관형구 즉 그 설을 아는 자. 之: '의'의 뜻인 후치사. 於: 장소를 나타내는 전치사. 也: 종미사.

〈풀이〉 그 설을 아는 자의 천하에 있어서이다.(있어서는)

其如示諸斯乎(기여시저사호) ⇨ 其: 그것(은). 如: ~와 같다. 示: 보다. 諸: 之於. 斯: 여기. 乎: 반어의 종미사.

〈풀이〉 그것은 여기에서 그것을 보는 것 같지 않으랴.

指其掌(지기장) ⇨ 指: 가리키다. 其: 그. 掌: 손바닥.

〈풀이〉 그 손바닥을 가리키다.

12 祭如在 祭神如神在 子曰 吾不與祭 如不祭

제사는 조상신이 있는 것같이 하고 신을 제사 지낼 때는 신이 있는 것같이 한다. 공자가 말씀하셨는데 내가 제사에 참여하지 않으면 제사를 지내지 않음과 같은 느낌이 든다.

祭如在(제여재) ⇨ 祭: 제사. 如: 같이 하다. 在: (조상이) 있다.

〈풀이〉 제사는 조상이 있는 것같이 하다.

祭神如神在(제신여신재) ⇨ 祭神: 신을 제사함. 如: ~와 같이 하다. 神在: 신이 존재하다.

〈풀이〉 신을 제사할 때는 신이 있는(존재하는) 것 같이 한다.

吾不與祭(오불여제) ⇨ 吾: 1인칭대명사. 나는. 不: 부정사. 與: 참여하다. 祭: 제사.

〈풀이〉 나는 제사에 참여하지 아니하다.

如不祭(여부제) ⇨ 如: ~와 같다. 祭: 제사지내다.

〈풀이〉 제서를 지내지 않는 것과 같다.

13 王孫賈問曰 與其媚於奧 寧媚於竈 何謂也 子曰 不然 獲罪於天 無所禱也

왕손가가 물어 가로되 그 방에서 아첨하는 것보다 오히려 부엌에서 아첨하라 함은 무슨 말입니까? 공자가 말씀하셨다. (그것은) 그렇지 않습니다. 하늘에 죄를 지으면 빌 곳이 없습니다.

王孫賈問曰(왕손가문왈) ⇨ 王孫賈: 위나라 靈公영공의 중신으로 군사권을 장악한 실력자로 大夫였다. 王孫은 성. 賈는 이름.
〈풀이〉 왕손가가 물어 가로되.

與其媚於奧 寧媚於竈(여기미어오 영미어조) ⇨ 與~ 寧-: -보다 오히려 ~하다(-보다는 ~을 택하라)의 뜻인 비교형. 其: 대용대명사. 그것. 媚: 아첨하다. 於: 장소를 나타내는 전치사. 奧: 안방. 竈: 부엌 또는 부엌귀신. 여기서는 부엌임.
〈풀이〉 그것은 방안에서 아첨하는 것보다 오히려 부엌에서 아첨하다.

何謂也(하위야) ⇨ 何: 의문대명사. 謂: 말하다. 也: 종미사.
〈풀이〉 무엇을 말하는 것입니까.

不然(불연) ⇨ 〈풀이〉 그렇지 아니하다.

獲罪於天(획죄어천) ⇨ 獲: 죄를 짓다. 於: 장소를 나타내는 전치사.
〈풀이〉 하늘에 죄를 짓다.

無所禱也(무소도야) ⇨ 無: 없다. 所: 장소. 禱: 빌다. 也: 종미사.
〈풀이〉 빌 곳이 없다.

14 子曰 周監於二代 郁郁乎文哉 吾從周

공자가 말씀하셨다. 주는 하와 은의 이대를 본받아 빛나서 아주 찬란하지 않느냐. 나는 주를 따르겠다.

周監於二代(주감어이대) ⇨ 周: 주나라는 본래 은나라에 속했던 제후
였으나, 西伯서백(文王문왕)이 기틀을 잡고 그의 아들 武王이 은의 주
왕을 치고 BC 1122년에 주 왕조를 세웠다. 周의 문물제도는 유교
에서는 전형으로 삼고 있으며 유교적 윤리의 대강도 주례를 바탕
으로 한 것이다. 監: 살피고 본받다. 於: '을/를'의 전치사. 二代: 夏
와 殷의 두 왕조.

〈풀이〉 주나라는 하와 은의 두 대를 본받다.

郁郁乎文哉(욱욱호문재) ⇨ 郁郁: 빛나고 빛나다. 乎: 형용사 郁郁에
붙어서 어세를 세게 하는 후치사. 文: 문명화되어 찬란하다. 哉: 의
문종미사.

〈풀이〉 문명화되어 찬란하지 않았느냐?

吾從周(오종주) ⇨ 從: 다르다. 周: 從의 목적어. '주나라를'.

〈풀이〉 나는 주나라를 따르겠다.

15 子入大廟 每事問 或曰 孰謂鄹人之子知禮乎 入大廟 每
事問 子聞之曰 是禮也

공자가 대묘에 들어가 (제사에 관하여) 하나하나를 물었다. 어
떤 사람이 누가 추인의 아들이 예를 안다고 말하였는가? 대묘
에 들어가 매사를 묻더라고 했다. 공자가 그것을 듣고 말씀하
셨다. 이것이 예이니라.

子入大廟 每事問(자입대묘 매사문) ⇨ 子: 공자. 入: 들어가다. 大廟:
시조의 영묘. 여기서는 노나라. 周公의 묘. 每事: 매사. 하나하나.
問: 묻다.

〈풀이〉 공자가 주공의 묘에 들어가 매사를 물었다.

或曰(혹왈) ⇨ 或: 부정칭대명사. 〈풀이〉 어떤 사람이 말하였다.

孰謂鄹人之子知禮乎(숙위추인지자지례호) ⇨ 孰: 의문대명사. 누가. 謂: 말하다. 鄹: 공자의 아버지인 叔梁紇숙량흘이 대부로서 다스리던 읍의 이름. 여기서 '鄹人之子추인의 아들'란 공자를 두고 부른 말이다. 知: 알다. 禮: 예. 乎: 의문종미사.

〈풀이〉 누가 추인의 아들이 예를 안다고 말했느냐?

子聞之曰(자문지왈) ⇨ 子: 공자. 聞: 듣다. 之: 대용대명사. 여기서는 '매사문'을 가리킴.

〈풀이〉 공자가 이것을 듣고 말씀하시기를

是禮也(시례야) ⇨ 是: 이것. 삼인칭 지시대명사. 也: 종미사.

〈풀이〉 이것이 예이다.

16 子曰 射不主皮 爲力不同科 古之道也

공자가 말씀하셨다. 활을 쏘되 피(과녁)를 (맞추기에) 주력하지 아니하였고 노역 부과에는(힘을 쓰는 것은) 등급을 두어 같게 하지 아니 하였다. 옛날의 도의이니라(옛날의 도의가 옳았다).

射不主皮(사부주피) ⇨ 射: 쏘다. 不: 부정사. 主: 주로 하다. 皮: 가죽. 옛날에는 과녁을 곰·호랑이·표범 가죽으로 만들었다. 主의 목적어.

〈풀이〉 쏘는 것은(사람은) 과녁을 (맞추기를) 주로 하지 않는다.

爲力不同科(위력부동과) ⇨ 爲: 행하다. 力: 힘 爲의 목적어. 爲力은 옛날 백성들에게 노역을 부과하다. 不: 부정사. 同: 같이하다. 科: 과. 즉 不同科는 '과(부과)를 같게 하지 아니한다'임.

〈풀이〉 백성에게 노역을 부과하되 같게 하지 아니하였다.

古之道也(고지도야) ⇨ 古: 옛날. 之는 후치사 '의'. 道: 도. 也: 종미사.

〈풀이〉 옛날의 도의이다.

17 子貢欲去告朔之餼羊 子曰 賜也 爾愛其羊 我愛其禮

자공이 고삭예에 바치는 양을 치우고자(그만두고자) 하니 공자가 말씀하셨다. 사야, 너는 그 양을 사랑하나 나는 그 예를 사랑한다.

子貢欲去告朔之餼羊(자공욕거고삭지희양) ⇨ 欲: 소원의 조동사. '~을 하고 싶다' 去: 버리다. 치우다. 그만두다. 즉 欲去는 버리고자(치우고자) 하다. 告朔之: 고삭의. 이것은 餼羊을 꾸미는 관형어임. 매달 초하루에 선조묘에 짐승을 바치며 초하루를 아뢰었다. 즉 고삭예의. 餼羊: 산 채로 제물로 바치는 양.

〈풀이〉 자공이 고삭예에 바치는 산 양을 치우고자 하였다.

賜也(사야) ⇨ 賜: 자공의 이름. 也: 호격후치사.

〈풀이〉 사야.

爾愛其羊(이애기양) ⇨ 爾: 너. 〈풀이〉 너는 그 양을 사랑한다.

我愛其禮(아애기례) ⇨ 〈풀이〉 나는 그 예를 아낀다.

18 子曰 事君盡禮 人以爲諂也

공자가 말씀하셨다. 임금을 섬기는데 예를 다하는 것을 사람들은 함께 아첨이라고 하는구나.

事君盡禮(사군진례) ⇨ 事: 섬기다. 君: 임금. 盡: 다하다. 禮: 예의.

〈풀이〉 임금을 섬기는데 예를 다하다. 이 구는 爲의 목적구임.

人以爲諂也(인이위첨야) ⇨ 人: 남들은. 以: 함께. 爲: 삼다. 말하다.

〈풀이〉 사람들이 함께 아첨이라 말한다.

19 定公問 君使臣 臣事君 如之何 孔子對曰 君使臣以禮 臣
事君以忠

정공이 물었다. 임금은 신하를 부리고 신하는 임금을 섬기는 것
은 (이것은) 어떠합니까? 공자가 대답하여 말씀하셨다. 임금은
예로써 신하를 부리고 신하는 충성으로써 임금을 섬기면 된다.

定公(정공) ➪ 노나라의 군주이며 애공의 아들. 이름은 宋. 공자가 定
公을 섬겼다. 당시 三桓삼환이 전횡하고 군신의 명분이 흐렸다.

君使臣 臣事君(군사신 신사군) ➪ 使: 부리다. 쓰다. 事: 섬기다.

〈풀이〉 임금이 신하를 부리고, 신하는 임금을 섬긴다.

如之何(여지하) ➪ 如: 같다. 之: 이것. 대용·대명사. 何: 의문사.

〈풀이〉 이것이 어떠합니까?

君使臣以禮(군사신이례) ➪ 〈풀이〉 임금은 예로써 신하를 부리다(쓴다).

臣事君以忠(신사군이충) ➪ 〈풀이〉 신하는 충으로써 임금을 섬긴다.

20 子曰 關雎 樂而不淫 哀而不傷

공자가 말씀하셨다. (『시경』의) 「관저」편의 시는 즐거우나 음
란하지 아니하고 애처로우나 마음을 상하게 하지 아니한다.

關雎(관저) ➪ 『시경』. 周南의 최초의 편명.

樂而不淫(낙이불음) ➪ 而: 역접의 접속사.

〈풀이〉 즐거우나 음란하지 아니하고

哀而不傷(애이불상) ➪ 〈풀이〉 애처로우나 마음을 상하게 하지 아니한다.

21 哀公問社於宰我 宰我對曰 夏后氏以松 殷人以柏 周人以栗 曰 使民戰栗 子聞之曰 成事不說 遂事不諫 旣往不咎

애공이 재아에게 사를 물었다. 재아가 대답하여 말하였다. 하후씨는 소나무로써 심었고 은나라 사람은 잣나무를 심었고 주나라 사람은 밤나무를 심었다고 말하고 (다시) 말하기를 백성들로 하여금 전율하게 한 것입니다. 공자가 이것을 듣고 말씀하시되 이루어진 일은 말하지 아니하고 수행한 일은 간하지 아니하며 지나간 일은 탓하지 아니한다.

哀公問社於宰我(애공문사어재아) ⇨ 哀公: 노나라 군주. 社: 토지신을 모시는 곳을 社라 하는데 높게 단을 쌓고 신주의 상징으로 나무를 심었다. 따라서 이 社樹사수는 왕조마다 달랐다. 於: ~에게. 전치사. 宰我: 성은 宰 이름은 予모. 자는 子我재아. 孔門공문 중에서 언어에 뛰어났다.
〈풀이〉애공이 재아에게 사를 물었다.

夏后氏以松 殷人以柏 周人以栗(하후씨이송 은인이백 주인이율) ⇨
〈풀이〉하후씨(하나라의 임금)는 소나무로써 심고 은나라 사람은 잣나무로써 심고 주나라 사람은 밤나무로써 심었습니다.

使民戰栗(사민전률) ⇨ 使: 사동사. ~하게 하다. 民: 백성. 戰栗: 전율.
〈풀이〉백성을 전율하게 하고자 한 것입니다.

子聞之曰(자문지왈) ⇨ 之: 가시대명사. 이것.
〈풀이〉공자가 이것을 듣고 말씀하셨다.

成事不說(성사불설) ⇨ 成事: 다 이루어진 일. 說: 밝혀서 말하다. 비평하다. 〈풀이〉이루어진 일은 비평하지 않는다.

遂事不諫(수사불간) ⇨ 遂事: 수행한 일. 諫: 간하다.
〈풀이〉수행한 일은 간하지 아니한다.

旣往不咎(기왕불구) ⇨ 旣往: 지난 일. 咎: 허물하다. 탓하다.

〈풀이〉 지나간 일은 탓하지 않는다.

22 子曰 管仲之器小哉 或曰 管仲儉乎 曰 管氏有三歸 官事
不攝 焉得儉 然則管仲知禮乎 曰 邦君樹塞門 管氏亦樹
塞門 邦君爲兩君之好 有反坫 管氏亦有反坫 管氏而知禮
孰不知禮

공자가 관중의 기량은 작았다고 하시니 어떤 이가 말하였다.
관중은 검소하였습니까? 공자가 말씀하시되, 관자는 삼가가(부
인이 셋이) 있고 관부의 일을 겸하게 하지 않았으니 어찌 검소하
다 하겠느냐? 그런즉 관중은 예의를 압니까? (공자가) 말씀하시
되 임금이 나무로 문을 가리니 관씨 역시 나무로 문을 가리고
임금이 두 나라의 임금의 친신을 위하여 반점을 두니까, 관씨
또한 반점을 두었으니 관씨가 즉 예의를 안다면 누가 예의를
모르겠느냐?

管仲之器小哉(관중지기소재) ⇨ 管仲: 齊제나라 大夫 桓公환공을 도와
패권을 잡게 한 대정치가였다. 성은 管, 이름은 夷吾이오, 자는 仲.
공자보다 약 170~180년 전 사람. 之: 후치사 '의'. 器: 그릇. 인간적
인 기량. 도량. 哉: 감탄을 나타내는 종미사.

〈풀이〉 공자가 말씀하셨다. 관중의 기량은 작았도다.

或曰(혹왈) ⇨ 或: 부정칭 대명사. 어떤 이.

〈풀이〉 어떤 이가 말하였다.

管仲儉乎(관중검호) ⇨ 儉: 검소하다. 乎: 의문종미사.

〈풀이〉 관중은 검소했습니까?

曰(왈) ⇨ 〈풀이〉 말씀하셨다.

管氏有三歸(관씨유삼귀) ⇨ 有: 주어를 뒤에 가지는 특수동사. 三歸: 三家. 즉 부인을 셋 가졌다.

〈풀이〉 공자가 말씀하셨다. 관씨는 삼가가 있었다.

官事不攝(관사불섭) ⇨ 官事: 官府관부의 일. 또는 가신의 일. 不: 부정사. 攝: 겸할 섭.

〈풀이〉 관부의 일을 겸하게 하지 않았다.

焉得儉(언득검) ⇨ 焉: 어찌. 得: 가능조동사. ~할 수 있다. 儉: 검소하다.

〈풀이〉 어찌 검소하다 할 수 있겠는가?

然則管仲知禮乎(연즉관중지례호) ⇨ 然則: 그런즉. 知: 알다. 禮: 예. 乎: 의문종미사.

〈풀이〉 그런즉 관중은 예의를 압니까?

曰(왈) ⇨ 〈풀이〉 (공자가) 말씀하시되

邦君樹塞門(방군수색문) ⇨ 邦君: 제후. 樹: 나무를 심다. 담수. 塞: 가리다. 門: 문.

〈풀이〉 임금이 나무로 문을 가리다.

管氏亦樹塞門(관씨역수색문) ⇨ 亦: 역시.

〈풀이〉 관씨 또한 나무로 문을 가리다.

邦君爲兩君之好(방군위량군지호) ⇨ 爲: 위하다. 兩君: 두 나라의 임금. 之: 후치사로서 '~의'. 好: 친선의 정.

〈풀이〉 임금이 두 나라 임금의 친선을 위하여

有反坫(유반점) ⇨ 有: 주어를 뒤에 가지는 동사. 反坫: 흙을 돋우어서 만든 술잔을 놓은 대.

〈풀이〉 반점이 있다.

管氏亦有反坫(관씨역유반점) ⇨ 〈풀이〉 관씨 역시 반점이 있으니

管氏而知禮(관씨이지례) ⇨ 而: 즉. 조건형으로 읽는다.

〈풀이〉 관씨가 즉 예의를 안다면

孰不知禮(숙부지례) ⇨ 孰: (의문대명사) 누가.

〈풀이〉 누가 예의를 모르겠느냐?

23 子語魯大師樂曰 樂其可知也 始作翕如也 從之純如也 皦 如也 繹如也 以成

공자가 노나라 樂長官에게 (음)악을 설명하여 말씀하셨다. 음악 그것은 알 수 있습니다. 처음 연주하면 모든 것이 일어나는 듯하고 (선율이 잘 어울리고), 그것을 따라 잘 화합하는 듯하고 소리가 똑똑하며 연속하여 끊이지 아니함으로써 완성되는 것입니다.

子語魯大師樂曰(자어로대사악왈) ⇨ 子: 공자. 語: 말하다. 魯: 노나라. 大師: 대사. 즉, 악장관. 樂: 음악. 曰: 가로다.

〈풀이〉 공자가 노나라 대사에게 음악을 설명하여 말씀하시되

※ 語는 '설명하다. 알리다'의 뜻으로 曰의 '~라 말하다. 이르다'라는 뜻과는 차이가 있다.

樂其可知也(악기가지야) ⇨ 樂: 음악. 其: 그것은. 대용대명사. 여기서는 앞의 악을 가리킴. 可: 조동사 '~할 수 있다'. 知: 알다. 也: 한정 종미사 '~할 뿐이다'.

〈풀이〉 음악. 그것은 알 수 있을 따름이다. 즉 음악 그것은 알 수 있다.

始作翕如也(시작흡여야) ⇨ 始: 처음에. 作: 연주하다. 翕: 일어나다. 모든 것이 일제히 일어남. 如: ~듯하다. ~는 것 같다. 也: 종미사.

〈풀이〉 처음 연주하면 모든 것이 일어나는 듯하게 잘 맞는다.

從之純如也(종지순여야) ⇨ 從: 따르다. 之: 대용대명사. 여기서는 악. 純: 온화하다. 如: ~듯하다. 고로 純如는 온화한 듯하다 즉 잘 화합하다. 음악의 선율이 잘 맞다. 也: 종미사.

〈풀이〉 음악을 따라 온화한 듯하다(선율이 잘 맞는다).

皦如也(교여야) ⇨ 皦: 밝다. 如: ~듯하다. 고로 皦如는 음곡의 소리가 명백하다(깨끗하다). **也**: 단정의 종결사. ~하다.

〈풀이〉 음악 소리가 똑똑하다(깨끗하다).

繹如也(역여야) ⇨ 繹: 풀어내다. 如: ~듯하다. 고로 繹如는 연속하여

끊이지 않다. 〈풀이〉 연속하여 끊이지 않는다.

以成(이성) ⇨ 〈풀이〉 이로써 이루어진다.

24 儀封人請見 曰 君子之至於斯也 吾未嘗不得見也 從者見 之 出曰 二三子何患於喪乎 天下之無道也久矣 天將以夫 子爲木鐸

儀의의 봉인이 (공자를) 뵈옵기를 청하면서 말하기를 군자가 여기에 이르면 나는 아직 뵙지 않은 적이 없습니다. (공자의) 종자가 그를 뵙게 하여 주었더니 (봉인이) 뵙고 나와서 말하였다. 여러분은 어찌 (공자께서) 벼슬을 잃었음에 대하여 근심합니까? 천하의 도가 없어졌음이 오래라. 하늘이 장차 선생님으로써 목탁을 삼고자 한 것입니다.

儀封人請見(의봉인청견) ⇨ 儀: 위나라의 읍. 封人: 국경을 관장하는 벼슬아치. 請: 청하다. 見: 뵈옵다.

〈풀이〉 의의 봉인이 (공자를) 만나 뵈옵기를 청하였다.

曰(왈) ⇨ 〈풀이〉 말하다.

君子之至於斯也(군자지지어사야) ⇨ 君子之: 之는 주격의 후치사. 至: 이르다. 於: 장소를 나타내는 전치사. 斯: 지시대명사. 여기.

〈풀이〉 군자께서 여기에 이르시면

吾未嘗不得見也(오미상부득견야) ⇨ 吾: 나는. 未嘗: 여지껏 ~아니한 바 없다. 不: 부정사. 得: 조동사 '할 수 있다'. 也: 어세를 강하게 하는 종미사로 보통은 번역하지 않는다.

〈풀이〉 나는 여지껏 만나 뵙지 않은 적이 없다.

從者見之(종자견지) ⇨ 之: 지시대명사 '그를'. 여기서는 목적어.

〈풀이〉 종자가 그를 만나 뵙게 했다.

出曰(출왈) ⇨ 〈풀이〉 나와서 말하다.

二三子何患於喪乎(이삼자하환어상호) ⇨ 二三子: 여러분. 何: 의문부
사. '어찌'. 患: 근심하다. 於: 위치의 전치사. 喪: 잃음. 乎: 의문종미
사. 〈풀이〉 여러분은 어찌 벼슬을 잃음에 대하여 근심하십니까?

天下之無道也久矣(천하지무도야구의) ⇨ 天下之: 之는 '~의'로 읽고
앞의 말이 주어임을 나타낸다. 無道: 無는 특수형용사로 주어를 그
뒤에 가진다. '도가 없다'. 也: 어세를 강화하기 위하여 쓰인 종미
사. 無道也는 '도가 없어졌음이'가 됨. 久矣: 久는 오래다. 矣는 也보
다 어기가 센 종미사. 즉, 오래다.

〈풀이〉 천하의 도가 없어졌음이 오래다.

天將以夫子爲木鐸(천장이부자위목탁) ⇨ 將: 장차. 시간부사. 以: 로
써. 夫子: 선생님. 여기서는 공자. 爲: 삼는다. 木鐸: 목탁. 문화적인
지도자를 뜻함.

〈풀이〉 하늘이 장차 선생님으로 하여금 목탁으로 삼을 것이다.

25 子謂韶 盡美矣 又盡善也 謂武 盡美矣 未盡善也

공자가 소를 평하셨다. 미를 다하였고 또 선을 다하였다. 무를
평하셨다. 미는 다하였으나 아직 선은 다하지 아니 하였다.

子謂韶(자위소) ⇨ 子: 공자. 謂: 말하다. 평하다. 평론하다. 韶: 소의
음악. 요에서 자리를 물려받은 순이 제작한 무악.

〈풀이〉 공자가 소의 음악을 평하셨다.

盡美矣(진미의) ⇨ 盡: 다하다. 美: 미. 아름다움. 矣: 어기를 강조하는
종미사. 〈풀이〉 미를 다하였다.

又盡善也(우진선야) ⇨ 又: 또. 善: 선. 也: 종미사.

〈풀이〉 또 선을 다하였다.

謂武(위무) ⇨ 武: 우나라의 주를 친 주나라의 무왕의 음악. 무의 음악을 소의 음악에 미치지 못한다 한 것은 무력으로 통일하였으므로 장대한 미는 있으나, 순의 평화적인 선에 미치지 못하기 때문이다. 謂: 평하다. 〈풀이〉 무를 평하셨다.

未盡善也(미진선야) ⇨ 未: 부정사 '아직 ~하지 아니하다'.

〈풀이〉 아직 선을 다하지 아니하였다.

26 子曰 居上不寬 爲禮不敬 臨喪不哀 吾何以觀之哉

공자가 말씀하셨다. (사람의) 위에 있으면서 관대하지 못하고 예를 행하면서 공경하지 않으며 (남의) 장사에 임하여 슬퍼하지 않으면 나는 무엇으로 이것을 보겠는가?

居上不寬(거상불관) ⇨ 居上: 위에 있다. 不寬: 관대하지 못하다.

爲禮不敬(위례불경) ⇨ 爲禮: 예를 하다. 不敬: 공경스럽지 못하다.

臨喪不哀(임상불애) ⇨ 臨喪: (남의) 장사에 임하다. 不哀: 애도하지 아니하다.

吾何以觀之哉(오하이관지재) ⇨ 吾: 나. 何以: 何는 의문대명사. '무엇'. 以는 전치사. 何以는 以何의 도치형으로 '무엇으로써'. 觀之: 之는 윗글의 명사를 받는 대명사 '이것들'. 哉: 반어 또는 의문종미사.

〈풀이〉 나는 무엇으로 이것을 보겠는가?

第四篇 里仁

제4편 이인

1 子曰 里仁爲美 擇不處仁 焉得知

공자가 말씀하셨다. 인에 사는 것은 아름다움이 된다. 택해서
인에 처하지 아니하면 어찌 지혜를 얻으리오.

里仁爲美(이인위미) ⇨ 里: 살다. 거처하다. 爲美: 아름다움이 된다.
〈풀이〉 인에 사는 것은 아름다움이 된다.

擇不處仁(택불처인) ⇨ 〈풀이〉 택해서 인에 처하지 아니하다.

焉得知(언득지) ⇨ 焉: 의문반어사. 得: 얻다. 知: 지식. 지혜.
〈풀이〉 어찌 지혜를 얻으리오.

2 子曰 不仁者不可以久處約 不可以長處樂 仁者安仁 知者利仁

공자가 말씀하셨다. 어질지 못한 자는 오래 빈곤에 처할 수 없
고 오래 안락한 생활에 처할 수 없다. 어진 사람은 인에 안주하
고 지자는 인을 활용한다.

不仁者不可以久處約(불인자불가이구처약) ⇨ 不仁者: 不는 부정사. 어
질지 아니한 자. 可以: 가능조동사. 久: 오래. 處: 처하다. 約: 빈곤.
궁핍. 〈풀이〉어질지 못한 자는 오래 빈곤에 처할 수 없다.

不可以長處樂(불가이장처락) ⇨ 長: 오래. 樂: 안락하다.
〈풀이〉오래 안락한 생활에 처할 수 없다.

仁者安仁 知者利仁(인자안인 지자리인) ⇨ 安: 안주하다. 知者: 지혜
로운 자. 利: 이용하다.
〈풀이〉어진 자는 인에 안주하고 지자는 인을 이용한다.

3 子曰 惟仁者能好人 能惡人

공자가 말씀하셨다. 오직 어진 사람만이 사람을 좋아할 수 있고
사람을 미워할 수도 있다(사람을 사랑할 줄도 알고 미워할 줄도 안다).

惟仁者能好人(유인자능호인) ⇨ 惟: 오직. 能: 가능조동사 '~할 수 있다'.
能惡人(능오인) ⇨ 惡: 동사일 때는 '오'로 읽는다. 미워하다.

4 子曰 苟志於仁矣 無惡也

공자가 말씀하셨다. 인에 뜻을 두면 나쁜 일은 없어진다(악함은
없다).

苟志於仁矣 無惡也(구지어인의 무악야) ⇨ 苟: 진실로. 志: 뜻을 두다.
於: 전치사 '~에'. 仁: 어진 일(것). 矣: 어세를 강하게 하는 종미사.
惡: 악한 일. 나쁜 일. 也: 종미사.

5 子曰 富與貴 是人之所欲也 不以其道得之 不處也 貧與
賤 是人之所惡也 不以其道得之 不去也 君子去仁 惡乎
成名 君子無終食之間違仁 造次必於是 顚沛必於是

공자가 말씀하셨다. 부와 귀는 이것은 사람이 원하는 바이나
그 도리로써 그것을 얻지 아니하였으면 누리지 말고 가난과 천
함은 이것은 사람이 싫어하나 그 도리로써 얻지 아니하였으면
버리지 않는다. 군자가 인을 떠나면(버리면) 어찌 이름을 이루겠
는가. 군자는 식사를 마치는 짧은 사이에도 인을 어기지 않으
며 다급할 때도 반드시 인에 있어야 하고 넘어져 뒤집히는 때
라도 반드시 인에 있어야 한다.

富與貴 是人之所欲也(부여귀 시인지소욕야) ⇨ 與: 접속사 '~와'. 人
之: 之는 후치사 '~의'. 고로 人之는 '사람의'. 所欲: 바라는 바. 也:
종미사. 〈풀이〉 부와 귀, 이것은 사람의 바라는 바이다.

不以其道得之(불이기도득지) ⇨ 不: 得을 부정함. 以: 전치사. '~으로
써'. 其道: 그 도리. 之: 그것을. 대용대명사로 得의 목적어.
〈풀이〉 그 도로써 그것을 얻지 않았다.

不處也(불처야) ⇨ 處: 누리다. 也: 종미사.
〈풀이〉 누리지 아니한다.

貧與賤(빈여천) ⇨ 〈풀이〉 가난과 천함은

是人之所惡也(시인지소오야) ⇨ 惡: 싫어하다.
〈풀이〉 이는 사람이 싫어하는 바이다.

不以其道得之(불이기도득지) ⇨ 〈풀이〉 그 도리로써 그것을 얻지 아니하였다.

不去也(불거야) ⇨ 〈풀이〉 떠나지 아니한다(버리지 아니한다).

君子去仁(군자거인) ⇨ 〈풀이〉 군자는 인을 떠나다(버리다).

惡乎成名(오호성명) ⇨ 이것은 惡成名乎가 정식적인 형식. 惡: 의문
사. 乎: 의문종미사.

〈풀이〉어찌 이름을 이루겠는가?

君子無終食之間違仁(군자무종식지간위인) ⇨ 君子: 주어. 無: 違에 걸려 '어기지 않는다(어김이 없다)'. 終食之間: 終食은 식사를 마치다. 之는 終食과 합하여 間을 꾸미는 관형구 즉 종식의 사이. 違: 어기다. 인을 어기다.

〈풀이〉군자는 식사를 마치는 사이에도 인을 어김이 없다(어기지 않는다).

造次必於是(조차필어시) ⇨ 造次: 다급한 때. 必: 반드시. 於: 전치사 '~에'. 是: 이것. 여기서는 인을 말함.

〈풀이〉다급할 때도 반드시 인에 있어야 한다.

顚沛必於是(전패필어시) ⇨ 顚沛: 뒤집혀 넘어지다. 여기서는 '위급할 때'로 풀이됨.

〈풀이〉위급할 때도 반드시 인에 있어야 한다.

6 子曰 我未見好仁者惡不仁者 好仁者無以尙之 惡不仁者 其爲仁矣 不使不仁者加乎其身 有能一日用其力於仁矣 乎 我未見力不足者 蓋有之矣 我未之見也

공자가 말씀하셨다. 나는 인을 좋아하는 자와 어질지 않은 것을 미워하는 자를 아직 보지 못하였다. 인을 좋아하는 자는 이에 더할 것이 없다. 어질지 않은 것을 미워하는 자는 그것이 인을 행하는 것이며 어질지 아니 한 자로 하여금 그 몸에 더하게 하지 아니한다. 하루라도 그 힘을 인에 쓸 수 있다면 나는 아직 힘이 부족하다는 자를 보지 못하였다. 대체로 그런 사람이 있을 듯하나 나는 아직 그런 사람을 보지 못하였다.

我未見好仁者惡不仁者(아미견호인자오불인자) ⇨ 未見: 未는 부정조동사 '아직 ~하지 못한다'. 未見는 '보지 못하였다'. 好仁者: 好仁은

者를 꾸미는 관형구. '인을 좋아하는 자'. 惡不仁者: 不仁을 미워하
는 자. 惡는 미워하다. 惡不仁은 者를 꾸미는 관형구.

〈풀이〉 나는 아직 인을 좋아하는 자와 불인을 미워하는 자를 보지 못하였다.

好仁者無以尙之(호인자무이상지) ⇨ 無以: '~할 수 없다'의 부정조동
사. 尙: 上, 加의 뜻. 之: 대용대명사. 그것. 즉, 無以尙之는 그것에
더할 수 없다. 〈풀이〉 인을 좋아하는 자는 그것에 더할 수 없다.

惡不仁者其爲仁矣(오불인자기위인의) ⇨ 惡: 미워하다. 其: 대용대명
사. 그것. 矣: 단정의 종미사.

〈풀이〉 어질지 아니한 것을 미워하는 자는 그것이 인을 행하는 것이다.

不使不仁者加乎其身(불사불인자가호기신) ⇨ 使: 사동사. '하게 하다'.
不使: ~하게 하지 아니하다. 不使不仁者加는 어질지 아니한 자로
하여금 더하게 하지 아니하다. 乎: 간접목적어 앞에 쓰이는 전치사
'~에'. 따라서 乎其身는 그 몸에.

〈풀이〉 어질지 아니한 자로 하여금 그 몸에 더하게 하지 아니한다.

有能一日用其力於仁矣乎(유능일일용기력어인의호) ⇨ 有能: ~할 수
있다. 一日: 하루라도. 用: 쓰다. 其力: 목적어. 於: 간접목적어 仁에
오는 전치사. 고로 전체의 뜻은 인에 그 힘을 쓰다. 矣乎: 종미사.
矣는 乎를 강조하는 종미사.

〈풀이〉 하루라도 인에 그 힘을 쓸 수 있다면

我未見力不足者(아미견력부족자) ⇨ 未見: 아직 보지 못하였다. 力不
足者: 힘이 부족한 자를.

〈풀이〉 나는 아직 그 힘이 부족한 자를 보지 못하였다.

蓋有之矣(개유지의) ⇨ 蓋: 대체로(추측·상상하는 말). 有之: 이것이 있
다. 之: 위의 '힘이 부족한 자'를 받는 대명사. 矣: 종미사.

〈풀이〉 대체로 이것이(힘이 모자라는 사람) 있을 듯하나.

我未之見也(아미지견야) ⇨ 未之: 아직 이것(이런 사람)을. 見也: 未가
이에 걸려 '보지 못했다'.

〈풀이〉 나는 아직 이런 사람을 보지 못했다.

7 子曰 人之過也 各於其黨 觀過斯知仁矣

공자가 말씀하시되 사람의 허물은 각각 그 무리에서이다. 허물을 보고 여기서 인을(인이 어떠한 것인가) 안다.

人之過也(인지과야) ⇨ 人之: 之는 '~의'를 나타내는 후치사. 즉, '사람의'. 過: 허물. 也: 주어를 만드는 후치사 '~는'.
〈풀이〉 사람의 허물은

各於其黨(각어기당) ⇨ 各: 각각. 於: 장소를 나타내는 전치사 '~에서'. 其: 그(지시사). 黨: 무리.
〈풀이〉 각각 그 무리에서이다

觀過斯知仁矣(관과사지인의) ⇨ 觀過: 觀은 보다. 過는 허물. '허물을 보고'. 斯: 근칭의 지시대명사 '여기'. 知: 안다. 仁: 인을. 矣: 종미사.
〈풀이〉 허물을 보고 여기서 인을 안다

8 子曰 朝聞道 夕死可矣

아침에 도를 들으면 저녁에 죽어도 좋다.

朝聞道(조문도) ⇨ 朝: 아침. 聞: 듣다. 道: 도. 여기서는 목적어.
夕死可矣(석사가의) ⇨ 夕: 저녁. 여기서는 부사어. 死: 죽다. 可: 좋다. 矣: 단정의 종미사.

9 子曰 士志於道 而恥惡衣惡食者 未足與議也

공자가 말씀하셨다. 선비가 도에 뜻을 두었으나 거친 옷과 맛
없는 음식을 부끄러워하는 자는 아직 더불어 말하기에 족하지
아니하다.

士志於道(사지어도) ⇨ 士: 선비. 교양인으로서 사회적으로 중요시되
는 인물. 또 侯후, 卿경, 大夫 다음 가는 하급관리 또는 士農工商사농공
상의 하나. 志: 뜻을 두다. 於: 장소를 나타내는 전치사 '~에'. 道: 도.
도리. 군자의 도.
〈풀이〉 선비가 도에 뜻을 두다.

而恥惡衣惡食者(이치악의악식자) ⇨ 而: 접속사 '~하고서'. 恥: 부끄러
워하다. 惡衣: 거친 옷. 惡食: 맛없는 음식. 者: 사람.
〈풀이〉 거친 옷과 맛없는 음식을 부끄러워하는 자는

未足與議也(미족여의야) ⇨ 未足: 아직 족하지 아니하다. 與: 함께. 더불
어. 議: 말하다. 의논하다. 也: 종미사. 이 也는 앞의 未와 호응한다.
〈풀이〉 아직 더불어 말하기에 족하지 아니하다.

10 子曰 君子之於天下也 無適也 無莫也 義之與比

공자가 말씀하셨다. 군자가 천하에 있어서는 한 가지만 좋다고
고집하지 아니하며 불가하다고 부정하지 아니하며 의를 더불
어 좇는다.

君子之於天下也(군자지어천하야) ⇨ 君子之: 之는 주격조사. '군자가'.
於: 있다. 於天下를 장기근 교수는 "천하의 온갖 사물에 임하는 태
도"로 풀었다. 也: 이것은 사물을 지정·결정하는 종미사로 여기서

는 '天下에 있어서는'으로 풀어야 한다.

〈풀이〉 군자가 천하에 있어서는

無適也(무적야) ⇨ 無: 없다. ~하지 아니하다. 適: 오직 한가지만을 좋다고 고집함. 也: 종미사.

〈풀이〉 오직 한가지만을 좋다고 고집하지 아니하다.

無莫也(무막야) ⇨ 無: ~하지 아니하다. 莫: 不可하다고 부정하다.

〈풀이〉 불가하다고 부정하지도 아니한다.

義之與比(의지여비) ⇨ 이것은 與義比의 변형. 與: 더불어. 義之: 之는 '이것'으로 읽고 도치형을 만들기 위하여 사용함. 比: 좇는다.

〈풀이〉 의를 더불어 좇는다.

11 子曰 君子懷德 小人懷土 君子懷刑 小人懷惠

공자가 말씀하셨다. 군자는 도덕을 생각하고 소인은 토지를 생각하며 군자는 법규를 생각하나 소인은 은혜를 생각한다.

君子懷德(군자회덕) ⇨ 君子: 군자. 懷: 품을 회. 생각을 품다.

〈풀이〉 군자는 도덕을 생각하고

小人懷土(소인회토) ⇨ 土: 좋은 땅에서 안주하고 싶다.

〈풀이〉 소인은 토지를 생각한다.

君子懷刑(군자회형) ⇨ 刑: 넓은 의미에서의 법.

〈풀이〉 군자는 법규를 생각한다.

小人懷惠(소인회혜) ⇨ 〈풀이〉 소인은 은혜를 생각한다.

12 子曰 放於利而行 多怨

공자가 말씀하셨다. 이익에 의거하여 행동하면 원망을 많이 듣는다(원망이 많다).

放於利而行(방어리이행) ⇨ 放: 의거하다. 於: ~에. 전치사. 利: 이로움. 而: 순접의 접속사 '~해서'. 行: 행하다.
〈풀이〉 이에 의거하여 행동하면

多怨(다원) ⇨ 多: 많다. 怨: 원망 〈풀이〉 원망이 많다.

13 子曰 能以禮讓爲國乎 何有 不能以禮讓爲國 如禮何

공자가 말씀하셨다. 능히 예의와 사양으로써 나라를 다스릴 수가 있다면 무슨 어려움이 있을까? 예의와 사양으로써 나라를 다스릴 수 없다면 예의는 어찌하랴?

能以禮讓爲國乎(능이례양위국호) ⇨ 能: 능히. 以: ~으로써. 禮讓: 예법과 사양. 爲: 다스리다. 國: 나라를. 여기서는 목적어. 乎: 가정의 조건을 나타낼 때 쓰인 종미사. '~면야'로 본다.
〈풀이〉 능히 예의와 사양으로써 나라를 다스릴 수가 있다면

何有(하유) ⇨ 〈풀이〉 무엇이 있는가?

不能以禮讓爲國(불능이례양위국) ⇨ 不能: ~할 수 없다.
〈풀이〉 예의와 사양으로써 나라를 다스릴 수 없다면

如禮何(여례하) ⇨ 이는 禮如何의 변형. 如何: 어찌하랴.
〈풀이〉 예의를 어찌하랴.

14 子曰 不患無位 患所以立 不患莫己知 求爲可知也

공자가 말씀하셨다. 지위가 없음을 걱정하지 말고 설 까닭을 걱정하며 나를 알아 주지 아니함을 걱정하지 말고 알 수 있게 되기를 힘써라.

不患無位(불환무위) ⇨ 不患: 환하지 말다. 걱정하지 말다. 位: 주어. 지위. 無: 주어를 뒤에 가지는 특수동사.

〈풀이〉 지위가 없음을 걱정하지 말고

患所以立(환소이립) ⇨ 患: 걱정하다. 所以: 까닭. 立: 서다.

〈풀이〉 설 까닭을 걱정하라

不患莫己知(불환막기지) ⇨ 不患: 걱정하지 말다. 莫: 못하다. 아니하다. 己: 나를. 知: 알다.

〈풀이〉 나를 알지 아니하는 것을 걱정하지 말다.

求爲可知也(구위가지야) ⇨ 求: 힘쓰다. 찾다. 爲: 하다. 되다. 可知: 알 수 있다. 也: 종미사.

〈풀이〉 알 수 있게 되기를 힘쓰다.

15 子曰 參乎 吾道一以貫之 曾子曰 唯 子出 門人問曰 何謂 也 曾子曰 夫子之道 忠恕而已矣

공자가 말씀하셨다. 삼아, 나의 도는 하나로써 이것을 꿰뚫고 있다. 증자 가로되 예 하였다. 공자가 나가시자 문인들이 물어 가로되 무엇을 말씀하신 것입니까. 증자가 말하였다. 선생님의 도는 충과 서일 따름이니라.

參乎(삼호) ⇨ 參: 증자의 이름. 乎: 호격조사. 〈풀이〉 삼아,

吾道一以貫之(오도일이관지) ⇨ 吾道: 나의 도는. 여기서 주어. 一以: 하나로써. 貫: 꿰뚫다. 之: 앞의 말을 받는 대용대명사.

〈풀이〉 나의 도는 하나로써 이를 꿰뚫고 있다.

唯(유) ⇨ 〈풀이〉 예.

子出(자출) ⇨ 〈풀이〉 공자가 나가시다.

門人問曰(문인문왈) ⇨ 門人: 문인. 問曰: 물어 가로되.

〈풀이〉 문인이 물어 가로되

何謂也(하위야) ⇨ 何: 무엇을. 謂: 말하다. 也: 지정·결정의 종미사.

〈풀이〉 무엇을 말씀하신 것입니까?

夫子之道(부자지도) ⇨ 夫子: 스승. 之: 의. 道: 도.

〈풀이〉 스승님의 도는

忠恕而已矣(충서이이의) ⇨ 忠恕: 忠과 恕. 而已矣: 단정·한정의 종미사. ~일 따름이다.

〈풀이〉 忠과 恕일 따름이다.

16 子曰 君子喩於義 小人喩於利

공자가 말씀하셨다. 군자는 의를 밝히고 소인은 이익을 밝힌다.

君子喩於義(군자유어의) ⇨ 君子: 知仁勇을 갖추어 經世致用하는 지식인. 喩: 깨우치다. 깨닫다. 밝히다. 여기서는 '밝히다'로 풀어야 한다. 於: 직접목적어 앞에 오는 전치사. '~를'. 義: 정의. 대의. 도의.

〈풀이〉 군자는 의를 밝힌다.

小人喩於利(소인유어리) ⇨ 小人: 국가 사회는 아랑곳하지 않고 자기 개인의 이득만을 챙기는 사람. 利: 개인적 이득.

〈풀이〉 소인은 자기의 이득을 밝힌다.

17 子曰 見賢思齊焉 見不賢而內自省也

공자가 말씀하셨다. 어진 이를 보면 같아지기를 생각하고 어질지 않은 이를 보면 속으로 스스로 반성한다.

見賢思齊焉(견현사제언) ⇨ 見: 보다. 賢: 어진이. 思: 생각하다. 齊: 같다. 焉: 확인을 나타내는 종미사.
〈풀이〉 어진 이를 보면 같아지기를 생각한다.

見不賢而內自省也(견불현이내자성야) ⇨ 而: 순접의 접속사. 內: 안으로. 自: 스스로. 省: 반성하다. 也: 종미사. 조건형으로 읽어야 함.
〈풀이〉 어질지 아니한 이를 보면 안으로(마음속으로) 스스로 반성한다.

18 子曰 事父母幾諫 見志不從 又敬不違 勞而不怨

공자가 말씀하셨다. 부모를 섬겨서 부드럽게 간하여 자기 뜻을 따르지 않을 것으로 보이면 또한 공경하여 위배하지 말고 괴롭게 하여도 원망하지 아니한다.

事父母幾諫(사부모기간) ⇨ 事父母: 부모를 섬기다. 幾: 조용히 나타나지 않게. 부드럽게. 諫: 간하다. 〈풀이〉 부모를 섬김에는 부드럽게 간한다.

見志不從(견지부종) ⇨ 見: 보다. 살피다. 志: (나의) 뜻. 不從: 따르지 않음. 〈풀이〉 (부모가 나의) 뜻을 따르지 않을 것으로 보이면

又敬不違(우경불위) ⇨ 又: 또한. 敬: 공경하고. 不違: 위배하지 않다.
〈풀이〉 또한 공경하고 (부모에게) 위배되지 않아야 한다.

勞而不怨(노이불원) ⇨ 勞: 힘들다. 마음을 괴롭게 함. 힘써 일함. 而: 순접의 접속사. 不怨: 원망하지 아니한다.
〈풀이〉 괴롭게 하여도 원망하지 아니한다.

19 子曰 父母在 不遠遊 遊必有方

공자가 말씀하셨다. 부모가 생존해 계시면 아들은 멀리 길을 떠나지 말며 길을 떠날 때는 반드시 방위가 있어야 한다(알려야 한다).

父母在(부모재) ⇨ 〈풀이〉 부모가 (생존해) 계시면
不遠遊(불원유) ⇨ 不: 遠遊를 부정. 遠遊: 멀리 길을 떠나는 것.
遊必有方(유필유방) ⇨ 遊: 여행을 하면. 길을 떠나면. 必: 반드시. 有方: 방위가 있어야 한다.

20 子曰 三年無改於父之道 可謂孝矣

삼 년간 아버지의 도를 바꿈이 없으면 효라고 말할 수 있다.

三年無改於父之道(삼년무개어부지도) ⇨ 三年: 삼 년간. 無改: 바꾸지 않으면. 바꿈이 없으면. 於: 동작의 목적 대상을 강하게 나타내기 위하여 직접목적어 앞에 두고 '을'로 읽는다. 父之道: 아버지의 도.
可謂孝矣(가위효의) ⇨ 可謂: 말할 수 있다. 孝: 효(라고). 矣: 종미사.

21 子曰 父母之年 不可不知也 一則以喜 一則以懼

공자가 말씀하셨다. 부모의 나이는 몰라서는 아니 된다 (그 이유는) 하나는 즉 기쁨으로써이고 하나는 즉 두려움으로써이다.

父母之年(부모지년) ⇨ 〈풀이〉 부모의 나이

不可不知也(불가부지야) ▷ 不可: 할 수 없다. 不知: 알지 못하다. 모르다. 也: 종미사.

〈풀이〉 모름은 할 수 없다(몰라서는 아니 된다).

一則以喜(일즉이희) ▷ 則: '~은 즉'으로 풀고 대응하여 제시할 때 쓰인다. 〈풀이〉 하나는 즉 기쁨으로써이다.

一則以懼(일즉이구) ▷ 懼: 두렵다. 겁나다. 以: '~으로써이다'로 풀고 이유를 설명할 때 사용한다.

〈풀이〉 하나는 즉 두려움으로써이다.

22 子曰 古者 言之不出 恥躬之不逮也

공자가 말씀하셨다. 옛 사람이 말을 (함부로) 하지 않는 것은 몸소 실천함이 미치지 못할까 두려워하기 때문이다.

古者(고자) ▷ 〈풀이〉 옛 사람

言之不出(언지불출) ▷ 言之: '말을'. 之는 '이것'이라 풀고 도치형을 만들 때 쓰인 것이다. 고로 言之不出은 不出言之를 도치형으로 한 것이다. 出: 생각하여 내다.

〈풀이〉 말을 내지 아니한다.

恥躬之不逮也(치궁지불체야) ▷ 恥: 두려워하다. 창피하게 여기다. 躬: 몸소 함. 자기가 직접 함. 逮: 미치게 함. 이르게 함. 恥躬之는 躬恥의 도치형.

〈풀이〉 자기가 직접한 것이 미치지 않을 것을 두려워하기 때문이다.

23 子曰 以約失之者 鮮矣

공자가 말씀하셨다. 검소함으로써 그르친 사람은 드물다.

以約失之者(이약실지자) ⇨ 以約: 以는 ~으로써. 約은 검소하다. '검소
함으로써'. 失: 그르치다. 之: 失之로써 者를 꾸밈. 者: 사람.
鮮矣(선의) ⇨ 鮮: 드물다. 矣: 종미사.

24 子曰 君子欲訥於言 而敏於行

공자가 말씀하셨다. 군자는 말에 신중하기를 바라나 행동에는
민첩하기를 바란다.

君子欲訥於言(군자욕눌어언) ⇨ 欲: 바란다. 訥: 말을 신중하게 하다.
於: 직접목적어. 言: 말.
〈풀이〉 군자는 말에 신중함을 바란다.
而敏於行(이민어행) ⇨ 而: 역접의 접속사.
〈풀이〉 행동에 민첩하기를 바란다.

25 子曰 德不孤 必有隣

공자가 말씀하셨다. 덕은 외롭지 아니하고 반드시 이웃이 있다.

德不孤(덕불고) ⇨ 〈풀이〉 덕은 외롭지 아니하다.
必有隣(필유린) ⇨ 〈풀이〉 반드시 이웃이 있다.

26 子游曰 事君數斯辱矣 朋友數斯疏矣

자유가 말하되 임금을 섬기는데 여러 번 하면 이는 모욕을 받게 되고, 친구와 사귀는데 여러 번 하면 이는 소원하게 된다.

子游(자유) ⇨ 성은 言, 이름은 偃언, 자는 子游, 공자의 제자.

事君數斯辱矣(사군삭사욕의) ⇨ 事君: 임금을 섬기다. 數: 여러 번 하다. 斯: 지시대명사 이. 이것. 辱矣: 욕이라.

朋友數斯疏矣(붕우삭사소의) ⇨ 疏矣: 소원하다. 矣는 종미사.

〈풀이〉 친구와 사귀는데 여러 번 하면 이는 소원하게 된다.

第五篇 公冶長
제5편 공야장

1 子謂公冶長 可妻也 雖在縲絏之中 非其罪也 以其子妻之

공자가 공야장에 대하여 말씀하셨다. (딸을) 시집보낼 만하다. 비록 감옥 안에 있으나 그것은 죄가 아니다. 그 딸로써 그에 시집보내었다.

子謂公冶長(자위공야장) ⇨ 子: 공자. 謂: 비평하다. ~에 대하여 말하다. 公冶長: 성은 公冶. 長은 이름. 자는 子長. 제나라 사람이라고도 하고 노나라 사람이라고도 함.

〈풀이〉 공자가 공야장에 대하여 말씀하셨다.

可妻也(가처야) ⇨ 可: 당연을 나타내는 조동사 '~할 수 있다'. 妻: 동사 '시집보내다'. 즉 공야장에게 시집보내어 그의 아내로 삼게 하다. 也: 단정의 종미사.

〈풀이〉 딸을 시집보낼 만하다(사위로 삼을 만하다).

雖在縲絏之中(수재류설지중) ⇨ 雖: 비록. 在: ~에 있다. 縲絏: 縲는 검은 새끼. 絏은 매다. 옛날에는 죄인을 검은 새끼로 묶었다. 여기서는 縲絏之中이라고 하였으니 '감옥 안에'로 풀어야 한다.

〈풀이〉 비록 감옥 안에 있으나

非其罪也(비기죄야) ⇨ 非: 이것은 명사를 부정하는 경우 이유나 사정

을 부정하는 경우에 쓰이어 주로 체언을 부정한다. 其: 그것. 대명
사. 也: 단정의 종미사.

〈풀이〉 그것은 죄가 아니다.

以其子妻之(이기자처지) ⇨ 以: ~으로써. 其子: 그 아이. 여기서는 딸
을 말함. 妻之: 妻는 '시집 보내다'. 之는 동사 妻에 붙여 쓰이며 풀
이 안 해도 되는 말.

〈풀이〉 그 아이(딸)로써 그에게 시집을 보내었다.

2 子謂南容 邦有道 不廢 邦無道 免於刑戮 以其兄之子 妻之

공자가 남용에 대하여 말씀하셨다. 나라에 도가 있으면 폐하지
않고(버림 받지 않고) 나라에 도가 없으면 형벌과 주륙을 면할 것
이다. 그 형의 딸로써 시집보내셨다.

子謂南容(자위남용) ⇨ 南容: 공자의 제자로 성은 南容. 이름은 괄适.
일명 縚도. 자는 子容자용. 南宮남궁에 살았다. 南宮, 子容을 줄여 南容
이라 하였다.

〈풀이〉 공자가 남용에 대하여 말씀하셨다.

邦有道(방유도) ⇨ 邦: 나라. 有: 주어를 뒤에 취하는 특수 동사.

〈풀이〉 나라에 도가 있다.

不廢(불폐) ⇨ 廢: 못쓰게 되다. 즉 不廢는 반드시 등용된다는 뜻.

邦無道(방무도) ⇨ 無: 주어를 뒤에 취하는 특수 동사.

〈풀이〉 나라에 도가 없다.

免於刑戮(면어형륙) ⇨ 免: 면하다. 於: ~에서. 刑戮: 형벌이나 주륙.

〈풀이〉 형벌이나 주륙을 면하다.

以其兄之子 妻之(이기형지자 처지) ⇨ 以: ~으로써. 其: 그. 兄之子: 형

의 아이(여기서는 딸). 妻: 시집 보내다. 之: 동사 妻에 붙여 쓰이며
풀이 안 해도 되는 말.

〈풀이〉 그 형의 아이(여기서는 딸)로써 시집보내다.

3 子謂子賤 君子哉 若人 魯無君子者 斯焉取斯

공자가 자천을(에 대하여) 말씀하셨다. 이와 같은 사람이 군자로
다. 노나라에 군자인 사람이 없었다면 자천이 어디에서 이것(학
덕)을 터득하였겠느냐(구하였겠느냐)?

子謂子賤(자위자천) ⇨ 子賤: 공자의 문인. 공자보다 49세나 젊다. 성
은 宓복 이름은 不齊부제. 자는 子賤. 노나라 사람이다.

〈풀이〉 공자가 자천을(에 대하여) 말씀하셨다.

君子哉 若人(군자재 약인) ⇨ 哉: 감탄종미사. 若人: 若此人의 생략형.
君子哉 若人은 若人 君子哉의 도치형. 若은 같다.

〈풀이〉 이와 같은 사람이 군자로다.

魯無君子者(노무군자자) ⇨ 魯: 노나라에. 無: 주어를 뒤에 두는 특수
동사. 君子者: 군자인 사람.

〈풀이〉 노나라에 군자인 사람이 없다.

斯焉取斯(사언취사) ⇨ 斯: 근칭의 지시대명사로 '이. 이 일. 이것' 등
을 뜻함. 앞의 斯는 子賤을 가리키고 뒤의 斯는 學德을 가리킨다.
焉: 의문대명사. 어디. 取: 구하다.

〈풀이〉 이가(자천이) 어디서 이것(학덕)을 구하였겠느냐?

4 子貢問曰 賜也何如 子曰 女器也 曰 何器也 曰 瑚璉也

자공이 물어 말하였다. 사는 어떠합니까? 공자가 말씀하셨다. 너는 그릇이다. 자공이 말하였다. 무슨 그릇입니까? 공자가 말씀하셨다. (종묘에 서직을 고여 담는 옥으로 장식된 귀중한) 호련의 그릇이다.

子貢問曰(자공문왈) ⇨ 〈풀이〉 자공이 (공자에게) 물어 말하였다.

賜也何如(사야하여) ⇨ 賜: 자공의 이름. 也: 위의 말을 제시할 때 쓰는 후치사. 何如: 어떠하냐?
〈풀이〉 사는 어떠합니까?

女器也(여기야) ⇨ 女: 汝. 너. 器: 그릇. 朱子는 그릇을 有用之成材라 했다. 也: 단정의 종미사. 〈풀이〉 너는 그릇이다.

曰 何器也(왈 하기야) ⇨ 何: 의문대명사로 '무엇'.
〈풀이〉 자공이 말하였다. 무슨 그릇입니까?

曰 瑚璉也(왈 호련야) ⇨ 瑚璉: 은대에 종묘에서 서직을 담던 제기. 호련은 이 구절로 인해 우수한 인물의 비유로 쓰인다.
〈풀이〉 공자가 말하였다. (종묘에 서직을 고여 담는 옥으로 장식된 귀중한) 호련의 그릇이다.

5 或曰 雍也 仁而不佞 子曰 焉用佞 禦人以口給 屢憎於人 不知其仁 焉用佞

어떤 사람이 말하였다. 옹은 어질기는 하나 말재주가 없습니다. 공자가 말씀하시기를 어디에 말재주를 쓸 것이냐? 뛰어난 말솜씨로 남을 맞선다면 매양 남에게 미움을 받게 된다. 그가 어진가는 모르지만 어디에 말재주를 쓸 것인가?

或曰(혹왈) ⇨ 〈풀이〉 어떤 사람이 말하였다.

雍也(옹야) ⇨ 雍: 공자의 제자로 성은 冉염. 이름이 雍. 자는 仲弓중궁. 노나라 사람으로 인덕이 높았다. 그러나 口辯구변이 없었다. 也: 위의 말을 제시할 때 쓰는 후치사로 주격조사.

仁而不佞(인이불녕) ⇨ 仁: 인덕. 어질다. 而: 역접의 접속사. 不佞: 말재주가 없다. 佞은 말재주.
〈풀이〉 인덕은 있으나(어질기는 하나) 말재주가 없다.

焉用佞(언용녕) ⇨ 焉: 의문대명사. 어디. 用: 쓰다. 佞: 말재주.
〈풀이〉 어디에 말재주를 쓸 것이냐?

禦人以口給(어인이구급) ⇨ 禦: 대항하다. 맞서다. 대하다. 人: 사람. 남. 以: 으로써. 전치사 口給: 구변. 말솜씨가 뛰어남.
〈풀이〉 뛰어난 말솜씨로써 남에게 맞선다면

屢憎於人(누증어인) ⇨ 屢: 자주. 매양. 憎: 미워하다. 於: 상대를 나타내는 전치사. 人: 남. 〈풀이〉 매양 남에게 미움을 받는다.

不知其仁(부지기인) ⇨ 不知: 알지 못한다. 其仁也: 그 인덕(어진 것).
〈풀이〉 그 인덕(어짊)을 알지 못한다.

6 子使漆雕開仕 對曰 吾斯之未能信 子說

공자가 칠조개로 하여금 벼슬하게 하려 했더니 (칠조개가) 대답하여 말하기를 저는 이것을 아직 할(감당할) 자신이 없습니다. 공자는 (그의 향학열이 높음을) 기뻐하셨다.

子使漆雕開仕(자사칠조개사) ⇨ 子: 공자. 使: 사역동사. '~로 하여금 ~하게 하다' 漆雕開: 공자의 문인 漆雕가 성. 子開자개는 자. 이름은 啓계. 仕: 出仕출사. 벼슬을 하다.
〈풀이〉 공자가 칠조개로 하여금 출사하게 하였다.

對曰(대왈) ⇨ 〈풀이〉(칠조개가) 대답하여 가로되,

吾斯之未能信(오사지미능신) ⇨ 吾: 나는. 斯: 지시대명사 '이 일'. 之:
후치사로 斯를 목적어 되게 함. 未能: 未는 '아직 ~하지 못한다'의
부정조동사. 能은 '~할 수 있다'의 가능조동사. 고로 '~을 할 수 없
다'. 信: 믿다. 未能信은 아직 믿을 수 없습니다가 직역인데, 의역하
여 '자신이 없습니다'가 된다.

〈풀이〉 저는 이것을 아직 할(감당할) 자신이 없습니다.

子說(자열) ⇨ 說: 悅과 같은.

〈풀이〉 공자는 기뻐하셨다.

7 子曰 道不行 乘桴浮于海 從我者其由也與 子路聞之喜
子曰 由也 好勇過我 無所取材

공자가 말씀하셨다. 도가 행하여지지 않으니 뗏목을 타고 바다
로 떠나 간다면 나를 따를 사람은 유이겠지. 자로가 이 말을 듣
고 기뻐하였다. 공자가 말씀하시기를 유야 용맹을 좋아하기는
나를 능가하나 재목을 구할 곳이 없다.

道不行(도불행) ⇨ 道: 도. 行: 행하다. 행하여지다.

〈풀이〉 도가 행하여지지 아니하다(도가 이루어지지 아니하다).

乘桴浮于海(승부부우해) ⇨ 乘: 타다. 桴: 뗏목. 浮: 뜨다. 于: 처소의
전치사. 海: 바다.

〈풀이〉 뗏목을 타고 바다에 뜨다.

從我者其由也與(종아자기유야여) ⇨ 從: 따르다. 我: 나를. 者: 자. 其:
그. 由: 공자의 제자 子路로서 지나치게 용감해서 탈이었다. 也與:
也와 與가 합한 종미사. 의문의 뜻을 가짐.

〈풀이〉 나를 따를 사람은 유이겠지.

子路聞之喜(자로문지희) ⇨ 子路: 이름은 由유. 공자의 제자. 聞: 듣다. 之: 위의 구절을 받는 대명사. 喜: 기뻐하다.
〈풀이〉 자로가 이 말을 듣고 기뻐하였다.

由也(유야) ⇨ 也: 호격의 후치사. 이때의 也는 앞의 말을 독립어로 만든다. 〈풀이〉 유야

好勇過我(호용과아) ⇨ 好: 좋아하다. 勇: 용감하다. 용맹하다. 過: 지나다. 더하다. 我: 나. 〈풀이〉 용맹을 좋아하기는 나를 더한다.

無所取材(무소취재) ⇨ 無: 없다. 所: ~하는 곳. 여기서는 無 뒤에 오는 주어. 取: 취하다. 구하다. 材: 재능. 재주. 재목.
〈풀이〉 재목을 구할 곳이 없다(사리를 분간할 줄 모른다).

⑧ 孟武伯問 子路仁乎 子曰 不知也 又問 子曰 由也 千乘之國 可使治其賦也 不知其仁也 求也何如 子曰 求也 千室之邑 百乘之家 可使爲之宰也 不知其仁也 赤也何如 子曰 赤也 束帶立於朝 可使與賓客言也 不知其仁也

맹무백이 물었다. 자로는 인자합니까? 공자가 말씀하셨다. 알지 못합니다. 또 물었다. 공자가 말씀하셨다. 유는 천승의 나라에서 그 병사를 다스리게 할 수는 있으나 그 어짊은 알 수 없습니다. 구는 어떠합니까? 공자가 말씀하셨다. 천 가구가 모여 사는 읍과 백승의 대경부 집에서 읍장이나 가신 노릇은 시킬 수 있으나 그 어짊은 알 수 없습니다. 적은 어떠합니까? 공자가 말씀하셨다. 적은 예복에 속대를 매고 조정에 나아가 빈객과 더불어 말하게 할 수 있으나 그가 어진가는 알 수 없습니다.

孟武伯問(맹무백문) ⇨ 孟武伯: 노나라의 대부. 問: 물었다.
〈풀이〉 맹부백이 물었다.

子路仁乎(자로인호) ⇨ 子路: 공자의 제자. 이름은 由유. 乎: 의문종미사. 〈풀이〉 자로는 어집니까?

不知也(부지야) ⇨ 也: 단정종미사. 〈풀이〉 모르겠습니다.

又問(우문) ⇨ 〈풀이〉 또 물었다.

由也(유야) ⇨ 也: 由를 주어로 만드는 후치사. 〈풀이〉 유는

千乘之國(천승지국) ⇨ 千乘: 제후의 나라(學而편 5 참조). 之: 의. 千乘之는 國의 관형구. 國: 나라.

〈풀이〉 천승의 나라

可使治其賦也(가사치기부야) ⇨ 可: 가능의 조동사. 使: 사동사. 賦: 군용의 조달. 也: 단정의 종미사.

〈풀이〉 그 군용의 조달을 (병사를) 부려 다스릴 수는 있다.

不知其仁也(부지기인야) ⇨ 〈풀이〉 그 어진 바는 알지 못합니다.

求也何如(구야하여) ⇨ 求: 공자의 문인으로 이름은 冉有염유.

〈풀이〉 구는 어떠합니까?

求也(구야) ⇨ 也: 求를 주어로 만드는 후치사. 〈풀이〉 구는

千室之邑(천실지읍) ⇨ 〈풀이〉 천호(千戶)가 있는 큰 마을

百乘之家(백승지가) ⇨ 〈풀이〉 병거 백승을 추릴 수 있는 경대부의 집

可使爲之宰也(가사위지재야) ⇨ 可使: 부려서 ~할 수 있다. 爲之: 되다. 使가 爲之宰也에까지 걸린다. 고로 使爲之는 '되게 하다'이다. 宰: 長. 邑長. 家臣의 총칭. 也: 종미사.

〈풀이〉 부려서 재가 되게 할 수는 있다.

不知其仁也(부지기인야) ⇨ 〈풀이〉 그 어짊을 알지 못합니다.

赤也何如(적야하여) ⇨ 赤: 적은 공자의 문인으로 성은 公西. 이름은 赤. 자는 子華. 공자보다 42세 젊다. 也: 赤을 제시하기 위해 쓰인 종미사. 〈풀이〉 적은 어떠합니까?

赤也(적야) ⇨ 也: 赤을 주어로 만드는 후치사. 〈풀이〉 적은

束帶立於朝(속대립어조) ⇨ 束帶: 예복에 두루는 큰 띠. 立: 임하다. 朝: 조정. 〈풀이〉 속대를 매고 조정에 나아가

可使與賓客言也(가사여빈객언야) ⇨ 與: 부사. 더불어. 言: 대화하다. 대응하다.

〈풀이〉 빈객과 더불어 말하게 할 수는 있다.

⑨ 子謂子貢曰 女與回也 孰愈 對曰 賜也 何敢望回 回也 聞一以知十 賜也 聞一以知二 子曰 弗如也 吾與女 弗如也

공자가 자공에게 말씀하셨다. 너와 안회는 누가 더 우수하냐? 대답하여 말하되, 사는 어찌 감히 안회를 비교하여 보겠습니까? 안회는 하나를 들으면 열을 아는데 사는 하나를 들으면 둘을 압니다. 공자가 말씀하셨다. 안회와 같지 못하구나. 나와 너는 안회와는 같지 못하구나.

子謂子貢曰(자위자공왈) ⇨ 〈풀이〉 공자가 자공에게 말씀하셨다.

女與回也(여여회야) ⇨ 與: 접속사. 즉 '와'.

　〈풀이〉 너와 회는

孰愈(숙유) ⇨ 孰: 의문대명사. 누구. 愈: 우수하다. 이기다.

　〈풀이〉 누가 우수하냐?

對曰(대왈) ⇨ 〈풀이〉 대답하여 말하였다.

賜也 何敢望回(사야 하감망회) ⇨ 賜也: 사는. 何: 어찌. 의문부사. 敢: 감히. 望: 비교해 보다. 回: 안회.

　〈풀이〉 사는 어찌 감히 회를 비교하여 보겠습니까.

回也 聞一以知十(회야 문일이지십) ⇨ 回也: 회는. 聞: 듣다. 一: 하나. 以: 후치사. '으로써' 知十: 십을 알다.

　〈풀이〉 회는 하나를 들음으로써 열을 안다.

賜也 聞一以知二(사야 문일이지이) ⇨ 〈풀이〉 사는 하나를 들음으로써 둘을 안다.

弗如也(불여야) ⇨ 弗: 부정사 如: 같다. 也: 종미사.
〈풀이〉 같지 않구나(안회만 못하다).

吾與女(오여녀) ⇨ 與: 접속사 '와'. 〈풀이〉 나와 너

10 宰予晝寢 子曰 朽木不可雕也 糞土之牆 不可杇也 於予
與何誅 子曰 始吾於人也 聽其言而信其行 今吾於人也
聽其言而觀其行 於予與改是

　　재여가 낮에 잠을 잤다. 공자가 말씀하셨다. 썩은 나무는 조각
을 할 수가 없으며 썩고 더러운 흙으로 쌓은 담은 흙손으로 곱
게 다지고 꾸밀 수 없다. 여에 있어서는 나무라서 무엇 하겠느
냐? 공자가 말씀하셨다. 처음에 나는 사람에 있어서 그 말을 듣
고 그 행실을 믿었는데 지금의 나는 사람에 있어서 그 말을 듣
고 그 행실을 살피게 되었다. 여로부터 이것을 고치었다.

宰予晝寢(재여주침) ⇨ 宰予: 노나라 사람으로 공자의 제자. 통칭은
宰我재아. 予는 이름. 재여는 변설에 능했다. 晝寢: 낮에 잠을 자다.
〈풀이〉 재여가 낮에 잠을 잤다.

朽木不可雕也(후목불가조야) ⇨ 朽木: 썩은 나무. 雕: 조각하다. 也:
단정종미사.
〈풀이〉 썩은 나무는 조각할 수 없다.

糞土之牆 不可杇也(분토지장 불가오야) ⇨ 糞土: 썩고 더러운 흙. 糞
土之는 牆을 꾸미는 관형구. 杇: 흙손으로 곱게 다지고 꾸미다. 벽
에 흙을 바르다.
〈풀이〉 썩고 더러운 흙으로 만든 담은 흙손으로 곱게 다지고 꾸밀 수 없다.

於予與何誅(어여여하주) ⇨ 於予: 여에게. 予는 宰予. 與何: 무엇에 따
라. 與는 의문·반대의 뜻으로 쓰인 조사. 더불어. 따르다. 何는 어

찌 또는 무엇. 誅: 나무라다.

〈풀이〉 여에게 무엇에 따라 나무라겠느냐?(나무라도 소용이 없다.)

始吾於人也(시오어인야) ⇨ 始: 처음에. 吾於人也: 也는 어세를 세게 하기 위하여 쓰인 종미사. '나는 사람에 있어서'.

〈풀이〉 처음에 나는 사람에 있어서

聽其言而信其行(청기언이신기행) ⇨ 聽其言: 그 말을 듣다. 而: 순접의 접속사. 信其行: 그의 행동(행실)을 믿다.

〈풀이〉 그 말을 듣고 그 행실을 믿었다.

今吾於人也(금오어인야) ⇨ 〈풀이〉 이제 나는 사람에 있어서(사람을 대함에 있어서)

聽其言而觀其行(청기언이관기행) ⇨ 聽: 살피다.

〈풀이〉 그 말을 듣고 그 행실을 살핀다.

於予與改是(어여여개시) ⇨ 於: 동작의 기점을 나타냄. 상대를 나타냄. 與: 좇다. 따르다. 於予與는 여로부터 좇아서. 여에 의지하여. 改是: 이것을 고치었다.

〈풀이〉 여로부터 이것을 고치었다.

11 子曰 吾未見剛者 或對曰 申棖 子曰 棖也 慾 焉得剛

공자가 나는 아직 강직한 자를 보지 못하였다고 하시자 어떤 사람이 그는 신정입니다 하고 대답하였다. 공자가 말씀하셨다. 신정은 욕심이 많다. 어찌 강직할 수가 있겠느냐?

吾未見剛者(오미견강자) ⇨ 未見: 보지 못했다. 剛者: 강직한 사람.

〈풀이〉 나는 아직 강직한 사람을 보지 못하였다.

或對曰 申棖(혹대왈 신정) ⇨ 或: 어떤 사람. 申棖: 공자의 제자. 노나라 사람. 〈풀이〉 어떤 사람이 대답하여 말하되 '신정입니다' 하였다.

棖也 慾(정야 욕) ⇨ 棖也: 신정은. 慾: 욕심이 많다.

〈풀이〉 신정은 욕심이 많다.

焉得剛(언득강) ⇨ 焉: 의문사 '어찌'. 得: 얻다. 剛: 강직.

〈풀이〉 어찌 강직할 수 있겠느냐?

12 子貢曰 我不欲人之加諸我也 吾亦欲無加諸人 子曰 賜也 非爾所及也

자공이 말하였다. 나는 남이 나에게 압력을 가하기를 원하지 않으며 나 역시 남에게 압력을 가하기를 원하지 않는다. 라고 하자 공자가 말씀하셨다. 사야, 네가 해낼 수 있는 바가 아니다.

我不欲人之加諸我也(아불욕인지가저아야) ⇨ 不欲: 원하지 않는다. 人: 사람. 남. 之: 주어를 나타냄. 人之는 '남이'. 加: 억지를 가하다. 諸: 之於의 준말. 고로 加諸人은 加之於我로 됨. 加之의 之는 어조를 고루기 위하여 加 다음에 붙인 것이므로 풀이 하지 않는 게 좋다. 於我의 於는 간접목적어 앞에 붙인 전치사. 고로 於人은 '사람에게 또는 남에게'로 풀이됨. 也: 강조의 종미사.

〈풀이〉 나는 남이 나에게 압력을 가하는 것을 원하지 않는다.

吾亦欲無加諸人(오역욕무가저인) ⇨ 吾: 나. 亦: 역시. 欲: 원하다. 無加諸人: 無加於人과 같음. '남에게 압력을 가하지 않는다'.

〈풀이〉 나 역시 남에게 압력을 가하지 않기를 원한다.

賜也(사야) ⇨ 賜: 자공의 이름. 也: 호격조사. 후치사.

〈풀이〉 사야

非爾所及也(비이소급야) ⇨ 非: 아니다. 爾: 이인칭대명사. 所: 바. 及: 미치다. 也: 종미사.

〈풀이〉 네가 미칠 바가 아니다. 즉 네가 해낼 바가 아니다.

13 子貢曰 夫子之文章 可得而聞也 夫子之言性與天道 不可得而聞也

자공이 말하였다. 선생의 문장은(문물제도에 관한 말씀은) (누구에게나) 얻어 들을 수 있으나 선생의 인간에 관한 성리와 하늘의 도리에 관한 말씀하시는 것은 (남에게서) 얻어 들을 수 없을 따름입니다.

夫子之文章(부자지문장) ⇨ 夫子: 선생. 文章: 시서예악 등 문물제도를 뜻함. 也: 종미사.

〈풀이〉 선생의 문장은

可得而聞也(가득이문야) ⇨ 可: ~할 수 있다. 得而聞: 얻어서 듣다. 而는 접속사. 也: 종미사.

〈풀이〉 (누구에게나) 얻어 들을 수 있다.

夫子之言性與天道(부자지언성여천도) ⇨ 夫子之: 선생이. 之는 주격조사. 言: 말씀하시다. 性: 인간성. 성리. 與: 접속사. '~와'. 天道: 하늘의 도리.

〈풀이〉 선생이 사람의 성리와 하늘의 도리를 말씀하시다.

不可得而聞也(불가득이문야) ⇨ 不可: ~할 수 없다. 得: 얻다. 而: 순접의 접속사. 聞: 듣다. 也: 종미사.

〈풀이〉 얻어 들을 수가 없다.

14 子路有聞 未之能行 唯恐有聞

자로가 가르침을 듣고 이것을 실행하지 못 하였는데 또 가르침을 듣기를 두려워하였다.

子路有聞 未之能行(자로유문 미지능행) ⇨ 有聞: 공자로부터 가르침을 듣다. 未: 아직 ~하지 못하다. 之: 앞에 나온 말을 가리키는 대명사. 이것(공자로부터 가르침을 들은 것)을. 能行: 실행할 수 있다.

〈풀이〉 자로가 공자로부터 가르침을 듣고 그것을 아직 실행하지 못하다.

唯恐有聞(유공유문) ⇨ 唯: 오직. 恐: 두려워하다. 有聞: (다른) 가르침을 듣다.

〈풀이〉 오직 다른 가르침을 듣기를 두려워하였다.

15 子貢問曰 孔文子何以謂之文也 子曰 敏而好學 不恥下問 是以謂之文也

자공이 물어 말하되 孔文子는 어찌하여 (시호를) 文이라 말하였습니까? 공자가 말씀하셨다. (재상이) 민활하고 학문하기를 좋아하였으며 아랫사람에게 묻기를 부끄러워하지 아니하므로 이로써 (시호를) 文이라고 말한 것이다.

孔文子何以謂之文也(공문자하이위지문야) ⇨ 孔文子: 성은 孔 이름은 圉어. 文子는 시호. 위나라의 大夫. 何: 의문대명사. 以: 으로써. 何以는 '무엇으로써/어찌하여' 謂之文也: 謂之의 之는 풀이하지 않는 것이 좋다. '말하다'. 文也: 也는 종미사. 고로 文也는 '文이라'

〈풀이〉 공문자는 어찌하여 (시호를) 문이라고 하였습니까?

敏而好學(민이호학) ⇨ 敏: 민첩하다. 민활하다. 而: 순접의 접속사. 好學: 학을 좋아하다.

〈풀이〉 민활하고 학문을 좋아하다.

不恥下問(불치하문) ⇨ 不恥: 부끄러워하지 아니하다. 下: 아랫사람. 問: 묻다. 〈풀이〉 아랫사람에게 묻는 것을 부끄러워하지 아니하다.

是以謂之文也(시이위지문야) ⇨ 是以: 이로써. 謂之: 말하다. 之는 해석 안 함. 〈풀이〉 이로써 文이라고 말하였다.

16 子謂子産 有君子之道四焉 其行己也恭 其事上也敬 其養民也惠 其使民也義

공자가 자산을 (평하여) 말씀하셨다. 군자의 도에 넷이 있었으니 그 몸가짐은 공손이 하였고 웃어른을 섬기는 데는 공경하였으며 백성을 보양하는 데는 자혜로웠고 백성을 부리는 데는 의로웠다.

子謂子産(자위자산) ⇨ 子: 공자. 선생님. 子産: 정나라의 명재상 公孫僑의 字. BC 522년 공자가 31세 때 죽었다. 진보적인 교양인으로서 공자도 적잖은 영향을 입었다. 〈풀이〉 선생님께서 자산을 말씀하셨다.

有君子之道四焉(유군자지도사언) ⇨ 有: 있다. 君子之: 군자의. 道: 도. 四: 넷. 焉: 확인의 기분을 나타내는 종미사.
〈풀이〉 군자의 도는 넷이 있다.

其行己也恭(기행기야공) ⇨ 其: 그. 行己: 자기의 몸가짐. 행동. 처신. 也: 어세를 세게 하기 위한 종미사. 恭: 공손하다.
〈풀이〉 그 몸가짐은 공손하였다.

其事上也敬(기사상야경) ⇨ 其: 그. 事上: 웃사람을 섬기다.
〈풀이〉 그 웃사람을 섬기는 데는 공경하였다.

其養民也惠(기양민야혜) ⇨ 其: 그. 養民: 백성을 양육하다. 惠: 자혜롭다. 〈풀이〉 그 백성을 양육하는 데는 자혜로웠고

其使民也義(기사민야의) ⇨ 其: 그. 使民: 백성을 부리다.
〈풀이〉 그 백성을 부리는 데는 의로웠다.

17 子曰 晏平仲善與人交 久而敬之

공자가 말씀하셨다. 안평중은 남과 더불어 잘 사귀였다. 오래

되어도 (변함없이) 남을 공경하였다.

晏平仲善與人交(안평중선여인교) ⇨ 晏平仲: 齊제나라의 명재상. 晏은 성. 平은 시호. 仲은 자. 이름은 嬰영. 子産자산보다 조금 후배. 孔子의 선배. 善: 잘한다. 與: 더불어. 人: 사람. 交: 사귀다.

〈풀이〉 안평중은 남과 더불어 잘 사귀었다.

久而敬之(구이경지) ⇨ 久而: 오래되더라도 (변함없이). 敬之: 之는 위의 人을 받는 가시대명사.

〈풀이〉 오래되어도 (변함없이) 남을 공경하였다.

18 子曰 臧文仲居蔡 山節藻梲 何如其知也

공자가 말씀하셨다. 장문중이 큰 거북을 간직하고 기둥 끝에는 산을 그리고 동작기둥에는 말 모양의 무늬를 그렸으니 어떻게 그가 지혜롭다 하겠는가?

臧文仲居蔡(장문중거채) ⇨ 臧文仲: 노나라의 대부. 성은 臧孫장손. 이름은 辰진. 文은 시호. 仲은 자. 공자의 탄생보다 65년 전에 죽었다. 居蔡: 큰 거북을 지니다. 居는 藏장과 같음. 간직하다. 蔡는 龜甲구갑의 산지의 이름을 따서 붙이었다. 즉 大龜대구. 龜卜구복의 甲을 소장하는 것은 천자만이 가능했다. 따라서 大夫대부의 신분으로서는 허용하지 않았다. 大夫로서 居蔡함은 분에 넘치는 일이었다.

〈풀이〉 장문중은 큰 거북을 간직하다.

山節藻梲(산절조절) ⇨ 山: 산, 뫼. 節: 기둥머리. 기둥 끝. 藻: 그리다. 말의 모양을 그리다. 梲: 쪼구미. 동자기둥(들보 위에 세워 상량이나 오량 따위를 받치는 짧은 기둥).

〈풀이〉 기둥 끝에 산을 그리고 동자기둥에 말 모양의 그림(무늬)을 그리다.

何如其知也(하여기지야) ⇨ 何如: '어떠하냐?' 하는 사실이나 상태를 물을 때 쓰이는 의문형. 如何는 '어떻게 할 것이냐?' 하는 동작이나 '어찌하여'라는 이유를 물을 때 쓰인다. 其: 그. 知: 지혜롭다. 也: 단정종미사.

〈풀이〉 어찌하여 그가 지혜롭겠느냐?

19 子張問曰 令尹子文 三仕爲令尹 無喜色 三已之 無慍色 舊令尹之政 必以告新令尹 何如 子曰 忠矣 曰 仁矣乎 曰 未知 焉得仁 崔子弑齊君 陳文子有馬十乘 棄而違之 至 於他邦 則曰 猶吾大夫崔子也 違之 至一邦 則又曰 猶吾 大夫崔子也 違之 何如 子曰 淸矣 曰 仁矣乎 曰 未知 焉得仁

자장이 물어 가로되, 영윤 자문은 세 번 벼슬하여 영윤이 되었으나 기쁜 빛이 없고 세 번 그만두었으나 불평하여 노여워하지 아니하고 전 영윤의 정치를 반드시 새 영윤에게 말하여 주었으니 어떠합니까? 공자가 말씀하셨다. 충성스럽다. (또 자장이) 말하였다. 인이라 하겠습니까? 공자가 말씀하셨다. 지혜롭지 못하니 어찌 인을 얻었다 하겠느냐? (자장이 물어 가로되) 최자는 제나라 장공을 시해하니 진문자는 40두의 말이 있으나 버리고 달아나서 다른 나라에 이르러 곧 말하되 오히려 나는 대부 최자와 같다 하고 또 달아나서 어떤 나라에 가서 곧 또 말하되 나는 오히려 대부 최자와 같다 하고 떠났으니 어떠합니까? 공자가 그는 청백하다 하셨다. 또 자장이 인이라 하겠습니까? 하니 공자가 말씀하셨다. 지혜롭지 못하다. 어찌 인을 얻었다 하겠느냐?

子張問曰(자장문왈) ⇨ 子張: 공자의 제자. 問曰: 물어 가로되.

〈풀이〉 자장이 물어 가로되.

令尹子文(영윤자문) ⇨ 令尹: 재상과 같은 초나라 벼슬 이름. 子文: 鬪
穀투누의 자. 성은 鬪투. 이름은 穀누. 자는 於菟어토. 앞에서의 子文도
자이다. 공자보다 백 년 전에 태어난 춘추시대 초기의 사람이다.

〈풀이〉 영윤 자문은

三仕爲令尹(삼사위영윤) ⇨ 三仕: 세 번 벼슬하다. 仕는 벼슬하다. 爲:
되다. 令尹: 영윤.

〈풀이〉 세 번 벼슬하여 영윤이 되었다.

無喜色(무희색) ⇨ 無: 주어를 뒤에 가지는 특수형용사. 喜: 기뻐하다.
色: 얼굴 빛.

〈풀이〉 기뻐하는 빛이 없다.

三已之(삼이지) ⇨ 三: 세 번. 已: 그만두다. 之: 단정의 종미사.

〈풀이〉 세 번 그만두다.

無慍色(무온색) ⇨ 慍色: 불평하고 노여워하는 기색. 노한 기색.

〈풀이〉 노여워하는 빛이 없다.

舊令尹之政(구영윤지정) ⇨ 舊: 전의. 옛날. 令尹之政: 之는 '~의'. 政는
정치. 고로 풀이는 '영윤의 정치'

〈풀이〉 전(옛) 영윤의 정치

必以告新令尹(필이고신영윤) ⇨ 必: 반드시. 以: ~으로써. 그 뒤에 '전
영윤의 정치'가 생략되어 있다. 告: 알리다. 新: 새. 令尹: 영윤.

〈풀이〉 반드시 (전 영윤의 정치로써) 새 영윤에게 일렀다.

何如(하여) ⇨ 〈풀이〉 어떠합니까?

忠矣(충의) ⇨ 忠矣: 矣는 也보다 어기가 센 종미사.

〈풀이〉 충성스럽다.

曰 仁矣乎(왈 인의호) ⇨ 曰: 말하다. 仁: 어질다. 乎: 강조하여 하는
말임. 乎: 의문종미사.

〈풀이〉 (자공이) 말하되, 어집니까?

曰 未知(왈 미지) ⇨ 未: 부정사. ~하지 아니하다. 知: 지혜롭다.
〈풀이〉 (공자가) 말하되, 아직 지혜롭지 못하다.

焉得仁(언득인) ⇨ 焉: '어찌 ~하겠느냐'로 풀이되는 의문사.
〈풀이〉 어찌 인을 얻었겠느냐(이루었겠느냐)?

崔子弑齊君(최자시제군) ⇨ 崔子: BC 548년 제나라 대부. 성은 崔. 이름은 杼저. 제나라의 군주 莊公장공을 시해했다.
〈풀이〉 최자가 제나라 군주를 시해하였다.

陳文子有馬十乘(진문자유마십승) ⇨ 陳文子: 제나라 대부. 성은 陳. 이름은 須無수무. 시호는 文子이었다. 有: 있다. 馬十乘: 말 십승. 말 네 마리가 일승의 전차를 끌었다. 고로 십승은 말 40필임.
〈풀이〉 진문자는 말 십 승이 있었다.

棄而違之(기이위지) ⇨ 棄: 버리다. 而: 순접의 접속사. 違: 달아나다. 도망하다. 떠나다. 피하다. 之: 단정의 종미사.
〈풀이〉 버리고 도망하였다.

至於他邦(지어타방) ⇨ 至: 이르다. 於: 장소·위치의 전치사. 他邦: 다른 나라. 남의 나라.
〈풀이〉 다른 나라에 이르렀다.

則曰(즉왈) ⇨ 則: 곧. 曰: 가로되.
〈풀이〉 곧 말하되

猶吾大夫崔子也(유오대부최자야) ⇨ 猶: 비유형. '오히려 ~와 같다'. 也: '~이다'에 해당하는 종미사.
〈풀이〉 오히려 나는 대부 최자와 같다.

違之(위지) ⇨ 違: 떠나다. 之: 종미사.
〈풀이〉 (그곳을) 떠났다(달아났다).

至一邦(지일방) ⇨ 至: 이르다. 一: 어느. 어떤. 邦: 나라. 一邦은 어떤 나라. 〈풀이〉 어떤 나라에 이르다.

則又曰(즉우왈) ⇨ 〈풀이〉 곧 또 말하다.

淸矣(청의) ⇨ 〈풀이〉 청백하다.

20 季文子三思而後行 子聞之曰 再思斯可矣

계문자는 세 번 생각한 후에 실천했다. 공자는 이것(이 말씀)을 듣고 두 번 생각하면 이것으로 족하다(좋으니라) 하셨다.

季文子三思而後行(계문자삼사이후행) ⇨ 季文子: 노나라 대부. 季孫氏의 三代를 이었다. 이름은 行父. 시호는 文. 지나치게 신중하였다. 공자 탄생보다 16년 전에 죽었다. 三思: 세 번 생각하다. 而: 순접의 접속사. 後行: 후에 행하였다.
〈풀이〉계문자는 세 번 생각하고 난 후에 행하였다.

子聞之曰(자문지왈) ⇨ 子: 공자. 聞: 듣다. 之: 가시대명사. 즉 '이것을'. 曰: 말하였다. 〈풀이〉공자가 이것을 듣고 말씀하셨다.

再思斯可矣(재사사가의) ⇨ 再: 두 번. 재차. 思: 생각하다. 斯: 이것. 근칭의 지시대명사. 〈풀이〉두 번 생각하면 이것으로 좋다.

21 子曰 甯武子 邦有道則知 邦無道則愚 其知可及也 其愚不可及也

공자가 말씀하셨다. 영무자는 나라에 도가 있은즉 지자인 척했고 나라에 도가 없은즉 어리석은 척하였다. 그 아는 척하는 것은 (남이) 따를 수 있으나 그 어리석은 척하는 것은 (남이) 따를 수 없다.

甯武子(영무자) ⇨ 위나라 대부. 성은 甯. 이름은 兪. 시호가 武였다.

邦有道則知(방유도즉지) ⇨ 邦: 나라. 有: 주어를 뒤에 가지는 특수 동사. 道: 도. 則: ~한즉. 知: 智者지자.
〈풀이〉나라에 도가 있은 즉 지자였다(지자인 척하였다).

邦無道則愚(방무도즉우) ⇨ 愚: 어리석다.

〈풀이〉 나라에 도가 없은즉 어리석었다(어리석은 척하였다).

其知可及也(기지가급야) ⇨ 其: 그. 知: 智者지자인 척하는 것. 可: 가능 조동사로 '~할 수 있다'. 及: 미치다. 따르다. 也: 종미사.

〈풀이〉 그 지자인 척하는 것은 따를 수 있다.

其愚不可及也(기우불가급야) ⇨ 〈풀이〉 그 어리석은 척하는 것은 따를 수 없다.

22 子在陳曰 歸與歸與 吾黨之小子狂簡 斐然成章 不知所以 裁之

공자가 진나라에 계실 때 말씀하셨다. 돌아가지 않으랴 돌아가 지 않으랴 우리 마을의 젊은이들은 뜻하는 바는 크나 행함은 이에 따르지 못하여 소홀하고 거칠며 빛나는 문물제도는 이룩 했으나 그것을 재량할 줄을 모른다.

子在陳曰(자재진왈) ⇨ 子: 공자. 陳: 진나라. 공자가 56세 때 노나라 를 떠나 여러 나라를 돌아다녔는데 진나라에도 두 차례 들렀다. 당 시 晉진과 초나라의 싸움으로 陳진도 전화를 입었다. 在: 있다.

〈풀이〉 공자가 진나라에 계실 때 말씀하셨다.

歸與歸與(귀여귀여) ⇨ 歸: 돌아가다. 與: 의문·반의종미사로 '~하지 않으랴'의 뜻.

〈풀이〉 가지 않으랴, 가지 않으랴.

吾黨之小子狂簡(오당지소자광간) ⇨ 吾黨之: 우리 마을의. 小子: 젊은 이(들). 狂簡: 뜻하는 바는 크나 행함은 이에 따르지 못하여 소홀하고 거칠다.

〈풀이〉 우리 마을의 젊은이들은 뜻하는 바는 크나 행함은 이에 따르지 못하여 소홀하고 거칠다.

斐然成章(비연성장) ⇨ 斐然: 문채가 있고 아름다운 모양. 成章: 문장을 이루다.

〈풀이〉 문채가 있고 아름다운 문장을 이룩했다. 즉 빛나는 문물을 이룩했다.

不知所以裁之(부지소이재지) ⇨ 不知: 모른다. 所以: 까닭. 裁: 재량하다. 헤아리다. 분별하다. 之: 대명사 '그것을'.

〈풀이〉 그것을 재량할 까닭(줄)을 모른다.

23 子曰 伯夷叔齊 不念舊惡 怨是用希

공자가 말씀하셨다. 백이와 숙제는 지난 악을 생각하지 않았다. 그럼으로 원망하는 일도 드물었다.

伯夷叔齊(백이숙제) ⇨ 伯夷의 이름은 允윤. 叔齊의 이름은 致치. 둘 다 孤竹君의 아들로 周 무왕이 은나라의 紂王주왕을 멸하자 周의 곡식을 먹는 것을 수치라 생각하고 수양산에 들어가 고사리를 캐 먹다가 죽었다.

不念舊惡(불염구악) ⇨ 不念: 생각하지 않는다. 舊惡: 지난날의 악.

〈풀이〉 지난날의 악은 생각하지 않았다.

怨是用希(원시용희) ⇨ 怨: 원망하다. 是用: 是以와 같다. 그럼으로써. 希: 드물다.

〈풀이〉 그럼으로써 원망이 드물었다.

24 子曰 孰謂微生高直 或乞醯焉 乞諸其隣而與之

공자가 말씀하셨다. 누가 미생고를 정직하다고 하였는가? 어떤 사람이 식초를 얻고자 하니 그것을 이웃에서 얻어서 주었다.

孰謂微生高直(숙위미생고직) ⇨ 孰: 누구. 의문대명사. 微生高: 微生은 성. 高는 이름. 정직하다고 소문이 났었다. 直: 곧다.

〈풀이〉 누가 미생고를 정직하다고 말하였느냐?

或乞醯焉(혹걸혜언) ⇨ 或: 어떤 사람. 乞: 구걸하다. 醯: 식초. 焉: 확인하는 기분을 나타내는 종미사.

〈풀이〉 : 어떤 이가 식초를 구하고자 하였다.

乞諸其隣而與之(걸제기인이여지) ⇨ 乞: 구걸하다. 諸: 之於 '~에서 그것을'. 其隣: 그 이웃. 而: 순접의 접속사. 與: 주다. 之: 가시대명사 '그것(을)'. 〈풀이〉 그 이웃에서 그것을 얻어서 그것을 주었다.

25 子曰 巧言令色足恭 左丘明恥之 丘亦恥之 匿怨而友其人 左丘明恥之 丘亦恥之

공자가 말씀하셨다. 듣기 좋게 말을 하고 얼굴빛을 좋게 하여 지나치게 공손함을 좌구명은 그것을 부끄러워하였는데 나도 역시 그것을 부끄러워하였다. 원한을 숨기고서 그 사람을 사귀는 것을 좌구명은 부끄러워하였는데 나 또한 부끄러워하였다.

巧言令色足恭(교언령색족공) ⇨ 巧言: 듣기 좋게 꾸민 말. 令色: 아양 떠는 좋은 안색. 足: 지나치다. 과도하다. 恭: 공손.

〈풀이〉 듣기 좋게 말을 하고 낯빛을 좋게 하여 지나치게 공손함을

左丘明恥之(좌구명치지) ⇨ 左丘明: 옛날의 유명한 사람, 또는 춘추좌씨전의 저자라 하며 공자와 동시대의 노나라 사람이라 하나 분명하지 아니하다. 恥: 부끄럽게 여기다. 之: 가시대명사 '그것을'.

〈풀이〉 좌구명은 그것을 부끄럽게 여겼다.

丘亦恥之(구역치지) ⇨ 丘: 공자의 이름.

〈풀이〉 나(구) 역시 이것을 부끄럽게 여겼다.

匿怨而友其人(익원이우기인) ⇨ 匿: 감추다. 怨: 원한. 而: 순접의 접
속사. 友: 벗하다. 其人: 그 사람.

〈풀이〉 원한을 감추고 그 사람과 벗하는 것을

26 顏淵季路侍 子曰 盍各言爾志 子路曰 願車馬衣輕裘 與
朋友共 敝之而無憾 顏淵曰 願無伐善 無施勞 子路曰 願
聞子之志 子曰 老者安之 朋友信之 少者懷之

안연과 자로가 (공자를) 모시고 있었다. 공자가 말씀하셨다. 어
찌 각기 너희들의 뜻을 말하지 않느냐? 자로가 말하였다. 바라
건대 수레와 말과 가벼운 가죽옷을 벗들과 더불어 함께하여 그
것이 못 쓰게 되어도 유감이 없으면 합니다. 안연이 말하였다.
바라건대 착함을 자랑하지 아니하고, 힘든 일을 베풂이 없고자
합니다. 자로가 말하였다. 선생님의 뜻을 듣고자 합니다. 공자
가 말씀하셨다. 늙은이를 편안하게 하고 벗들이 믿게 하며 젊
은이를 그리워하여 붙좇게 하겠다.

顏淵季路侍(안연계로시) ⇨ 顏淵: 공자의 수제자. 季路: 子路. 侍: 어른
을 모시고 옆에 있다.

〈풀이〉 안연과 자로가 (공자를) 모시고 있었다.

盍各言爾志(합각언이지) ⇨ 盍: 何不의 合字. '어찌~하지 않느냐'. 各:
각각. 言: 말하다. 爾: 2인칭대명사. 너. 志: 뜻.

〈풀이〉 어찌 각기 너희들의 뜻을 말하지 않느냐?

子路曰(자로왈) ⇨ 자로가 말하였다.

願車馬衣輕裘(원차마의경구) ⇨ 願: 바란다. 원한다. 車馬: 수레와 말.
衣: 입다. 輕: 가볍다. 裘: 가죽옷.

〈풀이〉 바라건대, 수레와 말과 가벼운 가죽옷을 입다.

與朋友共(여붕우공) ⇨ 與: 더불어. 함께. 朋友: 벗들. 共: 함께하다.

〈풀이〉 벗들과 더불어 함께하다.

敝之而無憾(폐지이무감) ⇨ 敝: 부서지다. 못 쓰게 되다. 之: 그것. 而: 역접의 접속사. 無憾: 유감이 없다.

〈풀이〉 그것이 못 쓰게 되어도 유감이 없으면 합니다.

願無伐善 無施勞(원무벌선 무시로) ⇨ 無伐: 伐은 자랑하다. 고로 '자랑하지 아니하다'. 善: 착한 것. 無施: 베풀지 아니하다. 勞: 힘드는 일.

〈풀이〉 바라건대 착한 것을 자랑하지 아니하고 힘드는 일을 베풂이 없고자 합니다.

願聞子之志(원문자지지) ⇨ 願聞: 듣고 싶습니다. 子之志: 선생님의 뜻.

〈풀이〉 선생님의 뜻을 듣고 싶습니다.

老者安之 朋友信之 少者懷之(노자안지 붕우신지 소자회지) ⇨ 老者安之: 老者는 늙은이. 安之는 편안하게 하다. 朋友信之: 벗들이 믿다. 少: 연소자. 懷: 그리워하여 붙좇다. 편안하게 하다.

〈풀이〉 늙은이를 편안하게 하고 벗들이 믿게 하며 젊은이 그리워하여 붙좇게 하겠다.

27 子曰 已矣乎 吾未見能見其過 而內自訟者也

공자가 말씀하셨다. 다되었구나. 나는 그 허물을 능히 보고도 안으로 스스로 꾸짖는 자를 아직 보지 못하였다.

已矣乎(이의호) ⇨ 다되었구나. 숙어로 절망하는 말.

〈풀이〉 다되었구나.

吾未見能見其過(오미견능견기과) ⇨ 吾: 나. 未見: 아직 보지 못했다. 能: 능히. 見: 보다. 其過: 그 허물.

〈풀이〉 나는 아직 보지 못했다. 능히 그 허물을 보고

而內自訟者也(이내자송자야) ⇨ 訟: 꾸짖다. 자책하다. 內自訟: 안으

로 스스로 꾸짖다. 者: 사람. 也: 종미사.

〈풀이〉 안으로 스스로 꾸짖는 자(사람)

※ "能見 … 內自訟者也"는 "未見"의 목적어임.

28 子曰 十室之邑 必有忠信 如丘者焉 不如丘之好學也

공자가 말씀하셨다. 열채 정도의 집이 있는 마을에는 반드시 충성스러움과 신의가 있음이 나와 같은 사람이 있겠으나 내가 배우기를 좋아하는 데는 미치지 못할 것이다(내가 배우기를 좋아하는 만큼 배우기를 좋아하지는 못할 것이다).

十室之邑(십실지읍) ➪ 〈풀이〉 집이 열 채 정도 있는 마을

必有忠信 如丘者焉(필유충신 여구자언) ➪ 必有는 다음 구에 걸림. 如: ~와 같다. 비교를 나타냄. 如丘者: 丘(공자)와 같은 자(사람). 焉: 확인의 뜻을 나타내는 종미사.

〈풀이〉 충성스러움과 성실함이 나와 같은 자가 반드시 있겠으나

不如丘之好學也(불여구지호학야) ➪ 不如: ~하는 데는 미치지 못하다. 丘: 공자. 之: 주격을 나타냄. 好學: 학문을 좋아하다. 也: 종미사.

〈풀이〉 丘가 배우기를 좋아하는 데는 미치지 못할 것이다.

第六篇 雍也

제6편 옹야

1 子曰 雍也可使南面

공자가 말씀하셨다. 옹은 남쪽을 보게 할 만하다(남쪽을 향하여 앉게 할 수 있다).

雍也可使南面(옹야가사남면) ⇨ 雍: 공자의 문인 冉雍염옹. 자는 仲弓중궁으로 덕행이 있는 사람. 也: 주격조사. 可使: ~하게 할 수 있다. 使는 사역동사. 南面: 천자나 제후는 남향으로 앉아 정치를 하였다. 즉 훌륭한 정치가가 될 수 있다는 것을 강하게 표현한 것.

2 仲弓問子桑伯子 子曰 可也 簡 仲弓曰 居敬而行簡 以臨其民 不亦可乎 居簡而行簡 無乃大簡乎 子曰 雍之言然

중궁이 자상백자에 대하여 물었다. 공자가 말씀하셨다. 좋다. 소탈하다. 중궁이 말하였다. 몸가짐을 삼가하고 태도가 대범관대하다 그럼으로써 백성에게 임하면 또한 좋지 않겠습니까? 몸가짐이 소탈하고 대범하게 행동하면 지나치게 소탈하지 않겠습니까? 공자가 말씀하셨다. 옹의 말이 맞다.

仲弓問子桑伯子(중궁문자상백자) ⇨ 仲弓問: 仲弓이 물었다. 子桑伯子: 알 수 없으나 당시의 정치가였을 것이다(金谷治, 105쪽).

〈풀이〉 중궁이 자상백자에 대하여 물었다.

可也(가야) ⇨ 也: 종미사. 〈풀이〉 좋다.

簡(간) ⇨ 〈풀이〉 소탈하다.

仲弓曰(중궁왈) ⇨ 〈풀이〉 중궁이 말하였다.

居敬而行簡(거경이행간) ⇨ 居敬: 삼가 몸을 가짐. 行簡: 남에게 대하는 태도가 대범 관대하다. 대범하게(소탈하게) 행동하다.

〈풀이〉 몸가짐을 삼가고 태도가 대범하고 관대하다.

以臨其民(이림기민) ⇨ 以: ~써. 위의 '居敬而行簡을 가지고'의 뜻. 臨: 임하다. 其民: 그 백성.

〈풀이〉 (몸가짐을 삼가고 태도가 대범하고 관대함으로써) 그 백성에 임하면

不亦可乎(불역가호) ⇨ 不亦~乎: 또한 ~하지 않겠는가. 可: 좋다.

〈풀이〉 또한 좋지 않겠습니까?

居簡而行簡(거간이행간) ⇨ 居簡: 몸가짐이 소탈하다. 而: 접속사. 行簡: 언행에 여유가 있어 대범하게 행동하다. 의젓하게 행동하다.

〈풀이〉 몸가짐이 소탈하고 언행에 여유가 있어 대범하게 행동하다.

無乃大簡乎(무내대간호) ⇨ 乃: 진실로. 감동강세사. 無乃~乎: 진실로 ~함이 아니겠느냐? 大: 지나치다. 심하다. 簡: 소탈하다.

〈풀이〉 지나치게 소탈하지 않겠습니까?

雍之言然(옹지언연) ⇨ 雍之言: 옹의 말. 然: 동의하다. 맞다.

〈풀이〉 옹의 말이 맞다.

3 哀公問曰 弟子孰爲好學 孔子對曰 有顔回者好學 不遷怒
不貳過 不幸短命死矣 今也則亡 未聞好學者也

애공이 물어 말하였다. 제자로서 누가 배우기를 좋아한다고 생

각하십니까? 공자가 대답하여 말씀하셨다. 안회라는 사람이 있었는데 배우기를 좋아하였다. 노여움을 옮기지 않았고 거듭 잘못을 하지 않았다. 불행히도 명이 짧아서 죽었다. 이제는 곧 없다. 배우기를 좋아하는 사람을 아직 듣지 못하였다.

哀公問曰(애공문왈) ⇨ 哀公: 노나라 군주. 이름은 莊장.

〈풀이〉 애공이 물어 가로되

弟子孰爲好學(제자숙위호학) ⇨ 弟子: 제자. 孰: 의문대명사. '누가'. 爲: 생각하다. 好學: 배우기를 좋아하다.

〈풀이〉 제자로서 누가 배우기를 좋아한다고 생각하십니까?

孔子對曰(공자대왈) ⇨ 〈풀이〉 공자가 대답하여 말씀하셨다.

有顔回者好學(유안회자호학) ⇨ 有: 주어를 뒤에 가지는 특수동사. 顔回者: 안회라는 사람.

〈풀이〉 안회라는 사람이 있어 배우기를 좋아하였다.

不遷怒(불천노) ⇨ 遷 옮기다. 怒: 노여움.

〈풀이〉 노여움을 옮기지 않고

不貳過(불이과) ⇨ 貳: 거듭하다. 재차하다. 過: 허물. 과실.

〈풀이〉 과실을 거듭하지 않다.

不幸短命死矣(불행단명사의) ⇨ 不幸: 불행하게도. 短命: 명이 짧다. 死矣: 죽었다.

〈풀이〉 불행이도 명이 짧아서 죽었다.

今也則亡(금야즉망) ⇨ 今也: 지금은. 則: 곧. 즉. 亡: 없다. 안회의 죽음은 孔子家語에는 32세라 하나 이설이 많다. 청나라 李鍇이개는 41세라고 한다. 그렇다면 공자는 71세 만년의 비통한 이야기가 된다.

〈풀이〉 지금은 곧 없다.

未聞好學者也(미문호학자야) ⇨ 未: 아직 ~적이 없다. 聞: 듣다. 也: 종미사.

〈풀이〉 아직 배우기를 좋아한다는 사람을 들어 보지 못하였다.

4 子華使於齊 冉子爲其母請粟 子曰 與之釜 請益 曰 與之 庾 冉子與之粟五秉 子曰 赤之適齊也 乘肥馬 衣輕裘 吾 聞之也 君子周急 不繼富

자화가 제나라에 사신으로 가는데 염구가 그(자화) 어머니를 위 하여 (곡식을) 청하였다. 공자가 말씀하셨다. 그에게 부(곡식 6말 4되)를 주라 하시니, (염구가) 좀 더 청하였다. 공자가 말씀하셨 다. 그녀에게 유(곡식 16말)를 주라 하셨다. 염구가 그에게 곡식 다섯 병(곡식 800말)을 주었다. 공자가 말씀하셨다. 적이 제나라 로 갈 때, 살찐 말을 타고 값진 가죽옷을 입었다. 내가 듣기로 는 군자는 공경에 빠진 사람을 구제하지 부유함을 이어나가지 않는다고 하더라.

子華使於齊(자화사어제) ⇨ 子華: 문인의 公西赤공서적의 자. 使: 사신으 로 보내다. 심부름시키다. 於: 위치를 나타내는 전치사. 齊: 제나라. 〈풀이〉 자화가 제나라에 사신으로 가는데,

冉子爲其母請粟(염자위기모청속) ⇨ 冉子: 冉求. 爲: 위하여. 其母: 그 어머니. 請: 요청하다. 粟: 겉곡식. 〈풀이〉 염구가 그(자화) 어머니를 위하여 곡식을 청하였다.

與之釜(여지부) ⇨ 與: 주다. 之: 어조를 고루기 위하여 동사 밑에 쓰 인 자. 釜: 여섯 말 넉 되. 〈풀이〉 (공자가 말씀하시되,) 엿 말 넉 되를 주라 하셨다.

請益(청익) ⇨ 益: 더하다. 〈풀이〉 증익하기를 청하니

曰(왈) ⇨ 〈풀이〉 공자가 말씀하시되

與之庾(여지유) ⇨ 庾: 열여섯 말. 〈풀이〉 열여섯 말을 주라 하셨다.

冉子與之粟五秉(염자여지속오병) ⇨ 冉子: 염자. 與之: 그에게 주었 다. 粟: 겉곡식. 五秉: 일병은 16斛곡. 1곡은 10말. 五秉은 800말. 고 로 섬으로 환산하면 80섬이 된다. 〈풀이〉 염구가 80섬을 주었다.

赤之適齊也(적지적제야) ⇨ 赤: 公西赤공서적. 之: 주격조사. 適: 가다. 齊: 제나라. 也: 종미사. 〈풀이〉적이 제나라로 가다.

乘肥馬(승비마) ⇨ 乘: 타다. 肥馬: 살찐 말. 〈풀이〉살찐 말을 타다.

衣輕裘(의경구) ⇨ 衣: 입다. 輕裘: 품질이 좋고 가벼운 가죽옷. 〈풀이〉품질이 좋고 가벼운 가죽옷을 입다.

吾聞之也(오문지야) ⇨ 聞: 듣다. 之: 聞 밑에 쓰여 어조를 고루는 조사. 也: 지정·결정의 종미사. 〈풀이〉내가 들었다.

君子周急(군자주급) ⇨ 君子: 군자는. 周: 구제하다. 베풀어 주다. 周急: 공경에 빠진 사람을 구제함. 急: 궁핍. 〈풀이〉군자는 공경에 빠진 사람을 구제하다.

不繼富(불계부) ⇨ 不: 부정사. 繼: 이어나가다. 불리어 나가다. 富: 부. 〈풀이〉부를 이어나가지 않는다(부를 불려 나가지 않는다).

5 原思爲之宰 與之粟九百 辭 子曰 毋 以與爾鄰里鄕黨乎

원사가 재로서 제나라를 다스릴 때 곡식 9백 석을 주니 사양하였다. 공자가 말씀하시되 사양하지 말라. 그것으로써 너의 이웃 향리와 향당에 주면 되지 않느냐?

原思爲之宰(원사위지재) ⇨ 原思: 공자의 문인. 성은 原. 이름은 憲헌. 자는 子思자사. 청빈하였다. 공자가 노나라의 司寇사구(주나라 때 형벌 도난 등의 일을 맡은 벼슬)로 있을 때 宰재(우두머리)로 있었다. 爲: 다스리다. 〈풀이〉원사가 재로서 다스렸다.

與之粟九百(여지속구백) ⇨ 之: 그. 與之: 그에게 주다. 粟: 곡식. 九百: 구백 석. 〈풀이〉그에게 곡식 9백석을 주다.

辭 子曰 毋(사 자왈 무) ⇨ 辭: 사양하였다. 子曰: 공자가 말씀하셨다. 毋: 금지사로 '말다'.

〈풀이〉 사양하였다. 공자가 말씀하시되 사양하지 말라.

以與爾鄰里鄕黨乎(이여이린리향당호) ⇨ 以: 가지고. 그것으로써. 與: 주다. 爾: 너. 이인칭 대명사. 鄰里鄕黨: 이웃 향리. 주나라 제도로 5집을 鄰, 25집을 里, 5백 집을 黨, 1만 2천 5백 집을 鄕이라 하였다. 乎: 의문종미사.

〈풀이〉 너의 향리나 향당에 주면 되지 않느냐?

6 子謂仲弓曰 犁牛之子 騂且角 雖欲勿用 山川 其舍諸

공자가 중궁에게 말씀하셨다. 얼룩소 새끼가 털이 붉고 뿔이 바른 희생의 소이면 비록 희생에 쓰지 않기를 바라더라도 산천의 신이 그것을 버려두겠느냐?

子謂仲弓曰(자위중궁왈) ⇨ 子謂: 공자가 말씀하셨다. 仲弓: 중궁에게. 曰: 가로되.

〈풀이〉 공자가 중궁에게 말하여 가라사대(말씀하시되)

犁牛之子(이우지자) ⇨ 犁牛: 얼룩소. 之: ~의. 子: 새끼.

〈풀이〉 얼룩소 새끼

騂且角(성차각) ⇨ 騂: 붉은 소. 붉은 털빛을 한 희생의 소. 且: 또한. 角: 뿔이 바르게 나다.

〈풀이〉 털이 붉고 뿔이 바른 희생의 소이면

雖欲勿用(수욕물용) ⇨ 雖: 비록. 欲: 바라다. 원하다. 勿: 금지하는 말. '~하지 아니하다'. 用: 쓰다(희생으로 쓰는 것).

〈풀이〉 비록 쓰지 말기를 바라더라도

山川(산천) ⇨ 〈풀이〉 산천의 신.

其舍諸(기사저) ⇨ 其: 그것. 舍: 捨와 같다. 버리다. 諸: 之乎. ~하겠느냐?

〈풀이〉 그것을 버리겠느냐?

7 子曰 回也 其心三月不違仁 其餘則日月至焉而已矣

공자가 말씀하셨다. 안회는 그 마음이 석 달이라도 인에서 어긋나지 않았다. 그 나머지(제자)는 하루나 한 달에 어쩌다 (한번) 인에 이를 따름이었다.

回也(회야) ⇨ 也: 주격조사. 〈풀이〉 회는(안회는)

其心三月不違仁(기심삼월불위인) ⇨ 其心: 그 마음이. 三月: 석 달이라도. 不: 부정사. 違: 어기다. 仁: 인.
〈풀이〉 그 마음이 석 달이라도 인에서 어긋나지 않는다.

其餘則日月至焉而已矣(기여즉일월지언이이의) ⇨ 其餘: 그 나머지(안회 이외의 제자). 則日月: 곧 하루 한 달. 至: 이르다. 焉: 어찌. 而已矣: 따름이다.
〈풀이〉 그 나머지는 곧 날과 달에 어쩌다. (인에) 이를 따름이었다.

8 季康子問 仲由可使從政也與 子曰 由也果 於從政乎何有 曰 賜也可使從政也與 曰 賜也達 於從政乎何有 曰 求也可使從政也與 曰 求也藝 於從政乎何有

계강자가 물었다. 중유는 정사에 참여시킬 수 있겠습니까? 공자가 말씀하셨다. 유는 과단성이 있으니 정치에 참여하는데 아무 어려움이 없습니다. 계강자가 말하였다. 사는 정치에 종사시킬 수 있겠습니까? 공자가 말씀하셨다. 사는 통달하였으니 정치에 참여함에 아무런 어려움이 없습니다. 계강자가 말하였다. 구는 정치에 종사시킬 수 있습니까? 공자가 말씀하셨다. 구는 학예에 뛰어났으니 정치에 종사함에 아무런 어려움이 없습니다.

季康子問(계강자문) ⇨ 季康子: 노나라의 대부. 問: 묻다.

〈풀이〉 계강자가 물었다.

仲由可使從政也與(중유가사종정야여) ⇨ 仲由: 子路자로의 자. 이름은 由. 공자의 제자 중에서 가장 용맹하였다. 可: 할 수 있다. 가능조 동사. 使: 부리다. 시키다. 고로 可使는 '시켜서 ~하게 할 수 있다'. 從政: 정치에 참여하다. 정치에 종사하다. 國君이 정치에 참여함을 나타낼 때는 爲政이라 하고 大夫가 정치에 종사함을 나타낼 때는 從政이라고 한다. 也與: 也와 與의 합자로서 의문을 나타낸다. '~겠 습니까?/하겠느냐?'

〈풀이〉 중유는 정치에 참여시킬 수 있겠습니까?

由也果(유야과) ⇨ 也: 사람을 불러 말할 때 쓰는 후치사. 由也: 유는. 果: 과단성이 있다. 〈풀이〉 유는 과단성이 있다.

於從政乎何有(어종정호하유) ⇨ 於從政乎: 於는 '~에 있어서'로 풀이되 며 위치·장소의 전치사. 從政는 정치에 참여하다. 乎는 가정의 조 건을 나타내는 종미사. 何有: 무엇이 있으랴. 아무 어려움도 없다. 아무 지장도 없다.

〈풀이〉 정치에 참여하는 데 있어서 아무 어려움(지장)이 없다.

曰(왈) ⇨ 〈풀이〉 (계강자가) 말하였다.

賜也可使從政也與(사야가사종정야여) ⇨ 賜: 자공의 이름. 也: 사람을 말할 때 쓰는 후치사로 주어를 나타냄. 다만 賜也가 떠어 있을 때 의 也는 호격조사임. 可使從政也與: 앞에서 풀이하였음.

〈풀이〉 사는 정치에 참여시킬 수 있습니까?

曰(왈) ⇨ 〈풀이〉 (공자가) 말씀하셨다.

賜也達(사야달) ⇨ 也: 주격조사. 達: 통달하다.

〈풀이〉 사는 통달하였다.

曰(왈) ⇨ 〈풀이〉 (계강자가) 말하였다.

求也可使從政也與(구야가사종정야여) ⇨ 求: 冉有염유의 이름. 也: 주 격조사. 〈풀이〉 염유는 정치에 참여시킬 수 있겠습니까?

曰(왈) ⇨ 〈풀이〉 (공자가) 말씀하셨다.

求也藝(구야예) ⇨ 也: 주격조사. 藝: 학예에 뛰어나다. 재능에 뛰어나다. 〈풀이〉 구는 재능에 뛰어나다.

9 季氏使閔子騫爲費宰 閔子騫曰 善爲我辭焉 如有復我者 則吾必在汶上矣

계씨가 민자건으로 하여금 비읍의 재로 삼으려 하였다. 민자건이 말하였다. 나를 위하여 좋게 사양하십시오. 만일 나를 다시 아뢰는 사람이 있으면 곧 나는 반드시 문수강 위(제나라)에 가 있을 것입니다.

季氏使閔子騫爲費宰(계씨사민자건위비재) ⇨ 季氏: 노나라의 대부. 季孫氏계손씨. 三桓삼환(孟孫맹손·叔孫숙손·季孫계손의 세 대부) 중에서 세도를 가장 많이 부렸으며 노나라 昭公소공을 쫓아내는 등 참월하였다. 使: 사동사. 삼다. 閔子騫: 공자의 문인. 閔은 성. 子騫은 자. 이름은 損손. 공자보다 15세 젊다. 덕행이 높았던 사람. 爲: 삼다. 되다. 費: 邑名읍명으로 계씨의 영역이었다. 宰: 비읍의 宰.
〈풀이〉 계씨가 민자건으로 하여금 비읍의 재로 삼으려 하였다.

閔子騫曰(민자건왈) ⇨ 〈풀이〉 민자건이 말하였다.

善爲我辭焉(선위아사언) ⇨ 善: 옳게. 잘. 爲: 위하다. 我: 나를. 辭: 사양하다. 焉: 확인을 나타내는 종미사.
〈풀이〉 나를 위하여 잘(좋게) 사양하십시오.

如有復我者(여유부아자) ⇨ 如: 만일. 만약. 有: 앞의 如를 받아서 '있으면'으로 푼다. 復: (아뢰는 것을) 다시 되풀이하다. 者: 자. 사람.
〈풀이〉 만일 나를 다시 아뢰는 사람이 있으면

則吾必在汶上矣(즉오필재문상의) ⇨ 則: 곧. 吾: 나는. 必: 반드시. 在:

있다. 汶: 노나라 북쪽 국경의 汶水문수강. 汶上은 제나라로 망명하겠다는 뜻임. 민자건은 계씨의 무모함을 싫어했다고 한다.
〈풀이〉 곧 나는 반드시 문수강 위에 가 있을 것이다.

10 伯牛有疾 子問之 自牖執其手 曰 亡之 命矣夫 斯人也而有斯疾也 斯人也而有斯疾也

백우가 병이 생겼다. 공자가 이것을 물으시고 들창으로부터 그 손을 잡고 말씀하셨다. 망했구나. 운명이로다. 이 사람이 곧 이 병이 생겼구나. 이 사람이 곧 이 병이 생겼구나.

伯牛有疾(백우유질) ⇨ 伯牛: 공자의 제자. 성은 冉염. 이름은 耕경. 伯牛는 자. 노나라 사람으로 안연과 민자건과 같이 덕행이 뛰어났다. 有: 생기다. 疾: 병(문둥병이라 함).
〈풀이〉 백우가 병이 생겼다.

子問之(자문지) ⇨ 子: 공자. 問: 묻다. 之: 위의 말을 받는 대명사 '이것을'. 〈풀이〉 공자가 이것을 물으셨다.

自牖執其手(자유집기수) ⇨ 自: ~으로부터. 牖: 들창 執: 잡다. 其手: 그 손. 〈풀이〉 들창으로부터 그 손을 잡다.

曰(왈) ⇨ 〈풀이〉 말씀하셨다.

亡之(망지) ⇨ 亡: 망하다. 之: 종미사. 〈풀이〉 망했다.

命矣夫(명의부) ⇨ 命: 운명. 矣: 종미사. 夫: 월 끝에서 영탄을 나타내는 종미사. 〈풀이〉 운명이로구나.

斯人也而有斯疾也(사인야이유사질야) ⇨ 斯人: 이 사람. 也: 사람을 불러 말할 때 쓰는 종미사. 즉 주격조사. 而: 則과 같이 조건형으로 푼다. '곧'. 有: 생기다. 斯疾: 이 병. 也: 감동의 종미사.
〈풀이〉 이 사람이 곧 이 병이 생겼구나.

11 子曰 賢哉回也 一簞食 一瓢飲 在陋巷 人不堪其憂 回也 不改其樂 賢哉回也

공자가 말씀하셨다. 어질도다, 회(안회)는. 하나의 도시락밥을 먹고 한 바가지의 물을 마시며 누추한 동리에 산다. 남들은 그 근심을 감당하지 못할 것인데, 회는 그 즐거움을 바꾸지 아니 한다. 어질도다, 회는.

賢哉回也(현재회야) ⇨ 賢: 어질다. 哉: 탐미하는 말. 回也: 也는 주격 조사. 안회는. 안회야
〈풀이〉 어질도다, 안회는

一簞食(일단사) ⇨ 簞: 대로 걸어 만든 둥근 그릇. 一簞: 한 그릇. 食: 밥. 〈풀이〉 한 그릇의 밥

一瓢飲(일표음) ⇨ 瓢: 바가지. 박으로 만든 그릇. 飲: 물. 마시다.
〈풀이〉 한 바가지의 물을 마시다.

在陋巷(재루항) ⇨ 在: 살고 있다. 陋巷: 누추한 동리. 곧고 넓은 길을 街라 하고 좁고 구부러진 길을 巷이라 함.

人不堪其憂(인불감기우) ⇨ 人: 사람들. 남. 不: 부정사. 堪: 감당하다. 其: 그. 憂: 근심. 괴로움.
〈풀이〉 남들은 그 괴로움을 감당하지 못한다.

回也不改其樂(회야불개기락) ⇨ 回也: 也는 주격조사. 안회는. 不改: 바꾸지 아니한다. 其樂: 그 즐거움.
〈풀이〉 안회는 그 즐거움을 바꾸지 아니하다.

賢哉回也(현재회야) ⇨ 〈풀이〉 어질도다, 안회는

12 冉求曰 非不說子之道 力不足也 子曰 力不足者 中道而 廢 今女畫

염구가 말하였다. 선생님의 도를 기뻐하지 아니함은 아니지만
힘이 부족합니다. 공자가 말씀하셨다. 힘이 부족한 사람은 중
도에서 폐지하나 이제 자네는 금을 긋고 있네.

冉求曰(염구왈) ⇨ 冉求: 求가 이름. 子有가 자.
〈풀이〉 염구가 말하였다.

非不說子之道(비불열자지도) ⇨ 非: 아니다. 대개 명사를 부정할 때
쓴다. 不: 아니하다. 說: 이것은 悅과 같음. 기뻐하다. 子之道: 선생
님의 도.
〈풀이〉 선생님의 도를 기뻐하지 아니함이 아니다.

力不足也(역부족야) ⇨ 〈풀이〉 힘이 부족합니다.

力不足者(역부족자) ⇨ 〈풀이〉 힘이 부족한 사람은

中道而廢(중도이폐) ⇨ 而: 접속사. 廢: 폐지하다.
〈풀이〉 중도에서 폐지한다.

今女畫(금여획) ⇨ 今: 이제. 女: 汝와 같음. '너는'. 畫: 금을 긋다. 즉
스스로 제한하다.
〈풀이〉 이제 자네는 금을 긋고 있다.

13 子謂子夏曰 女爲君子儒 無爲小人儒

공자가 자하에게 말씀하셨다. 너는 군자적인 선비는 되어도 소
인적인 선비는 되지 말라.

子謂子夏曰(자위자하왈) ⇨ 〈풀이〉 공자가 자하에게 말씀하셨다.
女爲君子儒(여위군자유) ⇨ 女: 汝와 같음. '너는'. 爲: 되다. 君子: 군
자. 儒: 선비. 학자. 君子儒: 자신을 잘 닦는 학자.
〈풀이〉 너는 군자적인 선비가 되어라.

無爲小人儒(무위소인유) ⇨ 無爲: 되지 말라. 명령의 뜻. 小人儒: 소인
적인 선비. 즉, 단지 명예를 구하는 선비.

〈풀이〉 소인적인 선비는 되지 말라

14 子游爲武城宰 子曰 女得人焉爾乎 曰 有澹臺滅明者 行 不由徑 非公事 未嘗至於偃之室也

자유가 무성의 읍재가 되었는데 공자가 말씀하시되 그대는 (좋
은) 사람을 얻었는가? 하셨다. 자유가 말하였다. 담대멸명이라
는 자가 있습니다. 길을 가되 좁은 길은 경유하지 않으며 공사
가 아니면 일찍이 저(언)의 방에 오지 않습니다.

子游爲武城宰(자유위무성재) ⇨ 子游: 공자의 문인. 言偃언언의 자. 爲:
되었다. 武城: 노나라의 고을 이름. 宰: 읍재(읍의 장).

〈풀이〉 자유가 무성의 읍재가 되었는데

女得人焉爾乎(여득인언이호) ⇨ 女: 汝와 같음. '너는'. 得: 얻다. 구하
다. 人: 사람. 焉爾乎: '~하였느냐?'의 뜻. 焉爾는 한정종미사로 爾의
강조형. 乎는 의문종미사.

〈풀이〉 그대는 (자네는) 사람을 구했느냐?

曰 ⇨ 〈풀이〉 자유가 말하였다.

有澹臺滅明者(유담대멸명자) ⇨ 有: 있다. 澹臺滅明: 澹臺는 성. 滅明
은 이름. 자는 字羽자우. 노나라 무성 사람이다.

〈풀이〉 담대멸명이라는 자(사람)가 있습니다.

行不由徑(행불유경) ⇨ 行: 가다. 不: 부정사. 由: 경유하다. 徑: 지름길.

〈풀이〉 가되 지름길을 경유하지 않는다.

非公事(비공사) ⇨ 〈풀이〉 공사가 아니면

未嘗至於偃之室也(미상지어언지실야) ⇨ 未: 하지 않는다. 嘗: 일찍이.

至: 이르다. 於: 처소의 전치사. 偃之室: 언의 방. 也: 단정종미사.
〈풀이〉 일찍이 아직 언(자유)의 방에 오지 않습니다.

15 子曰 孟之反不伐 奔而殿 將入門 策其馬曰 非敢後也 馬不進也

공자가 말씀하셨다. 맹지반은 자기 공로를 자랑하지 않는다.
패전하여 달아나면서 최후까지 남아서 적을 막았다. 바야흐로
성문에 들어갈 때 말을 채찍질하면서 말하였다. 함부로 뒤에
쳐진 것이 아니라 말이 나아가지 않아서였다.

孟之反不伐(맹지반불벌) ⇨ 孟之反: 성은 孟. 이름은 子側자측. 자가 之反
이다. 노나라의 大夫로 좌전 僖公희공 11년 때 노와 제가 싸우다 노가
폐퇴할 때 맨 끝에서 적을 막으며 성문으로 들어왔다는 기록이 있다.
이 전쟁은 BC 484년 공자 69세 때의 일이다. 伐: 공적을 자랑하다.
〈풀이〉 맹지반은 공적을 자랑하지 않는다.

奔而殿(분이전) ⇨ 奔: 패주하다. 전쟁에 패하여 달아나다. 而: 순접의
접속사. 殿: 최후까지 남아서 적을 방어함.
〈풀이〉 패주하다가 최후까지 남아서 적을 막았다.

將入門(장입문) ⇨ 將: 장차. 문득. 바야흐로. 入: 들어가다. 門: 성문에.
〈풀이〉 바야흐로 성문에 들어가면서

策其馬曰(책기마왈) ⇨ 策: 채찍질하다. 其馬: 그 말을. 曰: 말하였다.
〈풀이〉 그 말을 채찍질하며 말하였다.

非敢後也(비감후야) ⇨ 非: ~함이 아니다. 敢: 함부로. 後: 뒤에 처지
다. 也: 종미사. 〈풀이〉 함부로 뒤에 쳐진 것이 아니다.

馬不進也(마불진야) ⇨ 馬: 말이. 不: 부정사. 進: 나아가다. 也: 종미사.
〈풀이〉 말이 나아가지 않아서이다.

16 子曰 不有祝鮀之佞 而有宋朝之美 難乎 免於今之世矣

공자가 말씀하셨다. 축타의 웅변이 없고 송조의 미모만 있었다면 어렵구나! 지금의 난세를 벗어나기가.

不有祝鮀之佞(불유축타지녕) ⇨ 不有: 없다. 祝鮀: 위나라 제관. 鮀는 이름. 자는 子魚. 웅변가로 공을 세워 대접을 받았다. 之: 의. 佞: 웅변. 말재주. 구변.
〈풀이〉축타의 웅변이 없다

而有宋朝之美(이유송조지미) ⇨ 而: 순접의 접속사. 원인과 결과의 관계를 이어줌. 有: 주어를 뒤에 가지는 특수동사. 宋朝: 송나라의 공자. 이름은 朝조. 미남으로 위나라 靈公영공의 부인. 南子남자와 전에 정을 통한 일이 있었으며 南子 덕으로 위나라의 大夫가 되었다고 한다. 之: ~의. 美: 미묘.
〈풀이〉송조의 미모만 있다면

難乎(난호) ⇨ 難: 어렵다. 乎: 영탄의 종미사. 〈풀이〉어렵구나.

免於今之世矣(면어금지세의) ⇨ 免: 면하다. 於: ~에 있어서. 今之: 지금의. 世: 난세.
〈풀이〉지금의 난세를 면하기는

17 子曰 誰能出不由戶 何莫由斯道也

공자가 말씀하셨다. 집이나 방의 출입문을 통하지 아니한다면 누가 밖으로 나갈 수 있겠느냐? 어찌 선왕의 도를 따르지 아니하겠느냐?

誰能出不由戶(수능출불유호) ⇨ 誰: 누가. 能: ~할 수 있다. 出: 나가

다. 不: 부정사. 由: 거치다. 통하다. 말미암다. 戶: 堂과 창을 통하는 반문. 집이나 방의 출입구.

〈풀이〉 집이나 방의 출입구를 통하지 아니한다면 누가 밖으로 나갈 수 있겠느냐?

何莫由斯道也(하막유사도야) ⇨ 何: 어찌하여. 의문부사. 莫: 말다. 由: 쫓다. 본받다. 斯道: 이 길. 이 도(옛 왕들의 도). 也: 종미사.

〈풀이〉 어찌 선왕의 도를 쫓지 아니하겠는가.

18 子曰 質勝文則野 文勝質則史 文質彬彬 然後君子

공자가 말씀하셨다. 바탕이 외식을 능가하면 질박하고 외식이 바탕을 능가하면 화사하다. 바탕과 외식이 함께 갖춰져서 화사하여야 그런 후에 군자이다.

質勝文則野(질승문즉야) ⇨ 質: 바탕. 勝: 이기다. 능가하다. 낫다. 文: 아름다운 외관(외상) 화려하다. 則: 곧. 즉. 野: 질박하다. 겉치레를 하지 아니하다.

〈풀이〉 바탕이 아름다운 외관(외상)을 능가하면 곧 질박하고.

文勝質則史(문승질즉사) ⇨ 史: 화사하다. 장식이 있어 아름답다. 史는 조정의 문서를 맡아보는 관리로서 典故전고에 통하여 문장의 외면적인 수식에 힘쓴다.

〈풀이〉 아름다운 외관(외상)이 바탕을 능가하면 화사하다.

文質彬彬(문질빈빈) ⇨ 彬彬: 문체와 바탕이 함께 갖추어져 찬란한 모양.

〈풀이〉 아름다운 외관(외상)과 바탕이 함께 갖추어져 찬란하다.

然後君子(연후군자) ⇨ 然後: 그러한 후.

〈풀이〉 그러한 후에 군자이니라.

19 子曰 人之生也直 罔之生也 幸而免

공자가 말씀하셨다. 사람의 삶은 곧은데 곧음이 없는 삶은(곧지 아니한 삶은) 요행이 죽음을 면하고 있는 것이다.

人之生也直(인지생야직) ⇨ 人: 사람. 之: 의. 生: 삶. 也: 위의 말을 제시하는 후치사로 주격의 구실을 함. 直: 곧다.
　〈풀이〉 사람의 삶은 곧은데.

罔之生也(망지생야) ⇨ 罔: 없다. 之: 앞 말을 받는 가시대명사. 이것. 也: 주격 조사의 구실을 함.
　〈풀이〉 이것(곧은 것)이 없는 삶은.

幸而免(행이면) ⇨ 而: 까닭을 나타내는 순접의 접속사.
　〈풀이〉 요행이 죽음을 면한다.

20 子曰 知之者不如好之者 好之者不如樂之者

공자가 말씀하셨다. 안다는 것은 좋아하는 것만 같지 못하고 좋아한다는 것은 즐기는 것만 같지 못하다.

知之者不如好之者(지지자불여호지자) ⇨ 知: 알다. 之: '道도'라고 풀이하는 이도 있고 대명사로 보는 이도 있다. 者: 사람 또는 사물로 보고 푸는 이도 있다. 여기서는 후자를 따른다. 不如: 우열을 비교하는 비교형. ~와 같지 못하다. 즉 A不如B에서 A는 B와 같지 못하다는 뜻으로 풀이되는데, 곧 B하는 것이 좋다는 뜻이다. 好之者: 好는 좋아하다. 之는 위와 같음. 者도 위와 같음.
　〈풀이〉 안다는 것은 좋아하는 것만 같지 못하고

好之者不如樂之者(호지자불여락지자) ⇨ 樂之者: 樂은 즐기다. 之者

는 위와 같음.

〈풀이〉 좋아하는 것은 즐기는 것만 같지 못하다.

21 子曰 中人以上 可以語上也 中人以下 不可以語上也

공자가 말씀하셨다. 중인 이상에게는 상(위)을 말할 수 있으나 중인 이하에게는 상을 말할 수 없다.

中人以上 可以語上也(중인이상 가이어상야) ⇨ 中人以上: 지성이나 덕행이 중류 이상인 사람. 可以: ~할 수 있다. 語: 말하다. 上: 고상 심원한 철리 또는 中보다 위인 것. 也: 종미사

〈풀이〉 중인 이상에게는 상(위)을 말할 수 있다.

中人以下 不可以語上也(중인이하 불가이어상야) ⇨ 不可以: 할 수 없다.

〈풀이〉 중인 이하에게는 상(위)을 말할 수 없다.

22 樊遲問知 子曰 務民之義 敬鬼神而遠之 可謂知矣 問仁 曰 仁者先難而後獲 可謂仁矣

번지가 지혜를 묻자 공자가 말씀하셨다. 사람의 올바른 도리에 힘쓰고 귀신을 공경하면서 멀리하면 지혜롭다 할 수 있다. 인을 묻자 공자가 말씀하셨다. 인이라는 것은 어려움을 먼저 치르고 이익(보수)을 뒤로 하면 그것을 인이라 말할 수 있다.

樊遲問知(번지문지) ⇨ 樊遲: 공자의 제자. 노나라 사람. 이름은 須수. 問: 물었다. 知: 지혜.

〈풀이〉 번지가 지혜에 대하여 물었다.

務民之義(무민지의) ⇨ 務: 힘쓰다. 民: 사람. 之: 의. 義: 올바른 길. 도리. 民之義는 『예기』「예운」편에 '父慈 子孝 兄良 弟悌 夫義 婦聽 長惠 幼順 君仁 臣忠'의 열 가지를 말하였다.

〈풀이〉 사람의 올바른 도리에 힘쓰고

敬鬼神而遠之(경귀신이원지) ⇨ 敬: 공경하다. 而: 순접의 접속사. 遠: 멀리하다. 之: 귀신을 받는 대명사.

〈풀이〉 귀신을 공경하면서 멀리하면

可謂知矣(가위지의) ⇨ 可: ~할 수 있다. 謂: 말하다. 知: 지혜롭다. 矣: 종미사. 〈풀이〉 지혜롭다 할 수 있다.

問仁(문인) ⇨ 〈풀이〉 인에 대하여 물었다.

曰(왈) ⇨ 〈풀이〉 공자가 말씀하셨다.

仁者先難而後獲(인자선난이후획) ⇨ 仁者: 어진 사람 또는 者를 사물을 가리키는 자로 볼 수도 있겠다. 그러면 仁者는 '인이라는 것은'이 된다. 先: 먼저하다. 獲: 보수(이익)나 공을 거두다.

〈풀이〉 인이라는 것은 어려운 일을 먼저 하고(먼저 치르고) 보수(이익)는 되로 하면

可謂仁矣(가위인의) ⇨ 仁: 인. 矣: 종미사.

〈풀이〉 인이라 말할 수 있다.

23 子曰 知者樂水 仁者樂山 知者動 仁者靜 知者樂 仁者壽

공자가 말씀하셨다. 슬기로운 사람을 물을 좋아하고 어진사람은 산을 좋아하며 슬기로운 사람은 움직이나 어진 사람은 조용하고 슬기로운 사람은 즐기지만 어진 사람은 수한다.

知者樂水(지자요수) ⇨ 知者: 슬기로운 사람. 樂: 동사이므로 음이 '요'임. 즐기다. 좋아하다. 水: 물.

〈풀이〉 슬기로운 사람은 물을 좋아하고

仁者樂山(인자요산) ⇨ 〈풀이〉 어진 사람은 산을 좋아한다.

知者動(지자동) ⇨ 〈풀이〉 슬기로운 사람은 움직이나

仁者靜(인자정) ⇨ 〈풀이〉 어진 사람은 조용하고

知者樂(지자요) ⇨ 〈풀이〉 슬기로운 사람은 즐기지만

仁者壽(인자수) ⇨ 〈풀이〉 어진 사람은 수한다(오래산다).

24 子曰 齊一變至於魯 魯一變至於道

공자가 말씀하셨다. 제나라가 한번 변하면 노나라 같이 될 것이며 노나라가 한번 변하면 도에 맞게 될 것이다.

齊一變至於魯(제일변지어노) ⇨ 齊: 제나라. 一變: 한번 변하면. 至: 이른다. 於: 장소의 전치사. 魯: 노나라.
〈풀이〉 제나라가 한번 변하면 노나라에 이른다(노나라와 같이 된다).

魯一變至於道(노일변지어도) ⇨ 魯一變: 노나라가 한번 변하면. 至於道: 도에 이른다. 도에 맞는 나라가 된다. 도에 맞게 된다.
〈풀이〉 노나라가 한번 변하면 도에 맞게 된다.

25 子曰 觚不觚 觚哉觚哉

공자가 말씀하셨다. 고가 모가 없으면 어찌 고이리요. 고이리요.

觚不觚(고불고) ⇨ 觚: 모난 술잔(『예기』의 일종). 不觚: 모가 없다.
〈풀이〉 고가 모가 없으면

觚哉觚哉(고재고재) ⇨ 哉: 감탄종미사. 〈풀이〉 어찌 고이랴 고이랴

26 宰我問曰 仁者雖告之曰 井有仁焉 其從之也 子曰 何爲 其然也 君子可逝也 不可陷也 可欺也 不可罔也

재아가 물었다. 어진 사람은 비록 우물 안에 인이 있다고 고하더라도 그(인자)는 이것에 따르겠습니까? 공자가 말씀하셨다. 어찌하여 그렇게 하겠느냐? 군자는 갈 수는 있으나 함정에 빠지지는 않는다. (합당한 일로) 속일 수는 있으나 (합당하지 않은 일로) 기만할 수는 없다.

宰我問曰(재아문왈) ➪ 宰我: 공자의 제자 웅변가. 問曰: 물어 가로되.
〈풀이〉 재아가 물어 말하였다.

仁者雖告之曰(인자수고지왈) ➪ 仁者: 어진 사람. 雖: 비록 ~하면. 양보의 접속사. 告之曰: 告는 고하다. 之: 이것을. 대명사. 曰: 말하다.
〈풀이〉 어진 사람은 비록 이것을 고하여 말하면

井有仁焉 其從之也(정유인언 기종지야) ➪ 井有: 우물에 있다. 有는 주어를 뒤에 가지는 특수동사. 仁: 인. 焉: 지정의 뜻을 갖는 종미사 또는 의문종미사. 其從之也: 其는 대용대명사. 仁. 從: 따르다. 之: 이것. 대명사. 仁이 우물 안에 있다는 사실. 也: 단정종미사.
〈풀이〉 우물에 인이 있다고 하면 그(청자)는 이것을 따르겠습니까?

何爲其然也(하위기연야) ➪ 何: 의문부사. 어찌 ~겠느냐. 爲: 행하다. 其然: 그렇게. 그와 같이. 也: 종미사.
〈풀이〉 어찌 그와 같이 (그렇게) 하겠느냐?

君子可逝也(군자가서야) ➪ 可: 가능의 조동사. 逝: 가다. 也: 종미사.
〈풀이〉 군자는 갈 수는 있다.

不可陷也(불가함야) ➪ 不可: ~할 수 없다. ~하지 않는다. 陷: 모략에 빠뜨리다. 함정에 빠지다. 也: 종미사. 〈풀이〉 함정에 빠지지 않는다.

可欺也(가기야) ➪ 可: 가능조동사. 欺: 속이다. 也: 종미사.
〈풀이〉 속일 수는 있다.

不可罔也(불가망야) ⇨ 不可: ~할 수는 없다. 罔: 속이다, 기만하다.
也: 종미사. 〈풀이〉속일 수는 없다(기만할 수 없다).

27 子曰 君子博學於文 約之以禮 亦可以弗畔矣夫

공자가 말씀하셨다. 군자는 학문을 널리 배우고 배운 것을 예로써 단속하면 또한 道에 어긋나지 않을 것이다.

君子博學於文(군자박학어문) ⇨ 博: 널리. 學: 배운다. 於: 직접목적어 앞에 온 전치사. 여기서는 '~을'. 文: 학문·시·서·예·악·역·춘추 등 6경을 중심으로 한 것으로 6경 속에는 선왕의 도인 문물제도, 역사 그 평가까지 포함되어 있다(장기근, 168쪽).
〈풀이〉군자는 학문을 널리 배우며

約之以禮(약지이례) ⇨ 約: 단속하다. 之: 널리 배운 것. 以: ~로써. 전치사. 禮: 예란 원래 사회질서를 유지하고 명분을 밝히며 대인관계의 조화협력을 위한 절제와 공양의 형태적 표현인 의식을 말한다. (장기근, 168쪽) 〈풀이〉이것을 예로써 단속하면

亦可以弗畔矣夫(역가이불반의부) ⇨ 亦: 또한 可以: 가능 조동사. 弗: 부정사. 畔: 배반하다. 어긋나다. 夫: 강조하여 말하는 종미사.
〈풀이〉또한 어긋나지 않을 것이다.

28 子見南子 子路不說 夫子矢之曰 予所否者 天厭之 天厭之

공자가 남자를 만났는데, 자로가 싫어하였다. 선생이 맹세하여 말씀하셨다. 내가 잘못하였다면 하늘이 미워할 것이다, 하늘이 미워할 것이다.

子見南子(자견남자) ⇨ 子: 공자. 見: 본다. 만나다. 南子: 위나라 영공의 부인. 미인이었는데 품행이 좋지 않다는 평이 높았으므로 자로가 이 만남을 싫어하였다. 공자 57세 때의 일이다.

〈풀이〉 공자가 남자를 만났다.

子路不說(자로불열) ⇨ 說: 悅. 기뻐하다.

〈풀이〉 자로가 기뻐하지 아니하였다. 즉 싫어하였다.

夫子矢之曰(부자시지왈) ⇨ 夫子: 선생 즉 공자. 矢: 맹세하다. 서약하다. 之: 어조를 고루기 위하여 동사 뒤에 온 후치사.

〈풀이〉 선생이 맹세하여 말씀하셨다.

予所否者(여소부자) ⇨ 予: 나(공자). 所: ~한 바. 否: 좋지 아니하다. 나쁘다. 者: ~라 하는 것 또는 가정의 종미사. ~하였다면.

〈풀이〉 내가 잘못하였다면(나빴다면)

天厭之 天厭之(천염지 천염지) ⇨ 天: 하늘. 厭: 미워하다. 之: 종미사.

〈풀이〉 하늘이 미워할 것이다. 하늘이 미워할 것이다.

29 子曰 中庸之爲德也 其至矣乎 民鮮久矣

공자가 말씀하셨다. 중용은 덕이다. 그것은 지극한 데까지 이른다. 백성들이 소홀히 한 지 오래다.

中庸之爲德也(중용지위덕야) ⇨ 中庸: 朱子는 中이면 과불급이 없는 것이라 하였다. 庸이란 平常^{평상}의 뜻. 극단으로 흐르지 말고 중을 지키며 살아가는 처세의 덕. 之: 주어를 나타내는 조사. 爲: ~라 이르다. 德: 덕. 也: 종미사.

〈풀이〉 중용은 덕이라 이른다. 즉 중용은 덕이다.

其至矣乎(기지의호) ⇨ 其: 그것은. 至: 지극하다. 지극한 데까지 이름. 矣乎: 矣의 합자로 乎를 강조하여 말하는 종미사.

〈풀이〉 그것은 지극한 데까지 이른다.

民鮮久矣(민선구의) ⇨ 民: 사람들. 鮮: 적다. 드물다. 부족하다. 소홀히 하다. 久: 오래이다. 矣: 종미사.

〈풀이〉 백성들이 소홀히 한 지 오래다.

30 子貢曰 如有博施於民 而能濟衆 何如 可謂仁乎 子曰 何事於仁 必也聖乎 堯舜其猶病諸 夫仁者己欲立而立人 己欲達而達人 能近取譬 可謂仁之方也已

자공이 말하였다. 만약 백성에게 잘 널리 베풀고 또 민중을 잘 구제하면 어떻습니까? 인이라 할 수 있습니까? 공자가 말씀하셨다. 어찌 인에서 일삼겠는가(어찌 인이라고만 하겠는가)? 반드시 성이라 하겠다. 무릇 요순도 오히려 그것을 걱정하셨다. 대저 인이라는 것은 자기가 이루고자 하면 남도 이루게 하고 자기가 두루 미치기를 바라면 남도 두루 미치게 하는 것이니 자기 가까이에서(신변에서) 능히 비유할 수 있으면 인을 이루는 방도라 할 수 있을 따름이다.

如有博施於民(여유박시어민) ⇨ 如: 만일. 만약. 有: 잘. 능히. 博施: 널리 베풀다. 於: 위치의 전치사. 民: 백성.

〈풀이〉 만약 백성에게 잘 널리 베풀고

而能濟衆(이능제중) ⇨ 而: 접속사. 일의 차례를 나타냄. 濟: 많은 사람을 구제하다. 衆: 민중.

〈풀이〉 민중을 잘 구제하면

何如(하여) ⇨ 〈풀이〉 어떻겠습니까?

可謂仁乎(가위인호) ⇨ 乎: 의문종미사.

〈풀이〉 인이라 하겠습니까?

何事於仁(하사어인) ⇨ 何: 의문부사. 어찌 ~하겠느냐. 事: 일삼다. 於: 장소의 전치사.

〈풀이〉 어찌 인에서만 일삼겠느냐(어찌 인이라고만 하겠느냐)?

必也聖乎(필야성호) ⇨ 必也: 반드시. 也는 어세를 강하게 나타내기 위한 종미사. 乎: 감탄의 종미사.

〈풀이〉 반드시 성이라 하겠다.

堯舜其猶病諸(요순기유병제) ⇨ 堯舜: 고대의 이상적 聖天子. 其: 그 것. 대명사. 猶: 오히려. 病諸: 그런 일을 걱정하다.

〈풀이〉 요순도 오히려 그런 일을 (하고자) 걱정했다.

夫仁者己欲立而立人(부인자기욕립이립인) ⇨ 夫: 대저. 仁者: 者는 사물을 나타내는 말. '인이라는 것'. 己: 자기. 欲: 바라다. 立: 서다. 이루다. 而: 접속사. 立: 세우다. 人: 남.

〈풀이〉 대저 인이라는 것은 자기가 이루고자 하면 남도 이루게 하고

己欲達而達人(기욕달이달인) ⇨ 達: 두루 미치다. 깨닫다.

〈풀이〉 자기가 두루 미치기를 바라면 남도 두루 미치게 하는 것이니

能近取譬(능근취비) ⇨ 能: 능히 ~할 수 있다. 近: (자기) 가까이에서. 取譬: 비유하다.

〈풀이〉 자기 가까이에서 비유할 수 있으면

可謂仁之方也已(가위인지방야이) ⇨ 仁之:인의. 方: 방도. 방법. 也已: 한정의 종미사.

〈풀이〉 인을 이루는 방도라 말할 수 있을 따름이다.

第七篇 述而

제7편 술이

1 子曰 述而不作 信而好古 竊比於我老彭

공자가 말씀하셨다. (옛것에 의하여) 서술하고 창작하지 아니하고 옛것을 믿고 애호했다. 몰래 나를 노팽에게 견준다.

述而不作(술이부작) ⇨ 述: 진술. 서술. 而: 순접의 접속사. 不: 부정사. 作: 창작하다.

〈풀이〉 서술하고(전술하고) 창작을 하지 아니하고

信而好古(신이호고) ⇨ 信: 古에 걸려 '옛것을 믿다'. 好: 애호하다. 古: 옛것.

〈풀이〉 옛것을 믿고 애호하다.

竊比於我老彭(절비어아노팽) ⇨ 竊: 몰래. 나의 뜻을 대신하는 겸손하는 말. 比: 견주다. 比於: ~에 견주다. 여기서 於는 비교의 뜻을 나타내는 전치사. 我: 나를. 老彭: 은왕조의 현대부 鄭玄정현의 주에서는 老聃노담(노자)과 彭祖팽조(요나라 때의 수백 세의 장수자)의 두 사람이라고 하였다. 이설이 많다.

〈풀이〉 몰래(은근히) 나를 노팽에 견준다.

2 子曰 黙而識之 學而不厭 誨人不倦 何有於我哉

공자가 말씀하셨다. 묵묵하면서 배운 것을 새겨 두고 배우기에
물리지 아니하고 남을 깨우치는데 게을리하지 아니한다. (이
런) 나에게 무엇이 있겠느냐?

黙而識之(묵이식지) ⇨ 黙: 묵묵하게. 而: 접속사. 識之: 지금까지 배
운 것. 識은 기억하다. 之는 대용대명사.
〈풀이〉 묵묵하게(배운 것을) 새겨 두고

學而不厭(학이불염) ⇨ 學: 배우다. 而: 접속사. 不: 부정사. 厭: 물리다.
〈풀이〉 배워서 물리지 아니하고

誨人不倦(회인불권) ⇨ 誨: 깨우치다. 人: 남. 倦: 게을리하다.
〈풀이〉 남을 깨우치는데 게을리하지 아니하다.

何有於我哉(하유어아재) ⇨ 何: 의문사. 무엇이 ~느냐? 有: 있다. 於: ~
에. 위치의 전치사. 我: 나. 哉: 의문종미사.
〈풀이〉 나에게 무엇이 있겠느냐?

3 子曰 德之不修 學之不講 聞義不能徙 不善不能改 是吾憂也

공자가 말씀하셨다. 덕을 닦지 아니함과 학문을 익히지 아니함
과 의를 듣고 옮길 수 없음과 착하지 아니함을 고치지 못함이,
이게 나의 근심이다.

德之不修(덕지불수) ⇨ 德: 덕. 도덕. 之: 이것이라 읽고 도치형을 하
기 위하여 쓰인 것이다. 이것은 不修德을 도치형으로 한 것임. 修:
닦다. 〈풀이〉 덕 이것을 닦지 아니하다

學之不講(학지불강) ⇨ 講: 익히다. 연구하다. 이 월의 짜임새는 앞에서 설명한 것과 같다.

〈풀이〉 배움 이것을 익히지 아니하다

聞義不能徙也(문의불능사야) ⇨ 聞: 듣다. 義: 의. 의로움. 不能: 할 수 없다. 徙: 옮기다. 也: 종미사.

〈풀이〉 의를 듣고 옮길 수 없다.

不善不能改也(불선불능개야) ⇨ 不善: 착하지 아니함. 不能: ~할 수 없다. 改: 고치다. 也: 종미사.

〈풀이〉 착하지 아니한 것을 고칠 수 없다.

是吾憂也(시오우야) ⇨ 是: 근칭의 지시대명사. 이것. 吾: 나의. 憂: 근심. 也: 종미사 '~이다'.

〈풀이〉 이것이 나의 근심이다.

4 子之燕居 申申如也 夭夭如也

공자가 한가히 계시면 한가롭고 안색이 온화하였다.

子之燕居(자지연거) ⇨ 子: 공자. 之: 주어를 나타내는 조사. 燕居: 한가히 있음. 〈풀이〉 공자께서 한가히 계시면

申申如也(신신여야) ⇨ 申申如: 한가로운 모양. 也: 종미사.

夭夭如也(요요여야) ⇨ 안색이 온화한 모양. 얼굴에 화색이 도는 모양.

5 子曰 甚矣 吾衰也 久矣 吾不復夢見周公

공자가 말씀하셨다. 심하구나 나의 쇠퇴함이. 오래구나. 나는 꿈에 주공을 다시 볼 수 없다.

甚矣(심의) ⇨ 甚: 심하다. 矣: 어기를 세게 하는 종미사.

〈풀이〉 심하구나

吾衰也(오쇠야) ⇨ 吾: 나. 衰: 쇠약함. 也: 종미사.

〈풀이〉 나의 쇠약함이

久矣(구의) ⇨ 久: 오래다. 也: 종미사.

〈풀이〉 오래구나.

吾不復夢見周公也(오불부몽견주공야) ⇨ 吾: 나. 不: 부정사. 復: 다시. 夢: 꿈에. 見: 보다. 周公: 성은 姬희. 이름은 旦단. 주 무왕의 아우로 주왕조의 문화를 창건한 사람 또 노나라 시조로 이상에 불탔던 공자가 언제나 꿈에 보고 동경하였다.

〈풀이〉 나는 다시 꿈에 주공을 보지 못한다.

6 子曰 志於道 據於德 依於仁 游於藝

공자가 말씀하셨다. 도에 뜻을 두고 덕을 지키며 인에 의하여 학예에 마음을 붙여라.

志於道(지어도) ⇨ 志: 뜻하다. 於: 장소. 위치의 전치사. 道: 도.

〈풀이〉 도에 뜻을 두고

據於德(거어덕) ⇨ 據: 막아 지키다. 於: 목적대상을 강하게 나타내기 위하여 직접목적어 앞에 온 전치사.

〈풀이〉 덕을 (막아) 지키다.

依於仁(의어인) ⇨ 依: 의지하다. 於: 장소. 위치의 전치사.

〈풀이〉 인에 의지하다.

遊於藝(유어예) ⇨ 遊: 사귀다, 藝: 예·악·사·御어·서·數수.

〈풀이〉 학예에 마음을 붙이다(학예에 사귀다).

7 子曰 自行束脩以上 吾未嘗無誨焉

공자가 말씀하셨다. 스스로 속수 이상의 예물을 베푼 사람에게 나는 일찍이 가르치지 아니한 바 없다.

自行束脩以上(자행속수이상) ⇨ 自: 스스로. 기인하다. 의하다. 行: 베풀다. 주다. 束脩: 묶은 포육. 옛날에 예물로 썼음. 처음으로 스승을 뵈올 때 쓰는 예물, 포육을 열 두름 묶은 것. 예물은 신분에 따라 다르며 속수는 가장 낮은 예물이었다.
〈풀이〉 스스로 속수 이상을 베푼(준) 사람에게

吾未嘗無誨焉(오미상무회언) ⇨ 吾: 나는. 未嘗: 일찍이 ~하지 않다. 無: 없다. 아니하다. 誨: 가르치다. 焉: 종미사.
〈풀이〉 나는 일찍이 가르치지 아니함이 없다.

8 子曰 不憤不啓 不悱不發 擧一隅而示之 不以三隅反 則不復也

공자가 말씀하셨다. 분발하지 아니하면 계발해주지 아니하며 이해하면서도 발표할 줄을 몰라 머뭇거리지 않으면 말을 일러주지 않는다. 한 모퉁이를 들어 보이는데 세 모퉁이로써 반응하지 않으면 나는 아직껏 다시 되풀이하지(가르치지) 않는다.

不憤不啓(불분불계) ⇨ 不: 부정사. 憤: 분발하다. 啓: 계발하다.
〈풀이〉 분발하지 않으면 계발하지 아니하고

不悱不發(불비불발) ⇨ 悱: 말나오지 아니할 비. 마음속으로는 이해하면서도 말로는 발표하지 못함. 發: 말을 일러주다. 밝히다.

〈풀이〉 마음속으로는 이해하면서도 말로는 발표할 줄을 몰라 더듬거리지 않으면 말을 일러 주지 않는다.

擧一隅而示之(거일우이시지) ⇨ 擧: 사실이나 예를 들다. 一隅: 한 모퉁이. 而: 순접의 접속사. 示: 보이다. 之: 대용대명사로 一隅를 받는다. 〈풀이〉 한 모퉁이를 예로 들어서 보이다

不以三隅反(불이삼우반) ⇨ 不: 부정사. 以: 으로써. 三隅: 세 모퉁이. 反: 반응하다. 〈풀이〉 세 모퉁이로써 반응하지 않으면

則吾不復也(즉오불부야) ⇨ 則: 곧. 접속사. 吾: 나는. 復: 되풀이하다. 〈풀이〉 곧 나는 다시 되풀이하지 않는다(다시 가르치지 않는다).

9 子食於有喪者之側 未嘗飽也 子於是日 哭則不歌

공자가 상이 있는 사람 곁에서 식사하면 아직껏 배부르게 먹지 아니하였으며 선생은 이날에 곡을 하면 곧 (그날에는) 노래하지 않았다.

子食於有喪者之側(자식어유상자지측) ⇨ 子: 공자. 食於: ~에서 식사하다. 於는 장소의 전치사. 有喪者: 상이 있는 자. 有喪은 者를 꾸미는 어구. 之: 의. 側: 곁.
〈풀이〉 공자는 상이 있는 자의 곁에서 식사를 하다.

未嘗飽也(미상포야) ⇨ 未嘗: 일찍이 ~하지 않았다. 飽: 배부르게 먹다. 也: 종미사. 〈풀이〉 일찍이 배부르게 먹지 않았다.

子於是日(자어시일) ⇨ 子: 공자. 於: ~에. 처소의 전치사. 是日: 이 날. 也: 어세를 강하게 하기 위하여 쓰인 종미사.
〈풀이〉 공자는 이날에는

哭則不歌(곡즉불가) ⇨ 哭: 곡하다. 則: 곧. 不歌: 노래하지 않았다.
〈풀이〉 곡하면 노래부르지 않았다.

10 子謂顏淵曰 用之則行 舍之則藏 惟我與爾有是夫 子路曰
子行三軍 則誰與 子曰 暴虎馮河 死而無悔者 吾不與也
必也臨事而懼 好謀而成者也

공자가 안연이에게 말씀하시되 쓰이면 곧 실행하고(활동하고) 버려지면 몸을 숨기는데, 오직 나와 너는 이에(생활 태도) 있구나. 자로가 말하였다. 선생이 삼군을 부린다면 누구와 더불어 하겠습니까? 공자가 말씀하셨다. 맨손으로 범을 잡고 맨발로 황하를 건너서(만용을 부리며 무모한 짓을 하다) 죽어서도 후회하지 않는 자와는 나는 같이 하지 않을 것이다. 반드시 일을 맞이하여 (당하여) 두려워하고 일을 도모하여서 성취하기를 좋아하는 사람과 함께 할 것이다.

子謂顏淵曰(자위안연왈) ⇨〈풀이〉 공자가 안연에게 말하였다.

用之則行(용지즉행) ⇨ 用: 쓰다. 之: 어세를 강하게 하는 종미사. ~만하면. 則: ~면 즉. 行: 이행하다. 실행하다.
〈풀이〉 쓰이기만 하면 실행하고

舍之則藏(사지즉장) ⇨ 舍: 捨와 같다. 버리다. 그만두다. 之: 위와 쓰임이 같다. 藏: 숨다. 자취를 감추다. 〈풀이〉 버린다면 곧 숨는다.

唯我與爾有是夫(유아여이유시부) ⇨ 唯: 오직. 我與爾: 나와 너. 與는 접속사 'and'와 같음. 有: 있다. 주어를 뒤에 가지는 특수동사. 是: 근칭 대명사. 이것(생활 태도). 夫: 월 끝에 쓰여 감탄을 나타낸다.
〈풀이〉 오직 나와 자네는 이것이 있음이로다.

子行三軍(자행삼군) ⇨ 子: 공자. 行: 시행하다. 행하다. 三軍: 삼군. 일군은 일만 이천 오백 명.
〈풀이〉 선생이 삼군을 시행한다면(부리면)

則誰與(즉수여) ⇨ 誰: 누구. 의문대명사. 與: 더불다.
〈풀이〉 즉 누와 더불어 하겠습니까?

暴虎馮河(포호빙하) ⇨ 暴虎: 맨손으로 호랑이를 쳐 잡다. 馮河: 맨 발로 강물을 건너다.

〈풀이〉 맨손으로 범을 잡고 맨발로 황하를 건너다(무모하게 위험한 짓을 하다).

死而無悔者(사이무회자) ⇨ 死而: 죽어서. 而는 순접의 접속사. 無悔者: 無悔는 者를 꾸밈. 뉘우치지 않는 자.

〈풀이〉 죽어서 뉘우치지 않는 자

吾不與也(오불여야) ⇨ 吾: 나는. 不與: 함께 하지 않겠다. 也: 종미사.

〈풀이〉 나는 함께 하지 않겠다.

必也臨事而懼(필야림사이구) ⇨ 必也: 반드시. 也는 어세를 강하게 하기 위하여 쓰인 종미사. 臨: 임하다. 事: 일을. 而: 순접의 접속사. 懼: 두려워하다. 〈풀이〉 반드시 일을 임하여 두려워하다.

好謀而成者也(호모이성자야) ⇨ 好: 좋아하다. 謀: 도모하다. 而: 접속사. 成: 이루다. 者: 사람. 好謀而成는 者를 꾸민다. 也: 종미사로 '~이다'. 〈풀이〉 일을 도모하여 이루기를 좋아하는 자이다.

11 子曰 富而可求也 雖執鞭之士 吾亦爲之 如不可求 從吾所好

공자가 말씀하셨다. 부를 구해도 좋다면 비록 시장의 감독 벼슬아치라도 나는 역시 그것을 하겠지마는 만일 구해서는 안 된다면 나는 좋아하는 바를 쫓겠다.

富而可求也(부이가구야) ⇨ 富: 재산. 부. 而: 후치사로서 富를 객어로 만들어주는 구실을 한다. 곧 재산을. 可: 가능조동사. '~할 수 있다'. 求: 구하다. 추구하다. 也: 종미사.

〈풀이〉 재산을 구하여도 괜찮다면(부를 구할 수 있다면)

雖執鞭之士(수집편지사) ⇨ 雖: 비록. 執鞭: 시장의 감독(집편에는 길의

경비원과 시장의 감독의 두 가지가 있으나 여기서는 후자임). 之: 집편과 합하여 士를 꾸민다. '~의'. 士: 관직.

〈풀이〉 비록 시장의 감독 벼슬아치라도

吾亦爲之(오역위지) ➭ 亦: 또한. 爲: 하다. 之: 집편을 가리킴, 대명사.

〈풀이〉 나는 또한 그것을 하겠으나

如不可求(여불가구) ➭ 如: 만일. 不可: ~해서는 안 된다. 이때 可는 가능의 조동사. 求: 추구하다. 구하다.

〈풀이〉 만일 추구해서는 안 된다면

從吾所好(종오소호) ➭ 이것은 吾從所好의 도치형이다. 吾: 나는. 從: 따르다. 쫓다. 所: ~하는 바. 好: 좋아하다.

〈풀이〉 내가 좋아하는 바를 쫓겠다.

12 子之所愼 齊戰疾

선생이 신중하게 여긴 바는 제사 때 목욕재계하여 심신을 근신하는 것과 전쟁과 질병이었다.

子之所愼(자지소신) ➭ 子: 공자. 之: 子를 주어되게 하는 후치사. 所: ~바. 愼: 삼가다. 신중하다. 〈풀이〉 공자가 신중하게 여긴 바는

齊戰疾(제전질) ➭ 齊: 제사 때 목욕재계하고 심신을 근신하는 것. 戰: 싸움. 전쟁. 疾: 질병.

〈풀이〉 제사 때 목욕재계하는 것과 전쟁과 질병이었다.

13 子在齊 聞韶樂三月 不知肉味 曰 不圖爲樂之至於斯也

선생이 제나라에 있으면서 소라는 음악을 석 달이나 듣고 고기

의 맛을 잊었다. 말씀하시기를 음악이 이런 경지에 이를 줄은 생각하지 않았다.

子在齊(자재제) ⇨ 子: 선생. 在: 있다. 齊: 제나라.
〈풀이〉 선생이 제나라에 있을 때

聞韶樂三月(문소악삼월) ⇨ 聞: 들었다. 韶樂: 韶는 舜王의 음악. 소라는 음악. 三月: 석 달 동안.
〈풀이〉 소라는 음악을 석 달 동안 듣고

不知肉味(부지육미) ⇨ 不知: 알지 못할 리. 肉味: 고기의 맛.
〈풀이〉 고기의 맛도 알지 못했다.

曰(왈) ⇨ 〈풀이〉 공자가 말씀하셨다.

不圖爲樂之至於斯也(부도위악지지어사야) ⇨ 不圖: 생각지 않았다. 헤아리지 않았다. 樂之: 음악이. 之는 樂을 주어가 되게 하는 후치사. 至於斯也: 至는 이르다. 於는 처소의 전치사. 斯는 대명사. 여기. 也는 종미사. 〈풀이〉 음악이 여기에 이를 줄은 생각지 않았다.

14 冉有曰 夫子爲衛君乎 子貢曰 諾 吾將問之 入曰 伯夷叔齊何人也 曰 古之賢人也 曰 怨乎 曰 求仁而得仁 又何怨 出曰 夫子不爲也

염유가 말하였다. 선생님은 위나라 군주를 도우실까? 자공이 말하였다. 좋아, 내가 바야흐로 들어가서 그것을 물어 보겠다. 들어가서 말하였다. 백이와 숙제는 어떤 사람입니까? 공자가 말씀하셨다. 옛날의 현인이다. 자공이 말하였다. 그들은 원망하였습니까. 공자가 말씀하셨다. 인을 구하여 인을 얻었는데 다시 어찌 원망하였겠느냐? 자공이 나와서 말하였다. 선생님은 위나라 임금을 도우지 않으실 것이다.

冉有曰(염유왈) ⇨ 〈풀이〉 염유가 말하였다.

夫子爲衛君乎(부자위위군호) ⇨ 夫子: 선생(공자를 말함). 爲衛君: 爲는 朱子註주자주에서는 猶助也유조야로 하였다. 고로 爲衛君은 위나라 군주를 도와서 일하다 임. 衛君은 出公출공. 이름은 輒첩. 영공의 손자. 蒯聵괴외의 아들. 괴외가 영공의 부인이지만 행실이 좋지 못한 南子남자를 제거하려다가 도리어 宋으로 망명하였으므로 영공의 뒤를 첩이 계승하였다. 공자 62~63세 경의 일이다. 乎: 의문종미사.

〈풀이〉 선생이 위나라 군주를 위하여 일하겠느냐?

諾(낙) ⇨ 좋다. '예' 하고 대답하다. 승낙하다.

〈풀이〉 승낙하고 좋다.

吾將問之(오장문지) ⇨ 吾: 내가. 將: 미래 또는 願望원망의 부사. '바야흐로 ~하겠다'. 之: 염유가 한 말을 받는 대명사.

〈풀이〉 내가 바야흐로 그것을 물어보겠다.

入曰(입왈) ⇨ 〈풀이〉 들어가 말하였다.

伯夷叔齊何人也(백이숙제하인야) ⇨ 伯夷叔齊: 백이는 아버지의 유지를 존중하여 아우인 叔齊에게 왕위를 물려주고 망명하였다. 그러자, 숙제도 형제의 서열을 중히 여겨 형의 뒤를 따라 망명하였다. 何: 의문사. 어떤. 人: 사람. 也: 종미사.

〈풀이〉 백이숙제는 어떤 사람입니까?

曰(왈) ⇨ 〈풀이〉 공자가 말씀하셨다.

古之賢人也(고지현인야) ⇨ 古之: 다음 말을 꾸미는 관형구. 옛날의. 賢人也: 현인이다. 也는 '~이다'. 〈풀이〉 옛날의 현인이다.

曰(왈) ⇨ 〈풀이〉 자공이 말하였다.

怨乎(원호) ⇨ 怨: 원망하다. 乎: 의문종미사.

〈풀이〉 원망했습니까?

曰(왈) ⇨ 〈풀이〉 공자가 말씀하셨다.

求仁而得仁(구인이득인) ⇨ 求: 구하다. 仁: 인. 而: 순접의 접속사. 得: 얻다. 仁: 인. 〈풀이〉 인을 구하여서 인을 얻었다.

又何怨(우하원) ⇨ 又: 다시. 또. 何: 어찌. 의문부사. 怨: 원망하다.

〈풀이〉 다시 어찌 원망했겠느냐?

出曰(출왈) ⇨ 〈풀이〉 자공이 나와서 말하였다.

夫子不爲也(부자불위야) ⇨ 夫子: 선생. 不爲也: 위나라 임금을 돕지 않을 것이다. 爲는 돕다. 也는 종미사.

〈풀이〉 선생은 위나라 임글을 돕지 않을 것이다.

15 子曰 飯疏食飲水 曲肱而枕之 樂亦在其中矣 不義而富且貴 於我如浮雲

공자가 말씀하셨다. 거친 밥을 먹고 물을 마시고 팔을 굽혀서 베고 누웠으니 즐거움이 또한 그 가운데 있다. 의롭지 아니하고서 부하고 귀한들 나에게는 뜬 구름과 같다.

飯疏食飲水(반소식음수) ⇨ 飯: 먹다. 疏食: 거친 밥(잡곡밥). 飲: 마시다. 水: 물. 냉수. 〈풀이〉 거친 밥을 먹고 물을 마시다.

曲肱而枕之(곡굉이침지) ⇨ 曲: 굽하다. 肱: 팔. 而: 순접의 접속사. 枕: 베다. 之: 肱을 받는 대명사. 〈풀이〉 팔을 굽혀서 베다.

樂亦在其中矣(낙역재기중의) ⇨ 樂: 즐거움. 亦: 역시. 또한. 在其中: 그 가운데 있다. 矣: 종미사.

〈풀이〉 즐거움이 또한 그 가운데 있다.

不義而富且貴(불의이부차귀) ⇨ 不義: 의롭지 아니하다. 而: 순접의 접속사. 富: 부하다. 且: 또한 貴: 귀하다.

〈풀이〉 의롭지 아니하고서 부하고 또한 귀한들

於我如浮雲(어아여부운) ⇨ 於我: 나에게 있어서는. 於는 위치의 전치사. 如: ~와 같다. 浮雲: 뜬구름.

〈풀이〉 나에게는 뜬 구름과 같다.

16 子曰 加我數年 五十以學易 可以無大過矣

공자가 말씀하셨다. 나에게 수년을 더하여 오십이 되어서 역학을 배우면 가히 큰 허물은 없을 것이다.

加我數年(가아수년) ⇨ 加: 더하다. 我: 나에게. 數年: 수년.

〈풀이〉 나에게 수년을 더하여

五十以學易(오십이학역) ⇨ 五十以: 오십으로써. 以는 으로써. 學: 배운다. 易: 역학.

〈풀이〉 오십으로써 역학을 배우다.

可以無大過矣(가이무대과의) ⇨ 可以: ~할 수 있다. 無: 없다. 大過: 큰 허물. 矣: 종미사.

〈풀이〉 가히 큰 허물이 없을 것이다.

17 子所雅言 詩書執禮 皆雅言也

공자가 정언으로 읽은 것은 『시경』과 『서경』이고, 예를 집행한 때도 모두 정음을 쓰셨다.

子所雅言(자소아언) ⇨ 子: 공자. 所: 바. 雅言: 바른 말. 正言정언.

〈풀이〉 공자가 정언으로 읽은 것(바)은

詩書執禮(시서집례) ⇨ 詩: 『시경』. 書: 『서경』. 執禮: 예를 집행하다.

〈풀이〉 『시경』과 『서경』이며 예를 집행한 때도

皆雅言也(개아언야) ⇨ 皆: 모두. 다. 也: 종미사.

〈풀이〉 모두 정음이다(정음을 쓰다).

18 葉公問孔子於子路 子路不對 子曰 女奚不曰 其爲人也 發憤忘食 樂以忘憂 不知老之將至云爾

섭공이 자로에게 공자를 물었다. 자로가 대답을 하지 않았다. 공자가 말씀하셨다. 너는 어찌 말하지 않느냐? 그 사람됨은 학문에 분발하면 식사를 잊고 (학문하는) 즐거움으로 걱정을 잊으며 늙음이 바야흐로 너에게 이른다는 것을 알지 못한다고.

葉公問孔子於子路(섭공문공자어자로) ⇨ 葉公: 초나라 葉縣섭현의 장관. 성은 沈심. 이름은 諸梁제량. 자는 子高자고.
〈풀이〉 섭공이 자로에게 공자를 물었다.

子路不對(자로부대) ⇨ 不對: 대답을 하지 아니하였다.
〈풀이〉 자로가 대답을 하지 않았다.

女奚不曰(여해불왈) ⇨ 女: 汝와 같음. '너는'. 奚: 어찌. 의문부사. 不曰: 말하지 아니하다.
〈풀이〉 너는 어찌 말하지 아니하느냐?

其爲人也(기위인야) ⇨ 其: 그. 爲人: 사람됨. 也: 주격의 종미사 '은'.
〈풀이〉 그 사람됨은

發憤忘食(발분망식) ⇨ 發憤: 학문에 발분하면. 忘食: 식사를 잊고.

樂以忘憂(낙이망우) ⇨ 樂: 즐거움. 以: 으로써. 忘: 잊는다. 憂: 근심.
〈풀이〉 (학문하는) 즐거움으로써(도를 즐거워함으로써) 근심을 잊고

不知老之將至云爾(부지로지장지운이) ⇨ 不知: 모른다. 老之: 늙음이. 之는 주격 후치사. 將至: 바야흐로 이른다. 云爾: 한정, 단정의 종미사로 위 문장의 모두를 다 말하는 뜻로 쓰임.
〈풀이〉 늙음이 바야흐로 이른다는 것조차 알지 못한다고.

※ "其爲人也"에서 본문 끝까지는 "女奚不曰"에 걸린다.

19 子曰 我非生而知之者 好古敏以求之者也

공자가 말씀하셨다. 나는 나면서부터 저절로 아는 사람이 아니다. 옛것을 좋아하여 부지런히 구하여 알게 된 자이다.

我非生而知之者(아비생이지지자) ⇨ 我: 나는. 非: 아니다. 명사 및 명사구나 절을 부정하는 부정사. 生: 나다. 而: 순접의 접속사. 知之: 者를 꾸미는 관형어. '아는'. 者: 사람 자.
〈풀이〉 나는 나면서부터 저절로 잘 아는 자가 아니다.

好古敏以求之者也(호고민이구지자야) ⇨ 好古: 옛것을 좋아하다. 敏以: 부지런히. 求之者也: 구하는 자이다. 也는 '~이다'.
〈풀이〉 옛것을 좋아하여 부지런히 구하여 알게 된 자이다.

20 子不語怪力亂神

공자는 괴변(괴이한 것), 폭력, 난동, 귀신에 대하여는 말씀하지 않으셨다.

子不語怪力亂神子(자불어괴력란신자) ⇨ 子: 공자. 不語: 말하지 않았다. 怪: 괴변. 力: 폭력. 亂: 난동. 神: 귀신.

21 子曰 三人行 必有我師焉 擇其善者而從之 其不善者而改之

공자가 말씀하셨다. 세 사람이 길을 가면 반드시 나의 스승이 될 만한 사람이 있다. 그 좋은 점을 택하여 따르고 그 좋지 않은 점을 택하여 고치도록 한다.

三人行(삼인행) ⇨ 〈풀이〉 세 사람이 길을 가면

必有我師焉(필유아사언) ⇨ 必有: 반드시 있다. 我師: 나의 스승. 焉: 종미사.

〈풀이〉 반드시 나의 스승이 될 만한 사람이 있다.

擇其善者而從之(택기선자이종지) ⇨ 擇: 탁하다. 이 擇은 其不善者까지 걸린다. 其善者: 그 착한 점(것). 者는 사물을 나타냄. 而: 순접의 접속사. 從之: 從은 따르다. 之는 '착한 점', '좋은 점'을 받는 대용대명사.

〈풀이〉 그 좋은 점을 택하여 그것에 따르고

其不善者而改之(기불선자이개지) ⇨ 其: 그. 不善者: 좋지 않은 점. 而: 순접의 접속사. 改之: 그것을 고친다.

〈풀이〉 그 좋지 않는 점은 택하여 그것을 고친다.

22 子曰 天生德於予 桓魋其如予何

공자가 말씀하셨다. 하늘이 나에게 덕을 부여하였다. 환퇴 그와 같은 자가 나를 어떻게 하겠는가?

天生德於予(천생덕어여) ⇨ 天: 하늘이. 生: 나오게 하였다. 부여하다. 德: 덕. 於: 장소의 전치사. 予: 나.

〈풀이〉 하늘이 나에게 덕을 부여하였다.

桓魋其如予何(환퇴기여여하) ⇨ 桓魋: 송나라의 사마(군무대신)로 공자를 여행 중에 죽이려 하였다. 其如: 그 같은 자가. 予: 나를. 何: 어찌 ~하겠는가.

〈풀이〉 환퇴 그 같은 자가 나를 어떻게 하겠는가?

23 子曰 二三子以我爲隱乎 吾無隱乎爾 吾無行而不與二三子者 是丘也

공자가 말씀하셨다. 자네들은 나로써 무엇을 숨기고 있다고 생각하는가? 나는 숨긴 것이 없다네. 나는 행하는 일로써 자네들과 함께 하지 않은 것이 없네. 이것이 나 구이네.

二三子以我爲隱乎(이삼자이아위은호) ⇨ 二三子: 여러분. 그대들. 以我: 나로써. 爲: 간주하다. 생각하다. 隱: 감추다. 乎: 의문종미사.
〈풀이〉여러분은 나로써(무엇을) 감추고 있다고 생각하느냐.

吾無隱乎爾(오무은호이) ⇨ 乎: 영탄의 종미사. 爾: 한정의 종미사. 吾: 나는. 無: 없다. 隱: 숨기다.
〈풀이〉나는 숨긴 것이 없네!

吾無行而不與二三子者(오무행이불여이삼자자) ⇨ 吾: 나는. 無: 없다. 所: 바. 行: 행하다. 而: 순접의 접속사. 不與: 더불지 아니하다. 二三子: 자네들. 者: 것. 사물.
〈풀이〉나는 행하는 바로써 자네들과 함께 하지 않는 것이 없네.

是丘也(시구야): 是: 이것이. 丘: 구. 공자. 也: ~이다.
〈풀이〉이것 구이다.

24 子以四敎 文行忠信

공자는 네 가지로써 가르치셨다. 학문·덕행·충성·신의였다.

子以四敎(자이사교) ⇨ 子: 공자는. 以: 으로써. 四: 넷. 네 가지. 敎: 가르치다. 〈풀이〉공자는 네 가지로써 가르치셨다.

文行忠信(문행충신) ⇨ 文: 학문. 行: 실천. 忠: 실천. 덕행. 信: 신의.

25 子曰 聖人吾不得而見之矣 得見君子者 斯可矣 子曰 善
人吾不得而見之矣 得見有恒者 斯可矣 亡而爲有 虛而爲
盈 約而爲泰 難乎有恒矣

공자가 말씀하셨다. 나는 성인을 얻어 볼 수가 없다. 군자를 볼
수 있으면 참으로 좋겠다. 공자가 말씀하셨다. 나는 선인을 얻
어 볼 수 없다(마음이 한결같은 사람이 만날 수 있으면 좋겠다). 없어도
있는 것처럼 하며 비어도 찬 것처럼 하고 가난하여도 넉넉한
척하여야 하니 항심을 가지기란 참으로 어렵구나.

聖人吾不得而見之矣(성인오부득이견지의) ⇨ 이 월은 吾不得而見聖人
矣에서 聖人을 문두에 가져 온 구조. 聖人: 학덕을 갖추고 신명 불
측하며 仁道를 구현하는 至上人. 吾: 나는. 不: 得과 見에 걸려 다
부정하는 부정사. 得: '이루다, 성취하다, 얻다'. 而: 순접의 접속사.
之: 聖人. 대명사. 矣: 종미사.
〈풀이〉 나는 성인을 얻어 볼 수 없다.

得見君子者(득견군자자) ⇨ 得: 능히 ~할 수 있다. 見: 보다. 만나다.
君子: 재덕이 출중하고 仁道를 지키는 사람.
〈풀이〉 군자라도 만날 수 있으면

斯可矣(사가의) ⇨ 斯: 강조를 나타냄. 〈풀이〉 아주 좋겠다.

善人吾不得而見之矣(선인오부득이견지의) ⇨ 이것도 吾不得而見善人
矣인 구조에서 善人을 앞으로 낸 구조. 而: 순접의 접속사. ~하여
서. 善人: 착한 사람.
〈풀이〉 나는 선인을 얻어 볼 수가 없다.

得見有恒者(득견유항자) ⇨ 得見: 볼 수 있다. 有恒者: 마음이 한결같
은 사람. 〈풀이〉 마음이 한결같은 사람을 만날 수 있다.

亡而爲有(망이위유) ⇨ 亡: 없다. 而: 역접의 접속사. 爲: 생각하다. 有:
있다. 〈풀이〉 없어도 있는 것처럼 생각하다.

虛而爲盈(허이위영) ⇨ 盈: 충만하다. 차다.

〈풀이〉 비었어도 충만한 것으로 생각하고

約而爲泰(약이위태) ⇨ 約: 빈궁하다. 泰: 넉넉함. 풍요로움.

〈풀이〉 빈궁하여도 풍요로운 것처럼 하고

難乎有恆矣(난호유항의) ⇨ 難乎: 어렵구나. 乎는 영탄의 종미사. 有恆矣: 항심을 가지기는. 矣: 단정의 종미사.

〈풀이〉 항심을 가지기란 참으로 어렵구나.

26 子釣而不網 弋不射宿

공자는 낚시질은 하되 그물은 치지 않았다. 주살로 나는 새를 잡기는 했으나 앉아 있는 새는 쏘지 않았다.

子釣而不網(자조이불망) ⇨ 子: 공자. 釣: 낚시질하다. 而: 역접의 접속사. 網: 큰 줄에 많은 낚시 바늘을 단 것. 주자는 큰 줄로 망을 엮어 물을 가로 질러 고기를 잡는 것이라 했다.

〈풀이〉 공자는 낚시질은 하되 그물은 치지 않았다.

弋不射宿(익불석숙) ⇨ 弋: 주살(화살에 실이 달린 것). 射: 활을 쏘아 적중시키다. 宿: 묵다. 숙박하다. 머물다.

〈풀이〉 주살로 나는 새를 잡기는 했으나 앉아 있는(머물고 있는) 새는 쏘지 않았다.

27 子曰 蓋有不知而作之者 我無是也 多聞擇其善者而從之 多見而識之 知之次也

공자가 말씀하셨다. 대개 알지 못하면서 행하는 사람이 있으나 나는 이것이 없었다(그렇게 하지 않았다). 많이 듣고 그 좋은 것을

택하여 좇았고 많이 보고 그것을 깨닫는다. (그것은) 아는 것
다음의 일이다.

蓋有不知而作之者(개유부지이작지자) ⇨ 蓋: 대개. 有: 있다. 不知: 알
지 못하다. 而: 순접의 접속사. 作: 작위. 일을 꾸미거나 행동하다.
之: 作과 합하여 者를 꾸밈. 者: 사람.

〈풀이〉 대개 알지 못하면서 행하는 사람이 있다.

我無是也(아무시야) ⇨ 是: 이것(그렇게 하는 일). 也: 종미사.

〈풀이〉 나는 그렇게 한 일이 없다.

多聞擇其善者而從之(다문택기선자이종지) ⇨ 多聞: 많이 듣고. 擇: 선
택하다. 其善者: 그 좋은 것. 者는 사물을 나타내는 字. 而: 접속사.
첨가를 나타냄. 從之: 그것을 좇는다.

〈풀이〉 많이 듣고 그 좋은 것을 택하여 그것을 좇다.

多見而識之(다견이식지) ⇨ 多見: 많이 보다. 識之: 識는 '알다, 깨닫
다, 인지하다'. 之는 대용대명사. '많이 본 것'.

〈풀이〉 많이 보고 그것을 깨닫는다.

知之次也(지지차야) ⇨ 知之: 안다는 것. 次: 다음이다. 부차적인 것.
也: 종미사.

〈풀이〉 안다는 것은 그 다음의 일이다.

28 互鄕難與言 童子見 門人惑 子曰 與其進也 不與其退也
唯何甚 人潔己以進 與其潔也 不保其往也

호향 사람과는 같이 말하기가 어렵다. 그곳 아이들을 만났는데
문인들이 당혹하였다. 공자가 말씀하셨다. 그들이 나아가는데
함께 하였고 그들이 물러가는 데는 함께 하지 않았다(찬성하지 않
았다). 다만(그런데) 무엇이 심하냐? 사람이 자기를 깨끗하게 하

고 나아가면 그 깨끗함을 함께 하나 (편들어 주되) 지나간 일은 보증하지 않는다(지나간 일에는 구애되지 않는다).

互鄕難與言(호향난여언) ⇨ 互鄕: 마을 이름. 이 마을 사람과는 말을 할 수 없을 만큼 불통한 곳이었다. 難: 어렵다. 與: 함께. 같이. 言: 말하다.

〈풀이〉 호향 사람과는 같이 말하기 어려웠다.

童子見(동자견) ⇨ 童子: 아이들. 見: 만나다.

〈풀이〉 (공자가) 그곳 아이들을 만났다.

門人惑(문인혹) ⇨ 門人: 공자의 제자. 惑: 당혹했다.

〈풀이〉 공자 문인들이 당혹하였다.

與其進也(여기진야) ⇨ 與 함께 하다. 함께 감. 찬성함. 친함. 其進也: 그 나아감. 也는 종미사.

〈풀이〉 그 나아감에 함께 하였다(찬성하였다).

不與其退也(불여기퇴야) ⇨ 不與: 함께 하지 않았다. 其退也: 그 물러 감. 也는 종미사.

〈풀이〉 그 물러감에 함께 하지 않았다(찬성하지 않았다).

唯何甚(유하심) ⇨ 唯: 오직. 다만. 何: 무엇. 甚: 심하다.

〈풀이〉 오직 무엇이 심하냐?

人潔己以進(인결기이진) ⇨ 人: 사람이. 潔: 깨끗하게 하다. 己: 자기 를. 以: ~써. 進: 나아가다.

〈풀이〉 사람이 자기를 깨끗하게 함으로써 나아가면

與其潔也(여기결야) ⇨ 與: 함께하다. 찬성하다. 其潔也: 그것이 깨끗 하게 된다.

〈풀이〉 그 깨끗함을 찬성한다(함께 한다).

不保其往也(불보기왕야) ⇨ 不保: 보증하지 않는다. 其往也: 그 지나 간 것. 往은 지나간 일.

〈풀이〉 그 지나간 일은 보증하지 않는다(그가 돌아간 뒤의 일은 보증하지 않는다).

29 子曰 仁遠乎哉 我欲仁 斯仁至矣

공자가 말씀하셨다. 仁은 먼 것일까? 내가 인을 바라면 仁은 이
에 이른다.

仁遠乎哉(인원호재) ⇨ 遠: 멀다. 乎哉: 강한 反語를 나타낸다.
〈풀이〉 인은 먼 것일까!
我欲仁(아욕인) ⇨ 欲: 바라다.
〈풀이〉 내가 인을 바라면
斯仁至矣(사인지의) ⇨ 斯: 여기. 至: 이른다. 矣: 종미사.
〈풀이〉 인은 여기에 이른다(여기에 인이 이른다).

30 陳司敗問 昭公知禮乎 孔子曰 知禮 孔子退 揖巫馬期而
進之曰 吾聞君子不黨 君子亦黨乎 君取於吳 爲同姓謂之
吳孟子 君而知禮 孰不知禮 巫馬期以告 子曰 丘也幸 苟
有過 人必知之

진나라 사패가 물었다. 소공이 예를 압니까? 공자가 말씀하셨
다. 예를 안다. 공자가 물러가니 무마기에게 읍하면서 나아가
말하기를 내가 듣기에는 군자는 잘못을 서로 감추어 주지 않는
다 하였는데 군자도 역시 잘못을 감추어 주는군요. 임금(소공)은
오나라에서 부인을 취하였고 (노와 오는) 동성이니 (부인을) 오
맹자라 하였는데 임금이면서 예를 안다고 하면 누가 예를 모르
겠습니까? 무마기가 이 말을 고하니 공자가 말씀하셨다. 구는
행복하구나. 진실로 잘못이 있으면 남이 가르쳐 주는구나.

陳司敗問(진사패문) ⇨ 陳나라의 司敗. 司敗는 관명으로 司寇사구와 같

은 사법장관. 〈풀이〉진나라 司敗가 물었다.

昭公知禮乎(소공지례호) ⇨ 昭公: 노나라 定公정공 앞의 군주로 예에 밝았다 함. 이름은 稠조. 乎: 의문종미사.

〈풀이〉소공은 예를 압니까?

孔子曰 知禮(공자왈 지례) ⇨ 〈풀이〉공자가 예를 안다 하셨다.

孔子退(공자퇴) ⇨ 〈풀이〉공자가 물러가자.

揖巫馬期而進之曰(읍무마기이진지왈) ⇨ 揖: 읍을 하다. 巫馬期: 공자의 제자. 성은 巫馬. 이름은 施시. 字자가 期임. 進之: 이 之는 풀이하지 않아도 되고 굳이 풀이하려면 무마기를 가리키는 대용대명사. 曰: 말하다.

〈풀이〉(진사패가) 무마기에게 읍하여 나아가서 말하였다.

吾聞君子不黨(오문군자부당) ⇨ 黨: 서로 도와 나쁜 것을 숨기는 것.

〈풀이〉내가 들으니 군자는 서로 도와 나쁜 것을 감추지 않는다 하였는데

君子亦黨乎(군자역당호) ⇨ 亦: 역시. 乎: 의문종미사.

〈풀이〉군자도 역시 잘못을 감추는군요?

君取於吳(군취어오) ⇨ 君: 소공을 가리킴. 取: 娶와 같음. 於: ~에서. 장소의 전치사. 吳: 오나라.

〈풀이〉소공은 오나라에서 부인을 장가들었고

爲同姓謂之吳孟子(위동성위지오맹자) ⇨ 爲同姓: 노와 오는 다같이 周를 시조로 하는 姬姓이었다. 謂之: 이를 일컫다. 여기서 之는 부인과 동성인 것을 가리킴. 그래서 부인의 성을 감추기 위하여. 소공의 부인을 吳姬라 할 것을 이름 부르기를 꺼려서 吳孟子라 하였다.

〈풀이〉성이 같은지라(오와 노는 동성이라) 이를 오맹자라 했는데

君而知禮(군이지례) ⇨ 而: '이면서도'로 푸는 수밖에 없다. 순접의 접속사로 보아야 할 것 같다.

〈풀이〉임금이면서 예를 안다면

孰不知禮(숙불지례) ⇨ 孰: 누가. 의문대명사. 不知: 모르다.

〈풀이〉누가 예를 모르겠습니까?

巫馬期以告(무마기이고) ⇨ 以: (위에 한 말)로써.

〈풀이〉 무마기가 이 말로써 (공자에게) 고하자.

丘也幸(구야행) ⇨ 丘: 공자. 也: 윗말 즉 丘를 제시할 때 쓰인 주격후
치사. 〈풀이〉 구는 행복하구나.

苟有過(구유과) ⇨ 苟: 진실로. 有過: 잘못이 있다.

〈풀이〉 진실로 잘못이 있으면

人必知之(인필지지) ⇨ 人: 남. 사람. 必: 반드시. 知: 가르쳐 주다. 之:
잘못을 받는 대명사.

〈풀이〉 남이 반드시 이를 가르쳐 주는구나.

31 子與人歌而善 必使反之 而後和之

공자는 남과 함께 노래 부르면서 (남이) 잘 부르면 반드시 되풀
이하게 한 이후에 그에 맞추어 노래를 부르셨다.

子與人歌而善(자여인가이선) ⇨ 子: 공자. 與: 함께. 人: 남. 歌: 노래
하다. 而: 순접의 접속사. 善: 잘하니.

〈풀이〉 공자가 남과 함께 노래할 때 잘하면

必使反之(필사반지) ⇨ 必: 반드시. 使: 사동사로서 '반복하게 하다'로
풀어야 함. 反: 되풀이하다. 반복하다. 之: 노래를 잘 부르는 사람
을 가리키는 대명사.

〈풀이〉 반드시 그로 하여금 되풀이하게 하여

而後和之(이후화지): 而後: ~한 후에. 和: '소리에 응하다, 화답하다'.
之: 뜻 없는 종미사로 볼 수 있으나 여기서는 잘 부르는 사람을 받
는 대명사로 본다.

〈풀이〉 이후에 그에 맞추어(응하여) 부른다.

32 子曰 文莫吾猶人也 躬行君子 則吾未之有得

공자가 말씀하셨다. 나는 학문은 남만 같지 못하겠느냐? 군자 답게 몸소 행하는 데는 아직 그 경지에 이르지 못하였다(아직 그 것을 얻지 못했다).

文莫吾猶人也(문막오유인야) ⇨ 文: 학문. 莫~猶人: 猶는 ~와 같다. 남 만 같이 못하겠느냐? 也: 종미사.

〈풀이〉 학문은 나는 남만 같지 못하겠느냐?

躬行君子(궁행군자) ⇨ 躬行: 몸소 실천하다. 〈풀이〉 군자를 실천함에는

則吾未之有得(즉오미지유득) ⇨ 則: 즉. 吾: 나는. 未之有得: 아직 이것 을 얻지 못하였다(얻은 것이 없다). 之는 앞의 말을 받는 대명사. 有 得는 얻은 것이 있다.

〈풀이〉 곧 나는 아직 이를 얻지 못했다(곧 나는 그 경지에 이르지 못하였다).

33 子曰 若聖與仁 則吾豈敢 抑爲之不厭 誨人不倦 則可謂 云爾已矣 公西華曰 正唯弟子不能學也

공자가 말씀하셨다. 성인과 인자와 같이 나는 감히 할 수 없다. 하나, 고작해야 그것을 배움에 싫증내지 아니하고 남을 가르치 는데 싫증 내지 아니한다고 말할 수 있을 따름이다. 공서화가 말하였다. 바로 그것을 제자들이 배울 수 없다.

若聖與仁(약성여인) ⇨ 若: 같다. 聖與仁: 성인과 인자.

〈풀이〉 성인과 인자와 같다.

則吾豈敢(즉오기감) ⇨ 豈敢: 어찌 감히 ~겠느냐?

〈풀이〉 내가 어찌 감히 하겠느냐?

抑爲之不厭(억위지불염) ⇨ 抑: 고작해야. 문득. 또한. 爲: 배우다. 之: 성인이나 인자의 道. 不厭: 싫어하지 아니하다.

〈풀이〉 고작해야 성인과 인자의 도를 배워 싫어하지 아니하고

誨人不倦(회인불권) ⇨ 誨: 가르치다. 人: 남. 不倦: 싫증내지 아니하다.

〈풀이〉 남을 가르치는데 싫증내지 아니하고

則可謂云爾已矣(즉가위운이이의) ⇨ 可謂: 말할 수 있다. 云爾: 단정의 종미사. ~뿐이다. 已矣: 따름이다.

〈풀이〉 (남을 가르치는데 싫증내지 아니한다고) 말할 수 있을 따름이다.

公西華曰(공서화왈) ⇨ 公西華: 公西赤. 자는 西華.

〈풀이〉 공서화가 말하였다.

正唯弟子不能學也(정유제자불능학야) ⇨ 正唯: 바로 그렇다. 또는 옳다. 唯는 是로 옳다. 弟子: 제자. 不能: ~할 수 없다. 學: 배우다. 也: 종미사.

〈풀이〉 바로 그렇다. 제자가 그것을 배울 수 없다.

34 子疾病 子路請禱 子曰 有諸 子路對曰 有之 誄曰 禱爾于上下神祇 子曰 丘之禱久矣

공자가 질병을 앓으실 때 자로가 기도를 청하자 공자가 말씀하셨다. 그런 일이 있느냐? 자로가 대답하였다. 있습니다. 뇌에 말하였습니다. 위로는 천신에게 빌고 아래로는 지기에게 빈다고 하였습니다. 공자가 말씀하셨다. 나는 빈 지가 오래이다.

子疾病(자질병) ⇨ 〈풀이〉 공자가 병을 앓자

子路請禱(자로청도) ⇨ 請: 청하다. 〈풀이〉 자로가 기도하자고 하니

有諸(유제) ⇨ 有諸: 有之乎와 같음. 之는 앞말을 받는 대명사. 乎는 의문종미사.

〈풀이〉 그것이 있느냐(그런 일이 있었느냐)?

子路對曰(자로대왈) ⇨ 〈풀이〉 자로가 대답하여 말하였다.

有之(유지) ⇨ 〈풀이〉 있습니다.

誄曰(뇌왈) ⇨ 〈풀이〉 뇌에 말하였습니다.

禱爾于上下神祇(도이우상하신지) ⇨ 禱: 빌다. 기도하다. 爾: 禱에 붙는 한정종결사로 '뿐이다, 따름이다'. 于: 상대를 나타내는 전치사. ~에게. 神祇: 神은 하늘의 신. 祇는 땅의 신. 고로 神祇는 '천지신명'을 말함.

〈풀이〉 위로는 하늘의 신에게 빌고 아래로는 땅의 신에게 빈다.

丘之禱久矣(구지도구의) ⇨ 之: 주격 조사. 矣: 단정종미사.

〈풀이〉 구는 빈 지가 오래다.

35 子曰 奢則不孫 儉則固 與其不孫也寧固

공자가 말씀하셨다. 사치하면 거만하여지고 검약하면 고루해진다. 그 사치함보다는 오히려 고루함을 택하여라.

奢則不孫(사즉불손) ⇨ 奢: 사치하다. 則: 즉. 不孫: 공손하지 않다. 거만하다.

〈풀이〉 사치하면 거만해진다.

儉則固(검즉고) ⇨ 儉: 검약. 固: 고루하다.

〈풀이〉 검약하면 고루해진다.

與其不孫也寧固(여기불손야녕고) ⇨ 與~ 寧~: ~보다 오히려 ~하다. ~보다 ~쪽을 택하여라. 不孫: 거만하다.

〈풀이〉 그 거만함보다는 오히려 고루함을 택하여라.

36 子曰 君子坦蕩蕩 小人長戚戚

공자가 말씀하셨다. 군자는 너그럽고 관대하나 소인은 늘 근심하고 우려한다.

君子坦蕩蕩(군자탄탕탕) ⇨ 坦: 平靜평정하다. 너그럽다. 마음이 관대하다. 蕩蕩: 관대하다. 평탄하다.
〈풀이〉 군자는 너그럽고 관대하다.

小人長戚戚(소인장척척) ⇨ 長: 오래. 늘. 戚戚: 근심하는 모양.
〈풀이〉 소인은 늘 근심하고 우려한다.

37 子溫而厲 威而不猛 恭而安

공자가 온순하시되 엄격하시고 위엄이 있으시되 무섭지 아니하고 공손하시되 편안하게 하신다.

子溫而厲(자온이려) ⇨ 子: 공자. 溫: 온순하다. 而: 역접의 접속사. 厲: 엄정하다. 엄격하다.
〈풀이〉 공자는 온순하시나 엄정(격)하다.

威而不猛(위이불맹) ⇨ 威: 위엄이 있다. 而: 역접의 접속사. 猛: 사납다. 무섭다. 不猛는 사납지 아니하다.
〈풀이〉 위엄이 있으시되 사납지 아니하다.

恭而安(공이안) ⇨ 恭: 공손하다. 而: 역접의 접속사. 安: 편안하게 하다.
〈풀이〉 공손하시되 편안하게 하신다.

第八篇 泰伯

제8편 태백

1 子曰 泰伯其可謂至德也已矣 三以天下讓 民無得而稱焉

공자가 말씀하셨다. 태백은 지극한 덕이 있는 사람이라고 할
수 있겠다. 세 번이나 천하를 양보하였으나 백성들은 알지 못
하여 칭찬할 수 없었다.

泰伯其可謂至德也已矣(태백기가위지덕야이의) ⇨ 泰伯: 周 대왕의 장
자로 次第차제는 仲雍중옹. 小弟소제는 季歷계력의 삼형제였다. 周 大王
이 은나라의 제후로 있을 때 계력의 아들 昌창(周 文王)을 후계자로
삼고자 하자 대왕의 뜻을 살핀 태백은 중옹과 함께 남쪽인 吳越오월
로 가서 단발 문신하고 왕위를 계력에게 물려 주었다. 其: 그. 그것
의. 어떤 일을 가리키는 말. 그것. 대명사. 發語辭발어사, 어세를 고
르기 위하여 구말에 붙이는 어사. 무의미한 조사 등 여러 뜻이 있
다. 여기서는 발어사로 보고자 한다. 可: 할 수 있다. 謂: 말하다.
至: 지극하다. 德: 덕. 也已矣: ~일 뿐이다. 다 모두 한정의 뜻을 나
타낸다.
〈풀이〉 태백은 **지극히 덕이 있다 하겠다**(할 뿐이다).

三以天下讓(삼이천하양) ⇨ 以: ~으로써. 三: 세 번. 天下: 천하. 讓: 양보하
다. 〈풀이〉 세 번 천하를 양보하였다.

民無得而稱也(민무득이칭야) ⇨ 民: 백성. 無: 이것은 得과 稱의 양자에 걸린다. 得: 알다. 而: 순접의 접속사. 稱: 칭찬하다. 也: 종미사.
〈풀이〉 백성은 아는 것이 없어 칭찬할 수 없었다.

2 子曰 恭而無禮則勞 愼而無禮則葸 勇而無禮則亂 直而無禮則絞 君子篤於親 則民興於仁 故舊不遺 則民不偸

공자가 말씀하셨다. 공손하되 예가 없으면 헛수고가 되고 삼가하되 예가 없으면 두려워하게 되고 용감하되 예가 없으면 난폭하게 되고 정직하되 예가 없으면 강박하게 된다. 군자는 부모에게 돈독하게 하면 백성은 인에서 기풍이 일어나게 하며 옛 친구를 버리지 아니하면 백성은 인정이 두터워진다.

恭而無禮則勞(공이무례즉로) ⇨ 恭: 공손스레 하다. 공손하다. 而: 역접의 접속사(이하 같음). 無禮: 예의가 없다. 則: 즉. 勞: 헛수고.
〈풀이〉 공손하되 예가 없으면 헛수고가 된다.

愼而無禮則葸(신이무례즉사) ⇨ 愼: 삼가하다. 葸: 두려워하다. 겁내다.
〈풀이〉 신중하되 예가 없으면 두려워하게 된다.

勇而無禮則亂(용이무례즉란) ⇨ 勇: 용감하다. 亂: 난폭하다.
〈풀이〉 용감하되 예가 없으면 난폭하게 된다.

直而無禮則絞(직이무례즉교) ⇨ 直: 정직하다. 絞: 묶는다. 결박하다. 강박하다. 〈풀이〉 정직하되 예가 없으면 강박하게 된다.

君子篤於親(군자독어친) ⇨ 篤: 돈독하다. 於: 장소의 전치사. 親: 부모.
〈풀이〉 군자는 부모에게 돈독하게 한다.

則民興於仁(즉민흥어인) ⇨ 則: ~면 곧. 民: 백성. 興: 일이 일어나게 한다. 於: ~에서. 仁: 인
〈풀이〉 즉 백성은 인에서 기풍이 일어나게 한다.

故舊不遺(고구불유) ⇨ 故舊: 예부터 사귀던 친구. 사귄 지 오래된 친구. 옛친구. 不遺: 버리지 아니하다. 遺는 버리다.

〈풀이〉 옛 친구를 버리지 아니한다.

則民不偸(즉민불투) ⇨ 則: 즉. 곧. 不偸: 인정이 경박하지 아니하다. 즉 두터워진다. 偸는 인정이 경박하다.

〈풀이〉 즉 백성이 인정이 두터워진다.

3 曾子有疾 召門弟子曰 啓予足 啓予手 詩云 戰戰兢兢 如臨深淵 如履薄氷 而今而後 吾知免夫 小子

증자가 병을 앓자 문하 제자들을 불러 말씀하셨다. 나의 발을 펴 보아라. 나의 손을 펴 보아라. 『시경』에 말하되 전전긍긍하여 깊은 못에 나와 있듯 엷은 얼음을 밟듯 하라 하니 이제로 이후는 나는 (걱정을) 면하게 되었음을 알겠구나, 얘들아.

曾子有疾(증자유질) ⇨ 曾子: 공자의 제자로서 효도로 이름이 높았다. 有疾: 병을 앓다.

召門弟子曰(소문제자왈) ⇨ 召: 부르다. 門弟子: (문하) 제자들. 曰: 말하다. 〈풀이〉 문하의 제자들을 불러서 말하였다.

啓予足 啓予手(계여족 계여수) ⇨ 啓: 열다. 펴다. 予: 내. 足: 발. 手: 손. 〈풀이〉 내 발을 펴 보아라. 내 손을 펴 보아라.

詩云(시운) ⇨ 『시경』의 「小雅」「小旻」편.

〈풀이〉 시경에 말하되

戰戰兢兢(전전긍긍) ⇨ 兢兢: 삼가고 두려워하는 모양. 戰戰: 두려워하는 모양. 〈풀이〉 전전긍긍하여

如臨深淵(여림심연) ⇨ 如: ~와 같다. 臨: 어떤 장소에 나옴. 深: 깊다. 淵: 못. 〈풀이〉 깊을 못가에 나온 듯

如履薄氷(여리박빙) ⇨ 履: 밟다. 薄氷: 엷은 얼음.

〈풀이〉 엷은 얼음을 밟듯

而今而後(이금이후) ⇨ 앞의 而는 역접의 접속사, 영어의 'but'에 해당. 뒤의 而는 순접의 접속사, 영어의 'and'.

〈풀이〉 금후로는(그리하여 처음으로)

吾知免夫(오지면부) ⇨ 吾: 나. 知: 알다. 免: 면하다. 夫: 감탄종미사. ~도다. 〈풀이〉 나는 면하게 되었도다.

小子(소자) ⇨ 〈풀이〉 얘들아

4 曾子有疾 孟敬子問之 曾子言曰 鳥之將死 其鳴也哀 人之將死 其言也善 君子所貴乎道者三 動容貌 斯遠暴慢矣 正顔色 斯近信矣 出辭氣 斯遠鄙倍矣 籩豆之事 則有司存

증자가 아팠는데 맹경자가 이를 문병하니 증자가 말하여 가로되. 새가 바야흐로 죽으려 하면 그 울음소리가 슬프고 사람이 바야흐로 죽으려 하면 그 말이 착하다(선하다). 군자는 예도에 귀하게 여기는 바 것이 셋이니 몸가짐을 예에 맞게 행동하여 난포하고 교만한 것을 멀리할 것이며 얼굴 표정을 바르게 하여 신의를 가까이 할 것이며 예의 바른 말을 하여 비루하고 이치에 어긋남을 멀리할 것이니 변두의 일은 그것을 맡아 보는 담당자가 있습니다.

曾子有疾(증자유질) ⇨ 曾子: 공자의 제자. 有疾: 병을 앓다. 병에 걸리다. 〈풀이〉 증자가 병을 앓자

孟敬子問之(맹경자문지) ⇨ 孟敬子: 魯의 大夫. 仲孫氏. 이름은 捷첩. 자는 儀의. 敬子는 시호. 武伯무백의 아들. 問之: 問은 문병하다. 之는

疾을 받는 대용·대명사.

〈풀이〉 맹경자가 문병하다.

曾子言曰(증자언왈) ⇨ 〈풀이〉 증자가 말하여 가로되

鳥之將死(조지장사) ⇨ 鳥: 새. 之: 주어를 나타내는 자. 將: 미래의 부사. 바야흐로 ~하려 한다.

〈풀이〉 새가 바야흐로 죽으려 하면

其鳴也哀(기명야애) ⇨ 其: 그. 鳴: 울음(울음소리)이. 也: 단정의 종미사. 고로 其鳴也는 '그 울음소리가'로 풀이 된다. 哀: 슬프다.

〈풀이〉 그 울음소리가 슬프다.

人之將死(인지장사) ⇨ 之: 주어를 나타내는 말.

〈풀이〉 사람이 바야흐로 죽으려 하다.

其言也善(기언야선) ⇨ 也: 단정의 동결사.

〈풀이〉 그 말이 착하다(선하다).

君子所貴乎道者三(군자소귀호도자삼) ⇨ 貴: 귀하게 여기다. 乎: 장소의 전치사. 道: 예도. 도. 者: 사물을 나타내는 불완전명사.

〈풀이〉 군자는 예도에 귀하게 여길 것이 셋이니

動容貌(동용모) ⇨ 動: 움직인다. 행동하다. 즉 예에 맞게 움직이다. 容貌: 몸가짐. 행동.

〈풀이〉 몸가짐을 예에 맞게 행동하며

斯遠暴慢矣(사원포만의) ⇨ 斯: 여기서. 지시대명사. 遠: 멀리하다. 暴慢: 난포하고 교만함. 矣: 단정의 종미사.

〈풀이〉 여기서(이에서) 난포하고 교만한 것을 멀리한다.

正顔色(정안색) ⇨ 正: 바르게 갖는다. 顔色: 얼굴빛. 얼굴의 표정.

〈풀이〉 얼굴의 표정을 바르게 하며

斯近信矣(사근신의) ⇨ 斯: 이에서. 近: 가까이 하다. 信: 신의. 矣: 단정의 종미사. 〈풀이〉 이에 신의를 가까이 하다.

出辭氣(출사기) ⇨ 出: 말을 하다. 辭氣: 말씨. 예의에 맞는 말씨.

〈풀이〉 예의에 맞는 말을 하여

斯遠鄙倍矣(사원비배의) ⇨ 斯: 이에서. 遠: 멀리하다. 鄙倍: 비루하고 이치에 어긋남. 倍는 '비속함, 속되고 천함'. 矣: 단정종미사.
〈풀이〉 이에서 비루하고 속되고 천함을 멀리 할 것이다.

籩豆之事(변두지사) ⇨ 籩豆: 둘 다 제기의 일종. 籩은 대로 만든 것. 豆는 나무로 만든 것. 之: ~의. 事: 일. 〈풀이〉 변두의 일.

則有司存(즉유사존) ⇨ 則: 즉. 有司: 어떤 일을 맡아 보는 벼슬아치. 단체의 사무를 맡아 보는 벼슬아치. 단체의 사무를 맡아 보는 직무. 存: 있다. 〈풀이〉 즉 그 직무를 맡아보는 사람이 있다.

5 曾子曰 以能問於不能 以多問於寡 有若無 實若虛 犯而 不校 昔者吾友 嘗從事於斯矣

증자가 말하였다. 재능이 있으면서 재능이 없는 이에게 묻고 다식하면서 과문한 이에게 물으며 도가 있는데도 없는 듯이 하며 (덕이) 충만하면서도 빈 듯이 하며 침범 당하여도 갚지 아니한다. 옛날 나의 벗은 늘 이런 일을 따랐다.

以能問於不能(이능문어불능) ⇨ 以能: 능함으로써. 즉 재능이 있으면서. 問: 묻는다. 於: ~에게. 不能: 재능이 없는 이.
〈풀이〉 재능이 있으면서 재능이 없는 이에게 묻고

以多問於寡(이다문어과) ⇨ 以多: 다식함으로써. 즉 박학다식하면서. 問: 묻는다. 於: ~에게. 寡: 과문한 이.
〈풀이〉 박학다식하면서 과문한 이에게 묻고

有若無(유약무) ⇨ 有: 있다. 若: ~와 같다. 無: 없다.
〈풀이〉 있는데도 없는 것 같이 하고(도를 지녔는데도 없는 듯이 하고)

實若虛(실약허) ⇨ 實: 충만하다. 若: ~와 같다. 虛: 비다. 공허하다.
〈풀이〉 충만하면서도 빈 듯이 한다(덕이 찼는데도 빈 듯이 겸손하게 하다).

犯而不校(범이불교) ⇨ 犯: 침범을 당하다. 죄를 저지르다. 不校: 갚지 아니하다(불측하지 아니하다). 헤아리지 아니하다. 校는 갚다, 헤아리다.

〈풀이〉죄를 저지른 데도 갚지 아니하고(보복하지 아니하고)

昔者吾友　嘗從事於斯矣(석자오우 상종사어사의) ⇨ 昔者: 者는 어세를 강조하기 위하여 쓰인 조사. 고로 昔者는 '옛날'. 吾友: 나의 벗. 여기서 벗은 안회라고 한다. 嘗: 일찍이 늘. 從事: 일에 따랐다. 於斯: 이것에. 矣: 단정의 종미사.

〈풀이〉옛날 나의 친구는 늘 이런 일에 종사하였다(따랐다).

6 曾子曰 可以託六尺之孤 可以寄百里之命 臨大節而不可奪也 君子人與 君子人也

증자가 말하였다. 어린 임금을 부탁할 수 있고 백리 사방의 나라 운명을 맡길 수 있으며 국가의 안위를 건 큰일을 임하여 빼앗지 않으면 군자다운 사람인가. 군자다운 사람이다.

可以託六尺之孤(가이탁륙척지고) ⇨ 可以: ~할 수 있다. 託: 맡기다. 몸을 남에게 의뢰하다. 六尺之孤: 육척의. 之는 ~의. 孤: 어버이를 여읜 아이. 전체의 뜻은 '나이 어린 임금'.

〈풀이〉나이 어린 임금을 부탁할 수 있고

可以寄百里之命(가이기백리지명) ⇨ 可以: ~할 수 있다. 寄: 맡기다. 부탁하다. 百里之命 百里四方의 국운(제후의 운명).

〈풀이〉백리 사방의 국운을 맡길 수 있다.

臨大節而不可奪也(임대절이불가탈야) ⇨ 臨: 임하다. 大節: 생사와 국가의 안위를 건 큰일. 而: 순접의 접속사. 不可: ~할 수 없다. 奪: 침략하여 빼앗다. 빼앗다. 也: 종미사.

〈풀이〉국가의 안위를 임하여서 빼앗지 않는다.

君子人與(군자인여) ⇨ 君子人: 군자인 사람. 與: 의문종미사.

〈풀이〉 군자다운 사람인가?

君子人也(군자인야) ⇨ 也: 종미사.

〈풀이〉 군자다운 사람이다.

7 曾子曰 士不可以不弘毅 任重而道遠 仁以爲己任 不亦重乎 死而後已 不亦遠乎

증자가 말하였다. 선비는 도량이 넓고 의지가 굳어야 한다. 임무가 무겁고 길이 멀다. 인을 나의 임무로 삼기 때문에 또한 무겁지 아니하냐? 죽고 난 뒤에 끝나니 또한 멀지 아니한가?

士不可以不弘毅(사불가이불홍의) ⇨ 士: 선비. 不可以: ~할 수 없다. 不: ~하지 아니하다. 弘毅: 도량이 넓고 의지가 굳음. 不可以不: ~하지 않을 수 없다. 즉 '~하여야 한다'는 뜻임.

〈풀이〉 선비는 도량이 넓고 의지가 굳지 아니하지 않을 수 없다.

任重而道遠(임중이도원) ⇨ 任: 임무. 重: 무겁다. 而: 순접. 道: 도. 遠: 멀다. 〈풀이〉 임무가 무겁고 도가 멀다.

仁以爲己任(인이위기임) ⇨ 以: 이유의 전치사. ~이므로. 以爲: 삼기 때문에. 己: 나의. 任: 임무.

〈풀이〉 仁을 나의 임무로 삼기 때문에

不亦重乎(불역중호) ⇨ 不亦~乎: 또한 ~하지 않느냐?

〈풀이〉 또한 무겁지 아니하냐?

死而後已(사이후이) ⇨ 已: 끝나다.

〈풀이〉 죽어서 뒤에 끝나니

不亦遠乎(불역원호) ⇨ 不亦~乎: 또한 ~하지 않느냐?

〈풀이〉 또한 멀지 아니한가.

8 子曰 興於詩 立於禮 成於樂

공자가 말씀하셨다. 시에 의해서 감흥을 일으키고 예에 의해서 행동 규준을 세우고 음악에 의하여 성정을 완성시킨다.

興於詩(흥어시) ⇨ 興: 감흥을 일으키다. 교양을 일으키다. 於: ~에 의하여.
〈풀이〉 시에 의하여 감흥(교양)을 일으키고

立於禮(입어례) ⇨ 立: 행동 규준을 세우다. 於: ~에 의하여.
〈풀이〉 예에 의하여 행동 규준을 세우고

成於樂(성어악) ⇨ 於: ~에 의해서. 전치사.
〈풀이〉 음악에 의하여 완성한다.

9 子曰 民可使由之 不可使知之

공자가 말씀하셨다. 백성은 따르게 할 수는 있으나 알게 하여서는 아니 된다.

民可使由之(민가사유지) ⇨ 民: 백성. 可: 할 수 있다. 使: 사역동사. ~하게 한다. 由: 따르다. 之: 어조를 고르기 위하여 동사 밑에 쓰인 종미사로서 이때는 해석하지 않는 것이 좋다.
〈풀이〉 백성은 따르게 할 수는 있으나

不可使知之(불가사지지) ⇨ 不可: ~해서는 안 된다. 知: 알다. 之: 위와 같음.
〈풀이〉 알게 하여서는 안 된다.

10 子曰 好勇疾貧 亂也 人而不仁 疾之已甚 亂也

공자가 말씀하셨다. 용맹을 좋아하고 가난을 싫어하면 난폭하게 되고 사람이면서 어질지 못함을 너무 싫어하면(미워하면) 난폭하게 된다.

好勇疾貧(호용질빈) ⇨ 好: 좋아하다. 勇: 용감. 용맹. 疾: 미워하다. 싫어하다. 貧: 가난하다.
〈풀이〉 용맹을 좋아하고 가난함을 싫어하다.

亂也(난야) ⇨ 亂: 난폭하다. 也: 종미사.

人而不仁 疾之已甚 亂也(인이불인 질지이심 난야) ⇨ 人而: 사람이면서. 不仁: 어질지 못함. 疾: 미워하다. 之: 人而不仁을 받는 대명사. 已: 너무. 대단히. 甚: 심하다. 亂也: 난폭하다.
〈풀이〉 사람이면서 어질지 못함을 너무 심하게 미워하면 난폭하다.

11 子曰 如有周公之才之美 使驕且吝 其餘不足觀也已

공자가 말씀하셨다. 만약 주공의 재능의 훌륭함이 있더라도 교만하고 또한 인색하게 하면 그 나머지는 보잘것 없을 따름이다.

如有周公之才之美(여유주공지재지미) ⇨ 如: 만약. 만일. 有: 주어를 뒤에 가지는 특수동사. 있다. 周公: 周公旦. 周나라 文王의 아들로 노라의 시조. 공자가 이상으로 삼는 성인. 之: ~의. 才: 재능. 美: 훌륭하다.
〈풀이〉 만약 주공의 재능의 훌륭함이 있더라도

使驕且吝(사교차린) ⇨ 使: 사동사. 驕: 교만하다. 且: 또. 吝: 인색하다.
〈풀이〉 교만하고 또 인색하게 하면

其餘不足觀也已(기여부족관야이) ▷ 其餘: 그 나머지. 不足: 족하지 아니하다. 觀: 보다. 也已: ~일 따름이다. 한정의 뜻을 나타내는 종미사. 〈풀이〉그 나머지는 보는 데 족하지 아니하다. 즉 보잘 것이 없을 따름이다.

12 子曰 三年學 不至於穀 不易得也

공자가 말씀하셨다. 삼 년 동안 학문을 하여서 봉록에 이르지 않는 사람은 얻기가 쉽지 아니하다.

三年學(삼년학) ▷ 〈풀이〉삼 년이나 학문을 하다.
不至於穀(부지어곡) ▷ 穀: 녹. 벼슬.
　〈풀이〉벼슬에 이르지 못하면
不易得也(불역득야) ▷ 易: 쉽다. 得: 얻다. 也: 종미사.
　〈풀이〉얻기가 쉽지 않다.

13 子曰 篤信好學 守死善道 危邦不入 亂邦不居 天下有道 則見 無道則隱 邦有道 貧且賤焉 恥也 邦無道 富且貴 焉 恥也

공자가 말씀하셨다. 굳게 믿고 배움을 좋아하며 죽음으로써 지켜 도를 잘 닦아라. 위태로운 나라에는 들어가지 말고 어지러운 나라에는 살지 말며 천하에 도가 있으면 나타나고 천하에 도가 없으면 숨어라. 나라가 도가 있는데 빈한하고(가난하고) 미천하면 부끄러운 일이요 나라에 도가 없는데 부하고 귀하면 부끄러운 일이다.

篤信好學(독신호학) ⇨ 篤信: 굳게 믿음. 같이 믿음. 好學: 배우기를 좋아하다. 〈풀이〉 굳게 믿고 배우기를 좋아하며

守死善道(수사선도) ⇨ 守死: 죽음으로써 지키다. 善道: 도를 잘 닦아라 '도를 잘하다'는 앞과 같은 뜻으로 풀이됨.
〈풀이〉 죽음으로써 지켜 도를 잘 닦아라.

危邦不入(위방불입) ⇨ 危邦: 위태로운 나라. 不入: 들어가지 말다.
〈풀이〉 위태로운 나라에는 들어가지 말고

亂邦不居(난방불거) ⇨ 亂邦: 어지러운 나라. 不居: 살지 말다.
〈풀이〉 어지러운 나라에는 살지 말라.

天下有道則見(천하유도즉현) ⇨ 則: 즉. 見: 나타내다. 즉 나타나서 사회 참여를 하다.
〈풀이〉 천하에 도가 있은즉 나타나고

無道則隱(무도즉은) ⇨ 〈풀이〉 도가 없으면 숨어라.

邦有道(방유도) ⇨ 〈풀이〉 나라에 도가 있는데

貧且賤(빈차천) ⇨ 〈풀이〉 가난하고 미천하면

恥也(치야) ⇨ 〈풀이〉 부끄럽다.

邦無道(방무도) ⇨ 〈풀이〉 나라가 도가 없는데

富且貴焉(부차귀언) ⇨ 焉: 확인하는 기분을 나타내는 종미사.
〈풀이〉 부하고 또 귀하면

14 子曰 不在其位 不謀其政

공자가 말씀하셨다. 그 자리에 있지 아니하면 그 자리에 맞는 정사를 도모하지 말라.

不在其位(부재기위) ⇨ 不在: 있지 아니하다. 其位: 그 자리(지위).
〈풀이〉 그 자리(지위)에 있지 아니하면

不謀其政(불모기정) ⇨ 不謀: 도모하지 말다. 謀는 '도모하다, 꾀하다, 생각하다'. 其政: 그 정사 즉 그 지위에 맞는 정사.

〈풀이〉 그 지위의 정사를 도모하지 말라.

15 子曰 師摯之始 關雎之亂 洋洋乎 盈耳哉

공자가 말씀하셨다. 노나라의 명음악가 지가 처음 연주한 관저 악곡의 종장은 넘쳐흐르듯 아름다워 귀에 충만하게 들렸다.

師摯之始(사지지시) ⇨ 師摯: 노나라의 악장. 摯는 그의 이름. 노나라의 명음악가. 始: 처음.

〈풀이〉 노나라의 악사 '사지'의 노래의 처음

關雎之亂(관저지란) ⇨ 關雎: 『시경』의 최초의 음악 이름인데 여기서는 樂曲을 말함. 亂: 최후의 합주.

〈풀이〉 관저의 최후의 합주.

洋洋乎(양양호) ⇨ 洋洋: 선미하다. 넘쳐흐르듯 아름답다. 乎: 종미사.

〈풀이〉 넘쳐흐르듯 아름답다.

盈耳哉(영이재) ⇨ 盈: 넘쳐나다. 충만하다. 남다. 耳哉: 뜻을 강화하는 두 자가 합한 종미사.

〈풀이〉 충만하다.

16 子曰 狂而不直 侗而不愿 悾悾而不信 吾不知之矣

공자가 말씀하셨다. 기세가 맹렬하면서 곧지 아니하고 어리석으면서 성실하지 않고 우매하면서 믿지 못하는 그런 사람을 나는 어찌할 바를 모르겠다.

狂而不直(광이부직) ⇨ 狂: 기세가 맹렬함. 도리와 시비를 분간 못함. 뜻이 커 상규를 벗어난 일을 함. 而: 순접의 접속사. 直: 곧다. 바르다. 〈풀이〉 기세가 맹렬하면서도 곧지 아니하고

侗而不愿(동이불원) ⇨ 侗: 어리석다. 무식하다. 而: 순접의 접속사. 愿: 성실하다. 〈풀이〉 어리석으면서(무식하면서) 성실하지 않고

悾悾而不信(공공이불신) ⇨ 悾悾: 어리석다. 우매하다. 不信: 믿지 아니하다. 〈풀이〉 어리석으면서 믿지 못하는

吾不知之矣(오부지지의) ⇨ 吾: 나는. 不知: 알지 못한다. 之: 그런 사람을 가리키는 대명사. 矣: 종미사.

〈풀이〉 나는 그런 사람을 알지 못한다(어찌할 바를 모른다).

17 子曰 學如不及 猶恐失之

공자가 말씀하셨다. 학문은 미치지 못할까 하는 것처럼 하고 오히려 잃어버리지 않을까 두려워한다.

學如不及(학여불급) ⇨ 學: 배움. 학문. 如: ~와 같이하다. 不及: 미치지 못하다. 〈풀이〉 학문을 미치지 못하는 듯하게 하고

猶恐失之(유공실지) ⇨ 猶: 오히려. 恐: 두려워하다. 失: 잃다. 之: 학문하는 것을 가리키는 대명사.

〈풀이〉 오히려 그것을 잃을까 두려워한다.

18 子曰 巍巍乎 舜禹之有天下也 而不與焉

공자가 말씀하셨다. 높고도 크도다. 순과 우는 천하를 차지하고서 (현인들에게 맡기고) 자기는 참여하지 아니하였다.

巍巍乎(외외호) ⇨ 巍巍: 높고 크다. 乎: 감탄의 종미사.

〈풀이〉 높고 크도다.

舜禹之有天下也(순우지유천하야) ⇨ 舜禹之: 舜과 禹는. 之: 주어를 나타냄. 有: 소유하다. 차지하다. 天下: 천하. 也: 종미사.

〈풀이〉 순과 우는 천하를 소유하자(차지하자)

而不與焉(이불여언) ⇨ 而: 순접의 접속사. 不與: 참여하지 않는다. 焉: 강조의 종미사. 〈풀이〉 참여하지 않았다.

19 子曰 大哉 堯之爲君也 巍巍乎 唯天爲大 唯堯則之 蕩蕩乎 民無能名焉 巍巍乎 其有成功也 煥乎 其有文章

공자가 말씀하셨다. 크도다. 요의 임금됨이여. 높고 크도다. 오직 하늘만이 클 수 있나니 오직 요는 하늘을 따라 본받았도다. 넓도다. 백성이 이름지을 수 없도다. 넓고 크도다. 그 성공함이여, 빛나도다. 그 문물제도 일어남이여!

大哉(대재) ⇨ 哉: 감탄종미사. 〈풀이〉 크도다.

堯之爲君也(요지위군야) ⇨ 堯之: 요가. 爲君也: 임금됨이여.

〈풀이〉 요의 임금됨이여

巍巍乎(외외호) ⇨ 〈풀이〉 높고 크도다.

唯天爲大(유천위대) ⇨ 唯: 오직. 天爲大: 하늘만이 큼이 된다.

〈풀이〉 오직 하늘만이 클 수 있다.

唯堯則之(유요즉지) ⇨ 唯: 오직. 則: 본받다. 之: 天爲大를 받는 대명사.

〈풀이〉 오직 요는 큰 하늘을 본받았다.

蕩蕩乎 ⇨ 〈풀이〉 넓도다. 광대하도다.

民無能名焉(민무능명언) ⇨ 無能: ~할 수 없다. 名: 이름 하다. 이름 짓다.

〈풀이〉 백성이 이름 지을 수 없도다.

其有成功也(기유성공야) ⇨ 〈풀이〉 그 성공이 있도다.

煥乎(환호) ⇨ 煥: 빛나다. 乎: 감탄종미사.

〈풀이〉 빛나도다.

其有文章(기유문장) ⇨ 文章: 문물제도. 有: 일어나다. 생기다.

〈풀이〉 그 문물제도가 일어남이여.

20 舜有臣五人 而天下治 武王曰 予有亂臣十人 孔子曰 才
難 不其然乎 唐虞之際 於斯爲盛 有婦人焉 九人而已 三
分天下 有其二 以服事殷 周之德 其可謂至德也已矣

순은 신하 다섯 사람을 가졌는데 천하가 잘 다스려졌다. 무왕
이 말하였다. 나는 잘 다스리는 신하 열이 있다. 공자가 말씀하
셨다. 인재를 얻기가 어렵다. 그렇지 아니하냐? 당우 이후로는
주에 인재가 많았다. 그 중 부인이 있었으니 나머지는 아홉 명
뿐이었다. 주는 천하의 3분의 2를 가졌으면서도 여전히 은에
복종하였으니 주의 덕은 지극한 덕이라 할 뿐이다.

舜有臣五人(순유신오신) ⇨ 舜: 순임금. 有: 있었다. 臣: 신하. 五人: 土
木治水토목치수한 司空사공의 禹우, 농사를 맡은 后稷후직 棄기, 文教民政문
교민정을 맡은 司徒사도의 契설, 司法사법을 맡은 司寇사구의 皐陶고요, 山澤
狩獵산택수렵을 맡은 伯益백익 등 5명이 순을 보좌하였다.

〈풀이〉 순은 신하 다섯 명을 가졌는데(있었는데)

而天下治(이천하치) ⇨ 而: 원인. 결과의 관계를 나타내는 순접의 접
속사. 天下: 천하. 治: 다스렸다.

〈풀이〉 천하가 (잘) 다스려졌다.

武王曰(무왕왈) ⇨ 武王: 주 文王의 아들. 이름은 發발. 殷은의 紂王주왕
을 토멸하고 周주를 건국하였다. 〈풀이〉 무왕이 말하였다.

予有亂臣十人(여유란신십인) ⇨ 予: 나. 有: 있다. 亂臣: 亂은 반대의 뜻으로 '다스리다'. 즉 구 무왕을 도와 준 무왕의 아우 周公旦주공단·召公奭소공석, 軍師군사 太公望태공망 畢公필공, 榮公영공·太顚태전·閔夭횡요, 散宜生산의생, 南宮남궁 适괄, 文王문왕의 后후 太似태사 등 10명이다.

〈풀이〉 나는 잘 다스리는 신하 열 명이 있다.

才難(재난) ⇨ 難: 어렵다. 〈풀이〉 인재를 얻기가 어렵다.

不其然乎(불기연호) ⇨ 不~乎: 아니하냐? 乎는 의문종미사. 其然: 그러하다.

〈풀이〉 그러하지 아니하냐?

唐虞之際(당우지제) ⇨ 唐: 堯요의 국호. 虞: 舜순의 국호. 際: 下(뒤, 후세)와 같은 뜻.

〈풀이〉 당우 이후로는

於斯爲盛(어사위성) ⇨ 斯: 周를 가리킴. 於: 처소의 전치사. 爲盛: 성하게 되었다. 즉 인재가 많았다는 뜻.

〈풀이〉 주나라에는 인재가 많았다(성했다).

有婦人焉(유부인언) ⇨ 焉: 확인의 기분으로 쓰인 종미사.

〈풀이〉 부인이 있었다.

九人而已(구인이이) ⇨ 而已: ~뿐이다.

〈풀이〉 아홉 사람뿐이었다.

三分天下(삼분천하) ⇨ 〈풀이〉 천하를 셋으로 나누어

有其二(유기이) ⇨ 〈풀이〉 (그 중) 둘을 가졌는데

以服事殷(이복사은) ⇨ 以: ~으로써. 服事殷: 은에 복종하고 섬겼다.

〈풀이〉 복종함으로써 은을 섬겼다(복종하고 은을 섬겼다).

周之德(주지덕) ⇨ 〈풀이〉 주의 덕은

其可謂至德也已矣(기가위지덕야이의) ⇨ 其: 주의 덕을 가리킴. 至德: 지극한 덕. 也已矣: 한정의 종미사로 '따름이다'.

〈풀이〉 그것은(주의덕은) 지극한 덕이라 할 수 있을 따름이다.

21 子曰 禹吾無間然矣 菲飮食 而致孝乎鬼神 惡衣服 而致
美乎黻冕 卑宮室 而盡力乎溝洫 禹吾無間然矣

공자가 말씀하셨다. 우는 나로서는 결점을 지적하여 비난할 수
없다. 변변하지 못한 음식을 먹었으나 귀신에게는 정성을 다하
였다. 거친 옷을 입었으나 불면은 아주 아름답게 하였다. 궁실
은 조촐하게 하였으나 전답 사이의 용수로는 힘을 다하였다.
우는 나로서는 결점을 지적하여 비난할 수 없다.

禹吾無間然矣(우오무간연의) ▷ 禹: 夏하나라를 세운 임금. 舜王순왕을
보좌한 어진 신하였으며 특히 父鯀부곤의 뒤를 이어 治水치수로 공을
세웠다. 후에 순의 양위로 제위에 올랐다. 閒: 間의 본자. 헐뜯다.
閒然: 결점을 지적하여 비난함. 矣: 단정의 종미사.
〈풀이〉 우는 나로서는 결점을 지적하여 비난할 수 없다.

菲飮食(비음식) ▷ 菲: 박하다.
〈풀이〉 변변하지 못한 음식을 먹었다

而致孝乎鬼神(이치효호귀신) ▷ 而: 역접의 접속사. 致孝: 효성을 다
했다. 정성껏 모시다. 乎: 위치의 전치사. 鬼神: 귀신.
〈풀이〉 그러면서 귀신에게 정성을 다하였다.

惡衣服(악의복) ▷ 〈풀이〉 거친 옷을 입었다.

而致美乎黻冕(이치미호불면) ▷ 致美: 지극히 아름답게 하다. 乎: 위
치의 전치사. 黻冕: 黻은 가죽으로 된 무릎 덮개. 冕은 관. 둘 다
제복임. 즉 膝甲과 관.
〈풀이〉 그러나 불면(제복)은 아주 아름답게 하였다.

卑宮室(비궁실) ▷ 卑: 융성하지 아니함. 곧 조촐하다.
〈풀이〉 궁실은 조촐하게 했다.

而盡力乎溝洫(이진력호구혁) ▷ 而: 역접의 접속사. 乎: 전치사. 溝:
만개수로. 물대는 도랑, 전답 사이의 용수로. 洫: 논 사이의 물을

통하게 한 도랑.

〈풀이〉 그러나 전답 사이의 용수로에는 힘을 다하였다.

禹吾無間然矣(우오무간연의) ⇨ 間: 헐뜯다.

〈풀이〉 우는 나로서는 결점을 지적하여 비난할 수 없다.

第九篇 子罕

제9편 자한

1 子罕言利與命與仁

공자는 이익과 운명과 인에 대해서는 말씀하시는 일이 드물었다.

子罕言利與命與仁(자한언리여명여인) ⇨ 子: 공자. 罕言: 罕은 '드물다'. 고로 罕言은 '드물게 말했다'. 利: 이익. 與: ~과. 접속사. 命: 운명. 仁: 인. 어짊.

2 達巷黨人曰 大哉孔子 博學而無所成名 子聞之 謂門弟子曰 吾何執 執御乎 執射乎 吾執御矣

달항 마을 사람들이 말하였다. 위대하도다, 공자는! 박학하면서도 이름을 이룩하는 바가 없다. 공자가 이 말을 듣고 제자들에게 말씀하셨다. 나는 무엇을 할까? 말을 부리는 일을 할까, 활쏘는 일을 할까. 나는 말을 모는 일을 하겠다.

達巷黨人曰(달항당인왈) ⇨ 達巷: 마을 이름. 소재는 불명. 黨人: 黨은 五백 가구의 마을. 고로 黨人은 마을 사람.

〈풀이〉 달항 마을 사람들이 말하였다.

大哉孔子(대재공자) ⇨ 大哉: 哉는 감탄종미사. 大哉는 위대하도다.

〈풀이〉 위대하도다. 공자는

博學而無所成名(박학이무소성명) ⇨ 而: 역접의 접속사. 無所成名: 이름을 이룩하는 바가 없다.

〈풀이〉 박학하면서도 이름을 이룩하는 바가 없다.

子聞之(자문지) ⇨ 子: 공자. 之는 앞의 말을 가리키는 대명사.

〈풀이〉 공자가 이 말을 듣고

謂門弟子曰(위문제자왈) ⇨ 門弟子: 문하생인 제자들.

〈풀이〉 제자들에게 말씀하셨다.

吾何執(오하집) ⇨ 何: 의문대명사. 執: 잡다.

〈풀이〉 내가 무엇을 잡을까?

執御乎(집어호) ⇨ 御: 말을 부리는 기술. 乎: 의문종미사.

〈풀이〉 말을 부리는 일을 잡을까?

執射乎(집사호) ⇨ 射: 궁술.

〈풀이〉 활 쏘는 일을 잡을까?

吾執御矣(오집어의) ⇨ 〈풀이〉 나는 말을 부리는 일을 잡겠다.

3 子曰 麻冕禮也 今也純儉 吾從衆 拜下禮也 今拜乎上泰
也 雖違衆 吾從下

공자가 말씀하셨다. 삼으로 만든 면관이 예이다. 지금은 명주
실의 면관을 쓰는 것이 검약한 일이다. 나는 대중을 따르겠다.
당하에서 배례하는 것이 예이다. 이제는 당 위에서 배례하고
있으나 교만한 일이다. 비록 대중과 다르더라도 나는 당하에서
배례하는 예를 따르겠다.

麻冕禮也(마면례야) ⇨ 麻冕: 삼으로 만든 면관. 禮也: 예이다.

〈풀이〉 삼으로 만든 면관이 예이다.

今也純儉(금야순검) ⇨ 今也: 이제. 純: 명주실. 儉: 검약하다.

〈풀이〉 이제는 명주실로 한 것이 검약하다.

吾從衆(오종중) ⇨ 〈풀이〉 나는 대중을 따르겠다.

拜下禮也(배하례야) ⇨ 拜: 배례하다. 下: 당 아래.

〈풀이〉 당 아래서 배례하는 것이 예이다.

今拜乎上泰也(금배호상태야) ⇨ 泰: 교만하다. 거만하다.

〈풀이〉 이제는 당 위에서 배례하는 것은 교만한 일이다.

雖違衆(수위중) ⇨ 〈풀이〉 비록 대중과는 어긋나다.

吾從下(오종하) ⇨ 下: 당 아래서 배례하는 것을 나타냄.

〈풀이〉 나는 당 아래서 배례하는 것을 따르겠다.

4 子絶四 毋意 毋必 毋固 毋我

공자는 네 가지를 끊으셨다. 마음대로 생각하는 것이 없으셨고,
반드시 그렇게 하려는 것이 없으셨으며, 고집을 부림이 없으셨
고, 아집을 부리는 일이 없으셨다.

子絶四 毋意 毋必 毋固 毋我(자절사 무의 무필 무고 무아)
⇨ 子: 공자. 絶: 근절하다. 毋: 없다. 意: 자의. 必: 기필. 반드시 그
렇게 될 줄로 믿고 관철하는 것. 固: 고집. 我: 아집을 부리다.

5 子畏於匡 曰 文王旣沒 文不在玆乎 天之將喪斯文也 後
死者不得與於斯文也 天之未喪斯文也 匡人其如予何

공자가 광 땅에서 위험에 빠져 어려움을 당하였는데 말씀하셨
다. 문왕은 이미 돌아갔으나 그 문화는 여기에 있지 아니하냐?
하늘이 바야흐로 이 문화를 없애려 하였다면 후세 사람들은
(나는) 이 문화에 참여할 수 없었을 것이다(참여하지 못했을 것이
다). 하늘이 이 문화를 없애려 하지 않는다면 광인들이 나를 어
떻게 하겠느냐?

子畏於匡(자외어광) ⇨ 子: 공자. 畏: 두려워하다. 무서워하다. 於: 처
소의 전치사. 匡: 노의 지명. 노나라 장군 陽虎양호가 이 땅에 침입
하여 난폭한 짓을 했는데 공자의 모습이 陽虎와 흡사했으므로 광
땅 사람들이 양호가 다시 친입한 줄 알고 공자 일행을 포위하고
5일간이나 구치하였다. 위나라에서 진나라로 가는 도중이었는데
공자 57세 때의 일이다.

〈풀이〉 공자가 광 땅에서 위험에 빠져 곤경을 당하였다.

曰(왈) ⇨ 〈풀이〉 말씀하셨다.

文王旣沒(문왕기몰) ⇨ 〈풀이〉 문왕은 이미 돌아갔지만

文不在玆乎(문부재자호) ⇨ 文: 문물. 문화. 文在~乎: 있지 아니하냐?
玆: 여기. 나에게. 〈풀이〉 문화는 나에게 남아 있지 않느냐?

天之將喪斯文也(천지장상사문야) ⇨ 天之: 하늘이. 之는 주격. 將: 미
래를 나타내는 부사. 바야흐로 ~하려 하면. 喪: 없어지게 하다. 상
실하다. 斯: 이. 文: 문화. 也: 종미사.

〈풀이〉 하늘이 이 문화를 없애 버리려 했다면

後死者不得與於斯文也(후사자부득여어사문야) ⇨ 後死者: 文王보다 후
세의 사람. 不得與: 같이 참여하지 못한다. 與는 참여하다. 於: 위치의
전치사. 斯文: 이 문화. 也: 종미사.

〈풀이〉 문왕보다 후세의 사람은 이 문화에 참여할 수 없다.

天之未喪斯文也(천지미상사문야) ⇨ 天之: 하늘이. 之는 주격을 나타
냄. 未喪: 없애지 아니하다. 斯文: 이 문화. 也: 종미사.

〈풀이〉 하늘이 이 문화를 없애지 아니하다.

匡人其如予何(광인기여여하) ⇨ 匡人: 광 지방의 사람들이. 其: 여기의 基는 어세를 고루기 위하여 쓰인 조사로 '그렇게'. 如予何: 이것은 如~何형으로도 쓰인다. 予는 목적어다. 뜻은 '어떻게 할 것인가' 또는 이유를 나타내기도 한다. 여기서는 전자의 뜻이다.

6 大宰問於子貢曰 夫子聖者與 何其多能也 子貢曰 固天縱之將聖 又多能也 子聞之曰 大宰知我乎 吾少也賤 故多能鄙事 君子多乎哉 不多也 牢曰 子云 吾不試 故藝

대재가 자공에게 물어 말하였다. 선생님은 성자입니까? 어찌 그렇게 재주가 많으시지요? 자공이 말하였다. 물론(진실로) 하늘에서 주신 대성이시며 또 다능하십니다. 공자가 이 말을 듣고 말씀하셨다. 대재는 나를 (제대로) 아는가? 나는 어려서 천했으므로 천한 일에 다능하였다. 군자는 다능해야 하느냐? 다능하지 아니하다. 뢰(자장)는 나(공자)는 등용되지 아니하였으니 자질 구레한 재능이 있다고 하셨습니다라고 말하였다.

大宰問於子貢曰(대재문어자공왈) ⇨ 大宰: 六卿육경(6인의 大臣)의 하나의 관명. 12년 노의 자공은 吳오의 대재 嚭비와 회담한 일이 있다. 애공 12년은 공자 69세 자공 38세 때였다.
〈풀이〉 대재가 자공에게 물어 말하였다.

夫子聖者與(부자성자여) ⇨ 與: 의문종미사.
〈풀이〉 손생은 성자입니까?

何其多能也(하기다능야) ⇨ 何其: 其는 어세를 고르기 위하여 쓰인 조사. 어찌 그렇게. 何는 의문부사. 多能也: 다능하다. 也는 종미사.
〈풀이〉 어찌(어찌하여) 그렇게 다능하십니까?

固天縱之將聖(고천종지장성) ⇨ 固: 진실로. 물론. 본디부터. 天縱之:

천종의. 또는 하늘에서 許與허여한. 하늘에서 준. 之때문에 將聖을

꾸미는 수식어가 됨. 將聖: 大聖대성. 성인에 가깝다. 일설에는 將을

丈으로 본다.

〈풀이〉 진실로 하늘에서 주신 위대한 성인이시며

又多能也(우다능야) ⇨ 〈풀이〉 또한 다능하십니다.

子聞之曰(자문지왈) ⇨ 子: 공자. 之: 이것. 대명사. 여기서는 '이 말'.

〈풀이〉 공자가 이 말을 듣고 말씀하셨다.

大宰知我乎(대재지아호) ⇨ 乎: 의문종미사.

〈풀이〉 대재는 나를 아는가?

吾少也賤(오소야천) ⇨ 少: 어리다. 也는 위의 말을 제시하기 위하여

쓰인 종미사. 또는 후치사. 賤: 천하다.

〈풀이〉 나는 어려서는 천했다.

故多能鄙事(고다능비사) ⇨ 故: 고로. 그러므로. 鄙事: 천한 일.

〈풀이〉 그러므로 천한 일에 다능하다(다능할 뿐이다).

君子多乎哉(군자다호재) ⇨ 多: 다능. 乎哉: 乎와 哉가 합한 것. 의문

종미사.

〈풀이〉 군자는 다능해야 하나?

不多也(부다야) ⇨ 多: 다능하다. 也: 종미사.

〈풀이〉 다능하지 아니하다.

牢曰(뢰왈) ⇨ 牢: 공자의 제자. 子張자장으로 성은 琴금이요, 이름이 牢

이며 자는 子開자개. 〈풀이〉 뢰가 말하였다.

吾不試(오불시) ⇨ 試: 쓰다.

〈풀이〉 나는 세상에 쓰이지 아니하였다(등용되지 아니하였다).

故藝(고예) ⇨ 故: 그러므로.

〈풀이〉 그러므로 자질구레한 재주가 있다(많다).

7 子曰 吾有知乎哉 無知也 有鄙夫問於我 空空如也 我叩
其兩端而竭焉

공자가 말씀하셨다. 나는 아는 것이 있을까? 아는 것이 없다.
아는 것이 없는 사람이 나에게 묻는다면 무식하더라도 나는 두
끝을 들어내며(모든 지식을 털어내며) 다할 뿐이다.

吾有知乎哉(오유지호재) ⇨ 乎哉: 乎와 哉가 합한 것. 의문종미사.
〈풀이〉 내가 아는 것이 있겠는가.

無知也(무지야) ⇨ 也: 종미사. 〈풀이〉 아는 것이 없다.

有鄙夫問於我 空空如也(유비부문어아 공공여야) ⇨ 鄙夫: 비루한 남
자. 무식한 사람. 空空如也: 성실한 모습. 어리석은 모양. 무식한
모양. 私意사의가 없음. 空空은 悾悾과 같음.
〈풀이〉 무식한 사람이 있어서 성실하게 나에게 묻는다면

我叩其兩端而竭焉(아고기량단이갈언) ⇨ 叩: 두들기다. 其兩端: 그 두
끝(모든 지식). 而: 순접의 접속사. 竭: 다하다. 焉: 확인의 종미사.
〈풀이〉 나는 모든 지식을 털어내어 다할 뿐이다(답하여 줄 뿐이다).

8 子曰 鳳凰不至 河不出圖 吾已矣夫

공자가 말씀하셨다. 봉황은 오지 아니하고 황하에서 도문도 나
오지 아니하니 나는 끝났구나.

鳳凰不至(봉황부지) ⇨ 鳳凰: 성왕이 나와 덕치를 하면 나타난다는 가
공적인 새로 봉은 숫새. 황은 암새로 날개나 털이 아름답다고 한
다. 不至: 이르지 아니하다. 오지 아니하다.
〈풀이〉 봉황이 오지 아니한다.

河不出圖(하불출도) ⇨ 河: 황하. 不出: 나오지 아니한다. 圖: 이는 河圖를 말하는데 성왕이 나타나면 황하에서 팔괘로 된 圖文도문이 나오는데, 그러면 성왕은 그 글을 법칙 삼아 덕치를 한다 했다. 복희 때 황하에서 용마가 이 도문을 등에 업고 나왔다 한다. 이것은 성군과 덕치의 징조이다.

〈풀이〉 황하에서 도문도 나오지 아니한다.

吾已矣夫(오이의부) ⇨ 吾: 나는. 已: 그치다. 끝나다. 矣夫: 矣와 夫가 합친 것으로 이때는 夫를 강조하여 나타낸다. 夫는 또 월 끝에서 감탄을 나타낸다. 〈풀이〉 나는 끝났구나.

9 子見齊衰者 冕衣裳者 與瞽者 見之雖少必作 過之必趨

공자가 상복 입은 자와 면관의 옷차림한 사람과 소경을 만나든가 하면 비록 연소하더라도 반드시 일어났으며 그들을 지나칠 때는 반드시 종종걸음으로 빨리 걸으시었다.

子見齊衰者 冕衣裳者 與瞽者(자견재최자 면의상자 여고자) ⇨ 子: 공자. 見: 만나니. 齊衰者: 齊衰는 상복. 고로 상복을 입은 사람. 冕: 冠(관례). 衣裳: 옷을 차려입은. 者: 사람. 與: ~와. 접속사. 瞽者: 장님.
〈풀이〉 공자가 상복입은 사람과 면관에 옷차림을 한 사람과 장님을 만나다.

見之雖少必作(견지수소필작) ⇨ 見之: 見은 보다. 之는 위의 말을 가리키는 대명사. 고로 이들을 보다. 雖少: 비록 연소하다. 必作: 반드시 일어나다. 作은 일어나다.
〈풀이〉 이들을 보면 비록 연소하더라도 반드시 일어났다.

過之必趨(과지필추) ⇨ 過: 지나치다. 지나가다. 之: 대명사. 앞의 말을 가리킴. 그들. 必: 반드시. 趨: 종종걸음으로 빨리 걷다.
〈풀이〉 그들을 지나칠 때는 반드시 종종걸음으로 빨리 걸었다.

10 顔淵喟然歎曰 仰之彌高 鑽之彌堅 瞻之在前 忽焉在後 夫子循循然善誘人 博我以文 約我以禮 欲罷不能 旣竭吾 才 如有所立卓爾 雖欲從之 末由也已

안연이 아아 하고 탄식하며 말하였다. 우러르면 더욱 높고 깊이 뚫고 들어가면 더욱 굳으며 보면 앞에 있다가 홀연히 뒤에 있고 선생님은 정연히 잘 남을 유도하시고 학문으로 나를 넓히시며 예로써 나를 정숙하게 하시며 그만 두고자 하나 그만 둘 수 없고 이미 내 재주를 다했으나 높이 선 바가 있는 듯하다. 비록 따르고자 하나 쫓을 수 없을 따름이다.

顔淵喟然歎曰(안연위연탄왈) ⇨ 喟然: 탄식하는 모양. 歎: 탄식하다. 曰: 말하다. 〈풀이〉 안연이 아아, 탄식하며 말하였다.

仰之彌高(앙지미고) ⇨ 仰: 우러러 보다. 之: 아마 무엇인가를 가리키는 대명사로 여기서는 공자의 덕망 또는 도인 듯. 彌: 더욱더욱. 高: 높다. 〈풀이〉 우러르면 더욱 높다.

鑽之彌堅(찬지미견) ⇨ 鑽: 깊이 뚫고 들어가다. 之: 대명사로 '선생님의 도'를 뜻함. 彌: 더욱. 堅: 굳다.
〈풀이〉 깊이 뚫고 들어가면 더욱 굳고

瞻之在前(첨지재전) ⇨ 瞻: 보다. 之: 대명사. 선생님의 도·덕망. 在前: 앞에 있다. 〈풀이〉 보면 앞에 있다.

忽焉在後(홀언재후) ⇨ 忽焉: 홀연히. 在後: 뒤에 있다.
〈풀이〉 홀연히 뒤에 있다.

夫子循循然善誘人(부자순순연선유인) ⇨ 夫子: 선생. 循循然: 순서가 있는 모양. 정연한 모양. 善: 잘. 誘人: 사람을 유도하다.
〈풀이〉 선생님은 정연하게 사람을 잘 유도하다.

博我以文(박아이문) ⇨ 博: 넓히시다. 以文: 학문으로. 以는 전치사로 '~으로써'. 〈풀이〉 학문으로써 나를 넓히시고

約我以禮(약아이례) ⇨ 約: 얌전하다. 정숙하다. 검박하고 질소하다. 〈풀이〉예로써 나를 정숙하게 하신다.

欲罷不能(욕파불능) ⇨ 欲: 바라다. 罷: 그만두다. 그치다. 不能: 할 수 없다. 〈풀이〉그만두고자 하나 그만둘 수 없다.

旣竭吾才(기갈오재) ⇨ 旣: 이미. 竭: 다하다. 吾才: 나의 재주. 〈풀이〉나의 재주는 이미 다하였다(재능을 다하여 배우나).

如有所立卓爾(여유소립탁이) ⇨ 如: ~와 같음. 有所立: 선 바가 있다. 卓爾: 높이 뛰어난 모양. 〈풀이〉높이 뛰어나게 선 바가 있는 듯하다(앞에 우뚝 새로운 지표를 세워 놓으신다).

雖欲從之(수욕종지) ⇨ 從: 따르다. 之: 대명사. 선생님의 도·덕망. 〈풀이〉비록 따르고자 하나

末由也已(말유야이) ⇨ 末: 없다. 無와 같음. 由: 좇을 유. 본받다. 也已: 也와 已가 합한 종미사. 한정의 뜻을 나타낸다. '~ 따름이다'. 〈풀이〉좇을 수 없을 따름이다.

11 子疾病 子路使門人爲臣 病間曰 久矣哉 由之行詐也 無臣而爲有臣 吾誰欺欺天乎 且予與其死於臣之手也 無寧死於二三子之手乎 且予縱不得大葬 予死於道路乎

공자가 병이 위중하니 자로가 문인으로 하여금 가신으로 삼았다. 병이 약간 차도가 있자 말씀하셨다. 오래로구나. 유가 나를 속인 것이 가신이 없는데 가신이 있는 것으로 하였으니 내가 누구를 속이자는 것이냐? 하늘을 속이자는 것이냐? 또한 나는 그 가신의 손에 죽느니보다 차라리 너희들의 손에 죽겠다. 또는 나는 가령 큰 장사(화려한 장사)는 못할지라도 도로에서 죽겠느냐?

子疾病(자질병) ⇨ 子: 공자. 疾病: 병이 위중함.

〈풀이〉 공자가 병이 위중하였다.

子路使門人爲臣(자로사문인위신) ⇨ 子路: 공자의 문인. 使: 사역동사. '~로 하여금 ~하게 하다'. 門人: 제자. 爲臣: 가신으로 삼다. 爲는 삼다. 臣: 가신. 제후나 大夫들만이 가신을 둘 수 있었다. 공자도 전에 노나라의 大夫를 지냈으나 이제는 현직이 아니므로 문인을 가신으로 삼은 것은 잘못이었다.

〈풀이〉 자로가 문인으로 하여금 가신으로 삼았다.

病間曰(병간왈) ⇨ 病間: 병이 약간 차도가 있는 동안. 間은 동안.

〈풀이〉 병이 약간 차도가 있는 동안에 말하였다.

久矣哉(구의재) ⇨ 矣: 어기가 센 종미사. 哉: 감탄종미사.

〈풀이〉 오래도다.

由之行詐也(유지행사야) ⇨ 由는 자로의 이름. 之는 주격 조사. 行詐: 속이다. 也: 종미사. 〈풀이〉 유가 속였구나.

無臣而爲有臣(무신이위유신) ⇨ 無臣: 가신이 없다. 而: 순접의 접속사. 爲: 만들다. 有臣: 가신이 있다.

〈풀이〉 가신이 없는데 가신이 있는 것으로 하였다.

吾誰欺(오수기) ⇨ 誰: 누구를. 欺: 속이다.

〈풀이〉 내가 누구를 속이겠느냐?

欺天乎(기천호) ⇨ 乎: 의문종미사.

〈풀이〉 하늘을 속이겠느냐?

且予與其死於臣之手也(차여여기사어신지수야) ⇨ 且: 또한. 予: 나. 與: 비교하는 말. 其: 그. 死於其臣之手也는 '그 신의 손에 죽다'.

〈풀이〉 또한 나는 그 가신의 손에 죽는 것보다는

無寧死於二三子之手乎(무녕사어이삼자지수호) ⇨ 無寧: 차라리. 二三子: 너희들. 제자를 가리키는 말. 之手: ~의 손. 乎: 종미사.

〈풀이〉 차라리 너희들의 손에 죽겠다.

且予縱不得大葬(차여종불득대장) ⇨ 且: 또한. 縱: 가령. 설사. 가정을 나타냄. 不得: 하지 못하다. 할 수 없다. 大葬: 큰 장사.

〈풀이〉 또한 나는 설사 큰 장사는 치르지 못하더라도

予死於道路乎(여사어도로호) ⇨ 於道路: 도로에서. 乎: 의문종미사.

〈풀이〉 내가 도로에서 죽겠느냐?

12 子貢曰 有美玉於斯 韞匵而藏諸 求善賈而沽諸 子曰 沽 之哉 沽之哉 我待賈者也

자공이 말하였다. 여기에 아름다운 옥이 있다면 궤에 넣어서 감추어 두시겠습니까? 좋은 값을 줄 사람을 구하여 파시겠습니까? 공자가 말씀하셨다. 팔고말고 팔고말고. 나는 살 사람을 기다리고 있다.

有美玉於斯(유미옥어사) ⇨ 有: 주어를 뒤에 가지는 동사. 美玉: 아름다운 옥. 於: 위치의 전치사. 斯: 여기.

〈풀이〉 여기에 아름다운 옥이 있다면

韞匵而藏諸(온독이장제) ⇨ 韞: 넣다. 匵: 궤. 而: 순접. 藏: 감추다. 諸: 之乎로 의문사로 쓰인 것.

〈풀이〉 궤 속에 넣어서 감추어 두시겠습니까.

求善賈而沽諸(구선가이고제) ⇨ 求: 구하다. 善: 좋은. 賈: 값. 而: 순접. 沽: 팔다. 諸: 之乎로 의문사. 之는 그것. 乎는 의문종미사.

〈풀이〉 좋은 값을 구하여 파시겠습니까?

沽之哉 沽之哉(고지재 고지재) ⇨ 沽: 팔다. 之: 앞의 옥을 가리키는 대명사. 哉: 감탄종미사. 〈풀이〉 팔겠도다. 팔겠도다.

我待賈者也(아대고자야) ⇨ 我: 나는. 待: 기다리다. 賈: 사다. 者: 사람. 賈者: 살 사람. 也: 종미사.

〈풀이〉 나는 살 사람을 기다리고 있다.

13 子欲居九夷 或曰 陋如之何 子曰 君子居之 何陋之有

공자가 동방의 미개한 구이의 땅에 살고자 하니 어떤 사람이
말하였다. 누추할 텐데 어찌 하시겠습니까? 공자가 말씀하셨
다. 군자가 사는데 어찌 누추함이 있겠느냐.

子欲居九夷(자욕거구이) ⇨ 欲居: 살고자 하다. 九夷: 동방 미개한 땅.
九夷: 九種의 異民族.
〈풀이〉 공자가 동방의 미개한 오랑캐 땅에 가서 살고자 하였다.

或曰(혹왈) ⇨ 〈풀이〉 어떤 사람이 말하였다.

陋如之何(누여지하) ⇨ 陋: 누추하다. 如之何: 之는 목적어로 九夷를
가리킴. 〈풀이〉 누추할 텐데 어찌 하겠습니까?

君子居之(군자거지) ⇨ 之: 뜻 없이 동사 밑에 쓰여 어조를 고루는 종
미사. 〈풀이〉 군자가 사는데

何陋之有(하루지유) ⇨ 何: 어찌. 陋: 누추함. 之: 주격 표시. 有: 있겠
느냐? 〈풀이〉 어찌 누추함이 있겠느냐?

14 子曰 吾自衛反魯 然後樂正 雅頌各得其所

공자가 말씀하셨다. 내가 위나라로부터 노나라로 돌아온 후에
음악이 바로잡혔고 아와 송이 각각 제 자리를 얻게 되었다.

吾自衛反魯(오자위반노) ⇨ 吾: 내가. 自: ~부터. 衛: 위나라. 反: 돌아
오다. 魯: 노나라.
〈풀이〉 내가 위나라로부터 노나라로 돌아오다.

然後樂正(연후악정) ⇨ 然後: 연후에. 樂: 음악. 正: 바르게 되었다.
〈풀이〉 연후에 음악이 바로 잡혔고

雅頌各得其所(아송각득기소) ⇨ 雅: 아악. 頌: 송악. 各: 각각. 아와 송을 말함. 得: 얻다. 其: 그. 所: 자리.

〈풀이〉 아와 송이 각각 그 자리를 얻게 되었다.

※『시경』305편에는 제국의 민요(사회시)인 風이 160편이 있고 왕실 귀족의 생활시라고 할 雅아가 105편이 있고 周의 왕실과 建國祖건국조를 칭송한 종교시라고 할 頌송이 40편이 있다.

15 子曰 出則事公卿 入則事父兄 喪事不敢不勉 不爲酒困 何有於我哉

공자가 말씀하셨다. 나가서는 공경을 섬기고 집에 들어와서는 부형을 섬기고 상사에는 감히 힘쓰지 아니하지 못하며(정성을 다하여 치르고) 술로 인한 문란한 짓은 하지 않는다(문란해 지지 않는다). (그런 일은) 어찌 나에게 있겠느냐?

出則事公卿(출즉사공경) ⇨ 出: 나가다. 則: 즉. 事: 섬기다. 公卿: 三公과. 九卿: 고위고관.

〈풀이〉 나가서는 公卿을 섬기고

入則事父兄(입즉사부형) ⇨ 入則: 집에 들어서는. 事父兄: 부형을 섬기다. 〈풀이〉 들어서는 부형을 섬기고

喪事不敢不勉(상사불감불면) ⇨ 喪事: 상사. 不敢: 감히 하지 못함. 不勉: 힘쓰지 아니하다.

〈풀이〉 상사에는 감히 힘쓰지 아니하지 못하며

不爲酒困(불위주곤) ⇨ 不: 爲를 부정함. 酒困: 술로 인한 괴로움. 困은 괴로운 일. 〈풀이〉 술로 인한 괴로움을 하지 않는다.

何有於我哉(하유어아재) ⇨ 何: 어찌. 有: 있다. 於: ~에게. 我: 나. 哉: 감탄종미사. 〈풀이〉 어찌 나에게 있으랴!

16 子在川上曰 逝者如斯夫 不舍晝夜

공자가 냇가에 계시면서 말씀하셨다. 떠나가는 것은 이와 같구나. 밤낮으로 머물지 않는구나.

子在川上曰(자재천상왈) ➡ 子: 공자가. 在: 있으면서. 川上: 냇가.
〈풀이〉 공자가 냇가에 있으면서 말씀하셨다.

逝者如斯夫(서자여사부) ➡ 逝者: 떠나가는 것. 者는 일을 가리킴. 곧 '것'. 如: ~와 같다. 斯: 이것. 여기서 斯는 흘러가는 물을 가리키는 대명사. 夫: 감탄종미사.
〈풀이〉 떠나가는 것은 이와 같구나.

不舍晝夜(불사주야) ➡ 舍: 머물다. 머물러 쉬다.
〈풀이〉 밤낮으로 쉬지 않는구나.

17 子曰 吾未見好德 如好色者也

공자가 말씀하셨다. 나는 아직까지 덕을 좋아하기를 색을 좋아하듯 하는 사람을 보지 못하였다.

吾未見好德(오미견호덕) ➡ 未見: 보지 못했다. 好德: 덕을 좋아하다. 德은 德行.
〈풀이〉 나는 아직 덕을 좋아하는 사람을 보지 못하였다.

如好色者也(여호색자야) ➡ 如: 같다. 好色者: 색(여색)을 좋아하는 사람. 也: 종미사.
〈풀이〉 여색을 좋아하는 사람과 같다

18 子曰 譬如爲山 未成一簣 止吾止也 譬如平地 雖覆一簣 進吾往也

공자가 말씀하셨다. (학문하는 것은) 비유하자면 산을 만드는 것과 같다. 한 삼태기를 아직 이루지 아니하여 멈추는 것도 내가 멈춘 것이다. (학문하는 것은) 비유하자면 땅을 고루는 것과 같다. 비록 한 삼태기를 덮었다 하더라도 나아감도(학문이 그만큼 나아간 것) 내가 간 것이다.

譬如爲山(비여위산) ⇨ 譬如: 비유하자면 ~와 같다. 爲: 만들다. 山: 산.
〈풀이〉 비유하건대 산을 만드는 것과 같다.

未成一簣(미성일궤) ⇨ 未成: 아직 완성되지 아니한. 一簣: 한 삼태기.
〈풀이〉 한 삼태기를 아직 이루지 아니하여

止吾止也(지오지야) ⇨ 止: 멈추다. 吾止: 내가 멈춘 것이다.
〈풀이〉 멈추면 내가 멈춘 것이다.

譬如平地(비여평지) ⇨ 譬如: 비유하건대 ~와 같다. 平地: 땅을 고르는 것과 같다. 平은 고르다.
〈풀이〉 비유하건대 땅을 고르는 것과 같다.

雖覆一簣(수복일궤) ⇨ 雖: 비록. 覆: 덮다. 一簣: 한 삼태기.
〈풀이〉 비록 한 삼 태기를 덮는다 하더라도

進吾往也(진오왕야) ⇨ 進: 나아가다. 吾往: 내가 간 것이다. 也: 종미사.
〈풀이〉 나아감도 내가 간 것이다.

19 子曰 語之而不惰者 其回也與

공자가 말씀하셨다. 말하여 주어서 그것을 게을리하게 아니하는 사람은 안회가 아니겠는가?

語之而不惰者(어지이불타자) ⇨ 語: 말하다. 之: 학문이나 기타를 가리키는 대명사. 而: 순접. 不惰: 태만하지 아니하다. 者: 사람. 不惰는 者를 꾸밈.

〈풀이〉 (그것을) 말하여서 태만하지 아니하는 사람은

其回也與(기회야여) ⇨ 其: 그것은. 回 안회. 也與: 의문종미사.

〈풀이〉 그는 안회가 아니겠는가.

20 子謂顔淵曰 惜乎 吾見其進也 未見其止也

공자가 안연을 평하여 말씀하셨다. 아깝도다. 나는 그 나아감은 보았으나 그 멈추는 것은 보지 못했다.

子謂顔淵曰(자위안연왈) ⇨ 子: 공자. 謂: 평하다.

〈풀이〉 공자가 안연을 평하여 말씀하셨다.

惜乎(석호) ⇨ 乎: 감탄종미사. 〈풀이〉 아깝도다.

吾見其進也(오견기진야) ⇨ 〈풀이〉 나는 그 나아감을 보았고

未見其止也(미견기지야) ⇨ 未見: 보지 못했다. 其止: 그 멈춘 것.

〈풀이〉 그 멈추는 것을 보지 못했다.

21 子曰 苗而不秀者有矣夫 秀而不實者有矣夫

공자가 말씀하셨다. 묘(싹)로서 뛰어나지 못하는 것도 있을 것이며 뛰어나나 결실을 못하는 것도 있을 것이다.

苗而不秀者有矣夫(묘이불수자유의부) ⇨ 苗: 묘. 싹. 不秀者: 뛰어나지 못하는 것. 秀는 뛰어나다. 빼어나다. 者는 사물을 나타냄. 즉 '것'.

矣夫: 강조의 종미사.

〈풀이〉 싹으로서 뛰어나지 못하는 것도 있을 것이며

秀而不實者有矣夫(수이불실자유의부) ⇨ 秀: 뛰어나다. 而: 역접. 不
實者: 결실을 못하는 것.

〈풀이〉 뛰어나나 결실을 못하는 것도 있을 것이다.

22 子曰 後生可畏 焉知來者之不如今也 四十五十而無聞焉 斯亦不足畏也已

공자가 말씀하셨다. 후배를 두려워해야 한다. 앞으로 나아오는
그들이 어찌 지금의 사람들만 같지 못하다는 것을 알겠느냐?
사십 오십이 되어도 이름이 들리지 않으면 역시 두려워하지 않
아도 좋다.

後生可畏(후생가외) ⇨ 後生: 후배. 可畏: 可는 당연의 조동사. 두려워
해야 한다. 〈풀이〉 후배를 두려워해야 한다.

焉知來者之不如今也(언지래자지불여금야) ⇨ 焉: 의문사. '어찌 ~하겠
느냐. 知: 알다. 來者: 앞으로 오는 사람. 즉 후배. 之: '~의'로 주격을
나타냄. 不如今: 지금의 사람과 같지 못하다.

〈풀이〉 앞으로 나아오는 후배가 지금의 사람과 같지 못하다고 어찌 알겠는가?

四十五十而無聞焉(사십오십이무문언) ⇨ 四十五十而: 사십 오십이 되
어서. 無焉: 이름(명성)이 들리지 않으면. 焉은 확인의 종미사.

〈풀이〉 사십 오십이 되어서도 이름이 들리지 않으면

斯亦不足畏也已(사역부족외야이) ⇨ 斯: 이. 亦不: 또한 ~하지 않는다.
足畏: 두려워해야 하다. 고로 亦不足畏는 두려워하지 않아도 좋다.
也已: 也와 已가 합한 한정의 종미사.

〈풀이〉 이 또한 두려워하지 않아도 좋다.

23 子曰 法語之言 能無從乎 改之爲貴 巽與之言 能無說乎 繹之爲貴 說而不繹 從而不改 吾末如之何也已矣

공자가 말씀하셨다. 법어의 말은 따르지 않을 수 있겠느냐? 그것(잘못)을 고치는 것이 귀중하다. 완곡하고 공손한 말은 어찌 기뻐하지 않겠느냐? 그것의 참뜻을 찾아내는 것이 귀중하다. 기뻐만 하며 참뜻을 찾아내지 아니하고 따르기만 하고 그치지 아니하면 나는 어찌할 도리가 없을 따름이다.

法語之言(법어지언) ⇨ 法語: 불교에서 진리의 말을 法語라 한다
〈풀이〉 법어의 말(즉 진리의 말)

能無從乎(능무종호) ⇨ 能: 능히 ~할 수 있다. 無從: 따르지 아니하다.
乎: 의문종미사.
〈풀이〉 따르지 아니할 수 있겠느냐?

改之爲貴(개지위귀) ⇨ 改: 고치다. 之: 이것. 잘못을 가리키는 대명사. 爲: 된다. 貴: 귀중하다.
〈풀이〉 잘못을 고치면 귀중하다(귀중하게 된다).

巽與之言(손여지언) ⇨ 巽: 유순하다. 與: 和화(온화하다).
〈풀이〉 완곡한 말(유순하여 남을 거스르지 아니하는 말)

能無說乎(능무열호) ⇨ 說: 기쁘다. 乎: 의문종미사.
〈풀이〉 (완곡한 말이) 어찌 기쁘지 않겠느냐.

繹之爲貴(역지위귀) ⇨ 繹: 속뜻을 찾아내다. 爲貴: 귀중하다.
〈풀이〉 그 속뜻을 찾아내는 것이 귀중하다.

說而不繹(열이불역) ⇨ 說: 기뻐하다. 좋아하다. 不繹: 그 속뜻(참뜻)을 찾아내지 아니하면.
〈풀이〉 좋아만 하며 그 참뜻을 찾아내지 아니하고

從而不改(종이불개) ⇨ 〈풀이〉 따르기만 하고 고치지 아니하면

吾末如之何也已矣(오말여지하야이의) ⇨ 吾: 나는. 末: 지우다. 없다.

말다. 如之何: 그것을 어찌 하겠느냐? 之는 그것. 也己矣: 한정의 종미사(也+己+矣로 된 것).

〈풀이〉 나는 어찌할 도리가 없을 따름이다.

24 子曰 主忠信 毋友不如己者 過則勿憚改

공자가 말씀하셨다. 忠과 信을 지켜라(위주로 하라). 나만 같지 못한 사람은 벗하지(사귀지) 말며 잘못이 있으면 꺼리지 말고 고쳐라.

主忠信(주충신) ⇨ 主: 주로 하다. 지키다. 존중하다.
　〈풀이〉 忠과 信을 지켜라(忠信을 위주로 하라).
毋友不如己者(무우불여기자) ⇨ 毋友: 벗하지 말다. 不如: ~와 같지
　아니한(못한). 己: 자기. 者: 사람.
　〈풀이〉 나와 같지 못한 사람을 벗하지 말며
過則勿憚改(과즉물탄개) ⇨ 過: 잘못하다. 則: 즉. 접속사. 勿: 부정사.
　憚: 꺼리다. 주저하다. 改: 고치다.
　〈풀이〉 잘못이 있으면 주저하지 말고 고쳐라.

25 子曰 三軍可奪帥也 匹夫不可奪志也

공자가 말씀하셨다. 삼군(대군)이라도 그 대장은 빼앗을 수 있으나 필부라도 그 뜻은 빼앗을 수 없다.

三軍可奪帥也(삼군가탈수야) ⇨ 三軍: 大軍. 一軍은 12,500명. 可奪: 빼
　앗을 수 있다. 帥: 대장. 也: 종미사.
　〈풀이〉 삼군이라도 그 대장을 빼앗을 수 있다.

匹夫不可奪志也(필부불가탈지야) ⇨ 匹夫: 신분이 얕은 사나이. 志: 뜻.

〈풀이〉 필부라도 그 뜻을 빼앗을 수 없다.

26 子曰 衣敝縕袍 與衣狐貉者立而不恥者 其由也與 不忮不求 何用不臧 子路終身誦之 子曰 是道也 何足以臧

공자가 말씀하셨다. 떨어진 옷과 수삼 외의를 입고 여우와 담비의 털옷을 입은 사람과 함께 서서도 부끄러워하지 않을 사람은 그는 유일 것이다. 해치지도 않고 탐내지도 않으니 무엇으로써 좋다고 하지 않겠는가? 자로는 종신토록 이를 외우고자 하니 공자가 말씀하셨다. 이것이 도이나 어찌 충족하게 좋다고 하겠는가(어찌 좋다고 하기에 족하겠는가)?

衣敝縕袍(의폐온포) ⇨ 衣: 입다. 敝: 떨어진 옷. 縕: 수삼. 袍: 외의. 두루마기 같은 옷.

〈풀이〉 떨어진 옷과 수삼 외의를 입다.

與衣狐貉者立而不恥者(여의호학자입이불치자) ⇨ 與: 더불어. 함께. 衣: 입다. 狐貉: 여우의 털옷과 담비의 털옷. 者: 사람. 立: 서다. 而: 순접. 不恥者: 부끄러워하지 않는 사람.

〈풀이〉 여우와 담비의 털옷을 입은 자와 함께 서서 부끄러워하지 않는 사람은

其由也與(기유야여) ⇨ 其: 그는. 由: 유. 也與: 의문의 종미사. 也와 與가 합한 것. 〈풀이〉 그는 유이겠지.

不忮不求(불기불구) ⇨ 忮: 해치다. 求: 탐내어 구하다. 탐내다.

〈풀이〉 해치지도 아니하고 탐내지도 아니하다.

何用不臧(하용부장) ⇨ 何: 무엇. 의문사. 臧: 착하다. 좋다. 用: 작용. 효용. 가지고(以와 같음).

〈풀이〉 무엇으로써 좋다고 하지 않겠는가?

子路終身誦之(자로종신송지) ➪ 終身: 몸이 맞도록. 誦之: 이것을 외우다. 〈풀이〉자로가 종신토록 이것을 외우고자 하다.

是道也(시도야) ➪ 〈풀이〉이것이 도이냐

何足以臧(하족이장) ➪ 臧: 좋다. 何: 어찌. 의문부사.

〈풀이〉어찌 충족하게 좋다고 하겠는가.

27 子曰 歲寒然後 知松柏之後彫也

공자가 말씀하셨다. 한 겨울의 추운 날씨가 된 다음에야 소나무 잣나무가 뒤에 시든다는 것을 알 수 있다.

歲寒然後(세한연후) ➪ 歲寒: 한 겨울의 추운 날씨. 然後: ~한 겨울의 날씨가 된 다음에.

知松柏之後彫也(지송백지후조야): 之는 주격 조사. 後: 후에. 彫: 시들다. 〈풀이〉소나무와 잣나무가 뒤에 시든다는 것을 알 수 있다.

28 子曰 知者不惑 仁者不憂 勇者不懼

공자가 말씀하셨다. 슬기로운 자는 미혹되지 않고 어진 자는 걱정하지 않고 용감한 자는 두려워하지 않는다.

知者不惑(지자불혹) ➪ 知者: 슬기로운 자. 不惑: 미혹되지 않는다.

仁者不憂(인자불우) ➪ 憂: 근심하다. 걱정하다.

〈풀이〉어진 자는 걱정하지 않고(근심하지 않고)

勇者不懼(용자불구) ➪ 勇者: 용감한 자. 不懼: 두려워하지 않는다. 懼는 두려워하다. 〈풀이〉용감한 자는 두려워하지 않는다.

29 子曰 可與共學 未可與適道 可與適道 未可與立 可與立
未可與權

공자가 말씀하셨다. 더불어 같이 배울 수는 있으나 같이 도를
지켜 나갈 수 없으며 같이 도를 지켜 나갈 수 있어도 같이 일을
성립시킬 수 없으며 같이 일을 성립시킬 수 있어도 함께 일을
편파하지 않게 처리할 수는 없다.

可與共學(가여공학) ⇨ 與: 같이. 함께. 共學: 같이 배우다.
〈풀이〉 더불어 같이 배울 수 있고

未可與適道(미가여적도) ⇨ 未可與: 더불어 ~할 수 없다. 適: 가다. 마
땅히 가야 할 데로 가다. 道: 도.
〈풀이〉 더불어 도를 지켜 나갈 수는 없다.

未可與立(미가여립) ⇨ 未可: ~할 수 없다. 可與立: 같이 일을 성립시
킬 수 있다. 立은 이루어지다. 즉 成立.
〈풀이〉 같이 일을 성립시킬 수는 없다.

未可與權(미가여권) ⇨ 權: 편파하지 않게 함. 고르게 하다.
〈풀이〉 함께 일을 편파하지 않게 (일을 고르게) 처리할 수는 없다.

30 唐棣之華 偏其反而 豈不爾思 室是遠而 子曰 未之思也
夫何遠之有

당채꽃이 펄럭이는데(펄럭펄럭 날리는데) 어찌 너를 생각하지 않으
리오. 집 이게 멀구나. (이 시를 두고) 공자가 말씀하셨다. 생각
하지 않은 것이다. 그 (생각하고 있었다면) 어찌 멀다 함이 있
겠느냐?

唐棣之華(당체지화) ⇨ 唐棣: 당체나무. 산메자나무. 之: 주격조사. 후
치사. 華: 꽃. 아름다움.

〈풀이〉 당체꽃이

偏其反而(편기반이) ⇨ 偏: 한쪽으로 기움(몰림). 反: 돌이키다. 그 전
으로 돌아감. 돌아오다. 而: 월 끝에 와서 리듬을 맞추는 접속사.

〈풀이〉 한쪽으로 기울고 돌아오는데(펄럭펄럭 날리는 모습)

豈不爾思(기불이사) ⇨ 豈: 어찌. 의문부사. 爾: 이인칭대명사. 너. 여
기서는 당체를 가리킴. 思: 생각하다.

〈풀이〉 어찌 너를 생각하지 않겠느냐.

室是遠而(실시원이) ⇨ 室: 집. 是: 이것이. 遠: 멀다. 而: 월 끝에 와서
리듬을 고르는 접속사.

〈풀이〉 집 이게 멀구나.

未之思也(미지사야) ⇨ 未之: 이것을 ~하지 아니하다. 思: 생각하다.
也: 종미사.

〈풀이〉 이를 생각하지 아니한 것이다.

夫何遠之有哉(부하원지유재) ⇨ 夫: 월 앞에 와서 '그것'으로 읽고 감
탄적 발화가 된다. 何: 어찌. 遠之: 먼 것이. 之는 주격조사. 有哉:
있겠느냐. 哉는 반어종미사.

〈풀이〉 그 어찌 멀다함이 있겠느냐?

第十篇 鄕黨
제10편 향당

1 孔子於鄕黨 恂恂如也 似不能言者 其在宗廟朝廷 便便言
唯謹爾

공자가 마을에 계셔서는 신의가 있고 진실하셨으며 말할 줄을
모르는 사람과 같으셨다. (그러나) 종묘와 조정에 계셔서는 유
창하고 조리 있게 말씀하시되 오로지 (삼가하는 마음으로) 정
중하셨다.

孔子於鄕黨(공자어향당) ⇨ 於: 있어서. 鄕黨: 周代주대의 지방구획으로
500호를 黨당이라 하고 25당(12,500호)을 鄕향이라 했다. 그러나 여기
서는 향리나 마을의 뜻으로 본다.
〈풀이〉 공자가 마을에 계셔서는

恂恂如也(순순여야) ⇨ 恂恂: 신의가 있고 진실함. 如: 형용사의 어미
에 붙여 然과 같은 뜻으로 쓰임. 也: 종미사.
〈풀이〉 신의가 있고 진실하셨으며

似不能言者(사불능언자) ⇨ 似: 같다. 닮다. 不能: 할 수 없다. 言: 말
하다. 不能言은 말할 수 없는. 者: 사람.
〈풀이〉 말할 줄 모르는 사람 같았다.

其在宗廟朝廷(기재종묘조정) ⇨ 其: 發語辭발어사 또는 지시의 뜻을 나

타냄. '그'. 在: 장소 또는 있어서. 宗廟: 선조를 모시고 제사지내는 곳. 朝廷: 廷은 제왕이 정치를 청단하는 곳. 옛날에는 군주가 아침 일찍 정치를 살펴보았으므로 조정이라 했다.

〈풀이〉 종묘나 조정에서는

便便言(편편언) ⇨ 便便: 유창하게 변명하는 모양. 言: 말하다.

〈풀이〉 유창하고 조리 있게 말씀하시다.

唯謹爾(유근이) ⇨ 唯: 오직. 다만. 謹: 삼가하는 마음으로 정중히. 爾: 然과 같은 뜻으로 쓰인 종미사.

〈풀이〉 오직 삼가하는 마음으로 정중하셨다.

2 朝與下大夫言侃侃如也 與上大夫言誾誾如也 君在踧踖 如也 與與如也

조정에서 下大夫들과 더불어 말할 때는 화락하였고 上大夫와 더불어 말할 때는 중정을 지켰으며 임금이 계시면 공경하시며 의젓하고 드레졌다.

朝與下大夫言(조여하대부언) ⇨ 朝: 조정. 고대에는 군신들이 해뜨기 전에 조정에 들어갔고 해가 뜨면 君主가 나와 조회를 했다. 여기서 는 군주가 나오기 전에 하대부들과 함께 정사를 논의한다는 뜻. 與: 함께. 부사. 言: 말하다.

〈풀이〉 조정에서는 하대부들과 함께 말하다.

侃侃如也(간간여야) ⇨ 侃侃: 화락한 모양. 如: 어조사로 형용사의 어 미에 붙어 然과 같은 뜻으로 쓰인다. 也: 종미사.

〈풀이〉 화락하다.

與上大夫言(여상대부언) ⇨ 與: 함께. 같이. 上大夫: 당시 제후 밑에는 鄕. 大夫와 士가 있었다. 이들을 다시 上·中·下로 나누었는데 그 중의 上大夫이다. 당시 공자는 上大夫와 동급이었다.

〈풀이〉 상대부와 함께 말하다.

誾誾如也(은은여야) ⇨ 誾誾: 화기애애한 모양. 中正중정한 모양. 如也: 위의 풀이와 같음. 〈풀이〉 화기애애하였다(중정을 지켰으며).

君在踧踖如也(군재축적여야) ⇨ 踧踖: 조심하는 모양. 공경하는 모양. 공손한 모양. 如也: 위의 풀이와 같음.

〈풀이〉 왕이 계시면 공경하면서도

與與如也(여여여야) ⇨ 與與: 威儀위의(예의에 맞아 위엄 있는 거동) 있는 모양. 如也: 위의 풀이와 같음.

〈풀이〉 위의가 있었다(의젓하고 드레졌다 또는 태연스럽다).

3 **君召使擯 色勃如也 足躩如也 揖所與立 左右手 衣前後 襜如也 趨進翼如也 賓退 必復命曰賓不顧矣**

임금이 (공자를) 불러 손님을 인도하도록 시키면 얼굴빛을 고치시며 경의를 표하느라 옆으로 피하여 걸으셨다. 같이 서 있는 곳의 손님들에게 읍하실 때는 그 손을 좌로 했다가 우로 했다가 하면서 절할 시는 옷차림이 앞뒤로 가지런하였다. 종종걸음으로 걸을 때도 옷차림이 단정하였다. 손님이 물러가면 손님은 뒤를 돌아보지 않고 갔습니다 하고 반드시 복명하셨다.

君召使擯(군소사빈) ⇨ 召: 부르다. 使: 시키다. 擯: 임금을 대신하여 외국 손님을 접대하는 역.

〈풀이〉 임금이 (공자를) 불러 내빈의 접대역을 시키니

色勃如也(색발여야) ⇨ 色: 얼굴빛. 勃: 갑자기 안색이 변하는 모양. 如: 듯하다. 사물을 형용하는데 붙이는 어조사. 也:종미사.

〈풀이〉 얼굴빛을 고치다.

足躩如也(족곽여야) ⇨ 躩: 경의를 표하느라고 옆으로 피하여 천천히 걷는 모양. 如也: 위와 같음.

〈풀이〉 경의를 표하느라 옆으로 피하여 걸으신다.

揖所與立(읍소여립) ⇨ 揖: 읍하다. 所: 바. 與: 함께. 立: 서다.

〈풀이〉 같이 서 있는 곳의 사람들에게 읍하다.

左右手(좌우수) ⇨ 〈풀이〉 그 손을 좌로 했다가 우로 했다가 하면서 절하시다.

衣前後襜如也(의전후첨여야) ⇨ 衣: 옷이. 前後: 앞뒤로. 襜如: 입은 옷이 가지런한 모양. 옷차림이 단정한 모양. 如: 然과 같은 어조사. 也: 종미사.

〈풀이〉 옷차림이 앞뒤로 가지런하였다.

趨進翼如也(추진익여야) ⇨ 趨進: 종종걸음으로 빨리 걷다. 翼如: 날개 같다. 전하여 단정하다, 삼가하는 듯하다.

〈풀이〉 종종걸음으로 걸을 때도 단정하셨다.

賓退(빈퇴) ⇨ 〈풀이〉 손님이 물러가면

必復命曰(필복명왈) ⇨ 〈풀이〉 반드시 복명하여 말씀하셨다.

賓不顧矣(빈불고의) ⇨ 顧: 뒤를 돌아보다.

〈풀이〉 손님이 뒤를 돌아보지 않았다.

4 入公門 鞠躬如也 如不容 立不中門 行不履閾 過位色勃
如也 足躩如也 其言似不足者 攝齊升堂鞠躬如也 屛氣似
不息者 出降一等 逞顔色怡怡如也 沒階趨進翼如也 復其
位踧踖如也

대궐문에 들어가면 구궁하듯 하여(송구스러워하는 품이) 문이 좁아서 몸이 들어가지 못하듯 하시었다. 문의 중앙에는 서지 아니하셨으며 문지방을 밟지 아니하고 지나갔다. 임금의 자리를 지나갈 때는 얼굴빛을 고치어 경의를 표하느라 옆으로 피하여 걸으셨다. 그 말은 모자라는 사람과 같이 과묵하였다. 옷자락을 걷어올리고 당에 오를 때도 절하듯 하여 조심하여 숨을 쉬지 않는 것 같았다. 층계를 한 계단 내려올 때도 얼굴빛을 부드럽고 기뻐하듯 하셨다. 계층을 다 내려와 종종걸음으로 걸으실 때도 단정하시었고 제 자리에 돌아 가셔서도 조심하고 공경하셨다.

入公門 鞠躬如也 如不容(입공문 국궁여야 여불용) ⇨ 入: 들어가다. 公門: 대궐문(제일 밖에 있는 높은 문). 鞠躬如也: 국궁하듯 하며. 如: ~같이 하다. ~한 듯. 不容: 받아들이지 못하다.

〈풀이〉 대궐문에 들어갈 때는 국궁하듯하여 문이 좁아서 몸이 들어가지 못하듯 하시었다.

立不中門(입불중문) ⇨ 不中門: 문의 중앙이 아니다.

〈풀이〉 서면 문이 중앙이 아니었다(군주의 길이므로 문의 중앙에는 서지 않았다).

行不履閾(행불리역) ⇨ 行: 가다. 不履: 밟지 아니하다. 閾: 문지방.

〈풀이〉 문지방을 밟고 가지 않았다(문지방을 밟지 아니하고 갔다).

過位色勃如也(과위색발여야) ⇨ 過: 지나다. 位: 군주의 자리. 군주가 서는 자리. 色勃如也: 얼굴빛을 고치시어. 如: ~듯하다. 사물을 형용하는데 붙이는 말. 也: 종미사.

〈풀이〉 임금이 나와서 서는 자리를 지날 때는 얼굴빛을 신중하게 하고

足躩如也(족곽여야) ⇨ 躩: 피하다. 如也: 위와 같음.

〈풀이〉 경의를 표하느라 옆으로 피하여 걸으셨다.

其言似不足者(기언사부족자) ⇨ 其: 그 말. 似: 듯하였다. 不足者: 모자라는 사람.

〈풀이〉 그 말은 모자라는 사람과 같았다(말이 모자라는 사람 같이 과묵하다).

攝齊升堂(섭자승당) ⇨ 攝: 옷을 걷어올림. 齊: 옷자락. 升: 오르다. 堂: 당. 〈풀이〉 옷자락을 걷어올리고 당에 오르다.

鞠躬如也(국궁여야) ⇨ 如: ~듯하다. 也: 종미사. 〈풀이〉 절하듯 하다.

屛氣似不息者(병기사불식자) ⇨ 屛氣: 겁이 나서 숨을 죽임. 두려워하여 조심함. 似: 듯하다. 不息: 숨을 쉬지 않다. 者: 사물을 나타냄. 〈풀이〉 숨을 죽이고(조심하여) 숨을 쉬지 않는 것 같았다.

出降一等(출강일등) ⇨ 出降: 층계를 내려오다. 一等: 한 계단. 제후의 당은 七尺 높이로 매척마다 계단이 있으므로 七 계단을 오르내려야 한다. 〈풀이〉 층계를 한 계단 내려오다.

逞顔色(영안색) ⇨ 逞: 부드럽게 하다.
〈풀이〉 얼굴빛을 부드럽게 하다

怡怡如也(이이여야) ⇨ 怡怡: 기뻐하는 모양. 즐거워하는 모양. 如: ~듯하다. 也: 종미사. 〈풀이〉 기뻐하듯 하다(즐거워하듯 하다).

沒階趨進(몰계추진) ⇨ 沒階: 沒는 마치다. 끝나다. 계단을 마치다. 곧 계단을 다 내려오다. 趨進: 종종걸음으로 빨리 걷다.
〈풀이〉 층계를 다 내려와서는 종종걸음으로 빨리 걸으시다.

翼如也(익여야) ⇨ 翼: 삼가다. 근신하다. 如: ~듯하다. 也: 종미사.
〈풀이〉 단정하셨다(삼가하는 듯하셨다).

復其位(복기위) ⇨ 復: 되돌아가다. 其位: 그 자리.
〈풀이〉 제 자리에 되돌아가다.

踧踖如也(축적여야) ⇨ 踧踖: 삼가다. 공손하다. 신중하고 경건하다. 조심하다. 공경하다. 如: ~듯하다. 也: 종미사.
〈풀이〉 조심하고 공경하는 듯하였다.

5 執圭鞠躬如也 如不勝 上如揖 下如授勃如戰色 足蹜蹜如有循 享禮有容色 私覿愉愉如也

규를 들어 바칠 때는 구궁하듯 무게를 이기지 못하듯 하시며 규를 위로 올릴 때는 유하듯이 하시며 아래로 내릴 때는 물건을 넘겨주듯 하여 안색이나 표정은 삼엄한 듯 하시며 발은 종종걸음으로 미적미적하듯이 걸으신다. 예물을 바칠 때는 부드러운 얼굴빛을 하시며 사사로이 예물을 진상하는 회견례에서는 아주 즐거워하시는 듯하였다.

執圭鞠躬如也(집규국궁여야) ⇨ 執圭: 옥으로 만든 패와 같은 것으로 제후나 대리인이 다른 나라를 예방시 지니고 가서 신인과 존경을 표시하는 상대에게 주었다. 執圭는 예방의식의 핵심인 규를 상대방에게 증수하고자 규를 손에 받든다는 뜻. 如: ~듯하다. 也: 종미사.
〈풀이〉 규를 받칠 때는 절을 하듯 하여

如不勝(여불승) ⇨ 如: ~처럼 하다. 不勝: 이기지 못하다.
〈풀이〉 이기지 못하듯 하시며

上如揖(상여읍) ⇨ 上: 올리다. 如揖: 읍하는 듯하여.
〈풀이〉 규를 올릴 때는 읍하듯이 하시며

下如授(하여수) ⇨ 下: 내리다. 如授: 줄 때처럼 하다.
〈풀이〉 아래로 내릴 때는 물건을 넘겨주듯 하시며

勃如戰色(발여전색) ⇨ 勃: 갑자기 안색이 변하다. 如: ~듯하다. 戰色: 무서워서 떠는 얼굴빛.
〈풀이〉 안색이나 표정은 삼엄한 듯 하시고

足蹜蹜如有循(족축축여유순) ⇨ 足: 발. 蹜蹜: 종종걸음을 치다. 종종걸음으로 걷다. 有循: 미적미적하다.
〈풀이〉 발은 종종걸음을 치시며 미적미적하게 걸으신다.

享禮有容色(향례유용색) ⇨ 享禮: 규를 마친 후에 예물을 바치는 의식. 容色: 얼굴 색(빛).
〈풀이〉 예물을 바칠 때는 부드러운 얼굴을 하시며

私覿愉愉如也(사적유유여야) ⇨ 私覿: 사사로이 알현함. 사사로이 예물을 가지고 가서 만남. 愉愉如也: 기뻐하다. 즐거워하다. 如也: 위의 풀이와 같음.
〈풀이〉 사사로이 예물을 진상하는 회견례에서는 아주 즐거워하셨다.

6 君子不以紺緅飾 紅紫不以爲褻服 當暑袗絺綌 必表而出
之 緇衣羔裘 素衣麑裘 黃衣狐裘 褻裘長 短右袂 必有寢
衣 長一身有半 狐貉之厚以居 去喪無所不佩 非帷裳必殺
之 羔裘玄冠不以弔 吉月必朝服而朝

공자께서는 곤색과 아청색으로 가선을 하지 않으셨다. 붉은빛
이나 자줏빛으로 평복을 만들지 않으셨고 더움을 당해서는 홑
으로 된 갈포옷을 입으셨고 반드시 다른 옷을 위에 입고 외출
하셨다. 검은 옷에는 어린 양의 모피옷을 흰옷에는 사슴 새끼
의 모피옷을, 누른 옷에는 여우의 가죽옷을 받쳐 입으셨다. 평
복을 길게 하시되 오른쪽 소매는 짧게 하셨다. 반드시 자리옷
은 입으셨고 길이는 귀의 한배 반이나 되게 하셨다. 여우와 오
소리의 두터운 가죽으로써 (깔고) 앉으셨고 상을 벗으면 패물
을 다 찼으며 예복이나 제복이 아니면 반드시 천을(치마의 상부
를) 잘라 좁게 꿰매었다. 어린 양의 가죽옷이나 흑색에 붉은 빛
을 띤 관을 쓰고는 조문하지 않았다. 매달 초하루에는 조복을
하고 조회에 나가셨다.

君子不以紺緅飾(군자불이감추식) ⇨ 不以: ~으로 하지 않는다. 紺: 곤
색. 상복이나 제복의 색. 緅: 아청색 상복의 옷깃에 쓴 색이다. 飾:
가선 즉. 가장자리를 딴 감으로 가늘게 두른 선.
〈풀이〉 군자(여기서는 공자)께서는 곤색과 아청색으로 가선을 하지 않으셨다.

紅紫不以爲褻服(홍자불이위설복) ⇨ 紅: 붉은 색. 紫: 자주색. 不以: ~
으로써 하지 않는다. 爲: 만들다. 褻服: 평복.
〈풀이〉 붉은빛이나 자줏빛으로 평복을 만들지 않으셨다.

當暑袗絺綌(당서진치격) ⇨ 當署: 여름 더움을 당해서는. 袗: 홑옷.
絺: 가는 갈포. 綌: 거친 갈포. 갈포로 만든 옷. 絺綌은 갈포옷.
〈풀이〉 더움을 당해서는 홑으로 된 갈포옷을 입으셨고

必表而出之(필표이출지) ⇨ 必: 반드시. 表: 웃옷을 입다. 而: 순접. 出: 집밖으로 나가다. 외출하다. 之: 뜻 없는 종미사. 즉 어조를 고루기 위하여 동사 밑에 쓰인다.

〈풀이〉 반드시 다른 옷을 위에(웃옷을) 입고 외출하셨다.

緇衣羔裘(치의고구) ⇨ 緇: 검은 색. 羔: 양의 새끼. 裘: 毛皮.

〈풀이〉 검은 옷에는 어린 양의 모피.

素衣麑裘(소의예구) ⇨ 素衣: 흰옷. 麑裘: 사슴 가죽으로 만든 옷.

〈풀이〉 흰옷에는 사슴 새끼의 모피옷.

黃衣狐裘(황의호구) ⇨ 黃衣: 누런 옷에는. 狐裘: 여우의 가죽옷.

〈풀이〉 누른 옷에는 여우의 가죽옷

褻裘長(설구장) ⇨ 褻裘: 속옷. 평복. 사복. 長: 길게 하다.

〈풀이〉 평복을 길게 하였다.

短右袂(단우메) ⇨ 短: 짧게 하다. 右袂: 오른쪽 소매.

〈풀이〉 오른쪽 소매는 짧게 하다.

必有寢衣(필유침의) ⇨ 必有: 반드시 있다. 寢衣: 잠옷. 자리옷.

〈풀이〉 잠옷은 반드시 있고

長一身有半(장일신유반) ⇨ 有半: 반이나 하였다.

〈풀이〉 길이는 키의 한 배 반이나 하셨다.

狐貉之厚以居(호학지후이거) ⇨ 狐: 여우. 貉: 오소리. 之: '~의'. 厚: 두꺼운 가죽. 居: 앉다.

〈풀이〉 여우와 오소리의 두꺼운 가죽으로써(가죽을 깔고) 앉으셨다.

去喪無所不佩(거상무소불패) ⇨ 去喪: 상을 벗다. 無所: ~바가 없다. 不佩: 차지 아니하다.

〈풀이〉 상을 벗으면 패를 차지 않는 바가 없었다

非帷裳必殺之(비유상필살지) ⇨ 帷裳: 제사 또는 出仕출사 때 입는 옷. 아래의 옷은 온 폭을 싸서 휘장과 같이 만들었다. 殺: 베다. 천을 토막 쳐 꿰매다. 之: 어조를 고루는 종미사.

〈풀이〉 예복이나 제복이 아니면 반드시 천을(치마의 상부를) 잘라 좁게 꿰매셨다.

羔裘玄冠不以弔(고구현관불이조) ⇨ 羔裘: 어린 양의 가죽옷. 玄冠: 검은 비단 관. 흑색에 붉은 빛을 띤 관. 不以: ~으로써는 ~하지 않았다. 弔: 조문하다.

〈풀이〉 어린 양의 가죽이나 검은 비단 관(흑색에 붉은 빛을 띤 관)을 쓰고는 조문하지 아니하셨다.

吉月必朝服而朝(길월필조복이조) ⇨ 吉月: 매월 초하루. 朝服: 조복을 하고. 而: 순접. 朝: 조회에 나가시다.

〈풀이〉 매달 초하루에는 조복을 하고 조회에 나가셨다.

7 齊必有明衣布 齊必變食 居必遷坐

재계하실 때는 반드시 깨끗한 옷을 입으시는데, 무명베로 만든 것이었다. 재계하실 때는 반드시 평소와 다르게 식사를 하시었고 거쳐도 반드시 자리를 옮기셨다.

齊必有明衣布(재필유명의포) ⇨ 齊: 재계. 즉 부정을 기하고 몸을 깨끗하게 함. 必: 반드시. 有: 가지다. 明衣: 재계 시. 목욕 후에 입는 속옷. 布: 무명베.

〈풀이〉 재계 시에는 반드시 깨끗한 (속)옷을 입으시는데 그것은 무명베로 만든 것이었다.

齊必變食(재필변식) ⇨ 〈풀이〉 재계 시에는 반드시 평소와 다르게 식사를 하시며.

居必遷坐(거필천좌) ⇨ 居: 거처하다. 遷: 옮기다. 坐: 자리.

〈풀이〉 거쳐도 반드시 자리를 옮기셨다(자리도 평시와 다른 곳에 거처하다).

8 食不厭精 膾不厭細 食饐而餲 魚餒而肉敗不食 色惡不食 臭惡不食 失飪不食 不時不食 割不正不食 不得其醬不食 肉雖多不使勝食氣 唯酒無量 不及亂 沽酒市脯不食 不撤 薑食 不多食 祭於公不宿肉 祭肉不出三日 出三日不食之 矣 食不語 寢不言 雖疏食菜羹瓜祭必齊如也

밥은 정미로 된 밥을 싫어하지 않으시고 회는 가늘게 썬 것을 싫어하지 않으셨다. 밥이 상하여 맛이 변하거나 생선이 썩어문드러져서 살이 부패한 것은 먹지 않으셨다. 색깔이 나빠도 먹지 않으시고 냄새가 나빠도 먹지 않으시며 너무 익힌 것은 먹지 않으셨다. 때가 아니면 먹지 않으시고 바르게 가르지 않으면 먹지 않으시고 장이 만족스럽지 않으면 먹지 않으셨다. 고기가 식기(그릇)를 능가하게 많이 하지 않으셨다. 오직 술은 양이 없으나 난잡함에는 이르지 않으셨다. 시장에서 파는 술과 시장에서 산 포는 먹지 않으셨고 생강도 물리치지 않고 먹었으나 많이 먹지 않으셨다. 군주가 지내는 제사 고기는 밤을 묵히지 않으셨다. 제사 고기는 삼일을 나가지 아니하였다. 삼일이 나가면 그것을 먹지 않으셨다. 식사 때는 이야기하지 않으셨고 잠자리에 들면 말하지 않으셨다. 비록 간소한 밥 채소의 구 오이라 할지라도 고시레 때는 반드시 엄숙하셨다.

食不厭精(식불염정) ⇨ 食: 밥. 厭: 싫어하다. 精: 곱게 깎은 쌀, 즉 精米.
〈풀이〉 밥은 정미로 된 밥을 싫어하지 않으시다.

膾不厭細(회불염세) ⇨ 膾: 생선. 회. 細: 가늘다. 細小.
〈풀이〉 회는 가늘게 썬 것을 싫어하지 않으시다.

食饐而餲(식의이애) ⇨ 食: 밥. 饐: 음식이 상하여 맛이 변함. 餲: 음식이 상하여 맛이 변함.
〈풀이〉 밥이 상하여 맛이 변하다.

魚餒而肉敗不食(어뇌이육패불식) ⇨ 魚: 고기. 생선. 餒: 썩어문드러
지다. 而: 순접. 肉: 살. 敗: 썩다. 부패하다. 不食: 먹지 아니하다.
〈풀이〉 생선이 썩어문드러져서 살이 부패한 것은 먹지 않으셨다.

色惡不食(색악불식) ⇨ 色: 빛깔. 惡: 나쁘다.
〈풀이〉 색깔이 나빠도 먹지 않으시다.

臭惡不食(취악불식) ⇨ 〈풀이〉 냄새가 나빠도 먹지 않으시다.

失飪不食(실임불식) ⇨ 飪: 불에 익힘. 失飪: 너무 익힘.
〈풀이〉 너무 익혀서 탄 것은 먹지 않으시다(너무 익힌 것은 먹지 않으시다).

不時不食(불시불식) ⇨ 不時: 때가 아니다. 不食: 먹지 않다.
〈풀이〉 때가 아니면 먹지 않으시다.

割不正不食(할부정불식) ⇨ 割: 가르다. 不正: 바르지 아니하다.
〈풀이〉 바르게 가르지 않으면 먹지 않으시다(가르되, 바르지 아니하면 먹지 않
으시다).

不得其醬不食(부득기장불식) ⇨ 得: 만족하다. 적의하다.
〈풀이〉 그 장이 만족스럽지 않으면 먹지 않으시다.

肉雖多不使勝食氣(육수다불사승식기) ⇨ 肉: 살. 雖: 비록 多: 많다.
使: 사동사. ~하게 하다. 勝: 능가하다. 낫다. 食氣: 밥. 밥의 기
〈풀이〉 고기가 비록 많아도 식기(주식)를 능가하게 많이 하지 않으셨다.

唯酒無量(유주무량) ⇨ 唯: 오직.
〈풀이〉 오직 술은 양이 없으나

不及亂(불급란) ⇨ 〈풀이〉 난잡함에는 이르지 않으셨다.

沽酒市脯不食(고주시포불식) ⇨ 沽酒: 시장에서 파는 술. 沽는 팔다.
사다. 市脯: 시에서 산 포. 市는 사다. 脯는 포.
〈풀이〉 시장에서 파는 술과 시장에서 산 포는 먹지 않으셨다.

不撤薑食(불철강식) ⇨ 撤: 치우다. 제거하다. 물리치다. 薑: 생강.
〈풀이〉 생강은 물리치지 않고 자시다.

不多食(부다식) ⇨ 〈풀이〉 많이 먹지 않으셨다.

祭於公不宿肉(제어공불숙육) ⇨ 公: 군주. 祭於公~肉: 군주가 모시는

제사에서 (주는) 고기. 宿: 묵다. 묵히다. 祭於公은 군주가 지내는
제사.

〈풀이〉 군주가 지내는 제사 고기는 (밤을) 묵히지 않으셨다.

祭肉不出三日(제육불출삼일) ⇨ 祭肉: 제사에서 쓴 고기. 不出三日:
삼일을 나가지 아니하였다.

〈풀이〉 제사 고기는 삼일을 나가지 아니하였다.

出三日不食之矣(출삼일불식지의): 之: 祭肉을 가리키는 대명사.

〈풀이〉 삼일이 나가면 그것을 먹지 않으셨다.

食不語(식불어) ⇨ 〈풀이〉 식사 때는 이야기하지 않으셨다.

寢不言(침불언) ⇨ 〈풀이〉 잠자리에 들면 말하지 않으셨다.

雖疏食菜羹瓜(수소식채갱과) ⇨ 雖: 비록. 疏食: 간소한 밥. 菜羹: 야
채국. 羹은 국. 瓜: 오이.

〈풀이〉 비록 간소한 밥, 채소국, 오이라 할지라도

祭必齊如也(제필재여야) ⇨ 祭: 여기서는 '고시레'. 齊: 엄숙하다. 如也
는 ~와 같았다.

〈풀이〉 고시레 때는 반드시 엄숙하였다.

9 席不正不坐

자리가 바르지 않으면 앉지 않으셨다.

10 鄕人飮酒 杖者出斯出矣 鄕人儺 朝服而立於阼階

마을 사람들과 술을 마실 때 지팡이를 짚은 사람이 나가야 나
가셨다. 마을 사람들이 나례를 지내면 조복을 입고 동쪽 섬돌
에 서 계셨다.

朋友之饋(붕우지궤) ⇨ 之: '~의'로 읽고 주격의 구실을 함. 饋: 보내
　　다. 음식을 보내다. 선물을 보내다. 〈풀이〉 벗이 선물로 주는 것은

雖車馬(수차마) ⇨〈풀이〉비록 수레나 말일지라도.

非祭肉(비제육) ⇨〈풀이〉제사에 쓸 고기가 아니면

不拜(불배) ⇨〈풀이〉엎드려 절하지 않으셨다.

16 寢不尸 居不容 見齊衰者 雖狎必變 見冕者與瞽者 雖褻
必以貌 凶服者式之 式負版者 有盛饌必變色而作 迅雷風
烈必變

　　잠을 잘 때는 주검처럼 자지 않으시고 집에 있을 때는 얼굴을
꾸미지 않으셨다. 모친상의 상복을 입은 사람을 보시면 비록
허물없는 가까운 사이라 할지라도 반드시 얼굴빛을 고치시고
면관을 쓴 사람과 소경을 보시면 비록 무람 없는 사이라도 반
드시 얼굴을 고치시고 흉복을 입은 사람에게는 식의 절을 하셨
으며 부판의 상복을 입은 사람에게도 식의 절을 하셨다. 성찬
이 나오면(있으면) 반드시 정색하고 일어나 경의를 표하셨다. 팽
렬한 우뢰와 질풍이 사나울 때도 반드시 자세를 고치셨다.

寢不尸(침불시) ⇨ 寢: 잠을 자다. 不尸: 주검이 아니다.
　　〈풀이〉잠을 잘 때는 주검처럼 자지 않으시고

居不容(거불용) ⇨ 居: 집에 있다. 容: 얼굴을 꾸미다.
　　〈풀이〉집에 있으면 얼굴을 꾸미지 않으셨다.

見齊衰者(견제최자) ⇨ 齊衰: 모친상의 상복.
　　〈풀이〉모친상의 상복을 입은 사람을 모시면

雖狎必變(수압필변) ⇨ 狎: 허물없이 가까운 사이. 變: 고치다.
　　〈풀이〉비록 허물없이 가까운 사이라 할지라도 반드시 얼굴빛을 고치시고

見冕者與瞽者(견면자여고자) ⇨ 冕者: 면관을 쓴 사람. 與: ~과. 접속사. 瞽者: 소경. 〈풀이〉면관을 쓴 사람과 소경을 보시면

雖褻必以貌(수설필이모) ⇨ 褻: 무람 없다. 스스럼없고 버릇없다. 貌: 용모·안색을 삼가하다.

〈풀이〉비록 무람 없는 시이라도 반드시 얼굴빛을 고치시고

凶服者式之(흉복자식지) ⇨ 凶服者: 흉한 복장을 한 사람 凶服은 상복. 式: 수레 앞에 가로지른 나무에 손을 얹고 절하는 것.

〈풀이〉흉복을 입은 사람에게는 식의 절을 하였으며

式負版者(식부판자) ⇨ 式: 식의 절을 하다. 負: 입다. 지다. 떠맡다. 版: 상복. 〈풀이〉상복을 입은 사람에게도 식의 절을 하셨다.

有盛饌(유성찬) ⇨ 〈풀이〉성찬이 나오면

必變色而作(필변색이작) ⇨ 作: 일어나다. 경의를 표하다. 감동하다. 작용하다. 變色: 얼굴빛을 바꾸다. 정색하다.

〈풀이〉반드시 정색하고 일어나 경의를 표하였다.

迅雷風烈必變(신뢰풍렬필변) ⇨ 迅: 빠르다. 迅雷: 맹렬한 우뢰. 迅風: 질풍. 烈: 세차다. 사납다. 變: 고치다.

〈풀이〉맹렬한 우뢰와 질풍이 사나울 때는 반드시 자세를 고치셨다.

17 升車 必正立執綏 車中不內顧 不疾言 不親指

수레에 오르실 때는 반드시 바르게 서서 손잡이를 잡으셨다. 차안에서는 뒤를 돌아보지 않으시고 말을 빨리하지 않으시며 몸소 손가락질을 하지 않으셨다.

升車(승차) ⇨ 〈풀이〉수레에 오르실 때는

必正立執綏(필정립집유) ⇨ 正立: 바르게 서서. 執: 잡는다. 綏: 수레에 오를 때나 수레 안(위)에 설 때 쥐는 끈(손잡이).

〈풀이〉 반드시 바르게 서서 손잡이를 잡으셨다.

車中不內顧(차중불내고) ⇨ 內顧: 안을 돌아보다.

〈풀이〉 차 안에서는 이리저리 돌아보지 않으시고

不疾言(부질언) ⇨ 疾言: 빨리 말함.

〈풀이〉 말을 빨리 하지 않으시며

不親指(불친지) ⇨ 親: 몸소. 指: 손가락질 하다.

〈풀이〉 몸소 손가락질을 하지 않으셨다.

18 色斯擧矣 翔而後集 曰 山梁雌雉 時哉 時哉 子路共之 三嗅而作

꿩이 깜짝 놀라서 날아올라서 날개를 펴고 빙빙 돌면서 날다가 후에 모여 앉았다(내려와 앉았다). 공자께서 산계곡에 걸린 나무 다리에 앉은 암꿩은 좋은 때를 만났구나 하고 감탄하시니 자로 가 (그 뜻을 잘못 알고) 꿩을 잡아다 바치니 세 번 냄새를 맡아 보고 자리에서 뜨셨다.

色斯擧矣(색사거의) ⇨ 色: 깜짝 놀라다. 斯: 뜻 없는 어조사. 擧: 새가 날다. 여기서의 새는 꿩을 가리킴.

〈풀이〉 꿩이 깜짝 놀라서 날아올랐다가

翔而後集(상이후집) ⇨ 翔: 날개를 펴고 빙빙 돌며 날다. 翔集: 날아와 서 모임. 而: 순접. 後: 한 뒤. 集: 모이다.

〈풀이〉 날개를 펴고 빙빙 돌며 날다가 후에 모여 앉았다.

曰(왈) ⇨ 〈풀이〉 말씀하셨다.

山梁雌雉(산량자치) ⇨ 山梁: 산중 계곡에 걸린 나무다리. 梁은 나무 로 만든 교량. 나무다리. 雌雉: 암꿩.

〈풀이〉 산 계곡에 걸린 나무다리에 앉은 암꿩은

時哉時哉(시재시재) ⇨ 〈풀이〉 좋은 때를 만났구나.

子路共之(자로공지) ⇨ 子路: 공자 제자. 共(供): 바치다. 여기서 바친다는 것은 먹을 수 있도록 하여 바치는 것을 뜻함. 之: 대명사. 여기서는 암꿩을 가리킴.

〈풀이〉 자로가 꿩을 잡아 바치니

三嗅而作(삼후이작) ⇨ 三: 세 번. 嗅: 냄새를 맡다. 作: 일어나다.

〈풀이〉 세 번 냄새를 맡고는 일어나셨다.

第十一篇　先進

제11편 선진

1 子曰 先進於禮樂野人也 後進於禮樂君子也 如用之 則 吾從先進

공자가 말씀하셨다. 선배는 예악에 있어서 (고풍이 있고 소박하여) 야인다우나 후배는 예악에 있어서 (섬세아미한 점이 교양이 풍부한) 군자답다. 만일 그것을 활용한다면 나는 선배를 따르겠다.

先進於禮樂野人也(선진어예악야인야) ⇨ 先進: 선배. 周初의 사람들. 於: 양자의 비교관계를 나타내는 전치사. '~에 있어서'. 禮樂: 예악. 野人: (고풍이 있고 소박하여) 야인답다. 也: 종미사.

〈풀이〉 선배는 예악에 있어서 고풍이 있고 소박하여 야인답다.

後進於禮樂君子也(후진어예악군자야) ⇨ 後進: 후배. 요즈음 사람들. 君子: (섬세아미한 점이 교양이 풍부한) 군자와 같다.

〈풀이〉 후진은 예악에 있어서 섬세아미한 점이 교양이 풍부한 군자답다.

如用之(여용지) ⇨ 如: 만약. 用: 쓰다. 활용하다. 之: 예악을 가리키는 대명사. 〈풀이〉 만약 그것을 활용한다면

則吾從先進(즉오종선진) ⇨ 則: ~면. 즉. 從: 따르다.

〈풀이〉 즉 나는 선진을 따르겠다.

2 子曰 從我於陳蔡者 皆不及門也 德行顏淵閔子騫冉伯牛
仲弓 言語宰我子貢 政事冉有季路 文學子游子夏

공자가 말씀하셨다. 나를 따라 진나라와 채나라에서 고생한 사람들은 모두 벌열 문중에 이르지 못하였다(벼슬하지 못하였다). 덕행은 안연 민자건 염백우 중궁이요, 언어는 재아 자공이요, 정사는 염유 계로요, 문학은 자유 자하이다.

從我於陳蔡者(종아어진채자) ⇨ 從我: 나를 따르다. 於: ~에서. 위치의 전치사. 陳蔡: 진나라와 채나라. 者: 사람. '공자'는 56세 때, 노나라의 定公정공 13년(BC 497) 노나라에 실망하고 제국을 편력하였는데 13년 후인 69세, 노나라 哀公애공 11년(BC 484)에 다시 노나라로 돌아왔다. 그동안 진나라와 채나라에서 가장 고생을 하였다. 심지어는 식량이 떨어질 지경이었다.

〈풀이〉 나를 따라 진나라와 채나라에서 고생한 사람들은

皆不及門也(개불급문야) ⇨ 皆: 모두. 不: 부정사. 及: 참여하다. 미치다. 門: 벌열 문. 也: 종미사. 〈풀이〉 모두 벌열에 미치지(이르지) 못하였다.

德行顏淵閔子騫冉伯牛仲弓(덕행안연민자건염백우중궁) ⇨

〈풀이〉 덕행은 안연, 민자건, 염우백, 중궁이요

言語宰我子貢(언어재아자공) ⇨ 〈풀이〉 언어는 재아 자공이요

政事冉有季路(정사염유계로) ⇨ 〈풀이〉 정사는 염유 계로요

文學子游子夏(문학자유자하) ⇨ 〈풀이〉 문학은 자유와 자하이다.

3 子曰 回也非助我者也 於吾言無所不說

공자가 말씀하셨다. 회는 나를 돕는 사람이 아니었다. 나의 말에 기뻐하지 아니하는 바가 없었다.

回也非助我者也(회야비조아자야) ⇨ 回: 안회. 也: 윗말을 제시할 때 쓰인 종미사. 즉, 주격조사. 非: 명사나 명사구를 부정하는 부정사. 助: 도우다. 我: 나를. 助의 목적어. 者: 사람. 也: 종미사.

〈풀이〉회는 나를 도우는 사람이 아니다.

於吾言無所不說(어오언무소불열) ⇨ 於: 위치의 전치사. 吾言: 나의 말. 不說: 기뻐하지 아니하다. 無所: 바가 없다. 無는 주어를 뒤에 가지는 특수형용사.

〈풀이〉나의 말에 있어서 기뻐하지 아니하는 바가 없다.

4 子曰 孝哉閔子騫人不間於其父母昆弟之言

공자가 말씀하셨다. 효성스럽구나 민자건은. 부모와 형제가 그에 대하여 말하여도(칭찬하여도) 다른 사람들이 헐뜯지 아니하였다.

孝哉閔子騫(효재민자건) ⇨ 孝哉: 효성스럽도다. 閔子騫: 이름은 損. 子騫은 자이다. 공자는 보통 문인들의 이름을 불렀는데 여기서 閔子騫이라 한 것은 이례적으로 효도한 그를 일반 사회인의 입장에서 불러 준 것이다. 아버지의 후처인 양모와 그 아들인 의제 두 사람이 있어서 냉대를 받았으나 그 불평은 남에게 말하지 아니하고 오히려 가족을 변호했다.

〈풀이〉효성스럽도다 민자건은.

人不間於其父母昆弟之言(인불간어기부모곤제지언) ⇨ 人: 사람들. 不間: 헐뜯지 않았다. 間은 사이. 헐뜯다. 於: ~에 대하여. 其: 민자건을 가리키는 대명사. 昆弟: 형제. 昆은 형. 之: 주격을 나타냄. 言: 말하다. 칭찬하여 말하다.

〈풀이〉부모 형제가 그에 대하여 말하여도(칭찬하여도) 사람들은 헐뜯지 아니하였다.

5 南容三復白圭 孔子以其兄之子妻之

남용은 백규의 시를 자주 되풀이하였으므로 공자는 그 형의 딸로써 그에게 시집보내셨다.

南容三復白圭(남용삼복백규) ⇨ 南容: 공자의 제자. 성은 南宮남궁. 名은 适괄. 字는 子容자용. 南宮에 살았다. 南宮, 子容을 합하여 南容이라 했다. 三復: 자주 되풀이하다. 三은 '자주, 여러 번'의 뜻. 復은 되풀이하다. 白圭: 『시경』의 「大雅」「抑」篇의 시구. 白圭는 백옥으로 된 圭. 사신이 지니고 가서 다른 나라 군주에게 예물 겸 신임의 상징으로 바치는 장방형의 옥패 같은 것이다.
〈풀이〉 남용은 백규의 시를 자주 되풀이 하였다.

孔子以其兄之子妻之(공자이기형지자처지) ⇨ 孔子: 공자는. 以: '~으로써'의 뜻인 전치사. 其兄之子: 그 형의 딸로. 妻: 시집보내다. 之: 南容을 가리키는 대명사.
〈풀이〉 공자는 그 형의 딸로써 그에게 시집보내셨다.

6 季康子問 弟子孰爲好學 孔子對曰 有顔回者好學 不幸短命死矣 今也則亡

계강자가 물었다. 제자 중에서 누가 배우기를 좋아합니까? 공자가 대답하여 말씀하셨다. 안회라는 사람이 있어 배우기를 좋아하였으나 불행하게도 명이 짧아 죽어서 지금은 곧 없습니다.

季康子問(계강자문) ⇨ 〈풀이〉 계강자가 물었다.
弟子孰爲好學(제자숙위호학) ⇨ 弟子: 제자들(중에서). 孰: 누가. 의문대명사. 爲: 삼다. 치다. 好學: 배우기를 좋아하다.

〈풀이〉제자들 중에서 누가 배우기를 좋아하는 것으로 치겠습니까?

孔子對曰(공자대왈) ⇨ 〈풀이〉공자가 대답하여 말하였다.

有顔回者好學(유안회자호학) ⇨ 〈풀이〉안회라는 사람이 있어 배우기를 좋아하였다.

不幸短命死矣(불행단명사의) ⇨ 〈풀이〉불행히도 단명하여 죽었다.

今也則亡(금야즉망) ⇨ 今也: 지금은. 則: 곧. 亡: 없다.

〈풀이〉지금은 곧 죽고 없습니다.

7 顔淵死 顔路請子之車以爲之槨 子曰 才不才 亦各言其子也 鯉也死 有棺而無槨 吾不徒行以爲之槨 以吾從大夫之後 不可徒行也

안연이 죽자 안로가 공자의 수레로써 덧널을 만들자고 청하였다. 공자가 말씀하셨다. 재능이 있건 재능이 없건 역시 누구나가 그 자식에 대하여 말한다. 아들 이가 죽었을 때 관은 있어도 덧널은 없었다. 나는 걸어감으로써(걸어가면서까지) 그것(수레)을 덧널로 만들지 아니하였다. 나는 대부의 말미를 따랐으므로 걸어갈 수 없다.

顔淵死(안연사) ⇨ 〈풀이〉안연이 죽자

顔路請子之車以爲之槨(안로청자지차이위지곽) ⇨ 顔路: 안회의 아버지. 이름은 無繇무요로 공자의 제자였다. 공자보다 6살이 젊다. 請: 청하였다. 子之: 공자의. 車以: 수레로써. 爲: 만들다. 之: 그것을. 槨: 덧널. 외곽.

〈풀이〉안로가 공자의 수레로써 덧널을 만들기를 청하였다.

才不才(재부재) ⇨ 才: 재주.

〈풀이〉재능이 있거나 재능이 없거나 간에

亦各言其子也(역각언기자야) ⇨ 亦: 역시. 各: 각각이. 누구나. 각각의 사람이. 言: 말한다. 其子也: 그 아들이다.

〈풀이〉 역시 각각의 사람들은 (누구나가) 그 아들에 대하여 말한다. 즉 '자식에 대한 정(마음)은 같다'는 뜻.

鯉也死(리야사) ⇨ 鯉: 공자의 아들로 字는 伯魚백어이다. 공자 69세 때 죽었다. 鯉는 '잉어'를 뜻함. 鯉也: 리가. 也: 주격을 나타냄. 死: 죽었다. 〈풀이〉 이가 죽었을 때

有棺而無槨(유관이무곽) ⇨ 有棺: 관이 있었다. 而: 역접의 접속사. 無槨: 덧널은 없었다.

〈풀이〉 내 자식 이가 죽었을 때 관은 있었으나 덧널은 없었다.

吾不徒行以爲之槨(오불도행이위지곽) ⇨ 吾: 나는. 不: 부정사로 爲之槨을 부정함. 徒行: 걸어서 가다. 爲之槨: 덧널을 만들다.

〈풀이〉 나는 걸어서 감으로써 그것으로 덧널을 만들지 아니하였다.

以吾從大夫之後(이오종대부지후) ⇨ 以: ~으로써. 從: 따르다. 大夫之: 대부의. 後: 말미.

〈풀이〉 나는 대부의 말미에 따름으로써(따랐기 때문에)

不可徒行也(불가도행야) ⇨ 不可: ~할 수 없다. 徒行: 걸어가다. 也: 종미사. 〈풀이〉 나는 걸어갈 수 없다.

🔢 顔淵死 子曰 噫天喪予 天喪予

안연이 죽자 공자가 말씀하셨다. 아아! 하늘이 나를 망치는구나 하늘이 나를 망치는구나.

噫天喪予(희천상여) ⇨ 噫: 감탄사. 아아. 喪: 망하다. 망치다. 予: 나. 〈풀이〉 아아! 하늘이 나를 망치는구나.

9 顔淵死 子哭之慟 從者曰 子慟矣 曰 有慟乎 非夫人之爲
慟 而誰爲

안연이 죽자 공자가 곡하시다가 드디어 통곡하시었다. 따라간
사람들이 공자께서 통곡하셨다고 말하였다. 공자가 말씀하시
기를, 통곡하였다고? 저 사람을 위하여 통곡하지 않으면 누구
를 위하여 통곡하겠느냐?

子哭之慟(자곡지통) ▷ 子: 공자. 哭: 소리내어 우는 것. 之: 어조를 고
루기 위하여 동사 밑에 쓰는 후치사. 慟: 통곡하다.
〈풀이〉 공자가 곡하시다가 마침내 통곡하셨다.

從者曰(종자왈) ▷ 從者: 따랐던 사람. 따라갔던 사람.
〈풀이〉 따라갔던 사람들이 말하였다.

子慟矣(자통의) ▷ 〈풀이〉 공자께서 통곡하셨습니다.

曰 有慟乎(왈 유통호) ▷ 乎: 의문종미사.
〈풀이〉 공자가 말씀하셨다. 통곡하였다고?

非夫人之爲慟(비부인지위통) ▷ 非: 부정사 주로 체언을 부정함. 夫
人: 저 사람. 여기서는 안연을 가리킴. 之: 목적격. 고로 夫人之는
저 사람을. 爲: 위하다. 慟: 통곡하다.
〈풀이〉 저 사람을 위한 통곡이 아니면(즉, 저를 위해 통곡하지 않으면)

而誰爲(이수위) ▷ 而: 접속사. 誰爲: 누구를 위하여. 誰는 누구. 의문
대명사. 〈풀이〉 누구를 위하여 통곡하겠느냐?

10 顔淵死 門人欲厚葬之 子曰 不可 門人厚葬之 子曰 回也
視予猶父也 予不得視猶子也 非我也 夫二三子也

안연이 죽었다. 문인들이 그를 후하게 장사 치르고자 하였다.

공자가 말씀하셨다. 안 된다. 문인들이 그를 후하게 장사 치렀다. 공자가 말씀하셨다. 회는 나를 아버지처럼 생각하였으나 (대우하였으나) 나는 그를 자식처럼 여기지 아니하였다. 내가 아니라 대저 너희들이다.

顔淵死(안연사) ⇨ 〈풀이〉 안연이 죽었다.

門人欲厚葬之(문인욕후장지) ⇨ 門人: 제자들. 欲: 바라다. ~하고자 하다. 厚: 후하게. 葬: 장사지내다. 之: 그를. 〈풀이〉 문인들이 그를 후하게 장사지내고자 하였다.

不可(불가) ⇨ 〈풀이〉 안 된다.

門人厚葬之(문인후장지) ⇨ 〈풀이〉 문인들이 그를 후하게 장사를 치렀다.

回也視予猶父也(회야시여유부야) ⇨ 回也: 회는. 也는 주격. 視: 보다. 대우하다. 予: 나. 여기서는 목적어. 猶: 같다. 父: 아버지. 也: 뜻 없는 종미사. 〈풀이〉 회는 나를 아버지 같이 생각하였다(대우하였다).

予不得視猶子也(여부득시유자야) ⇨ 不得視: 대우하지 않았다. 猶子也: 자식같이 〈풀이〉 나는 그를 자식처럼 대우하지 않았다.

非我也(비아야) ⇨ 非: 명사나 명사구를 부정하는 부정사. 也: '~이다'에 해당하는 종미사. 〈풀이〉 내가 아니다(즉 내가 한 일이 아니다).

夫二三子也(부이삼자야) ⇨ 夫: 발어사 '대저'. 二三子: 너희들. 也: '~이다'의 종미사. 〈풀이〉 대저 너희들이다.

11 季路問事鬼神 子曰 未能事人 焉能事鬼 敢問死 曰 未知 生 焉知死

계로가 귀신을 섬기는 일에 대하여 물었다. 공자가 말씀하셨다. 사람도 제대로 섬기지 못하는데 어찌 귀신을 섬기겠느냐?

감히 죽음에 대하여 물었다. 공자가 말씀하셨다. 삶을 모르는데 어찌 죽음에 대하여 알 수 있겠느냐?

季路問事鬼神(계로문사귀신) ⇨ 季路: 계로. 問: 물었다. 事: 섬기다. 鬼神: 귀신. 목적어.

〈풀이〉 계로가 귀신을 섬기는 일을 물었다.

未能事人(미능사인) ⇨ 未能: ~할 수 없다.

〈풀이〉 사람을 섬기지 못한다.

焉能事鬼(언능사귀) ⇨ 焉: 의문사 '어찌 ~하리오'.

〈풀이〉 어찌 귀신을 섬기겠느냐?

敢問死(감문사) ⇨ 〈풀이〉 감히 죽음에 대하여 물었다.

未知生 焉知死(미지생 언지사) ⇨ 焉: 의문사 '어찌 ~하리오'.

〈풀이〉 삶을 알 수 없는데(모르는데) 어찌 죽음에 대하여 알겠느냐?

12 閔子侍側 誾誾如也 子路行行如也 冉有子貢侃侃如也 子樂 若由也不得其死然

민자건은 공자를 옆에 모시고 공경하고 삼가하는 듯 하였고 자로는 강건한 듯하고 염유와 자공은 화락한 듯하였다. 공자가 즐거워하셨다. 유 같은 사람은 죽음을 자연스레 할 수 없을 것이다.

閔子侍側(민자시측) ⇨ 閔子: 민자건을 말하는데, 일인 학자 金谷治의 『논어』에는 '閔子騫'이라고 하였지만 장기근 교수의 『논어』에는 騫이 빠져 있어 여기서는 장 교수의 것을 따랐다. 侍: 모시다. 여기서는 공자를 모신다는 뜻. 側: 옆.

〈풀이〉 민자건이 공자를 옆에 모시다.

誾誾如也(은은여야) ⇨ 誾誾: 공경하고 삼가다. 중정한 모양. 如也: 듯하다. 같다.

〈풀이〉 공경하고 삼가하는 듯하다.

子路行行如也(자로행행여야) ⇨ 行行: 강건한 모양. 如也: 듯하다. 같다.

〈풀이〉 자로는 강건한 듯하다.

冉有子貢侃侃如也(염유자공간간여야) ⇨ 侃侃 강직한 모양. 일설에는 화락한 모양. 如也: 듯하다. 같다.

〈풀이〉 염유와 자공은 화락한 듯하다

子樂(자락) ⇨ 〈풀이〉 공자가 즐거워하셨다.

若由也不得其死然(약유야부득기사연) ⇨ 若: 같다. 由也: 유는. 也는 주격. 不得: 할 수 없다. 其死: 그 죽음. 然: 어말에 붙이는 조사로 풀이하지 않아도 된다.

〈풀이〉 유와 같은 사람은 그 죽음을 자연스레 할 수 없을 것이다.

13 魯人爲長府 閔子騫曰 仍舊貫如之何 何必改作 子曰 夫人不言 言必有中

노나라 사람이 장부를 만들자 민자건이 말하였다. 옛날 그대로 두고 만들면 어떠하겠느냐? 어찌 고쳐서 다시 짓느냐? 공자가 말씀하셨다. 저 사람은 말은 하지 않으나 말하면 반드시 사리에 맞는다.

魯人爲長府(노인위장부) ⇨ 魯人: 노나라 사람. 노의 昭公. 노의 당국자. 爲: 만들다. 長府: 군주의 재화를 저장하는 창고명.

〈풀이〉 노나라 사람이 장부를 만들었는데.

閔子騫曰(민자건왈) ⇨ 〈풀이〉 민자건이 말하였다.

仍舊貫如之何(잉구관여지하) ⇨ 仍: 그대로 따르라. 舊貫: 옛날부터 내려오는 관례. 如之何: 어떠하겠느냐?

〈풀이〉 옛날의 관례를 따르면 어떠하겠느냐? 즉 옛날 그대로 두고 만들면(수리 하면) 어떠하겠느냐?

何必改作(하필개작) ⇨ 何必: 어찌 반드시. 무슨 필요가 있어. 改: 고 치다. 고쳐짓다. 改作는 고쳐서 다시 짓다.

〈풀이〉 어찌 반드시 고쳐 짓느냐?

夫人不言(부인불언) ⇨ 夫: 그. 人: 사람. 不言: 말을 하지 않다.

〈풀이〉 그 사람은 말은 하지 않으나.

言必有中(언필유중) ⇨ 有中: 맞는다. 有는 가지다. 中은 '곧다, 바르 다, 맞다, 알맞다'.

〈풀이〉 말을 하면 반드시 사리에 맞는다.

14 子曰 由之鼓瑟 奚爲於丘之門 門人不敬子路 子曰 由也 升堂矣 未入於室也

공자가 말씀하셨다. 유가 거문고를 탔는데 (그 소리를 듣고) 어 찌 나의 집에서 타는가? 문인들이 자로를 존경하지 않았다. 공 자가 말씀하셨다. 유는 당에는 올랐으나 아직 방에는 들지 못 하였다.

由之鼓瑟(유지고슬) ⇨ 由之: 유가. 之는 주격. 鼓: 타다. 거문고 같은 것을 타다. 瑟: 큰 거문고. 15현, 19현, 25현, 27현 등의 것이 있다.

〈풀이〉 유가 거문고를 타는데

奚爲於丘之門(해위어구지문) ⇨ 奚: 의문부사. 어찌 ~하느냐? 爲: 짓다. 하다. 於: ~에서. 전치사. 丘之門: 공자의 집. 門은 집. 가정. 집안.

〈풀이〉 어찌 나의 집에서 하는고(타는고)?

門人不敬子路(문인불경자로) ⇨ 〈풀이〉 문인이 자로를 존경하지 않았다.

由也升堂矣(유야승당의) ⇨ 由也: 유는. 也는 주격. 升: 오르다. 堂: 대청 앞에 있는 객실. 矣: 어기가 센 종미사.

〈풀이〉 유는 당에 올랐으나

未入於室也(미입어실야) ⇨ 未: 부정사. ~하지 않다. 室: 속에 있는 방.

〈풀이〉 아직 방에는 들어 있지 않다.

15 子貢問 師與商也孰賢 子曰 師也過商也不及 曰 然則師 愈與 子曰 過猶不及

자공이 물었다. 자와 상은 누가 현명합니까? 공자가 말씀하셨다. 사는 지나치고 상은 미치지 못한다(모자란다)고 말씀하셨다. 그렇다면 사가 더 낫습니까? 공자가 말씀하셨다. 지나친 것은 미치지 못한 것과 같다.

子貢問(자공문) ⇨ 〈풀이〉 자공이 물었다.

師與商也孰賢(사여상야숙현) ⇨ 師: 子張의 이름. 商: 子夏의 이름. 賢: 현명하다. 熟: 의문대명사. 與: 접속사. ~와.

〈풀이〉 자공이 물었다. 사와 상은 누가 현명합니까?

師也過(사야과) ⇨ 過: 지나치다.

〈풀이〉 사는 (재주가) 지나치다.

商也不及(상야불급) ⇨ 〈풀이〉 상은 미치지 못한다.

然則師愈與(연즉사유여) ⇨ 然則: 그렇다면. 愈: 낫다. 남보다 우수함. 與: 의문종미사.

〈풀이〉 그렇다면 사가 우수합니까?

過猶不及(과유불급) ⇨ 猶: 같다. 不及: 미치지 못하다.

〈풀이〉 지나친 것은 미치지 못함과 같다.

16 季氏富於周公 而求也爲之聚斂而附益之 子曰 非吾徒也
小子鳴鼓而攻之可也

계씨는 魯君보다 부자였다. 그런데 염구는 그를 위하여 세금을
가혹하게 거두어 들여 그 재산을 더했다(더 늘리었다). 공자가 말
씀하셨다. 나의 제자가 아니다. 너희는 북을 울리면서 그를 공
격하여도 좋다.

季氏富於周公(계씨부어주공) ⇨ 季氏: 季孫氏. 노의 僭越참월한 大夫.
三桓삼환 중에서도 가장 세도가 컸으며 재산이 전국의 반을 차지하
였다. 노나라 군주의 선조로 周王室의 큰 공로자였다. 於: 비교의
전치사. '형용사+於+A'는 'A보다 더 (형용사)하다'로 풀어야 한다.
周公: 魯公노공. 즉 魯君노군.
〈풀이〉 계씨는 노군보다 부자였다.

而求也爲之聚斂而附益之(이구야위지취렴이부익지) ⇨ 而: 순접 '그래
서'. 求: 冉求. 당시 季唐子 밑에서 宰를 지냈다. 也: 주격. 爲: 위하
여. 之: 季氏를 가리키는 대명사. 聚斂: 세금을 가혹하게 징수함. 거
두어들임. 而: 순접. 附益: 더함. 보냄. 之: 季氏의 재산을 가리키는
대명사.
〈풀이〉 그래서 염구는 계씨를 위하여 세금을 가혹하게 거두어 들여서 계씨 재산
을 더하였다.

非吾徒也(비오도야) ⇨ 非: 명사(구)를 부정하는 부정사. 吾徒: 나의 무
리 즉 나의 제자. 也: 종미사. '~이다'에 해당.
〈풀이〉 나의 제자가 아니다.

小子鳴鼓而攻之可也(소자명고이공지가야) ⇨ 小子: 자네들. 鳴鼓: 북
을 울리고. 而: 순접. 攻: 공격하다. 之: 그(염구). 可也: 좋다.
〈풀이〉 북을 울리면서 그를 공격하여도 좋다.

17 柴也愚 參也魯 師也辟 由也喭

시는 우직하고 삼은 둔하고 사는 편벽하고(형식적이고) 유는 거칠다.

柴也愚(시야우) ⇨ 柴: 공자의 문인. 성은 高고. 이름은 柴시. 자는 子羔
자고. 공자보다 30세 젊다. 也: 주격. 愚: 우직하다.
〈풀이〉 시는 우직하다.

參也魯(삼야로) ⇨ 參: 曾子의 아들. 也: 주격. 魯: 둔하다.
〈풀이〉 삼은 둔하다.

師也辟(사야벽) ⇨ 師: 子張의 이름. 也: 주격. 辟: 편벽하다. 성실하지
못하고 겉모습만 가꾸다. 〈풀이〉 사는 편벽하다.

由也喭(유야언) ⇨ 由: 子路의 이름. 也: 주격. 喭: 거칠다.
〈풀이〉 유는 거칠다.

18 子曰 回也其庶乎 屢空 賜不受命 而貨殖焉 億則屢中

공자가 말씀하셨다. 회(안연)는 도에 가까웠다. 그는 늘 가난하
였다. 사는 천명을 받아들이지 아니하고 재물을 불렸다. 헤아
린 즉 (예상한 것은) 늘 적중하였다.

回也其庶乎(회야기서호) ⇨ 回: 顔淵의 이름. 也: 주격. 其: 그것. 도를
가리키는 대명사. 庶: 가깝다. 乎: '~구나'의 뜻으로 감탄을 나타내
는 종미사. 〈풀이〉 회는 그것에(도) 가깝구나.

屢空(누공) ⇨ 屢: 늘. 空: 없다. 가난하다. 〈풀이〉 늘 가난하다.

賜不受命(사불수명) ⇨ 賜: 子貢. 不受: 받아들이지 않는다. 命: 천명.
〈풀이〉 사는 천명을 받아들이지 아니한다.

而貨殖焉(이화식언) ⇨ 而: 순접. 그리하여. 貨: 자화. 재물. 殖: 불리

다. 焉: 확인을 나타내는 종미사. 〈풀이〉 그리하여 재물을 늘렸다.

億則屢中(억즉루중) ⇨ 億: 헤아리다. 則: 즉. 屢: 늘. 中: 맞히다. 적중
하다. 〈풀이〉 헤아린 즉 늘 적중하였다.

19 子張問善人之道 子曰 不踐迹 亦不入於室

자장이 선인의 도를 물었다. 공자가 말씀하셨다. 성인의 발자
취를 밟지 않으며 또한 속 방에 들어가지 않아야 한다.

子張問善人之道(자장문선인지도) ⇨ 善人之道: 선인의 도.
〈풀이〉 자장이 선인의 도를 물었다.

不踐迹(불천적) ⇨ 踐: 밟다. 迹: 자취. 발자국. 즉 성인의 발자취.
〈풀이〉 성인의 발자취를 밟지 아니한다.

亦不入於室(역불입어실) ⇨ 亦: 또한. 不入: 들어가지 않는다. 於: 위
치의 전치사. 室: 방. 〈풀이〉 또한 방에 들어가지 않는다.

20 子曰 論篤是與 君子者乎 色莊者乎

공자가 말씀하셨다. 언론이 독실하다고 옳게 여긴다면 군자인
사람일까? 장중하게 꾸민 사람일까?

論篤是與(논독시여) ⇨ 論篤: 언론이 독실함. 是: 옳게 여기다. 與: 가
정의 조건을 나타내는 종미사. 즉 是與는 옳게 여긴다면.
〈풀이〉 언론이 독실하다고 옳게 여긴다면

君子者乎(군자자호) ⇨ 乎: 의문종미사.
〈풀이〉 군자인 사람인가? 즉 군자인가?

色莊者乎(색장자호) ➪ 色: 아름다운 낯빛. 채색하여 장식함. 莊: 꾸미다. 성장하다. 장하다. 者: 사람. 乎: 의문종미사.

〈풀이〉 장하게 꾸민 사람이냐?

21 子路問 聞斯行諸 子曰 有父兄在 如之何其聞斯行之 冉有問 聞斯行諸 子曰 聞斯行之 公西華曰 由也問 聞斯行諸 子曰 有父兄在 求也問 聞斯行諸 子曰 聞斯行之 赤也惑 敢問 子曰 求也退 故進之 由也兼人 故退之

자로가 물었다. 들으면 곧 행하여야 합니까? 공자께서 부형이 생존하여 계신데 어찌 그것을 들었다고 곧 행하겠느냐? 하시었다. 염유가 들으면 곧 행하여야 합니까? 하고 물었다. 공자께서는 들으면 곧 행해야 한다고 하셨다. 공서화가 말하였다. 유가 들으면 곧 행하여야 합니까? 하고 물었다. 공자께서는 부모가 상존하여 계신다고 하셨다. 구가 들으면 곧 행하여야 합니까? 하고 물었다. 공자께서는 들으면 곧 행하여야 한다 하셨다. 적(공서화)은 의심이 나서 헷갈립니다. 감히 여쭙니다. 하니 공자가 말씀하시되 구는 마음이 약하므로 나아가라 하였고 유는 남을 능가하므로 겸손하라 하였다고 하셨다.

子路問(자로문) ➪ 〈풀이〉 자로가 물었다.

聞斯行諸(문사행제) ➪ 聞: 듣다. 斯: 聞을 강조하는 말. 고로 聞斯는 '들었다고'의 뜻임. 行: 행하다. 諸: 之乎의 합자. '~어찌 이를 행하겠는가. ~하지 않는다'로 풀어야 함. 윗줄을 다시 쓰면 聞斯行之乎가 되어 聞斯는 들으면 곧. 行之乎의 之는 '이것'의 뜻인 대명사. 여기서는 들은 것을 가리킴. 乎는 의문종미사.

〈풀이〉 들으면 곧 이를 행하여야 합니까?

有父兄在(유부형재) ⇨ 有는 父兄在 다음에 해석하여야 함.

　〈풀이〉 부형이 존재하여 있는데

如之何其聞斯行之(여지하기문사행지) ⇨ 如之何: 어떻게 ~하겠느냐? 其: 그것. 聞斯: 들었다고 곧. 行: 행하다. 之: 들은 것을 가리키는 대명사. 〈풀이〉 어찌(어떻게) 들었다고 곧 그것을 행하겠느냐?

冉有問(염유문) ⇨ 〈풀이〉 염유가 물었다.

聞斯行諸(문사행제) ⇨ 聞斯: 들으면 곧. 斯는 聞을 강조하는 말. 行諸: 諸는 之乎의 합자. 고로 行諸는 行之乎임. 之는 지시대명사. 乎는 의문종미사. 〈풀이〉 들으면 곧 이것을 행해야 합니까?

聞斯行之(문사행지) ⇨ 聞斯: 들으면 곧. 行之: 이를 행하다.

　〈풀이〉 들으면 곧 행하여야 한다.

公西華曰(공서화왈) ⇨ 公西華: 공자의 제자. 〈풀이〉 공서화가 말하였다.

由也問 聞斯行諸(유야문 문사행제) ⇨ 由也問: 유가 물었다. 也는 주격조사. 聞斯行諸: 聞斯行之乎로 乎는 의문종미사.

　〈풀이〉 유(자로)가 물었다. 들으면 곧 행해야 합니까?

有父兄在(유부형재) ⇨ 〈풀이〉 父兄이 존재하여 있다.

求也問(구야문) ⇨ 〈풀이〉 구가 물었다.

赤也惑(적야혹) ⇨ 赤: 공서화의 이름. 也: 주격. 惑: 의심이 나서 헷갈리다. 〈풀이〉 적(공서화)은 의심이 나서 헷갈립니다.

敢問(감문) ⇨ 〈풀이〉 감히 묻습니다(감히 여쭙니다).

求也退(구야퇴) ⇨ 求也: 구는. 也는 주격 조사. 退: 사양하다. 겸손하다. 마음이 약하다. 여기서는 '마음이 약하다'의 뜻임.

　〈풀이〉 구는 마음이 약하다.

故進之(고진지) ⇨ 故: 그러므로. 고로. 進: 나아가다. 之: 뜻 없는 후치사. 〈풀이〉 그러므로 나아가라 했고

由也兼人 故退之(유야겸인 고퇴지) ⇨ 由也: 유는. 也는 주격 조사. 兼人: 사람을 능가하다. 故: 그러므로. 退之: 겸손하다.

　〈풀이〉 유는 사람(남)을 능가하므로 겸손하라 했다.

243

22 子畏於匡 顔淵後 子曰 吾以女爲死矣 曰 子在 回何敢死

공자가 광이라는 지방에서 두려운 일을 당하셨는데 안연이 늦게 오니 공자가 나는 네가 죽은 줄 알았다 하시었다. 안연은 선생님이 계시는데 회가 어찌 감히 죽습니까 하였다.

子畏於匡(자외어광) ⇨ 子: 공자. 畏: 삼가고 조심하다. 두려운 일을 당하다. 於: 전치사 '~에서'. 匡: 위나라의 광이라는 지방.
〈풀이〉 공자가 위나라의 광이라는 지방에서 두려운 일을 당하셨다.

顔淵後(안연후) ⇨ 後: 정시보다 늦다.
〈풀이〉 안연이 늦어서(늦게 오니)

吾以女爲死矣(오이녀위사의) ⇨ 吾: 나는. 以: 생각하다. 女: 汝. 爲死: 죽었다. 矣: 종미사.
〈풀이〉 나는 네가 죽은 줄 알았다.

子在(자재) ⇨ 子: 공자.
〈풀이〉 선생님이 계신데

回何敢死(회하감사) ⇨ 何: 어찌~하다. 의문부사.
〈풀이〉 회는 어찌 감히 죽습니까?

23 季子然問 仲由冉求 可謂大臣與 子曰 吾以子爲異之問 曾由與求之問 所謂大臣者 以道事君不可則止 今由與求也可謂具臣矣 曰 然則從之者與 子曰 弑父與君 亦不從也

계자연이 물었다. 중유와 염구는 대신이라 할 수 있습니까? 공자가 말씀하셨다. 나는 당신이 다른 질문을 하리라고 생각하였습니다. 이에 유와 구에 관한 물음이군요. 소위 대신이란 사람은 도리로써 임금을 섬기다가 그렇게 할 수 없으면 물러나야 합니다. 이제 유와 구는 다만 수효만 채운 쓸모없는 신하입니다. 계연자가 말하였다. 그렇다면 상전의 명에 따르는 자입니까? 공자가 말씀하셨다. 아버지와 임금을 죽이는 일에는 따르지 않을 것입니다.

季子然問(계자연문) ⇨ 季子然: 노나라 三桓의 한 사람. 季子平계자평의 자. 이 물음은 仲由중유(子路자로)와 冉求염구를 가신으로 삼고 있는 것을 자랑삼아 한 것인데 다음 공자의 첫 말은 이것을 억누른 것이다.

〈풀이〉 계자연이 물었다.

仲由冉求 可謂大臣與(중유염구 가위대신여) ⇨ 與: 의문종미사.

〈풀이〉 중유와 염구는 대신이라고 말할 수 있습니까?

吾以子爲異之問(오이자위이지문) ⇨ 以: 생각하다. 子: 당신. 爲: 하다. 異之: 問을 꾸미는 관형구. '다른'. 問: 물음.

〈풀이〉 나는 당신이 다른 질문을 하리라 생각했는데

曾由與求之問(증유여구지문) ⇨ 曾: 乃와 같음. '이에'. 與: 접속사 '~와'.

〈풀이〉 이에 유와 구의 물음이군요.

所謂大臣者(소위대신자) ⇨ 〈풀이〉 소위 대신이라는 사람은

以道事君不可則止(이도사군불가즉지) ⇨ 止: 그만두다.

〈풀이〉 도리로써 임금을 섬기고 그렇게 하지 못하면 그만두어야 합니다.

今由與求也(금유여구야) ⇨ 今: 이제. 與: ~와. 접속사. 也: 주격 조사.

〈풀이〉 이제 유와 구는

可謂具臣矣(가위구신의) ⇨ 可謂: 말할 수 있다. 具臣: 단지 수효만 채운 쓸모없는 신하. 矣: 종미사.

〈풀이〉 단지 수효만 채운 쓸모없는 신하라 할 수 있습니다.

曰(왈) ⇨ 〈풀이〉 계자연이 말하였다.

然則從之者與(연즉종지자여) ⇨ 然則: 그렇다면. 從之者: 수종자. 從之는 者를 꾸미는 말. 與: 의문종미사.

〈풀이〉 그렇다면 상전의 명을 따르는 사람입니까?

弑父與君(시부여군) ⇨ 弑: 윗사람을 죽이다.

〈풀이〉 아버지와 임금을 죽이다.

亦不從也(역불종야) ⇨ 亦不: ~하지 않는다. 也는 종미사.

〈풀이〉 따르지 않을 것입니다.

24 子路使子羔爲費宰 子曰 賊夫人之者 子路曰 有民人焉 有社稷焉 何必讀書然後爲學 子曰 是故惡夫佞者

자로가 자고로 하여금 비의 읍장을 시키려 하였다. 공자가 말씀하셨다. 저 뛰어난 사람을 그르치는구나. 자로가 말하였다. 백성이 있고 사직이 있습니다. 하필이면 책을 읽고 난 연후라야 학문이라 할 수 있습니까? 공자가 말씀하셨다. 이런 고로 그 말 잘하는 사람은 싫다.

子路使子羔爲費宰(자로사자고위비재) ⇨ 使: 부리다. 하여금. 子羔: 공자의 제자. 高紫의 자. 費: 계씨의 도읍. 宰: 읍의 장관. 家令가령. 爲: 삼다. 〈풀이〉 자로가 자고로 하여금 비의 읍장을 삼으려 하였다.

賊夫人之子(적부인지자) ⇨ 賊: 죽이다. 그릇된 방향으로 인도함. 그르치다. 夫: 저. 人: 뛰어난 사람. 현인. 제 구실을 하는 사람. 人之子: 뛰어난 사람. 子는 남자의 미칭.

〈풀이〉 저 사람을 그르친다.

有民人焉 有社稷焉(유민인언 유사직언) ⇨ 民人: 백성. 민서. 焉: 확인의 종미사. 社: 토지의 신. 稷: 곡식의 신. 封地에서 제사의 中心.

〈풀이〉 백성이 있고 사직이 있다.

何必讀書然後爲學(하필독서연후위학) ⇨ 何必: 하필. 讀書: 책을 읽음. 독서. 然後: 그런 뒤에. 爲學: 학문이라 하다.

〈풀이〉 하필이면 책을 읽고 난 연후라야 학문이라 할 수 있습니까?

是故惡夫佞者(시고오부녕자) ⇨ 惡: 싫어하다. 미워하다. 夫: 저. 佞者: 영인. 즉 구변이 좋아 아첨 잘 하는 사람.

〈풀이〉 이런 고로 그 구변이 좋은 사람을 미워한다.

25-I 子路曾晳冉有公西華 侍坐 子曰 以吾一日長乎爾 毋吾以也 居則曰 不吾知也 如或知爾 則何以哉

자로와 증석과 염유와 공서화가 공자를 모시고 앉아 있었다. 공자가 말씀하셨다. 내가 너희들보다 하루라도(조금) 나이가 많다고 해서 나 때문에(나로 인하여) 어려워 말라. 항상 있으면서 말하되 나를(공자를) 몰라 준다고 말하지만 만약 그대들을 아는 일이 있다면(있을 경우에는) 어찌하겠느냐?

子路曾晳冉有公西華 侍坐(자로증석염유공서화 시좌) ⇨ 曾晳: 曾晳은 성. 이름은 點점. 晳석은 자. 曾子증자의 父로 공자의 문인. 侍坐: 모시고 앉아 있었다.

〈풀이〉 좌로와 증석과 염유와 공서화가 공자를 모시고 앉아 있었다.

以吾一日長乎爾(이오일일장호이) ⇨ 以: ~으로 해서. 乎: 비교의 전치사. 爾: 이인칭대명사. 여기서는 '너희들'. 一日: 하루라도. 長: 나이. 많다.

〈풀이〉 내가 너희보다 하루라도 나이 많다 해서

毋吾以也(무오이야) ⇨ 毋: 말라. 以: 때문에. ~으로써. 也: 종미사.

〈풀이〉 나 때문에(나로써) 말아라. 즉 나 때문에 어려워 말라.

居則曰(거즉왈) ⇨ 居: 있다. '평소'로 푸는 이도 있다.

〈풀이〉 항상 있으면서 말하기를

不吾知也(불오지야) ⇨ 〈풀이〉 나를 모른다고(몰라 준다고) 말하나

如或知爾(여혹지이) ⇨ 如: 만약. 或: 있다. 또는 '어떤 사람'으로 보아

'만약 어떤 사람이 그대들을 안다면'으로 푸는 이도 있다. 知: 알다. 爾: 너희들. 그대들.

〈풀이〉 만약 그대들을 아는 일이 있다면

則何以哉(즉하이재) ⇨ 則: 곧. ~할 경우에는. 何以: 어찌하다. 哉: 의문종미사. 〈풀이〉 어찌하겠느냐?

25-Ⅱ 子路率爾而對曰 千乘之國 攝乎大國之間 加之以師旅 因之以饑饉 由也爲之 比及三年 可使有勇且知方也 夫子哂之

자로가 갑자기 대답하였다. 천승의 나라가 대구 사이에 끼어 사려로 더하고 기근으로 말미암으면 유는 이를 다스려 삼 년이면 용기가 있게 하고 또 바르게 나아갈 길을 알릴 수 있겠습니다. 공자가 이 말에 빙그레 웃으셨다.

子路率爾而對曰(자로솔이이대왈) ⇨ 率爾: 갑작스레. 경솔하게. 爾는 용언 뒤에 붙어 앞말을 부사로 만드는 접미사. 而: 부사 뒤에 오는 무의미한 접미사. 對曰: 대답하여 말하였다.

〈풀이〉 자로가 갑자기 대답하였다.

千乘之國(천승지국) ⇨ 千乘: 천승을 낼 수 있는 나라(당시의 노·위·정나라 등).

攝乎大國之間(섭호대국지간) ⇨ 攝: 끼다. 乎: 강조의 종미사. 大國之間: 대국의 사이

〈풀이〉 대국의 사이에 끼어서

加之以師旅(가지이사려) ⇨ 加之: 이에 더하다. 以: ~으로써. 師旅: '전쟁'을 뜻함. 師는 2,500명. 旅는 500명.

〈풀이〉 師와 旅로써 이에 더하고

因之以饑饉(인지이기근) ⇨ 因: 말미암다. 之: 동사 밑에 쓰여 어조를 고루는 후치사. 以: ~으로써. 饑饉: 양식이 없어 백성이 굶주림.

〈풀이〉기근으로 말미암으면

由也爲之(유야위지) ⇨ 由也: 유는. 也는 주격조사. 爲: 다스리다. 之: 위의 말을 제시할 때 씀. 〈풀이〉유가 이를 다스려

比及三年(비급삼년) ⇨ 比: 미치다. 견주다. 及: 미치다. 比及은 미치다. 일인 학자 金谷治는 '경, 쯤'으로 풀었고, 장기근 교수는 '約'으로 풀었으나 『한자자전』에 의하면 그러한 뜻으로 풀이된 데는 없다.

〈풀이〉삼 년이 미치면

可使有勇且知方也(가사유용차지방야) ⇨ 可使有: ~있게 할 수 있다. 勇: 용기. 且: 또. 可使知: 알게 할 수 있다. 方: 품행이 방정함. 방향 즉 나아갈 바른 길

〈풀이〉용기가 있게 하고 또 바른 길(바른 도리)을 알게 할 수 있습니다.

夫子哂之(부자신지) ⇨ 夫子: 공자. 선생님. 哂: 웃다. 빙그레 웃다. 之: 어조를 고르기 위하여 쓰인 종미사.

〈풀이〉선생님께서는 빙그레 웃으셨다.

25-Ⅲ 求爾何如 對曰 方六七十 如五六十 求也爲之 比及三年 可使足民 如其禮樂 以俟君子

구, 너는 어떠하냐? 대답하여 말하였다. 방 60~70리의 나라와 50~60리 같이 작은 나라를 구가 다스린다면 삼 년이면 백성을 풍족하게 할 수 있습니다. 그 예악에 미쳐서는 제 힘으로는 할 수 없으니 다른 군자를 기다리겠습니다.

求爾何如(구이하여) ⇨ 求: 구(염구). 爾: 너. 何如: 어떠하냐?

〈풀이〉구, 너는 어떠하냐?

對曰(대왈) ⇨ 〈풀이〉 대답하여 말하였다.

方六七十(방육칠십) ⇨ 〈풀이〉 사방이 60~70리의 나라

如五六十(여오륙십) ⇨ 如: 같은 것. 50~60리 같은 나라(周制주제)로 公侯공후는 方 100里, 伯백은 方 70리, 子·男은 方 50里를 맡아 다스렸다. 즉 작은 나라

求也爲之(구야위지) ⇨ 〈풀이〉 구가 이를 다스리면

比及三年(비급삼년) ⇨ 〈풀이〉 삼 년이면

可使足民(가사족민) ⇨ 〈풀이〉 백성을 풍족하게 할 수 있습니다.

如其禮樂(여기예악) ⇨ 如: 미치다.

〈풀이〉 그 예악에 미쳐서는

以俟君子(이사군자) ⇨ 以: ~으로써 하다. 俟: 기다리다.

〈풀이〉 (다른) 군자를 기다리겠습니다.

25-Ⅳ 赤爾何如 對曰 非曰能之 願學焉 宗廟之事 如會同 端章甫 願爲小相焉

적, 너는 어떠하냐? 대답하여 말하였다. 다스리는 것을 할 수 있다는 것을 말씀드리는 것이 아니라 배우기를 원하는 것을 말씀드립니다. 종묘의 제사와 제후의 회합에 미쳐서는 검은 예복을 입고 검은 (천으로 만든) 예관을 쓰고 보좌역이 되고 싶습니다.

赤爾何如(적이하여) ⇨ 赤: 公西華의 이름. 〈풀이〉 적, 너는 어떠하냐?

非曰能之(비왈능지) ⇨ 非: 부정사. 曰: 말하다. 能: 할 수 있다. 之: 다스리는 것을 가리키는 대명사.

〈풀이〉 다스리는 것을 할 수 있다는 것을 말씀하는 것이 아니라.

願學焉(원학언) ⇨ 焉: 확인의 종미사.

〈풀이〉 배우기를 원하는 것입니다(배우기를 원하는 것을 말씀드리겠습니다).

宗廟之事(종묘지사) ➩ 〈풀이〉 종묘의 일(제사).

如會同(여회동) ➩ 如: 미치다. 會同: 제후의 모임. 주대의 제도에서 제후가 모여 천자에게 알현함.

〈풀이〉 제후들의 모임에 미쳐서는

端章甫(단장보) ➩ 端: 검은 예복. 玄端, 즉 검붉은 색의 大禮服. 章甫: 검은 감으로 만든 예관.

〈풀이〉 검은 예복과 검은 감으로 만든 예관을 쓰고

願爲小相焉(원위소상언) ➩ 爲: 되다. 小相: 임금을 돕는 낮은 신하. 전하여 보좌역. 相은 예를 도와 행하는 자. 焉: 확인의 종미사.

〈풀이〉 보좌역이 되기를 원합니다.

25-V 點爾何如 鼓瑟希 鏗爾舍瑟而作 對曰 異乎三子者之撰 子曰 何傷乎 亦各言其志也 曰 莫春者 春服旣成 冠者五六人童子六七人 浴乎沂 風乎舞雩 詠而歸 夫子喟然歎曰 吾與點也

점 너는 어떠하냐? 조용히 거문고를 타다가 또 거문고를 맑고 곱게 타고는 거문고를 두고 일어나서 대답하며 말하였다. (저는) 세 사람의 사항에 다릅니다. 공자가 말씀하셨다. 무슨 걱정이냐? 역시 각자는 그 뜻을 말하였다. 점이 말하였다. 늦은 봄에 봄옷을 만들어 입고 관을 쓴 사람 5~6인과 아이들 6~7명과 기수애서 목욕하고 기우제를 지내는 곳에서 바람을 쐬고 시를 읊조리며 돌아오겠습니다. 선생께서 탄식하시면서 나도 (너와) 동감이다.

點爾何如(점이하여) ➩ 點: 증석의 이름.

〈풀이〉 점, 너는 어떠하냐?

鼓瑟希(고슬희) ⇨ 鼓: 거문고를 타다. 瑟: 큰 거문고. 希: 선기다. 조용하다. 장기근 교수는 '조용히'로 풀었고 일인 학자 金谷治는 '그치다'로 풀었다. '선기다'의 뜻으로 보아 '조용히'로 보기로 하겠다.

〈풀이〉 거문고를 조용히 타다가

鏗爾舍瑟而作(갱이사슬이작) ⇨ 鏗: 거문고를 타다. 鏗爾: 갱연. 즉 쇠붙이나 돌 따위에 부딪치는 소리가 맑고 곱다. 舍: 그만두다. 而: 순접. 作: 일어나다.

〈풀이〉 거문고를 맑고 고운 소리가 나게 타고는 거문고를 두고 일어나서

對曰(대왈) ⇨ 〈풀이〉 대답하여 말하였다.

異乎三子者之撰(이호삼자자지찬) ⇨ 異乎: ~에 다르다. 三子者之: 세 사람의. 撰: 사항.

〈풀이〉 세 사람의 사항(말한 내용)에 다릅니다.

何傷乎(하상호) ⇨ 何: 무엇. 傷: 걱정. 乎: 의문종미사.

〈풀이〉 무슨 걱정이냐

亦各言其志也(역각언기지야) ⇨ 亦: 역시, 各: 각자. 也: 종미사.

〈풀이〉 역시 각자가 그 뜻을 말한 것이다.

曰(왈) ⇨ 〈풀이〉 점이 말하였다.

莫春者春服旣成(모춘자춘복기성) ⇨ 莫春: 늦은 봄에. 者: 때를 나타내는 후치사. 春服: 봄옷. 旣成: 이미 이루어짐. 만들어 입다.

〈풀이〉 늦은 봄에 봄옷을 만들어 입고

冠者五六人童子六七人(관자오륙인동자육칠인) ⇨

〈풀이〉 관을 쓴 5~6인과 아이들 6~7인

浴乎沂(욕호기) ⇨ 浴: 목욕하다. 乎: 장소의 전치사. 沂: 기수. 산둥성에서 발원하여 사수로 들어가는 강.

〈풀이〉 기수에서 목욕하고

風乎舞雩(풍호무우) ⇨ 風: 바람을 쐬다. 舞雩: 기우제를 지내는 높은 자리. 乎: 장소의 전치사.

〈풀이〉 기우제를 드리는 곳에서 바람을 쐬고

詠而歸(영이귀) ⇨ 詠: 읊조리다. 而: 순접. 歸: 돌아오다.

〈풀이〉시나 읊조리며 돌아오겠습니다.

夫子喟然嘆曰(부자위연탄왈) ⇨ 喟然: 탄식하는 모양. 嘆曰: 탄식하여 말하다.

〈풀이〉선생이 탄식하며 말하였다.

吾與點也(오여점야) ⇨ 點: 승낙하는 뜻으로 머리를 앞뒤로 흔들다(동의한다는 뜻). 與: 더불어.

〈풀이〉나도 (너와) 더불어 같다.

25-Ⅵ 三子者出 曾晳後 曾晳曰 夫三子者之言何如 子曰 亦各言其志也已矣 曰 夫子何哂由也 曰 爲國以禮 其言不讓 是故哂之 唯求則非邦也與 安見方六七十如五六十而非邦也者 唯赤則非邦也與 宗廟會同 非諸候而何 赤也爲之小 孰能爲之大

세 사람이 나가고 증석이 뒤에 쳐졌다. 증석이 말하였다. 저 세 사람의 한 말이 어떠합니까? 공자가 말씀하셨다. 역시 각자가 한 말은 그의 뜻일 뿐이다. 증석이 말하였다. 선생님은 어찌하여 유를 웃으셨습니까? 공자가 말씀하셨다. 나라를 다스리는 데는 예로써 하여야 하는데 그의 말은 겸양하지 않은지라 그런고로 웃었다. 오직 구 곧 나라가 아닙니까(오직 구가 한 말이 나라의 일이 아니겠느냐)? 어찌 사방 60~70리의 나라와 50~60리쯤 되는 나라가 나라가 아니라고 보겠습니까? 다만 적 곧 나라가 아닙니까(적의 말이 곧 나라의 일이 아닙니까)? 종묘의 회합이 제후의 일이 아니고 무엇이겠느냐? 적이 소상이 된다면 누가 대상이 될 수 있겠느냐?

三子者出(삼자자출) ⇨ 〈풀이〉 세 사람이 나가고

曾晳後(증석후) ⇨ 後: 뒤에 처졌다.

〈풀이〉 증석이 뒤에 처졌다.

曾晳曰(증석왈) ⇨ 〈풀이〉 증석이 말하였다.

夫三子者之言何如(부삼자자지언하여) ⇨ 夫: 저. 三子者之言: 세 사람의 말. 何如: 어떻습니까? 사실이나 상태를 묻는 말임.

〈풀이〉 저 세 사람의 말이 어떻습니까?

亦各言其志也已矣(역각언기지야이의) ⇨ 亦: 역시. 各: 각자. 言: 말하다. 其志: 그 뜻. 也已矣: 한정종미사. ~일 따름이다.

〈풀이〉 역시 각자가 그 뜻을 말했을 따름이다.

曰(왈) ⇨ 〈풀이〉 증석이 말하였다.

夫子何哂由也(부자하신유야) ⇨ 夫子: 선생님. 何: 어찌. 哂: 웃다. 由也: 유를(유의 말 듣고).

〈풀이〉 선생님은 어찌하여 유를 웃으셨습니까?

爲國以禮(위국이례) ⇨ 爲國: 나라를 다스리다. 以禮: 예로써.

〈풀이〉 나라를 다스리는데 예로써 하여야 하는데

其言不讓是故哂之(기언불양시고신지) ⇨ 其言不讓: 그 말이 겸양하지 않아서. 是故: 고로. 哂之: 웃었다.

〈풀이〉 그 말하는 것이 겸양하지 않아서 그런 까닭에 웃었다.

唯求則非邦也與(유구칙비방야여) ⇨ 唯: 오직. 非: 邦을 부정하는 부정사. 也與: 의문종미사.

〈풀이〉 오직 구 곧 나라가 아닙니까?(오직 구의 말이 곧 나라일이 아닙니까?)

安見方六七十如五六十而非邦也者(안견방육칠십여오륙십이비방야자) ⇨ 安: 어찌. 어떻게 하여. 見: 보다. 方: 사방. 如: 정도. ~쯤 되는. 也者: 也와 者의 합자로 語勢를 부드럽게 하는 종미사.

〈풀이〉 어찌 사방이 60~70리의 나라나 50~60쯤 되는 나라가 나라가 아니라고 보겠느냐?

唯赤則非邦也與(유적즉비방야여) ⇨ 唯: 오직. 也與: 의문종미사. ~느

냐? 〈풀이〉 오직 적 곧 나라가 아닙니까?(오직 적의 말이 곧 나라일이 아닙니까?)

宗廟會同 非諸候而何(종묘회동 비제후이하) ⇨ 非諸候: 제후가 아니면 즉 제후의 일이 아니라면. 而何: 무엇이겠느냐?

〈풀이〉 종묘의 회합이 제후의 일이 아니라면 무엇이겠느냐?

赤也爲之小(적야위지소) ⇨ 赤也: 적이. 也는 주격. 爲: 되다. 之: 어조를 고루기 위하여 동사 밑에 쓰인 후치사. 小: 보좌역. 즉 小相.

〈풀이〉 적이 소상이 된다면

孰能爲之大(숙능위지대) ⇨ 孰: 의문대명사. 누가. 能: ~수 있다. 가능 조동사. 大: 큰 보좌역. 즉 大相.

〈풀이〉 누가 대상이 될 수 있겠느냐?

第十二篇 顔淵

제12편 안연

1 顔淵問仁 子曰 克己復禮爲仁 一日克己復禮 天下歸仁焉
爲仁由己 而由人乎哉 顔淵曰 請問其目 子曰 非禮勿視
非禮勿聽 非禮勿言 非禮勿動 顔淵曰 回雖不敏 請事斯
語矣

안연이 인을 묻자 공자가 말씀하셨다. 자기를 이기고 예로 돌
아감이 인이다. 하루라도 자기를 이기고 예로 돌아가면 천하가
인으로 돌아가게 된다. 인이 이루어짐은 나로부터이니 남으로
부터 이루어지겠느냐, 안연이 말하였다. 그 조목을 여쭙고자합
니다. 공자가 말씀하셨다. 예가 아니면 보지말고, 예가 아니면
듣지 말고, 예가 아니면 말하지 말고, 예가 아니면 움직이지 말
라. 안연이 말하였다. 회가 비록 불민하오나 이 말씀에 힘쓰고
자 하옵니다.

顔淵問仁(안연문인) ⇨ 仁: 問의 목적어.
〈풀이〉 안연이 인을 물었다.

克己復禮爲仁(극기복례위인) ⇨ 克: 사리사욕에 끌리는 자기를 이겨
냄. 己: 자기. 자아. 復: 돌아가다. 禮: 예로. 爲: ~라 함. 仁: 인.
〈풀이〉 사리사욕에 끌리는 자기를 이겨서 예로 돌아감이 인이다.

一日克己復禮(일일극기복례) ⇨ 〈풀이〉 하루라도 자기를 이기고 예로 돌아가면

天下歸仁焉(천하귀인언) ⇨ 焉: 확인의 종미사.

　〈풀이〉 천하가 인으로 돌아갈 것이다.

爲仁由己(위인유기) ⇨ 爲: 이루어짐. 由: ~부터(기점을 나타냄) 말미암다.

　〈풀이〉 인이 이루어짐은 나로부터 비롯하니라(말미암는다).

而由人乎哉(이유인호재) ⇨ 而: 그런데. 乎哉: 강한 반어의 종미사.

　〈풀이〉 그런데 남으로부터 비롯하겠느냐?

請問其目(청문기목) ⇨ 請問: 여쭙고자 하다. 請은 존대어. 其目: 그
　조목(항목). 〈풀이〉 그 항목을 여쭙고자 합니다(하옵니다).

非禮勿視 非禮勿聽 非禮勿言 非禮勿動(비례물시 비례물청 비례물언
　비례물동) ⇨ 勿: 금지를 나타내는 말.

　〈풀이〉 예가 아니면 보지 말고 예가 아니면 듣지 말고 예가 아니면 말하지 말고
　　　　 예가 아니면 움직이지 말라.

回雖不敏(회수불민) ⇨ 〈풀이〉 회가 비록 불민하오나

請事斯語矣(청사사어의) ⇨ 請: 바라다. 원하다. 존대어임. 事: 일삼
　다. 힘쓰다. 斯語: 이 말씀. 矣: 也보다 강한 종미사.

　〈풀이〉 이 말씀에 힘쓰고자 하옵니다.

2 仲弓問仁 子曰 出門如見大賓 使民如承大祭 己所不欲 勿
　施於人 在邦無怨在家無怨 仲弓曰雍雖不敏 請事斯語矣

중궁이 인을 묻자 공자가 말씀하셨다. 문 밖에 나가서는 큰 손
님을 만난 듯이 하고 백성을 부리면 큰 제사를 받들듯이 하고
내가 원하지 않는 바를 남에게 베풀지(시키지) 말라. (그러면) 나
라에 있어서 원망이 없고 집에 있어서도 원망이 없을 것이다.
중구이 말하였다. 옹이 비록 불민하오나 이 말씀을 힘쓰고자
하옵니다.

仲弓問仁(중궁문인) ⇨ 仲弓: 冉雍염옹의 자. 공문 중에서도 덕행이 높았다. 〈풀이〉 중궁이 인을 묻자

出門如見大賓(출문여견대빈) ⇨ 出門: 문 밖에 나가서는. 如見: 만나본 듯하고. 見는 만나보다. 만나다. 大賓: 큰 손님. 국빈.
〈풀이〉 문 밖에 나가서는 큰 손님을 만난 듯이 하고

使民如承大祭(사민여승대제) ⇨ 使民: 백성을 부리다. 如: 같이 하다. 承: 받들다. 大祭: 큰 제자.
〈풀이〉 백성을 부리면 큰 제사를 받들 듯이 하고

己所不欲(기소불욕) ⇨ 所: 바.
〈풀이〉 내가 바라지 않는 바를

勿施於人(물시어인) ⇨ 勿: 금지사로 명령·금지를 나타냄. 施: 베풀다. 於: 장소. 위치의 전치사. 人: 남.
〈풀이〉 남에게 베풀지 말라.

在邦無怨(재방무원) ⇨ 在邦: 나라에 있어서 조정에 나아가 정사를 볼 때. 無怨: 원망이 없다. 〈풀이〉 나라에 있어서 원망이 없고

在家無怨(재가무원) ⇨ 〈풀이〉 집에 있어서도 원망이 없을 것이다.

雍雖不敏(옹수불민) ⇨ 〈풀이〉 옹이 비록 불민하오나

請事斯語矣(청사사어의) ⇨ 請: 존대사로 '원합니다'. 事: 힘쓰다.
〈풀이〉 이 말씀을 힘쓰고자 하옵니다.

3 司馬牛問仁 子曰 仁者其言也訒 曰 其言也訒 斯謂之仁矣乎 子曰 爲之難言之得無訒乎

사마우가 인을 묻자 공자가 말씀하셨다. 인자는 그 말함을 삼간다. 사마우가 말하였다. 그 말을 삼가면 이것을 인이라 하겠습니까? 공자가 말씀하셨다. 인을 행하기가 어려우니 말하기가 어렵지 아니하겠는가(말하기를 삼가지 아니할 수 있겠는가)?

司馬牛問仁(사마우문인) ⇨ 司馬牛: 성은 司馬. 이름은 耕경. 자는 子牛
자우. 공자의 문인으로 수선장이었으며 경솔했다. 송나라 사람.

〈풀이〉 사마우가 인을 묻자

仁者其言也訒(인자기언야인) ⇨ 仁者: 인자. 其言也: 그 말하는 것을.
也는 목적격. 訒: 말이 적다. 과묵하여 함부로 말하지 아니하다(삼
가다/어려워한다).

〈풀이〉 인자는 그 말을 함부로 하지 아니한다(말을 삼간다/말하기를 어려워한다).

曰(왈) ⇨ 〈풀이〉 사마우가 말하였다.

其言也訒(기언야인) ⇨ 也: 목적격.

〈풀이〉 그 말을 함부로 하지 아니하면

斯謂之仁已乎(사위지인이호) ⇨ 斯: 이를 즉 말을 함부로 하지 아니함
을. 말하기 어려움을. 謂之: 말하다. 之는 동사 밑에 쓰여 어조를
고름. 仁: 인. 已乎: 단정 의문종미사.

〈풀이〉 이를 인이라 하겠습니까?

爲之難(위지난) ⇨ 爲: 행하다. 之: 仁인을 가리키는 대명사. 難: 어렵다.

〈풀이〉 인을 행하기가 어렵다.

言之得無訒乎(언지득무인호) ⇨ 言之: 인을 행하기가 어려움을 말하
는데. 得: ~수 있다. 가능조동사. 無訒: 삼가지 아니하다. 乎: 반
어의문의 종미사.

〈풀이〉 인을 실천(행)하기가 어려움을 말하는데 삼가지 아니할 수 있겠는가(말
하기 어려워하지 않을 수가 있겠는가)?

4 司馬牛問君子 子曰 君子不憂不懼 曰 不憂不懼 斯謂之
君子矣乎 子曰 內省不疚 夫何憂何懼

사마우가 군자를 묻자 공자가 말씀하셨다. 군자는 근심하지 않
으며 두려워하지 아니한다. 사마우가 말하였다. 근심하지 아니

하고 두려워하지 아니하면 이를 군자라 하겠습니까? 공자가 말씀하셨다. 마음속으로 살펴서 양심에 가책을 느끼지 아니하면 대저 무엇을 근심하며 무엇을 두려워하겠느냐?

司馬牛問君子(사마우문군자) ⇨ 〈풀이〉 사마우가 군자를 묻자

君子不憂不懼(군자불우불구) ⇨ 憂: 근심하다. 懼: 두려워하다.
〈풀이〉 군자는 근심하지 아니하고 겁내지 아니한다.

曰(왈) ⇨ 〈풀이〉 사마우가 말하였다.

不憂不懼(불우불구) ⇨ 〈풀이〉 근심하지 아니하고 두려워하지 아니하면

斯謂之君子矣乎(사위지군자의호) ⇨ 斯: 이것을. 謂之: 말하다. 之는 동사 뒤에 붙은 어조를 고루는 후치사. 矣乎: 乎를 강조하는 강한 의문종미사.
〈풀이〉 이것을 군자라 말하겠습니까?

內省不疚(내성불구) ⇨ 內省: 마음속으로 반성하다. 不疚: 양심에 가책을 느끼지 않으면. 疚는 꺼림하다. 양심에 가책을 느끼다.
〈풀이〉 마음속으로 반성하여 양심에 가책을 느끼지 아니하면

夫何憂何懼(부하우하구) ⇨ 夫: 대저. 발어사. 何: 의문대명사.
〈풀이〉 대저 무엇을 근심하며 무엇을 두려워하겠느냐?

5 司馬牛憂曰 人皆有兄弟 我獨亡 子夏曰 商聞之矣 死生有命 富貴在天 君子敬而無失 與人恭而有禮 四海之內皆兄弟也 君子何患乎無兄弟也

사마우가 근심하며 말하였다. 남은 다 형제가 있는데 나만 혼자 없다(형제가 없다). 자하가 말하였다. 상(나)은 들은 바가 있다. 생사는 명에 있고 부귀는 하늘에 있다. 군자는 경건하고 조심하며 과실이 없고 남과 더불어 공손하고 예의가 있으면 온 세

계 안이(온 세계 안에 있는 사람들이) 다 형제이니 군자가 형제 없음을 어찌 근심하겠는가?

司馬牛憂曰(사마우우왈) ⇨ 憂: 근심하다.

〈풀이〉 사마우가 근심하여 말하였다.

人皆有兄弟(인개유형제) ⇨ 〈풀이〉 사람은 모두 형제가 있는데

我獨亡(아독망) ⇨ 獨: 홀로. 혼자. 亡: 없다.

〈풀이〉 나 혼자 없다(혼자 형제가 없다).

商聞之矣(상문지의) ⇨ 商: 子夏의 이름. 聞: 들었다. 之: 이 말을. 뒤에 나오는 말을 받는 대용대명사. 목적어임. 矣: 종미사.

〈풀이〉 상(나)은 들은 바가 있다.

死生有命 富貴在天(사생유명 부귀재천) ⇨ 〈풀이〉 생사는 운명이 있고 부귀는 하늘에 있다.

君子敬而無失(군자경이무실) ⇨ 敬: 삼가다. 경계하여 조심함. 失: 과실. 실수. 〈풀이〉 군자는 삼가고, 경건하고, 과실이 없으며

與人恭而有禮(여인공이유례) ⇨ 與: 더불어. 人: 남.

〈풀이〉 남과 더불어 공손하고 예의가 있으면

四海之內(사해지내) ⇨ 〈풀이〉 사해의 안(온 세계 안)

皆兄弟也(개형제야) ⇨ 也: 이다. 〈풀이〉 모두 형제이다.

君子何患乎無兄弟也(군자하환호무형제야) ⇨ 患: 근심. 걱정. 何: 의문부사. 〈풀이〉 군자가 형제 없음을 어찌 근심하겠는가?

6 子張問明 子曰 浸潤之譖 膚受之愬 不行焉 可謂明也已矣 浸潤之譖 膚受之愬 不行焉 可謂遠也已矣

자장이 총명을 묻자 공자가 말씀하셨다. 점점 스며들어가는 듯한 참언이나 살을 에이는 듯한 통절한 하소연이라도 시행되지

아니하면 총명하다고 할 수 있다. 점점 스며들어가는 듯한 참
언과 살을 에이는 듯한 통절한 하소연을 하지 아니하면 멀리를
내다볼 수 있다고 말할 수 있다.

子張問明(자장문명) ⇨ 明: 聰明총명.

〈풀이〉 자장이 총명을 묻자

浸潤之譖(침윤지참) ⇨ 浸潤: 점점 배어 들어감. 譖: 참언. 浸潤之는
譖을 꾸밈.

〈풀이〉 점점 스며들어가는 듯한 참언이나

膚受之愬(부수지소) ⇨ 膚受: 속뜻은 모르고 겉말을 이어 받아 전함.
살을 찌르는 듯한 통절함. 愬: 하소연. 참소.

〈풀이〉 살을 에는 듯한 통절한 참소

不行焉(불행언) ⇨ 〈풀이〉 행하지 아니하다(시행되지 아니하다).

可謂明也已矣(가위명야이의) ⇨ 也已矣: 한정의 뜻을 나타내는 종미사.

〈풀이〉 총명이라 말할 수 있다

浸潤之譖 膚受之愬 不行焉(침윤지참 부수지소 불행언) ⇨

〈풀이〉 침윤지참과 부수지소를 행하지 않으면

可謂遠也已矣(가위원야이의) ⇨ 遠: 멀리를 내다볼 수 있다. 원대한
통찰력을 말함. 也已矣: 한정종미사(세 자가 합한 것).

〈풀이〉 멀리를 내다 볼 수 있다고 말할 수 있다.

7 子貢問政 子曰 足食足兵 民信之矣 子貢曰 必不得已而
去 於斯三者何先 曰 去兵 子貢曰 必不得已而去 於斯二
者何先 曰 去食 自古皆有死 民無信不立

자공이 정치를 묻자 공자가 말씀하셨다. 양식을 충분히 하고
군비를 충분히 하여 백성이 이를 믿게 하는 것이다. 자공이 말

하였다. 마지못하여 반드시 버린다면 이 세 가지에서 어느 것이 먼저입니까? 공자가 말씀하셨다. 군비를 버려라. 자공이 말하였다. 마지못하여 버린다면 이 두 가지에서 어느 것이 먼저입니까? 공자가 말씀하셨다. 양식을 버려라. 자고로 다 죽음이 있으니 백성이 믿음이 없으면 존립할 수 없다.

子貢問政(자공문정) ⇨ 〈풀이〉 자공이 정치를 묻다.

足食足兵 民信之矣(족식족병 민신지의) ⇨ 足食: 『예기』「왕제」편에 보면 9년 간을 견딜 만큼 축장하지 못하면 不足이라 하고 6년의 축장이 없으면 急(절박)이라 하고 3년 간의 축장이 없으면 나라라고 할 수 없다 하였다.

〈풀이〉 식량을 충분히 하고 군비를 충분히 하여 백성이 이것을 믿게 하는 것이다.

必不得已而去(필부득이이거) ⇨ 必: 반드시 不得已: 마지못하여. 하는 수 없이. 去: 버리면.

〈풀이〉 마지못하여 반드시 버린다면

於斯三者何先(어사삼자하선) ⇨ 何: 의문대명사.

〈풀이〉 이 세 가지에서 어느 것이 먼저입니까?

曰(왈) ⇨ 〈풀이〉 공자가 말씀하셨다.

去兵(거병) ⇨ 〈풀이〉 군비를 버려라.

於斯二者何先(어사이자하선) ⇨ 〈풀이〉 이 두 가지에서 어느 것이 먼저입니까?

去食(거식) ⇨ 〈풀이〉 양식을 버려라

自古皆有死(자고개유사) ⇨ 自古: 예부터. 〈풀이〉 예부터 다 죽음이 있다.

民無信不立(민무신불립) ⇨ 民無信: 백성이 믿음이 없으면. 不立: 존립할 수 없다.

〈풀이〉 백성이 믿음이 없으면 존립할 수 없다.

8 棘子成曰 君子質而已矣 何以文爲 子貢曰 惜乎 夫子之
說君子也 駟不及舌文猶質也 質猶文也 虎豹之鞹 猶犬羊
之鞹

극자성이 말하였다. 군자는 꾸밈없이 순박할 따름이다. 아름답
게 꾸밈으로써 무엇하겠는가? 자공이 말하였다. 애석하구나!
저 사람의 군자에 대한 설명이. 駟馬로 달려가도 그대의 혀를
따라가지 못한다. 아름답게 꾸미는 것은 질박함과 같으며 질박
함도 아름답게 꾸민 것과 같다. 호랑이와 표범의 털을 뽑아 버
린 가죽이 개와 양의 털을 뽑아 버린 가죽과 같다.

棘子成曰(극자성왈) ⇨ 棘子成: 위나라의 大夫.

〈풀이〉 극자성이 말하였다.

君子質而已矣(군자질이이의) ⇨ 質: 있는 그대로 꾸밈이 없음. 而已
矣: 한정의 종미사.

〈풀이〉 군자는 꾸밈새 없이 순박한 따름이다.

何以文爲(하이문위) ⇨ 何: 어찌. 以: ~으로써. 文: 아름다운 외관. 아
름다움. 빛나다. 화려하다. 爲: ~하다. 何~爲는 무엇 하겠는가? 무
슨 도움이 되겠느냐?

〈풀이〉 아름답게 꾸며서 무엇 하겠는가?

惜乎(석호) ⇨ 乎: 감탄종미사. 〈풀이〉 애석하구나.

夫子之說君子也(부자지설군자야) ⇨ 夫子: 저 사람. 之: ~의. 說: 설명
함. 也: 주격 조사.

〈풀이〉 저 사람의 군자에 대한 설명은

駟不及舌(사불급설) ⇨ 駟: 네 필의 말. 말 넷이 끄는 아주 빠른 수레.
駟不及舌은 '말을 조심하라'는 뜻.

〈풀이〉 한번 입 밖에 낸 말은 駟馬로 쫓아도 붙들지 못한다(말 넷이 끄는 빠른
수레도 혀를 따라가지 못한다).

文猶質也(문유질야) ⇨ 猶: 같다.

〈풀이〉 아름답게 꾸미는 것도 질박함과 같으며

質猶文也(질유문야) ⇨ 〈풀이〉 질박함도 아름답게 꾸밈과 같다.

虎豹之鞹(호표지곽) ⇨ 虎: 호랑이. 豹: 표범. 之: ~의. 鞹: 털을 뽑아 버린 날가죽.

〈풀이〉 호랑이나 표범의 털을 뽑은 가죽은

猶犬羊之鞹(유견양지곽) ⇨ 〈풀이〉 개나 양의 털을 뽑아 버린 가죽과 같다.

9 哀公問於有若曰 年饑用不足 如之何 有若對曰 盍徹乎
曰 二吾猶不足 如之何其徹也 對曰 百姓足 君孰與不足
百姓不足 君孰與足

애공이 유약에게 물어 말하였다. 올해 기근이 들어 비용이 부족한데 어떻게 하겠습니까? 유약이 대답하여 말하였다. 어찌 10분의 1의 세법을 쓰지 않습니까? 애공이 말하였다. 나는 10분의 2의 세법도 오히려 모자라는데 어떻게 10분의 1의 세법을 쓰겠습니까? 유약이 대답하여 말하였다. 백성이 풍족하다는데 임금이 누구와 더불어 부족합니까? 백성이 부족하다는데 임금이 누구와 더불어 풍족하겠습니까?

哀公問於有若曰(애공문어유약왈) ⇨ 哀公問於: 애공이 ~에게 물었다. 有若: 공자의 제자. 曰: 말하다.

〈풀이〉 애공이 유약에게 물어 말하였다.

年饑用不足(연기용부족) ⇨ 饑: 기근. 用: 비용. 不足: 모자라다.

〈풀이〉 올해 기근이 들어 비용이 모자라니

如之何(여지하) ⇨ 동작, 이유를 묻는 의문어.

〈풀이〉 어떻게 하겠습니까?

有若對曰(유약대왈) ⇨ 〈풀이〉 유약이 대답하여 말하였다.

盍徹乎(합철호) ⇨ 盍: 어찌 ~하지 않느냐? 의문의 반어. 何와 不의 合字. 徹: 周代의 세법으로 10분지 1을 바치는 조세법. 乎: 의문종미사. 〈풀이〉 어찌 10분의 1의 세법을 쓰지 않습니까?

曰(왈) ⇨ 〈풀이〉 애공이 말하였다.

二吾猶不足(이오유부족) ⇨ 二: 10분의 2의 세법. 猶: 오히려. 不足: 모자라다. 〈풀이〉 10분의 2의 조세법으로도 나는 오히려 부족하니

如之何其徹也(여지하기철야) ⇨ 〈풀이〉 그 10분의 1의 세법으로 어떻게 하겠습니까?

對曰(대왈) ⇨ 〈풀이〉 대답하여 말하였다.

百姓足(백성족) ⇨ 〈풀이〉 백성이 풍족한데

君孰與不足(군숙여부족) ⇨ 君: 임금은. 孰: 누구. 與: ~와 더불어. 不足: 부족하다. 〈풀이〉 임금은 누구와 더불어 부족하겠습니까?

百姓不足(백성부족) ⇨ 〈풀이〉 백성이 부족한데

君孰與足(군숙여족) ⇨ 〈풀이〉 임금이 누구와 더불어 풍족하겠습니까?

10 子張問崇德辨惑 子曰 主忠信徙義 崇德也 愛之欲其生 惡之欲其死 旣欲其生 又欲其死 是惑也

자장이 덕을 높이고 미혹됨을 분별하는 것에 대하여 묻자 공자가 말씀하셨다. 충성과 신의를 힘쓰고 정의를 향하여 나가는 것이 덕을 높이는 것이다. 이를 사랑하면 그 삶을 바라고(살아 있고 싶어하고) 이를 미워하면 죽고 싶어하지만 이미 살아 있고 싶어하다가 또 죽고 싶어하는 게 이것이 미혹이니라.

子張問崇德辨惑(자장문숭덕변혹) ⇨ 子張問: 자장이 물었다. 崇德: 덕을 높이다. 辨惑: 미혹을 분별하다.

〈풀이〉 자장이 덕을 높이고 미혹됨을 분별하는 것에 대하여 묻자.

主忠信徙義(주충신사의) ⇨ 主: 힘쓰다. 主力하다. 忠: 충성. 信: 신의. 徙: 옮기다. 나아가다. 義: 정의.

〈풀이〉 충성과 신의에 힘쓰고 정의를 향하여 나아가는 것이

崇德也(숭덕야) ⇨ 〈풀이〉 덕을 높이는 일이다.

愛之欲其生(애지욕기생) ⇨ 愛之: 이것을 사랑하면. 其: 生을 꾸미는 말. 〈풀이〉 이것을 사랑하면 살아 있고 싶다고 생각하며

惡之欲其死(오지욕기사) ⇨ 惡之: 이를 미워하면. 欲其死: 그 죽고 싶어한다.

〈풀이〉 이것(숭덕)을 미워하면 죽고 싶어 한다.

既欲其生(기욕기생) ⇨ 既: 이미. 원래. 欲其生: 살아 있고 싶어하다.

〈풀이〉 원래는 살아 있고 싶어 하면서

又欲其死(우욕기사) ⇨ 又: 나중에. 다시. 또. 欲其死: 죽고 싶어하다.

〈풀이〉 또 죽고 싶어하면

是惑也(시혹야) ⇨ 也: '~이다'에 해당하는 종미사.

〈풀이〉 이것이 미혹이니라

11 齊景公問政於孔子 孔子對曰 君君 臣臣 父父 子子 公曰 善哉 信如君不君 臣不臣 父不父 子不子 雖有粟 吾得而食諸

제나라 경공이 정치를 공자에게 물었다. 공자가 대답하여 말하였다. 임금은 임금다워야 하고 신하는 신하다워야 하고 아버지는 아버지다워야 하고 자식은 자식다워야 합니다. 경공이 말하였다. 참 훌륭합니다. 진실로 만일 임금이 임금답지 아니하고

신하가 신하답지 아니하고 아버지가 아버지답지 아니하고 아들이 아들답지 아니하면 비록 곡식이 있다 한들 내가 그것을 얻어 먹을 수 있겠습니까?

齊公問政於孔子(제공문정어공자) ⇨ 齊公: 제나라 景公경공(BC 547~BC 487). 명은 杵臼저구. 靈公영공의 아들로 제나라 대부 崔杼최저가 莊公장공을 죽이고 옹립한 君主군주. 경공은 재위 58년으로 大夫 간의 세력 다툼이 심해 그 중에서도 陳桓진환이 실권을 쥐고 위세를 부리던 때였다. 공자가 경공을 만난 것은 노나라 昭公소공 20년 경공이 晏嬰안영과 함께 노나라에 왔을 때와 또 25년에 공자가 제나라에 갔을 때였으나 그 어느 때인지 확실하지 않다. 於: ~에게. 위치·장소의 전치사.
〈풀이〉 제공이 공자에게 정치를 물었다.

君君 臣臣 父父 子子(군군 신신 부부 자자) ⇨ 〈풀이〉 임금은 임금다워야 하고 신하는 신하다워야 하고 아버지는 아버지다워야 하고 아들은 아들다워야 합니다.

公曰(공왈) ⇨ 〈풀이〉 제공이 말하였다.

善哉(선재) ⇨ 哉: 감탄종미사.
〈풀이〉 참 훌륭합니다.

信如君不君 臣不臣 父不父 子不子(신여군불군 신불신 부불부 자부자) ⇨ 信: 진실로. 참으로. 如: 만약
〈풀이〉 참으로 만약 임금이 임금답지 못하고 신하가 신하답지 못하며 아버지가 아버지답지 못하며 자식이 자식답지 못하면

雖有粟(수유속) ⇨ 粟: 곡식. 〈풀이〉 비록 곡식이 있더라도

吾得而食諸(오득이식제) ⇨ 吾: 내가. 得: 얻어서. 而: 순접. 食: 먹다. 諸: 之乎의 합자로 '어떻게 ~하겠는가'로 풀이된다. 乎는 의문·반어의 종미사.
〈풀이〉 내가 얻어서 그것을 먹겠느냐?

12 子曰 片言可以折獄者 其由也與 子路無宿諾

공자가 말씀하셨다. 한 마디 말로 재판을 판단할 수 있는 사람
은 유이겠지? 자로는 승낙한 것을 묵히는 일이 없다.

片言可以折獄者(편언가이절옥자) ⇨ 片言: 한 마디 말. 짤막한 말. 可
以: 가능조동사. 折: 판단하다. 獄: 재판. 者: 사람.
〈풀이〉한 마디 말로 재판을 판단할 수 있는 사람은

其由也與(기유야여) ⇨ 也與: 의문의 종미사.
〈풀이〉그는 유이겠지?

子路無宿諾(자로무숙낙) ⇨ 無: 없다. 宿: 묵히다. 諾: 승낙하다.
〈풀이〉자로는 승낙한 것을 묵히는 일이 없다.

13 子曰 聽訟吾猶人也 必也使無訟乎

공자가 말씀하셨다. 송사를 심리하는 것은 나도 남과 같으나
반드시 송사가 없게 하는 일이 아니겠느냐?

聽訟吾猶人也(청송오유인야) ⇨ 聽訟: 송사를 심리함. 猶: 같다. 人:
남. 也: 종미사.
〈풀이〉송사를 심리하는 것은 나도 남과 같다.

必也使無訟乎(필야사무송호) ⇨ 必也: 틀림없이. 꼭. 반드시. 使: 사동
사. 使無: 없게 하다. 訟: 송사. 乎: 반어의 종미사.
〈풀이〉반드시 소송이 없게 하는 일이 아니겠느냐?

14 子張問政 子曰 居之無倦 行之以忠

자장이 정치를 묻자 공자가 말씀하셨다. 그 자리에 있으면 게을리 하지 말며 정치를 함에는 충성으로써 하라.

子張問政(자장문정) ⇨ 〈풀이〉 자장이 정치를 물었다.

居之無倦(거지무권) ⇨ 居: 자리에 있다. 之: 정치. 無倦: 게을리 하지 않는다.

〈풀이〉 정치하는 자리에 있으면 게을리 하지 말며

行之以忠(행지이충) ⇨ 行: 행함. 之: 정치. 以忠: 충으로써

〈풀이〉 행정을 하는데도 충성으로 하라.

15 子曰 博學於文 約之以禮 亦可以弗畔矣夫

공자가 말씀하셨다. 널리 글을 배우고 그것을 예로써 단속한다면 또한 가히 도에 어긋나지 않을 것이다.

博學於文(박학어문) ⇨ 博: 널리. 學: 배우다. 於: 동작의 목적 대상을 강하게 나타내기 위하여 직접목적어 앞에 두고 '~을'로 번역한다. 고로 於文을 '문을'로 푼다.

〈풀이〉 널리 글을 배우고

約之以禮(약지이례) ⇨ 約: 단속하다. 之: 그것(배운 것). 以禮: 예로써.

〈풀이〉 그것을 예로써 단속하면

亦可以弗畔矣夫(역가이불반의부) ⇨ 亦: 또한. 可以: 가능조동사. 弗: 부정사. 畔: 배반하다. 어긋하다. 어기다. 矣: 夫를 강조하여 하는 종미사.

〈풀이〉 역시 가히 어긋나지는 않을 것이다.

16 子曰 君子成人之美 不成人之惡 小人反是

공자가 말씀하셨다. 성인은 남의 아름다운 점을 이루게 하고
남의 사악한 일은 이루지 못하게 한다. 소인은 이와 반대이다.

君子成人之美(군자성인지미) ⇨ 成: 이룬다. 이루게 하다. 人: 남. 之:
의. 美: 아름다움. 훌륭한.
〈풀이〉 군자는 남의 아름다운 점을 이루게 하고

不成人之惡(불성인지악) ⇨ 不成: 이루지 못하게 하다. 惡: 사악한 일.
〈풀이〉 남의 사악한 일은 이루지 못하게 한다.

小人反是(소인반시) ⇨ 〈풀이〉 소인은 이에 반대이다.

17 季康子問政於孔子 孔子對曰 政者正也 子帥以正 孰敢
不正

계강자가 공자에게 정치를 물었다. 공자가 대답하여 말하였다.
정치라는 것은 바르게 하는 것이다(政은 正이다). 선생께서 바르
게 거느린다면 누가 감히 부정하겠습니까?

季康子問政於孔子(계강자문정어공자) ⇨ 於: ~에게.
〈풀이〉 계강자가 공자에게 정치를 물었다.

孔子對曰(공자대왈) ⇨ 〈풀이〉 공자가 대답하여 말하였다.

政者正也(정자정야) ⇨ 政者: 정치라는 것은. 者는 사물을 나타내며
위의 말을 체언화하는 작용을 함. 正也: 바른 것이다.
〈풀이〉 정치라는 것은 바르게 하는 것이다(정치는 바른 것이다).

子帥以正(자수이정) ⇨ 子: 선생. 帥: 거느릴 솔. 以正: 정으로. 바르게.
〈풀이〉 선생께서 바르게 거느린다면

孰敢不正(숙감부정) ⇨ 孰: 누구. 누가. 敢: 감히. 不正: 바르지 않다.
〈풀이〉 누가 감히 부정하겠습니까.

18 季康子患盜 問於孔子 孔子對曰 苟子之不欲 雖賞之不竊

계강자가 도둑을 걱정하여 공자에게 물었다. 공자가 대답하여
말씀하셨다. 진실로 당신이 탐욕하지 않으면(탐내지 않으면) 비록
그것에 상을 준다 하여도 도둑질은 하지 않을 것이다.

季康子患盜(계강자환도) ⇨ 患: 근심하다. 걱정하다. 盜: 도적.
〈풀이〉 계강자가 도적을 걱정하였다.

問於孔子(문어공자) ⇨ 〈풀이〉 공자에게 물었다.

孔子對曰(공자대왈) ⇨ 〈풀이〉 공자가 말씀하셨다.

苟子之不欲(구자지불욕) ⇨ 苟: 진실로. 子之: 당신이. 之는 주격 조
사. 不欲: 탐욕하지 않으면.
〈풀이〉 진실로 당신이 탐욕하지 않으면

雖賞之不竊(수상지부절) ⇨ 雖: 비록. 賞之: 이를 상주다. 不竊: 도둑
질하지 않을 것이다.
〈풀이〉 비록 그것을 상 준다 해도 도둑질을 하지 않을 것이다.

19 季康子問政於孔子曰 如殺無道 以就有道 何如 孔子對曰 子爲政 焉用殺 子欲善而民善矣 君子之德風也 小人之德 草 草上之風必偃

계강자가 공자에게 정치를 물어 말하였다. 만약 무도한 사람을
죽임으로써 도를 지키는 사람을 이루어 내면 어떠하겠습니까?

공자가 대답하여 말씀하셨다. 당신은 정치를 하겠다면서 어찌 살인을 행하려 합니까? 당신이 착하기를 바라면 백성도 착하여 집니다. 군자의 덕은 바람이요 소인의 덕은 풀이라 풀은 바람을 가하면(만나면) 반드시 쏠리어집니다.

如殺無道 以就有道 何如(여살무도 이취유도 하여) ⇨ 如: 만약. 殺: 죽이다. 無道: 무도한 사람. 以: ~써. 就: 성취하다. 이루다. 향하여 나아가다. 有道: 도를 지키는 자. 如何: 어떠하겠습니까.

〈풀이〉 만약 무도한 사람을 죽임으로써 도를 지키는 사람을 이루어 내면 어떠하겠습니까?

子爲政(자위정) ⇨ 子: 당신. 爲政: 정치를 하다.

〈풀이〉 당신은 정치를 하겠다면서

焉用殺(언용살) ⇨ 焉: 어찌~하냐? 用: 쓰다. 부리다. 행하다. 殺: 죽임. 살인. 〈풀이〉 어찌 살인을 행하려 합니까?

子欲善而民善矣(자욕선이민선의) ⇨ 子: 당신. 欲: 바라다. 善: 선. 착하다. 而: 순접. 民善矣: 백성도 착하게 된다.

〈풀이〉 당신이 착하기를 바라면 백성도 착하게 되니

君子之德風(군자지덕풍) ⇨ 君子之德: 군자의 덕은. 風: 바람.

〈풀이〉 군자의 덕이 바람이다.

小人之德草(소인지덕초) ⇨ 〈풀이〉 소인의 덕은 풀입니다.

草上之風必偃(초상지풍필언) ⇨ 上: 가하다. 之: 동사 밑에 쓰이어 어조를 고르는 종미사. 必: 반드시. 偃: 쓰러지다. 쏠리다.

〈풀이〉 풀은 바람을 더하면(만나면) 반드시 쓰러진다.

20 子張問 士何如斯可謂之達矣 子曰 何哉 爾所謂達者 子張
對曰 在邦必聞 在家必聞 子曰 是聞也 非達也 夫達也者
質直而好義 察言而觀色 慮以下人 在邦必達 在家必達 夫

聞也者 色取仁而行違 居之不疑 在邦必聞 在家必聞

자장이 선비는 어떠하면 이를 통달했다고 말할 수 있습니까 하고 묻자 공자가 말씀하셨다. 네가 말한 바 통달이란 무엇이냐? 자장이 대답하여 말하였다. 나라에 있어서도 이름이 알려지고 집에 있어서도 이름이 알려지는 것입니다. 공자가 말씀하셨다. 이것은 이름이 알려진 것이지 통달은 아니다. 대저 통달이라는 것은 질박, 정직하고 정의를 좋아하며 남의 말을 살펴서 잘 알고 표정을 살펴서 사려함으로써 남에게 겸손하게 하는 것이다. (그러면) 나라에 있어서도 반드시 통달하고 집에 있어서도 반드시 통달하느니라. 대저 (이름이) 널리 알려진 사람은 표정은 인을 취하는 듯하면서 행동은 어긋나며 (그렇게) 살면서도 의혹함이 없다. (이런 사람은) 나라에 있어서도 반드시 (이름이) 널리 알려지고 집에 있어서도 반드시 (이름이) 널리 알려지는 것이다.

士何如斯可謂之達矣(사하여사가위지달의) ⇨ 士: 선비는. 何如: 어떠하다. 斯: 이를. 謂之: 말할 수 있다. 達: 통달하다. 矣: 어기가 강한 종미사.

〈풀이〉 선비는 어떠하면 이를 통달하였다고 말할 수 있습니까?

何哉(하재) ⇨ 何: 무엇. 哉: 의문종미사. 〈풀이〉 무엇이냐

爾所謂達者(이소위달자) ⇨ 爾: 너. 2인칭대명사. 達者: 통달이란 것. 者는 사물을 나타냄.

〈풀이〉 네가 통달이라고 말한 바는

子張對曰(자장대왈) ⇨ 〈풀이〉 자장이 대답하여 말하였다.

在邦必聞 在家必聞(재방필문 재가필문) ⇨ 聞: 알려지다. 들리다.

〈풀이〉 나라에 있어서도 반드시 알려지고 집에 있어서도 반드시 알려지는 것입니다.

是聞也 非達也(시문야 비달야) ⇨ 也: 종미사.

〈풀이〉 이것은 이름이 알려진 것이지 통달은 아니다.

夫達也者(부달야자) ⇨ 夫: 대저. 達也者: 통달이라는 것은. 也는 어세를 강하게 하는 종미사. 者는 사물을 나타내는 불완전명사 '것'.

〈풀이〉 대저 통달이라는 것은

質直而好義(질직이호의) ⇨ 〈풀이〉 질박하고 정직하며 정의를 좋아하고

察言而觀色(찰언이관색) ⇨ 察: 살펴서 잘 앎. 言: 남의 말. 觀: 살피다. 色: 안색. 즉 觀色은 표정을 살펴서.

〈풀이〉 남의 말을 잘 살펴서 알고, 표정을 잘 살펴서 잘 알고

慮以下人(여이하인) ⇨ 慮: 사려하다. 下: 겸손하다. 낮추다. 人: 남.

〈풀이〉 사려함으로써 남에게 겸손하게 하는 것이다.

在邦必達 在家必達(재방필달 재가필달) ⇨ 〈풀이〉 나라에 있어서도 반드시 통달하고 집에 있어서도 반드시 통달한다.

夫聞也者(부문야자) ⇨ 夫: 대저. 聞也者: (이름이) 알려진 사람. 聞는 널리 알려짐.

〈풀이〉 대저 (이름이) 알려진 사람은

色取仁而行違(색취인이행위) ⇨ 〈풀이〉 표정은 인을 취하는 듯 하면서 행동은 어긋나며

居之不疑(거지불의) ⇨ 居之: 거주하다. 살다. 不疑: 의혹함이 없다.

〈풀이〉 (그렇게) 살면서도 의혹이 없다.

在邦必聞 在家必聞(재방필문 재가필문) ⇨ 〈풀이〉 나라에 있어도 널리 알려지고 집에 있어서도 널리 알려진다.

21 樊遲從遊於舞雩之下 曰 敢問崇德修慝辨惑 子曰 善哉問 先事後得 非崇德與 攻其惡無攻人之惡 非修慝與 一朝之 忿忘其身以及其親 非惑與

번지가 공자를 따라 무우하에서 노닐더니 말하였다. 감히 덕을 높이는 것과 사악함을 다스리는 것과 미혹됨을 분별하는 것을 여쭙니다. 공자가 말씀하셨다. 좋은 질문이다. 일을 앞세우고 득을 뒤에 하면 덕을 높이는 것이 아니겠느냐? 그 나쁜 점을 공격하고 남의 나쁜 점을 공격하지 않으면 사악함을 바로잡는 것이 아니겠느냐? 하루 아침의 분으로 그 몸을 잊고 그것으로써 그 부모에게 미치게 하면 미혹됨이 아니겠느냐?

樊遲從遊於舞雩之下(번지종유어무우지하) ⇨ 樊遲: 공자의 제자. 從遊: 따라노닐다. 於: ~에서. 舞雩: 기우제를 지내는 高台. 下: 밑에서.
〈풀이〉 번지가 (공자를) 따라 무우의 밑에서 노닐었다.

敢問崇德修慝辨惑(감문숭덕수특변혹) ⇨ 敢問: 감히 묻다. 崇德: 덕을 높이는 것. 慝: 마음속의 사악. 修: 닦다. 다스리다. 辨惑: 미혹된 것을 분별(판단)하는 것.
〈풀이〉 덕을 높이는 것과 사악을 바로 잡는 것과 미혹한 것을 분별하는 것을 감히 묻습니다.

善哉問(선재문) ⇨ 哉: 감동종미사.
〈풀이〉 좋은 질문이로다. (좋도다. 질문이여!)

先事後得(선사후득) ⇨ 〈풀이〉 일을 앞에 하고 얻는 것을 뒤로 하면

非崇德與(비숭덕여) ⇨ 與: 의문종미사.
〈풀이〉 숭덕이 아니겠느냐?

攻其惡 無攻人之惡 非修慝與(공기악 무공인지악 비수특여) ⇨ 人: 남.
〈풀이〉 그 나쁜 점을 공격하고 남의 나쁜 점은 공격하지 않으면 사악함을 바로 잡는 것이 아니겠느냐?

一朝之忿忘其身(일조지분망기신) ⇨ 〈풀이〉 하루아침의 분으로 그 몸을 잊고
以及其親(이급기친) ⇨ 〈풀이〉 그것으로써 그 부모에 미치면
非惑與(비혹여) ⇨ 〈풀이〉 미혹이 아니겠느냐?

22 樊遲問仁 子曰 愛人 問知 子曰 知人 樊遲未達 子曰 擧直
錯諸枉 能使枉者直 樊遲退 見子夏曰 鄕也吾見於夫子而
問知 子曰 擧直錯諸枉 能使枉者直何謂也 子夏曰 富哉
言乎 舜有天下 選於衆擧皐陶 不仁者遠矣 湯有天下 選
於衆擧伊尹 不仁者遠矣

번지가 인을 묻자 공자가 말씀하셨다. 사람을 사랑하라. 아는
것을 물으니 공자가 말씀하셨다. 사람을 아는 것이다. 번지가
(그 뜻을) 깨닫지 못하자 공자가 말씀하셨다. 곧은 사람은 기용
하여 사악한 사람 위에 두면 사악한 사람으로 하여금 곧게 할
수 있다. 번지가 물러가서 자하를 보고 말하였다. 아까, 나는
선생님을 뵈옵고 아는 것을 물었더니 공자가 말씀하셨다. 곧은
사람을 기용하여 사악한 사람 위에 두면 사악한 사람으로 하여
금 곧게 할 수 있다 하셨는데 무엇을 말씀하신 것입니까? 자하
가 말하였다. 뜻이 풍부한 말씀입니다. 순임금이 천하를 소유
하여 여러 사람들 중에서 선출하여 고요를 기용하니 어질지 못
한 사람은 멀어졌으며 탕임금이 천하를 소유하시어 여러 사람
들 중에서 선출하여 이윤을 기용하니 어질지 못한 사람은 멀어
졌습니다.

樊遲問仁(번지문인) ⇨ 〈풀이〉 번지가 인에 대하여 묻자

子曰 愛人(자왈애인) ⇨ 〈풀이〉 공자가 사람을 사랑하는 것이라고 말씀하셨다.

問知(문지) ⇨ 〈풀이〉 아는 것에 대하여 묻자

子曰 知人(자왈지인) ⇨ 〈풀이〉 공자가 사람을 아는 것이라고 말씀하셨다.

樊遲未達(번지미달) ⇨ 未達: 깨닫지 못하다.
　　〈풀이〉 번지가 (그 뜻을) 깨닫지 못하자

擧直錯諸枉(거직착제왕) ⇨ 擧: 기용하다. 直: 곧은 사람. 바른 사람.
　　錯: 두다. 교체하다. 諸: 之於. ~에 이것을. 枉: 사악한 사람을 뜻함.

〈풀이〉 곧은 사람을 기용하여 사악한 사람위에 이것을 두면

能使枉者直(능사왕자직) ⇨ 能: 가능조동사. 使: 사동사. 즉 ~으로 하여금 ~하게 하다. 枉者: 사악한 사람. 直: 곧다. 올바르다.

〈풀이〉 사악한 사람으로 하여금 올바르게 할 수 있다.

樊遲退(번지퇴) ⇨ 〈풀이〉 번지가 물러나와서

見子夏曰(견자하왈) ⇨ 見: 보다. 〈풀이〉 자하를 보고 말하였다.

鄉也吾見於夫子而問知(향야오견어부자이문지) ⇨ 鄉也: 접대. 지난 번. 아까. 吾: 내가. 見: 뵙고. 於: 직접목적어 앞에 온 전치사로 목적격을 나타냄. 夫子: 선생님. 而: 순접. 問知: 아는 것에 대하여 물었다. 〈풀이〉 아까 내가 선생님을 뵙고 아는 것에 대하여 묻자.

何謂也(하위야) ⇨ 〈풀이〉 무엇을 말씀하신 것입니까?

富哉言乎(부재언호) ⇨ 哉: 감탄종미사.

〈풀이〉 풍부한 말씀입니다(풍부한 뜻을 지닌 말씀입니다).

舜有天下(순유천하) ⇨ 有: 보유하다. 차지하다.

〈풀이〉 순임금이 천하를 소유하자

選於衆(선어중) ⇨ 衆: 사람들. 於: ~에서. 選: 선출하다.

〈풀이〉 사람들 중에서 선출하여

舉皋陶(거고요) ⇨ 舉: 기용하다. 皋陶: 有虞氏유우씨. 자는 堅定견정. 舜帝순제 밑에서 刑法형법을 바르게 다스렸다.

〈풀이〉 고요를 기용하니

不仁者遠矣(불인자원의) ⇨ 不仁者: 어질지 못한 자. 遠矣: 멀어졌다.

〈풀이〉 어질지 못한 사람이 멀어졌으며

湯有天下(탕유천하) ⇨ 〈풀이〉 탕임금이 천하를 소유하여

選於衆(선어중) ⇨ 〈풀이〉 여러 사람들 중에서 선출하여

舉伊尹(거이윤) ⇨ 舉: 기용하다. 伊尹: 성은 伊. 이름은 舉거. 尹은 관명이다. 은나라 창업을 도운 공신이다. 〈풀이〉 이윤을 기용하니

不仁者遠矣(불인자원의) ⇨ 遠: 멀어지다.

〈풀이〉 어질지 못한 사람은 멀어졌습니다

23 子貢問友 子曰 忠告而善道之 不可則止 無自辱焉

자공이 벗에 대하여 묻자 공자가 말씀하셨다. 충고하여서 좋게 이를 인도하되 말을 듣지 않으면 멈추어라. 자기에게 욕이 없게 하라.

忠告而善道之(충고이선도지) ⇨ 忠告: 충고하다. 而: 순접. 善: 좋게. 잘. 道: 導와 같다. 인도하다. 之: 이를.
〈풀이〉 충고하여 이를 잘 이끌다.

不可則止(불가즉지) ⇨ 不可: 불가하면(말을 듣지 않으면). 則: 곧. 止: 그만두다. 멈추다.
〈풀이〉 말을 듣지 않으면 그만두라.

無自辱焉(무자욕언) ⇨ 焉: 확인의 뜻을 나타내는 종미사.
〈풀이〉 스스로에게(자신에게) 욕이 없게 하라.

24 曾子曰 君子以文會友 以友輔仁

증자가 말하였다. 군자는 글로써(즉 詩書禮樂) 벗을 모으고 벗으로써 서로 도와 덕을 닦는다.

君子以文會友(군자이문회우) ⇨ 以: ~로써. 文: 글. 會: 모이다. 모으다. 하나가 되다. 會友는 벗을 모으다. 즉 사귀다.
〈풀이〉 군자는 글로써 벗을 모으고(사귀고)

以友輔仁(이우보인) ⇨ 以友: 벗으로써. 輔: 도우다.
〈풀이〉 벗끼리 서로 격려하고 도와 덕을 닦는다(벗으로써 인을 도우다).

第十三篇 子路

제13편 자로

1 子路問政 子曰 先之勞之 請益 曰 無倦

자로가 정치를 묻자 공자가 말씀하셨다. 백성에 앞서서 일하고 백성을 위로하라. 더욱 더 요청하자 말씀하셨다. 게을리하지 말라.

先之勞之(선지로지) ➪ 先: 먼저 하다. 앞서다. 之: 백성. 勞: 위로하다. 之: 백성.
〈풀이〉 백성들에 앞서서 일하고 백성을 위로하라.

請益(청익) ➪ 請: 존대어. 청하다. 요청하다. 益: 더욱. 더욱더.
〈풀이〉 더욱 더 (자세히) 설명하여 주십사고 청하자

曰(왈) ➪ 〈풀이〉 공자가 말씀하셨다.

無倦(무권) ➪ 〈풀이〉 게을리하지 말라

2 仲弓爲季氏宰 問政 子曰 先有司 赦小過 擧賢才 曰 焉知賢才而擧之 曰 擧爾所知 爾所不知人其舍諸

중궁이 계씨의 가재가 되어 정치를 묻자 공자가 말씀하셨다.

관리의 인사를 먼저 하고 작은 잘못은 용서하며 현명한 인재를 기용하라. 중궁이 말하였다. 어찌 현명한 인재를 알며 이를 기용합니까? 공자가 말씀하셨다. 네가 아는 바 인재를 기용하라. (그러면) 네가 모르는 인재를 남이 그를 버려두겠느냐?

仲弓爲季氏宰(중궁위계씨재) ⇨ 仲弓: 冉雍염옹. 爲: 되다. 宰: 가신의 장. 즉 家宰가재.

〈풀이〉 중궁이 계씨의 가재가 되어

先有司(선유사) ⇨ 先: 먼저 하다. 有司: 읍의 관리.

〈풀이〉 관리의 인사를 먼저 하라.

赦小過(사소과) ⇨ 赦: 용서하다. 小過: 조그마한 잘못.

〈풀이〉 작은 잘못을 용서하며

擧賢才(거현재) ⇨ 擧: 기용하다. 賢才: 현명한 인재.

〈풀이〉 현명한 인재를 기용하라.

焉知賢才而擧之(언지현재이거지) ⇨ 焉: 의문사. 어찌 ~하랴. 知: 알다. 賢才: 현명한. 인재. 而: 순접. 擧之: 이를(賢才) 기용하다.

〈풀이〉 어찌 현명한 인재를 알며 이를 기용합니까?

擧爾所知(거이소지) ⇨ 擧: 기용하다. 爾: 너. 이인칭대명사. 所: 바(賢才). 知: 알다.

〈풀이〉 네가 아는 인재를 기용하면

爾所不知(이소부지) ⇨ 〈풀이〉 네가 모르는 인재는

人其舍諸(인기사제) ⇨ 人: 남이. 其: 그를. 舍: 捨와 같다. 버리다. 諸: 之乎와 같으며 의문사. 위를 다시 쓰면 人其舍之乎임. 之는 舍 밑에 쓰여 어조를 고루는 종미사.

〈풀이〉 남이 이(인재)를 버려두겠느냐?

3 子路曰 衛君待子而爲政 子將奚先 子曰 必也正名乎 子
路曰 有是哉 子之迂也 奚其正 子曰 野哉由也 君子於其
所不知 蓋闕如也 名不正則言不順 言不順則事不成 事不
成則禮樂不興 禮樂不興則刑罰不中 刑罰不中則民無所
措手足 故君子名之必可言也 言之必可行也 君子於其言
無所苟而已矣

자로가 말하였다. 위군이 선생님을 모셔다가 정치를 하면 선생
님은 앞으로(장차) 무엇부터 먼저 하시겠습니까? 공자가 말씀하
셨다. 반드시 명분을 바로잡을 것이다. 자로가 말하였다. 그렇
습니까(정명입니까)? 선생님의 길은 빙 돌아 멉니다. 그것을 어찌
바로잡고자 하십니까? 공자가 말씀하셨다. 미개하구나, 유는.
군자는 그 알지 못하는 일에는 숨기고 빠뜨리는 법이다(가만히
있는 법이다). 명분이 바로 서지 아니하면 말이 순조롭지 못하며
말이 순조롭지 못하면 일이 이루어지지 아니하며 일이 이루어
지지 아니하면 예악이 흥성하지 못하며 예악이 흥성하지 아니
하면 형벌이 적중되지 못하며 형벌이 적중되지 못하면 백성이
손발을 둘 곳이 없다. 고로 군자는 이름을 붙이면 반드시 말로
할 수 있어야 하고 말로 하면 반드시 실행되어야 한다. 군자는
그 말에서는 구차하고 구구한 바가 있어서는 아니 된다.

衛君待子而爲政(위군대자이위정) ⇨ 衛君: 出公출공 輒첩이다. 당시 위
  군인 輒은 亡命中망명중이던 親父친부 蒯聵괴외가 귀국하려는 것을 거
  부하는 부자 상극의 전란을 벌이고 있었다. 공자는 노 애공 10년
  68세 때 위에 있으면서 직접 보고 듣고 했다. 待子: 선생을 기다려
  초대하여. 而: 순접. 爲政: 정치를 하면.
  〈풀이〉 위군이 선생님을 모셔와 정치를 하다.

子將奚先(자장해선) ⇨ 子: 선생. 將: 장차. 奚: 무엇. 의문대명사. 先:

먼저 하다. 〈풀이〉선생은 장차 무엇부터 먼저 하시겠습니까.

必也正名乎(필야정명호) ⇨ 必也: 반드시. 正: 바르게 하다. 바로잡다. 名: 명분. 〈풀이〉반드시 명분을 바로잡겠다.

有是哉(유시재) ⇨ 有: 존재를 나타냄. 是: 정명. 哉: 종미사.

〈풀이〉그렇습니까(정명입니까)?

子之迂也(자지우야) ⇨ 子之: 선생의. 迂: 길이 빙 돌아 멀다. 먼 길. 빙 돌아 먼 길. 也: 종미사. 〈풀이〉선생님의 길은 빙 돌아 멉니다.

奚其正(해기정) ⇨ 奚: 어찌. 의문사. 其: 그것. 正: 바로잡다.

〈풀이〉어찌 그것을(명분을) 바로잡고자 하십니까?

野哉由也(야재유야) ⇨ 野: 미개하다. 哉: 감탄종미사. 由也: 유는. 也는 부를 때. 위의 말을 제시할 때의 후치사.

〈풀이〉미개하구나, 유는.

君子於其所不知　蓋闕如也(군자어기소불지　개궐여야) ⇨ 於: ~에는. 其所不知: 그 알지 못하는 바. 蓋: 덮다. 숨기다. 대개. 闕如: 빠뜨린다. 也: 종미사.

〈풀이〉군자는 (자기가) 알지 못하는 일에는 숨기고 빠뜨린다(가만히 있는 법이다).

名不正(명부정) ⇨ 〈풀이〉명분이 바로서지 아니하면

則言不順(즉언불순) ⇨ 順: 순조롭다.

〈풀이〉말이 순조롭지 못하고

言不順則事不成(언불순즉사불성) ⇨ 〈풀이〉말이 순조롭지 아니하면 일이 이루어지지 못하고

事不成則禮樂不興(사불성즉예악불흥) ⇨ 興: 흥성하다.

〈풀이〉일이 이루어지지 않은즉 예악이 흥성하지 못하고

禮樂不興則刑罰不中(예악불흥즉형벌부중) ⇨ 中: 적중하다. 올바르게 시행되다. 〈풀이〉예악이 흥성하지 아니한즉 형벌이 적중되지 못하며

刑罰不中則民無所措手足(형벌부중즉민무소조수족) ⇨ 無所: 곳이 없다. 無는 주어를 뒤에 두는 특수형용사. 措: 두다. 手足: 수족.

〈풀이〉형벌이 적중되지 아니한즉 백성은 수족을 둘 곳이 없다.

故君子名之(고군자명지) ⇨ 故: 고로. 名之: 이름을 붙이다. 이름짓다.

〈풀이〉 고로 군자는 (어떤 것을) 이름 지으면

必可言也(필가언야) ⇨ 〈풀이〉 반드시 말할 수 있어야 하고

言之(언지) ⇨ 〈풀이〉 말하였으면

必可行也(필가행야) ⇨ 〈풀이〉 반드시 실행할 수 있어야 한다.

君子於其言(군자어기언) ⇨ 〈풀이〉 군자는 그 말에 있어서

無所苟而已矣(무소구이이의) ⇨ 苟: 구차하다. 군색하고 구구하다. 而 已矣: 따름이다. 뜻을 강하게 하는 종미사.

〈풀이〉 군색하고 구구한 바가 없어야 한다(없을 따름이다).

4 樊遲請學稼 子曰 吾不如老農 請學爲圃 曰 吾不如老圃 樊遲出 子曰 小人哉樊須也 上好禮 則民莫敢不敬 上好 義 則民莫敢不服 上好信 則民莫敢不用情 夫如是 則四 方之民 襁負其子而至矣 焉用稼

번지가 농사 짓는 법을 배우고자 청하니 공자가 말씀하셨다. 나는 늙은 농사꾼만 같지 못하다. 남새밭 만드는 법을(채소 기르 는 법을) 배우고자 청하니 공자가 말씀하시되 나는 늙은 채소 농 사꾼만 같지 못하다. 번지가 나가니 공자가 말씀하셨다. 소인 이로구나 번수는. 윗사람이 예를 좋아하면 백성은 감히 공경하 지 아니할 수 없고 윗사람이 의를 좋아하면 백성은 감히 복종 하지 아니할 수 없고 윗사람이 신의를 좋아하면 백성은 감히 성실하지 아니할 수 없다. 대저 이와 같으니(이러하면) 사방의 백 성들이 포대기에 그 아이를 업고 올 것인데 어찌 농사짓는 법 을 배우려 하느냐?

樊遲請學稼(번지청학가) ⇨ 稼: 농사. 농작.

〈풀이〉 번지가 농사 짓는 법을 배우기를 청하였다(가르쳐 달라고 청하였다).

吾不如老農(오불여로농) ⇨ 不如: 같지 못하다. 老農: 늙은 농부.

〈풀이〉 나는 늙은 농부만 같지 못하다.

請學爲圃(청학위포) ⇨ 圃: 남새밭. 채소밭.

〈풀이〉 남새밭 만드는(채소 키우는) 법을 배우기를(가르쳐 달라고) 청하였다.

曰(왈) ⇨ 〈풀이〉 공자가 말씀하셨다.

吾不如老圃(오불여로포) ⇨ 老圃: 늙은 채소 농사꾼.

〈풀이〉 나는 늙은 채소 농사꾼만 같지 못하다.

樊遲出(번지출) ⇨ 〈풀이〉 번지가 나가니

小人哉樊須也(소인재번수야) ⇨ 樊須: 번지의 이름. 哉: 감탄종미사.

〈풀이〉 소인이로구나. 번수는

上好禮 則民莫敢不敬(상호례 칙민막감불경) ⇨ 上好禮: 윗사람이 예를 좋아하면. 莫~不: 이것은 이중부정으로 '莫A不B의 형식에서 A하면 B 아니할 수 없다'로 풀이된다. 敬: 공경하다. 삼가다.

〈풀이〉 윗사람이 예를 좋아하면 백성은 감히 공경하지 않을 수 없고

上好義(상호의) ⇨ 〈풀이〉 윗사람이 도의를 좋아하면

則民莫敢不服(즉민막감불복) ⇨ 〈풀이〉 백성은 복종하지 아니할 수 없다.

上好信(상호신) ⇨ 〈풀이〉 윗사람이 신의를 좋아하면

則民莫敢不用情(즉민막감불용정) ⇨ 情: 정성. 성심(실). 성의. 정실. 用: 행하다. 행동하다.

〈풀이〉 백성은 감히 성실하지 않을 수 없다.

夫如是(부여시) ⇨ 夫: 대저. 〈풀이〉 대저 이와 같으니

則四方之民(즉사방지민) ⇨ 〈풀이〉 사방에 있는 백성들도

襁負其子而至矣(강부기자이지의) ⇨ 襁: 포대기. 負: 업다. 矣: 종미사.

〈풀이〉 포대기에 그 아이를 업고 올 것이다.

焉用稼(언용가) ⇨ 焉: 의문사. 어찌. 用: 쓰다. 행하다.

〈풀이〉 어찌 농사 짓는 것을 하려 하느냐(농사 짓는 법을 배우려 하느냐)?

5 子曰 誦詩三百 授之以政不達 使於四方不能專對 雖多 亦奚以爲

공자가 말씀하셨다. 시 삼백 편을 외우되 정사를 이에게 주어서 (맡겨서) 이루지 못하며(통달하지 못하며) 사방에 사신으로 나가서 독대하지 못하면(사신으로 나가서 군명을 완수하지 못하면) 비록 (외운 시가) 많아도 또한 어찌 도움이 되겠느냐(무슨 소용이 있겠느냐)?

誦詩三百(송시삼백) ⇨ 〈풀이〉 시 삼백 편을 외우되.

授之以政不達(수지이정부달) ⇨ 授: 주다. 之: 이(삼백 편을 외운 이)에게. 以: ~으로써. 政: 정사. 不: 부정사. 達: 통달하다. 목적을 이루다. 〈풀이〉 정사를 이에게 주어서 이루지 못하며

使於四方不能專對(사어사방불능전대) ⇨ 使: 사신을 보내다. 사신으로 나가다. 於四方: 사방에. 不能: ~할 수 없다. 專: 단독으로. 對: 응대하다. 즉 專對은 타국에 사신 가서 군명을 완수함. 〈풀이〉 사방에 사신으로 나가서 단독으로 응대하지 못하면

雖多亦奚以爲(수다역해이위) ⇨ 雖多: (외운 시가) 비록 많으나. 亦: 또한. 奚: 의문사. 어찌 ~하랴. 爲: 위하다. 도우다. 〈풀이〉 비록 외운 시가 많으나 또한 어찌 도움이 되겠느냐?

6 子曰 其身正 不令而行 其身不正 雖令不從

공자가 말씀하셨다. 그 몸이 바르면 명령하지 않아도 이루어지고 그 몸이 바르지 아니하면 비록 명령하여도 따르지 아니한다.

其身正(기신정) ⇨ 〈풀이〉 그 몸이 바르면

不令而行(불령이행) ⇨ 不令: 명령하지 않다.

〈풀이〉 명령하지 않아도 이루어지고

其身不正(기신불정) ⇨〈풀이〉 그 몸이 바르지 아니하면

雖令不從(수령부종) ⇨〈풀이〉 비록 명령하여도 따르지 아니한다.

7 **子曰 魯衛之政兄弟也**

공자가 말씀하셨다. 노나라와 위나라의 정치는 형제이다(형제 사이와 같다).

8 **子謂衛公子荊 善居室 始有曰苟合矣 小有曰苟完矣 富有 曰苟美矣**

공자가 위나라 공자 형을 말씀하셨다. 가재를 잘 다스렸다. 처음에 (가재가) 생기면 간신히 모였다고 말하였고 조금 더 생기면 겨우 부족함이 없다고 말하였다. 많이(풍족하게) 생기자 간신히 훌륭하다고 하였다.

子謂衛公子荊(자위위공자형) ⇨ 公子: 國君의 서자.

〈풀이〉 공자가 위나라 공자 형을 말씀하셨다.

善居室(선거실) ⇨ 善: 잘했다. 居: 다스리다. 室: 가재. 재산.

〈풀이〉 가재(재산)를 잘 다스렸다.

始有曰苟合矣(시유왈구합의) ⇨ 始: 처음. 비로소. 有: 생기다. 曰: 말하였다. 苟: 겨우. 간신히. 合: 적당하다. 모이다. 여기서는 '모이다'임.

〈풀이〉 처음에 (가재가) 생기면 간신히 모였다고 말했으며

少有曰苟完矣(소유왈구완의) ⇨ 少: 약간. 다소. 完: 부족함이 없다.

〈풀이〉 조금 (더) 생기면 겨우 부족함이 없다고 말하였다.

富有曰苟美矣(부유왈구미의) ⇨ 富: 풍부하다. 有: 생기다. 가지고 있다. 苟: 겨우. 간신히. 美: 아름답다. 훌륭하다.

〈풀이〉 (가재를) 풍부하게 가지자 간신히 훌륭하다고 말하였다.

9 子適衛 冉有僕 子曰 庶矣哉 冉有曰 旣庶矣 又何加焉 曰 富之 曰 旣富矣 又何加焉 曰 敎之

공자가 위나라에 가실 때 염유가 마부였다. 공자가 말씀하셨다. 백성들이 풍성하구나. 염유가 말하였다. 이미 백성이 많으니 또 무엇을 더해야 합니까? 공자가 말씀하셨다. 넉넉하도록 해야 한다. 염유가 말하였다. 이미 넉넉하게 되었으니 또 무엇을 더해야 합니까? 공자가 말씀하셨다. 가르쳐야 한다.

子適衛(자적위) ⇨ 適: 가다. 〈풀이〉 공자가 위나라에 가실 때.

冉有僕(염유복) ⇨ 僕: 마부. 〈풀이〉 염유가 마부였다(말을 몰았다).

庶矣哉(서의재) ⇨ 庶: 많다. 풍성하다. 矣哉: 영탄 종미사.

〈풀이〉 백성이 풍성하구나.

冉有曰(염유왈) ⇨ 〈풀이〉 염유가 말하였다.

旣庶矣(기서의) ⇨ 旣: 이미. 〈풀이〉 이미 백성이 풍성합니다.

又何加焉(우하가언) ⇨ 又: 또. 何: 무엇. 의문대명사. 加: 더하다. 焉: 의문종미사. 〈풀이〉 또 무엇을 더해야 합니까?

曰(왈) ⇨ 〈풀이〉 공자가 말씀하셨다.

富之(부지) ⇨ 之: 동사 富 뒤에 붙어 어조를 고룬다.

〈풀이〉 넉넉하도록 해야 한다.

曰(왈) ⇨ 〈풀이〉 염유가 말하였다.

旣富矣(기부의) ⇨ 〈풀이〉 이미 넉넉하게 되었으니

又何加焉(우하가언) ⇨ 〈풀이〉 또 무엇을 더해야 합니까?

曰(왈) ⇨ 〈풀이〉 공자가 말씀하셨다.

敎之(교지) ⇨ 之: 백성. 〈풀이〉 백성을 가르쳐야 한다.

10 子曰 苟有用我者 朞月而已可也 三年有成

공자가 말씀하셨다. 진실로 나를 쓸 사람이 있다면 만 일 년뿐
이라도 좋다. 삼 년이면 성취가 있을 것이다(삼 년이면 성과를 올리
겠다).

苟有用我者(구유용아자) ⇨ 苟: 진실로. 다만. 有: 있다. 有는 주어를
뒤에 가지는 특수동사. 用: 쓰다. 我: 나를. 用의 목적어. 者: 사람.
用我는 者를 꾸미는 관형구. 者는 이 절의 주어임.
　〈풀이〉 진실로 나를 쓸 사람이 있다면

朞月而已可也(기월이이가야) ⇨ 朞月: 만 1년. 而已: 뿐. 可也: 좋다.
　〈풀이〉 만 1년뿐이라도 좋다.

三年有成(삼년유성) ⇨ 三年: 삼 년이면. 有: 있다. 成: 이루어지다. 성취.
　〈풀이〉 삼 년이면 성취가 있을 것이다.

11 子曰 善人爲邦百年 亦可以勝殘去殺矣 誠哉是言也

공자가 말씀하셨다. 착한 사람이 백 년 동안 나라를 다스리면
또한 잔인한 사람을 눌러 이기고 사형을 없게 할 수 있다고 하
니 참되도다, 이 말씀은.

善人爲邦百年(선인위방백년) ⇨ 善人: 착한 사람. 爲: 다스리다. 邦:
나라. 百年: 백 년 동안.

〈풀이〉 착한 사람이 나라를 백 년 동안 다스리면

亦可以勝殘去殺矣(역가이승잔거살의) ⇨ 亦: 또한. 可以: 가능조동사. 勝: 이기다. 殘: 잔인한 사람 또 악한 사람. 去: 버리다. 소멸하다. 덜다. 추방하다. 殺: 살인. 사형에 처한.

〈풀이〉 또한 잔인한 사람을 눌러 이기고 사형을 없게 할 수 있다 하니

誠哉是言也(성재시언야) ⇨ 誠: 참되다. 정성스럽다. 哉: 감탄종미사. 是言也: 이 말은. 〈풀이〉 참되도다, 이 말씀은.

12 子曰 如有王者 必世以後仁

공자가 말씀하셨다. 만약 참된 성왕이 나타나면 반드시 30년 이후에는 인도가 이루어질 것이다.

如有王者(여유왕자) ⇨ 如: 만일. 有: 생기다. 나타나다. 있다. 존재하다. 王者: 참된 성왕. 〈풀이〉 만약 참된 성왕이 나타나면

必世而後仁(필세이후인) ⇨ 必: 반드시. 世: 일세 즉 30년. 而後: 이후에는. 仁: 인도가 이루어지다. 인으로 될 것이다.

〈풀이〉 반드시 30년 이후에는 인도가 이루어질 것이다(인도의 극치상태가 될 것이다).

13 子曰 苟正其身矣 於從政乎何有 不能正其身 如正人何

공자가 말씀하셨다. 만일 그 몸을 바르게 하면 정치에 종사하는데 있어서 무슨 어려움이 있겠는가? 그 몸을 바르게 할 수 없으면 사람을(남을) 어떻게 바르게 할 수 있겠는가(바르게 다스릴 수가 있겠는가)?

苟正其身矣(구정기신의) ⇨ 苟: 문맥에 따라 '만약' 또는 '진실로'로 풀이되니까 앞뒤 문장에 따라 판단하여야 한다. 여기서는 '만약'으로 푸는 것이 좋을 듯하다. 正其身矣: 其身이 正의 목적어이다. '그 몸을 바르게 하다'가 된다. 矣는 종미사.

〈풀이〉 만일 그 몸을 바르게 한다면

於從政乎何有(어종정호하유) ⇨ 이 글은 於從政有何乎가 정상의 구조이다. 於: ~에 있어서. 從政: 정치에 종사하다. 乎: 의문종미사. 何: 무엇이. 의문대명사. 有: 있다.

〈풀이〉 정치에 종사함에 있어서 무엇이 있겠는가(무슨 어려움이 있겠는가)?

不能正其身(불능정기신) ⇨ 〈풀이〉 그 몸을 바르게 할 수 없다면

如正人何(여정인하) ⇨ 이 글은 如何로 될 것이 如~何의 형식으로 된 것이다. 如何는 '어떻게 하겠는가'와 같이 동작이나 '어떻게 해서'와 같이 이유를 물을 때 쓰이고 何如는 상태나 사실을 물을 때 쓰인다.

〈풀이〉 어떻게 남을 바르게 하겠는가(바르게 다스리겠는가)?

14 冉子退朝 子曰 何晏也 對曰 有政 子曰 其事也 如有政 雖不吾以 吾其與聞之

염유가 조회에서 물러나오거늘 공자가 어찌 늦었느냐 하셨다. 대답하여 말하였다. 정무가 있었습니다. 공자가 말씀하셨다. 그것은 사사 일이었을 것이다. 만일 정사가 있었다면 비록 내가 임용되지는 않았다 하더라도 나도 참여하여 들었을 것이다.

冉子退朝(염자퇴조) ⇨ 冉子: 冉有. 朝: 여기의 朝는 국가의 정치회의가 아니고 大夫 季氏집의 회의다. 그러므로 孔子가 有故유고 다음에서 政이라 하지 않고 事라고 하였다.

〈풀이〉 염유가 조회에서 물러나오거늘

何晏也(하안야) ⇨ 晏: 늦다. 也: 단정의 종미사.

〈풀이〉 어찌(무슨 일로) 늦었느냐?

有政(유정) ⇨ 政: 政務.

〈풀이〉 정무가 있었습니다.

其事也(기사야) ⇨ 〈풀이〉 그것은 일(개인적인 일)이었을 것이다.

如有政(여유정) ⇨ 如: 만약. 만일.

〈풀이〉 만약 정사가 있었다면

雖不吾以(수불오이) ⇨ 以: 임용하다. 쓰다.

〈풀이〉 비록 내가 임용되지 않았더라도

吾其與聞之(오기여문지) ⇨ 與: 참여하여. 之는 종미사.

〈풀이〉 나도 참여하여 들었을 것이다.

15 定公問 一言而可以興邦 有諸 孔子對曰 言不可以若是其
幾也 人之言曰 爲君難 爲臣不易 如知爲君之難也 不幾
乎一言而興邦乎 曰 一言而喪邦 有諸 孔子對曰 言不可
以若是其幾也 人之言曰 予無樂乎爲君 唯其言而樂莫予
違也 如其善而莫之違也 不亦善乎 如不善而莫之違也 不
幾乎一言而喪邦乎

정공이 물었다. 한 마디 말을 하여서 나라를 흥하게 할 그런 말
이 있습니까 공자가 대답하여 말하였다. 말은 이와 같이 (정공
이 한 말과 같이) 할 수 없습니다. 그것에 가까운 말은 있습니
다. 사람의 말에 이르기를 임금되기 어렵고 신하 되기 쉽지 않
다고 하니 만일 임금 되기 어려움을 안다면 한 마디 말로 나라
를 흥하게 한다는 말에 가까운 것이 아닙니까. 정공이 말하였
다. 한 마디 말을 하여 나라를 망하게 할 그런 말이 있습니까?
공자가 대답하여 말씀하셨다. 말은 이와 같이 할 수 없습니다

마는 그에 가까운 말은 있습니다. 사람의 말에 이르기를 나는 임금이 된 것을 즐거워하는 것이 아니라 다만 그 말을 하여 나에게 어그러지지 않음을 즐거워한다. 만일 그 말이 착한데 반대하지 않는다면 또한 좋지 않겠습니까? 만일 착하지 않은데 반대하지 않는다면 한 마디 말을 하여 나라를 망친다는 말에 가깝지 않습니까?

定公問(정공문) ⇨ 定公: 노나라 정공.

〈풀이〉노나라 정공이 물었다.

一言而可以興邦 有諸(일언이가이흥방 유제) ⇨ 一言而: 한 마디 말을 하여서 可以: 가능조동사. 興邦: 나라를 흥하게 하다. 諸: 之乎. 有諸는 有之乎이다. 有는 있다. 之는 一言을 가리키는 대명사. 乎는 의문종미사.

〈풀이〉한 마디 말을 하여서 나라를 흥하게 할 (그런) 말이 있습니까?

孔子對曰(공자대왈) ⇨ 공자가 대답하여 말하였다.

言不可以若是其幾也(언불가이약시기기야) ⇨ 言: 말은. 不可以: 할 수 없다. 若: 같다. 是: 이. 其: 그것에. 幾: 가깝다. 其幾也는 앞에서 한 말에 가까운 말은 있다. 즉 그에 가까운 말은 있다.

〈풀이〉말은 이와 같이 할 수는 없습니다. 그것에 가까운 말은 있습니다.

人之言曰(인지언왈) ⇨ 〈풀이〉사람의 말에 이르기를

爲君難(위군난) ⇨ 爲: 되다.

〈풀이〉임금 되기 어렵고

爲臣不易(위신불이) ⇨ 易: 쉽다.

〈풀이〉신하 되기가 쉽지 아니하다.

如知爲君之難也(여지위군지난야) ⇨ 如: 만일. 만약. 知: 알다. 爲君之難: 知의 목적어로 '임금이 되기 어려움'.

〈풀이〉만일 임금 되기 어려움을 안다면

不幾乎一言而興邦乎(불기호일언이흥방호) ⇨ 乎: 의문의 종미사. 不~

乎: 아니하냐? 幾: 가깝다.

〈풀이〉 한 마디 말을 하여 나라를 흥하게 한다는 것에 가깝지 아니합니까?

曰(왈) ⇨ 〈풀이〉 정공이 말하였다.

一言而喪邦 有諸(일언이상방 유제) ⇨ 喪: 망하다. 잃다. 諸: 之乎.

〈풀이〉 한 마디 말을 하여 나라를 망하게 할 (그런) 말이 있습니까?

孔子對曰(공자대왈) ⇨ 〈풀이〉 공자가 대답하여 말하였다.

言不可以若是其幾也(언불가이약시기기야) ⇨ 其幾也 : 그것에 가까운 말은 있다.

〈풀이〉 말은 이와 같이 할 수는 없습니다. 그것에 가까운 말은 있습니다.

人之言曰(인지언왈) ⇨ 〈풀이〉 사람의 말에 이르기를

予無樂乎爲君(여무락호위군) ⇨ 予: 나는. 無樂: 즐거워하지 않는다. 乎: 강조의 종미사. 爲君: 임금이 된 것을.

〈풀이〉 나는 임금 된 것을 즐거워하지 않는다 하였습니다.

唯其言而樂莫予違也(유기언이락막여위야) ⇨ 唯: 오직. 다만. 樂: 莫予違也에 대하여 즐거워한다. 莫: 無와 같은 '없다'의 뜻. 予: 나에게. 違: 어기다. 어그러지다.

〈풀이〉 다만 그 말을 하여서 나에게 어그러지지 않음을 즐거워한다.

如其善而莫之違也(여기선이막지위야) ⇨ 如: 만일. 其: '그 말'을 가리키는 대명사. 之: '착한 말'을 받는 대명사.

〈풀이〉 만일 그 말이 착한데 그 말에 어그러지지 않는다면

不亦善乎(불역선호) ⇨ 不亦~乎: 또한 ~하지 아니하겠는가. 반어형임.

〈풀이〉 또한 좋지 않겠습니까?

如不善而莫之違也(여불선이막지위야) ⇨ 之: '不善言'을 받는 대명사. 違: 어그러지다.

〈풀이〉 만일 그 말이 착하지 않은데도 그것에 어그러지지 않는다면

不幾乎一言而喪邦乎(불기호일언이상방호) ⇨ 不亦~乎: 또한 아니한가. 乎: 강조종미사.

〈풀이〉 한마디 말을 하여서 나라를 망친다는 말에 또한 가까운 것이 아닙니까?

16 葉公問政 子曰 近者說 遠者來

섭공이 정치를 묻자 공자가 말씀하셨다. 가까이에 있는 사람은 기뻐하고 먼데 사람은 오게 하는 것이다.

葉公問政(섭공문정) ⇨ 葉公: 沈諸梁심제량. 자는 子高자고.
　〈풀이〉 섭공이 정치를 묻자

近者說(근자열) ⇨ 說: 悅과 같음.
　〈풀이〉 가까이에 있는 사람들은 기뻐하고

遠者來(원자래) ⇨ 〈풀이〉 먼 데 사람들은 오게 하는 것이다.

17 子夏爲莒父宰 問政 子曰 無欲速 無見小利 欲速則不達 見小利則大事不成

자하가 가보의 읍장이 되어 정치를 물었다. 공자가 말씀하셨다. 빨리 하기를 바라지 말고 적은 이익을 생각하지 말라. 빨리 하기를 바라면 (성과를) 달성하지 못하며 적은 이익을 보고자 하면 큰일을 이루지 못한다.

子夏爲莒父宰(자하위거부재) ⇨ 爲: 되었다. 莒父: 노나라의 읍명. 宰: 읍재. 〈풀이〉 자하가 거부의 읍재가 되어

問政(문정) ⇨ 〈풀이〉 정치를 물었다.

無欲速(무욕속) ⇨ 無: 명령·금지형. 〈풀이〉 빨리 하기를 바라지 말고

無見小利(무견소리) ⇨ 無: 위와 같음. 見: 생각하다.
　〈풀이〉 적은 이익을 생각하지 말라

欲速則不達(욕속칙부달) ⇨ 〈풀이〉 빨리 하기를 바라면 성과를 달성하지 못하며

見小利則大事不成(견소리칙대사불성) ⇨ 〈풀이〉 적은 이익을 생각한즉 큰
일을 이루지 못한다.

18 葉公語孔子曰 吾黨有直躬者 其父攘羊 而子證之 孔子曰
吾黨之直者 異於是 父爲子隱 子爲父隱 直在其中矣

섭공이 공자에게 말하여 가로되 우리 마을에 궁이라는 정직한
사람이 있는데 그 아버지가 양을 훔쳐서 아들이 이것을 증언하
였습니다. 공자가 말씀하셨다. 우리 마을의 정직한 사람은 이
와는 다릅니다. 아버지는 아들을 위하여 감추고 아들은 아버지
를 위하여 감추는데 정직은 그 가운데 있습니다.

葉公語孔子曰(섭공어공자왈) ⇨ 〈풀이〉 섭공이 공자에게 말하여 가로되
吾黨有直躬者(오당유직궁자) ⇨ 黨: 무리. 마을. 향당. 25호를 단위로
한 마을. 直: 정직한. 躬: 궁이라는 사람.
〈풀이〉 우리 마을에 궁이라는 정직한 사람이 있는데
其父攘羊(기부양양) ⇨ 攘: 훔치다.
〈풀이〉 그 아버지가 양을 훔쳐서
而子證之(이자증지) ⇨ 證: 증언하다. 而: 則과 같음.
〈풀이〉 아들이 이를 증언하였습니다.
吾黨之直者(오당지직자) ⇨ 〈풀이〉 우리 마을의 정직한 사람은
異於是(이어시) ⇨ 於: 비교의 전치사.
〈풀이〉 이와 다릅니다.
父爲子隱(부위자은) ⇨ 爲: 위하여. 隱: 숨기다.
〈풀이〉 아버지는 아들을 위하여 감추고
子爲父隱(자위부은) ⇨ 〈풀이〉 아들은 아버지를 위하여 감추니
直在其中矣(직재기중의) ⇨ 〈풀이〉 정직함은 그 가운데 있습니다.

19 樊遲問仁 子曰 居處恭 執事敬 與人忠 雖之夷狄 不可棄也

번지가 인을 묻자 공자가 말씀하셨다. 집에 있으면 공손하고
일을 맡아 보면 삼가 조심하고 남과 사귈 때는 충성을 다해야
한다. 비록 오랑캐 땅에 가서라도 버려서는 아니 된다.

居處恭(거처공) ⇨ 居處: 집에 있음. 장기근 교수는 '평상시'로 풀이하
였다. 恭: 공손하다.
〈풀이〉 집에 있으면 공손하고

執事敬(집사경) ⇨ 執事: 일을 맡아 보다. 敬: 삼가다. 경계하며 조심
하다. 〈풀이〉 일을 맡아 보면 삼가 조심하고

與人忠(여인충) ⇨ 與人: 남과 같이 일함. 전하여 남과 사귐. 忠: 성실
하다. 자기 정성을 다하다.
〈풀이〉 남과 사귀면 성실하게 하고

雖之夷狄(수지이적) ⇨ 之: 가다. 夷狄: 동이. 북적 즉 오랑캐.
〈풀이〉 비록 오랑캐 땅에 가더라도

不可棄也(불가기야) ⇨ 不可: ~해서는 안 된다. 금지의 조동사. 棄: 버
리다. 〈풀이〉 버리지 말아야 한다.

20 子貢問曰 何如斯可謂之士矣 子曰 行己有恥 使於四方
不辱君命 可謂士矣 曰 敢問其次 曰 宗族稱孝焉 鄕黨
稱弟焉 曰 敢問其次 曰 言必信 行必果 硜硜然小人哉
抑亦可以爲次矣 曰 今之從政者何如 子曰 噫 斗筲之人
何足算也

자공이 물어 말하였다. 어떻게 하면 선비라 할 수 있습니까?
공자가 말씀하셨다. 수치심을 가지고 자기의 언행을 잘 하며

사방에 사신으로 나가면 임금의 명을 욕되게 하지 않으면 선비라 할 수 있다. 자공이 말하였다. 감히 그 다음을 묻습니다. 공자가 말씀하셨다. 일가가 효자라고 칭찬하며 마을 사람들이 형을 공경하며 잘 섬긴다고 칭찬받는 사람이다. 자공이 말하였다. 감히 그 다음을 묻습니다. 공자가 말씀하셨다. 말하면 반드시 신의가 있고 행하면 반드시 성과가 있으면 주변 없는 소인이라 하겠으나 그래도 역시 그 다음은 되는 사람이다. 자공이 말하였다. 지금 정치에 종사하는 사람은 어떻습니까? 공자가 말씀하셨다. 아! 변변치 못한 사람을 어찌 헤아릴 수 있겠느냐?

何如斯可謂之士矣(하여사가위지사의) ⇨ 何如: 어떠하냐와 같이 사실이나 상태를 물을 때 쓰임, 즉 '어떻게 하면'. 斯: 이것이/이가. 可謂之: 之는 후치사로 '말할 수 있는'으로 풀이되어 士를 꾸밈. 矣는 종미사.

〈풀이〉 어떻게 하면 이것이(이가) 말할 수 있는 선비입니까? 즉 어떻게 하면 선비라 할 수 있습니까?

行己有恥(행기유치) ⇨ 行己: 자기의 언행을 바르게 하다. 처신. 몸가짐. 有恥: 수치심을 있게 즉 수치심을 가지고. 有: 가지고 있다.

〈풀이〉 수치심을 가지고 자기의 언행을 바르게 하며(수치심을 가지고 처신을 잘하며)

使於四方不辱君命(사어사방불욕군명) ⇨ 使: 사신. 사신으로 나가다. 不辱: 욕되게 하지 아니하다.

〈풀이〉 사방에 사신으로 나가서 임금의 명을 욕되게 하지 아니하다.

可謂士矣(가위사의) ⇨ 可謂: ~라 할 수 있다.

〈풀이〉 선비라 할 수 있다.

敢問其次(감문기차) ⇨ 次: 다음.

〈풀이〉 감히 그 다음을 묻습니다.

宗族稱孝焉(종족칭효언) ⇨ 宗族: 本家. 稱: 칭찬하다. 孝: 효자. 焉: 확인의 종미사.

〈풀이〉 일가들이 효자라고 칭찬하고

鄕黨稱弟焉(향당칭제언) ⇨ 鄕黨: 마을. 고을. 鄕은 일만이천호. 黨은 5백호의 마을. 弟: 형이나 연장자를 잘 받드는 것. 공경하다. 형을 공경하여 잘 섬김.

〈풀이〉 마을 사람들이 형을 공경하며 잘 섬긴다고 칭찬하다.

敢問其次(감문기차) ⇨ 〈풀이〉 감히 그 다음을 묻습니다.

言必信(언필신) ⇨ 〈풀이〉 말하면 반드시 신의가 있고

行必果(행필과) ⇨ 〈풀이〉 행하면 반드시 성과가 있다.

硜硜然小人哉(갱갱연소인재) ⇨ 硜硜然: 주변 없는 소인의 모양. 哉: 영탄종미사.

〈풀이〉 주변 없는 소인이라 하겠으나

抑亦可以爲次矣(억역가이위차의) ⇨ 抑: 겸양하다. 따라서. 그래도. 대저. 亦: 또한. 可以: 가능 조동사. 爲: 되다. 次: 다음.

〈풀이〉 그래도 또한 그 다음은 될 수 있다.

今之從政者(금지종정자) ⇨ 今之: 이제의. 從政者: 정치에 종사하고 있는 사람은.

〈풀이〉 지금의 정치에 종사하는 사람은

何如(하여) ⇨ 〈풀이〉 어떻습니까?

噫 斗筲之人(희 두소지인) ⇨ 噫: 감탄사. 斗筲: 斗는 한 말. 筲는 한 말 두 되 들이 그릇. 작은 국량.

〈풀이〉 아! 변변치 못한 사람(국량이 작은 사람)을

何足算也(하족산야) ⇨ 何: 어찌. 足: 족하다. 만족하다. 가하다(할 수 있다). 算: 수를 세다.

〈풀이〉 어떻게 가하다고 헤아릴 수 있겠느냐?

21 子曰 不得中行而與之 必也狂狷乎 狂者進取 狷者有所 不爲也

공자가 말씀하셨다. 중용을 행하는 사람과 무리가 될 수 없다
면 반드시 광자와 견자이로다(택할 것이다). 광자는 진취적이나(진
취적이어서 좋은 일을 행하나) 견자는 행하지 않는 바가(나쁜 일을 하지
않는 바가) 있다.

不得中行而與之(부득중행이여지) ⇨ 不得: ~할 수 없다. 中行: 과·불급
이 없는 행위를 하는 사람. 중용을 행하는 사람.而: 접속사. 與之:
무리가 되다. 〈풀이〉 중용을 행하는 사람과 무리가 될 수 없으면

必也狂狷乎(필야광견호) ⇨ 必: 반드시. 也: 어세를 강하게 하는 종미
사. 狂狷: 뜻이 너무 커서 상규에 벗어나고(狂者) 고집이 너무 세어
융납성이 없고 지조가 굳음(狷者)(모두 중용에 벗어난 행위). 乎: 영탄의
종미사. 〈풀이〉 반드시 광자와 견자이로다.

狂者進取(광자진취) ⇨ 〈풀이〉 광자는 진취적이나

狷者有所不爲也(견자유소불위야) ⇨ 不爲: 행하지 아니하다.
〈풀이〉 견자는 하지 않는 바가 있다.

22 子曰 南人有言 曰 人而無恒 不可以作巫醫 善夫 不恒其 德 或承之羞 子曰 不占而已矣

공자가 말씀하셨다. 남방 사람에 말이 있는데 가로되 사람이면
서 항심이 없으면 무당이나 의사 노릇도 할 수 없다 하였다. 좋
은 말이구나. 그 덕을 일정하여 변하지 않게 하지 아니하면 혹
수치를 당한다고 했다. 공자가 말씀하셨다. 점을 치지 않고도
뻔한 일이다.

南人有言(남인유언) ⇨ 南人: 남방의 사람. 有言: 말이 있다.

〈풀이〉 남방의 사람의 말이 있다.

人而無恒(인이무항) ⇨ 人而: 사람이면서. 無恒: 항심이 없다. 恒은 항심.

〈풀이〉 사람이면서 항심이 없다.

不可以作巫醫(불가이작무의) ⇨ 不可以: ~할 수 없다. 作: 행하다. 일하다. 짓다. 巫: 무당. 醫: 의사.

〈풀이〉 무당이나 의사 노릇도 할 수 없다.

善夫(선부) ⇨ 善: 좋다. 夫: 감탄을 나타내는 종미사.

〈풀이〉 참 좋다. 즉 참 좋은 말이다.

不恒其德(불항기덕) ⇨ 不: 부정사. 恒: 변하지 않고 그렇게 함. 항상 하다. 일정하여 변함이 없음.

〈풀이〉 그 덕을 일정하여 변하지 않게 하지 않으면

或承之羞(혹승지수) ⇨ 或: 혹. 承: 받다. 之: 동사 밑에 와서 어조를 고루는 작용을 하는 후치사. 羞: 수치.

〈풀이〉 혹 수치를 당한다고 했다.

不占而已矣(부점이이의) ⇨ 不占: 점을 치지 아니하다. 而已矣: '~뿐이다'의 종미사 구실을 함.

〈풀이〉 점을 치지 않고도 뻔한 노릇이다(점을 치지 않을 따름이다).

23 子曰 君子和而不同 小人同而不和

군자는 화합하면서 뇌동하지 않으나 소인은 뇌동하면서 화합하지 않는다.

君子和而不同(군자화이부동) ⇨ 和: 화합. 同: 뇌동. 而: 역접의 접속사.

〈풀이〉 군자는 화합하나 뇌동하지 않으며

小人同而不和(소인동이불화) ⇨ 〈풀이〉 소인은 뇌동하나 화합하지 않는다.

24 子貢問曰 鄉人皆好之何如 子曰 未可也 鄉人皆惡之何如
子曰 未可也 不如鄉人之善者好之 其不善者惡之

자공이 물어 말하였다. 향인이 모두 좋아하면 어떻습니까. 공
자가 말씀하셨다. (그것만으로써는) 좋지 못하다. 향인이 모두
미워하면 어떻습니까? 공자가 말씀하셨다. (그것만으로써는)
좋지 못하다. 향인이 착한 사람을 좋아하고 그 착하지 않은 사
람을 미워함만 같지 못하다.

鄉人皆好之何如(향인개호지하여) ⇨ 之: 好 밑에 와서 어조를 고루는
종미사. 何如: 어떻습니까?
〈풀이〉 향인이 모두 좋아하면 어떻습니까?

未可也(미가야) ⇨ 未: 부정사. 可: 좋다.
〈풀이〉 좋지 못하다(그것만으로는 좋지 못하다).

鄉人皆惡之何如(향인개오지하여) ⇨ 惡: 미워하다.
〈풀이〉 향인이 모두 미워하면 어떻습니까?

不如鄉人之善者好之(불여향인지선자호지) ⇨ 不如: ~와 같지 못하다.
이것은 其不善者惡之까지 걸린다. 鄉人之: 향인의. 善者: 착한 사람
이. 好: 좋아하다. 之: 好 밑에 와서 어조를 고루는 종미사.
〈풀이〉 마을 사람들의 착한 사람을 좋아함만 같지 못하다.

其不善者惡之(기불선자오지) ⇨ 〈풀이〉 그 착하지 아니한 사람을 미워함만
같지 못하다.

25 子曰 君子易事而難說也 說之不以道 不說也 及其使人也
器之 小人難事而易說也 說之雖不以道 說也 及其使人也
求備焉

공자가 말씀하셨다. 군자는 섬기기는 쉬우나 기쁘게 하기는 어렵다. 도리로써 기쁘게 하지 않으면 기뻐하지 아니한다. 사람을 부리는 데 미쳐서는 훌륭한 인재를 중히 여겨 적소에 쓴다. 소인은 섬기기는 어려우나 기쁘게 하기는 쉽다. 비록 도리가 아닌 방법으로 기쁘게 하여도 기뻐한다. 사람을 부리는데 미쳐서는 한 사람에게 재능이 겸비하기를 요구한다.

君子易事而難說也(군자이사이난열야) ⇨ 易: 쉽다. 事: 섬기다. 而: 역접. 難: 어렵다. 說: 기뻐하다.

〈풀이〉 군자는 섬기기는 쉬우나 기쁘게 하기는 어렵다.

說之不以道(열지불이도) ⇨ 說: 기쁘게 하다. 之: 군자를 가리키는 대명사. 不以道: 도로써 하지 않으면.

〈풀이〉 군자를 기쁘게 하는 것이 도로써 하지 아니하면

不說也(불열야) ⇨ 〈풀이〉 기뻐하지 아니하다.

及其使人也(급기사인야) ⇨ 及: 미쳐서는. 其: 대용대명사 '그가'. 使: 부리다. 人: 남. 사람.

〈풀이〉 사람을 부리는데 미쳐서는

器之(기지) ⇨ 器: 훌륭한 인재를 중히 여겨 적소에 씀. 之: 인재를 가리키는 대명사.

〈풀이〉 훌륭한 인재를 중히 여겨 적소에 쓴다.

小人難事而易說也(소인난사이이열야) ⇨ 〈풀이〉 소인은 섬기기가 어려우나 기쁘게 하기는 쉽다.

說之雖不以道(열지수불이도) ⇨ 說: 기쁘게 하다. 之: 소인을 가리키는 대명사. 雖: 비록. 以道: 도리로써.

〈풀이〉 그를 기쁘게 하되 비록 도로써 하지 아니하여도

說也(열야) ⇨ 〈풀이〉 기뻐한다.

求備焉(구비언) ⇨ 求: 요구하다. 備: 具有함.

〈풀이〉 한 사람에게 재능이 겸비하기를 요구한다.

26 子曰 君子泰而不驕 小人驕而不泰

공자가 말씀하셨다. 군자는 태연하나 교만하지 아니하고 소인은 교만하며 태연하지 아니하다.

君子泰而不驕(군자태이불교) ⇨ 泰: 태연하다. 而: 역접의 접속사.
〈풀이〉 군자는 태연하나 교만하지 아니하고
小人驕而不泰(소인교이불태) ⇨ 〈풀이〉 소인은 교만하나 태연하지 아니하다.

27 子曰 剛毅木訥近仁

공자가 말씀하셨다. 강직하고 과감하며 질박하고 말이 적으면 인에 가깝다.

剛毅木訥近仁(강의목눌근인) ⇨ 剛: 강직하다. 毅: 과감함. 의지가 강한. 木: 질박하다. 訥: 말이 적다.

28 子路問曰 何如斯可謂之士矣 子曰 切切偲偲怡怡如也 可謂士矣 朋友切切偲偲 兄弟怡怡

자로가 물어 말하였다. 어떠하면 이자가 선비라 말할 수 있습니까? 공자가 말씀하셨다. 간절히 선을 권하고 벗이나 동지끼리는 서로 격려하며 선도를 권장하고 기뻐하듯 하면 선비라 할 수 있다. 벗은 간절히 선행을 권면하고 격려하며 형제에게는 서로 온화해야 한다.

何如斯可謂之士矣(하여사가위지사의) ⇨ 斯: 이. 可謂之: 말할 수 있는. 之: 어세를 고루는 종미사. 士: 선비.

〈풀이〉 어떠하면 이를 선비라 할 수 있겠습니까?

切切偲偲怡怡如也(절절시시이이여야) ⇨ 切切: 매우 간절히 선을 권하다. 매우 정성스럽다. 偲偲: 벗이나 동지끼리 서로 격려하며 선도를 권장하다. 怡怡: 기뻐하다. 즐거워하다.

〈풀이〉 (매우) 간절히 선을 권하고 벗이나 동지 끼리 서로 격려하며 선도를 권장하고 서로 기뻐하는 것과 같이 하면

可謂士矣(가위사의) ⇨ 〈풀이〉 선비라 할 수 있다.

朋友切切偲偲(붕우절절시시) ⇨ 切切偲偲: 벗의 사귐에 서로 간절히 선행을 권면하고 격려하다.

〈풀이〉 벗은 서로 간절히 선행을 권면하고 격려하며

兄弟怡怡(형제이이) ⇨ 怡怡: 온화하다. 화기가 있다.

〈풀이〉 형제에게는 서로 온화해야야 한다.

29 子曰 善人敎民七年 亦可以卽戎矣

공자가 말씀하셨다. 착한 사람이 백성을 7년간 가르치면 또한 싸움에 나가게 할 수 있다.

善人敎民七年(선인교민칠년) ⇨ 善人: 착한 사람. 敎民七年: 백성을 7년간 가르치면.

亦可以卽戎矣(역가이즉융의) ⇨ 可以: ~할 수 있다. 가능조동사. 卽: 나가다. 戎: 전쟁.

〈풀이〉 역시 싸움에 나가게 할 수 있다.

30 子曰 以不敎民戰 是謂棄之

공자가 말씀하셨다. 백성을 가르치지 아니함으로써 싸우게 하
는 것은 이는 백성을 버리는 것이라 하겠다.

以不敎民戰(이불교민전) ⇨ 以: ~으로써. 이유의 전치사. 不敎民: 백성
을 가르치지 아니하다. 戰: 전쟁. 싸우게 하다.
〈풀이〉 백성을 가르치지 아니함으로써 싸우게 하다.

是謂棄之(시위기지) ⇨ 是: 이것은. 棄: 버리다. 之: 백성을 받는 대명사.
〈풀이〉 이것은 백성을 버리는 것이라 하겠다.

第十四篇 憲問

제14편 헌문

1 憲問恥 子曰 邦有道穀 邦無道穀 恥也

원헌이 수치에 대하여 묻자 공자가 말씀하셨다. 나라에 도가 있
는데 녹을 먹지마는 나라에 도가 없는데 녹을 먹으면 수치이다.

憲問恥(헌문치) ⇨ 憲: 공자의 제자. 성은 原. 憲은 이름. 자는 子恩.
〈풀이〉 원헌이 수치에 대하여 묻자
邦有道穀(방유도곡) ⇨ 穀: 녹. 녹곡.
〈풀이〉 나라에 도가 있으면 녹을 먹지만
邦無道穀(방무도곡) ⇨ 〈풀이〉 나라에 도가 없는데 녹을 먹으면
恥也(치야) ⇨ 〈풀이〉 수치이다.

2 克伐怨欲不行焉 可以爲仁矣 子曰 可以爲難矣 仁則吾不知也

남에게 이기기를 좋아하고 자기의 공적을 자랑하고 원망하고
탐욕을 부리기를 행하지 아니하면 인이 된다고 할 수 있습니
까? 공자가 말씀하셨다. 어렵다 할 수 있으나 인에 이르러서는

나는 모르겠다.

克伐怨欲不行焉(극벌원욕불행언) ⇨ 克: 지기 싫어함. 伐: 공적을 자랑하다. 怨: 원망하다. 欲: 탐하다. 욕심. 不行: 행하지 아니함.

〈풀이〉지기 싫어하고(이기기를 좋아하고) 자기 공적을 자랑하고 원망하고 탐욕을 행하지 않으면

可以爲仁矣(가이위인의) ⇨ 可以: ~할 수 있다. 爲: 되다.

〈풀이〉인이 된다고 할 수 있습니까?

可以爲難矣(가이위난의) ⇨ 難: 어렵다.

〈풀이〉어렵다 할 수 있으나

仁則吾不知也(인즉오부지야) ⇨ 仁: 인. 則: ~에 이르러서는.

〈풀이〉인에 이르러서는 나는 모르겠다.

3 子曰 士而懷居 不足以爲士矣

공자가 말씀하셨다. 선비라 하더라도 좋은 처소를 그리워하면 선비라 하기에는 부족하다.

士而懷居(사이회거) ⇨ 懷: 생각을 품다. 그리워하다.

〈풀이〉선비로서 편안한 처소를 그리워하면

不足以爲士矣(부족이위사의) ⇨不足以: (~하기에는) 족하지 아니하다. 以는 단지 어조를 고루기 위하여 쓰인 후치사. 爲: 하다.

〈풀이〉선비라 하기에는 족하지 아니하다.

4 子曰 邦有道 危言危行 邦無道 危行言孫

공자가 말씀하셨다 나라에 도가 있으면 말을 엄격하게 하고 행실도 엄격하게 해야 하나 나라에 도가 없으면 행실은 엄격히 하고 말은 겸손하게 해야 한다.

邦有道 危言危行(방유도 위언위행) ⇨ 危: 엄격하다.
〈풀이〉 나라에 도가 있으면 말을 엄격하게 하고 행실도 엄격히 해야 한다.
邦無道(방무도) ⇨ 〈풀이〉 나라에 도가 없으면
危行言孫(위행언손) ⇨ 危: 엄격히 하다. 곧게 하다. 孫: 겸손하다.
〈풀이〉 행실은 엄격히 하고 말은 겸손하게 해야 한다.

5 子曰 有德者必有言 有言者不必有德 仁者必有勇 勇者不必有仁

공자가 말씀하셨다. 덕이 있는 사람은 반드시 올바른 말을 하나 올바른 말을 하는 사람은 반드시 덕이 있는 것은 아니다. 인덕을 지닌 자는 반드시 용기가 있으나 용감한 사람은 반드시 인덕을 지니지는 않는다.

有德者必有言(유덕자필유언) ⇨ 〈풀이〉 덕이 있는 사람은 반드시 올바른 말을 하나
有言者不必有德(유언자불필유덕) ⇨ 〈풀이〉 올바른 말을 하는 사람은 반드시 덕이 있는 것은 아니다.
仁者必有勇(인자필유용) ⇨ 〈풀이〉 어진 사람은 반드시 용기가 있으나
勇者不必有仁(용자불필유인) ⇨ 〈풀이〉 용감한 사람은 반드시 인을 지니지는 않는다.

6 南宮适問於孔子曰 羿善射 奡盪舟 俱不得其死然 禹稷躬
稼而有天下 夫子不答 南宮适出 子曰 君子哉若人 尚德
哉若人

남궁괄이 공자에게 물어 말하였다. 예는 활을 잘 쏘았고 오는
배를 움직일 정도였으나 다 같이 죽음을 갖추지 못하였습니
다. 우와 직은 몸소 농사를 지었으나 천하를 소유하였습니다.
선생은 답을 하지 않으셨다. 남궁괄이 나가자 공자가 말씀하
셨다. 군자로다, 이와 같은 사람이. 덕을 높이는구나, 이와 같
은 사람이.

南宮适問於孔子曰(남궁괄문어공자왈) ⇨ 南宮适: 노의 대부. 南宮敬淑
남궁경숙. 자는 客객. 南客남객이라고도 했다.

〈풀이〉 남궁괄이 공자에게 물어 말하였다.

羿善射(예선사) ⇨ 羿: 有窮國유궁국의 君군으로 활을 쏘았다. 夏하 后相후
상을 죽이고 왕위를 찬탈하였으나 신하 寒捉한착에게 피살되었다.
善: 잘 하다. 射: 활을 쏘다.

〈풀이〉 예는 활을 잘 쏘았고

奡盪舟(오탕주) ⇨ 奡: 寒浞한착의 아들로 힘이 세어서 큰 배를 흔들만
했다. 夏后小唐하후소당에게 피살되었다. 盪舟: 손으로 배를 움직이
다. 盪는 움직이다.

〈풀이〉 오는 손으로 배를 움직였다(그런 힘을 가졌다).

俱不得其死然(구불득기사연) ⇨ 俱: 갖추다. 구비하다. 然: 焉과 같은
어조사로 語末어말에 붙이는 助辭조사.

〈풀이〉 (다 같이) 그 죽음을 갖추지 못하였다.

禹稷躬稼而有天下(우직궁가이유천하) ⇨ 禹: 순왕으로부터 선양을 받
은 성군으로 일찍이 치수에 공을 세웠다. 稷: 백곡을 재배하여 백
성을 잘 살게 하여 준 周주의 선조로 농업의 공적자다. 후에 周는

농업을 건국의 기본으로 삼았다. 躬: 몸소. 손수. 몸소하다. 稼: 농사. 而: 역접. 有: 가지다. 소유하다.

〈풀이〉 우와 직은 몸소 농사를 지었으나 천하를 소유하였습니다.

夫子不答(부자부답) ⇨ 夫子: 선생. 不答: 답하지 않으셨다.

〈풀이〉 선생은 답하지 않으셨다.

南宮适出(남궁괄출) ⇨ 〈풀이〉 남궁괄이 나가거늘

君子哉若人(군자재약인) ⇨ 哉: 감탄종미사. 若: 이와 같음.

〈풀이〉 군자로다, 이와 같은 사람이.

尙德哉若人(상덕재약인) ⇨ 尙: 숭상하다. 높이다. 받들다.

〈풀이〉 덕을 숭상하는구나(높이는구나), 이와 같은 사람이.

7 子曰 君子而不仁者有矣夫 未有小人而仁者也

공자가 말씀하셨다. 군자이면서 어질지 아니한 사람은 있으나 소인이면서 어진 사람은 아직 있지 아니하다.

君子而不仁者有矣夫(군자이불인자유의부) ⇨ 君子而: 군자로서. 군자이면서. 不仁者: 어질지 아니한 사람은. 有: 있다. 矣夫: 夫를 강조하여 말할 때 이런 식으로 씀. 夫는 감탄을 나타냄.

〈풀이〉 군자로서(이면서) 어질지 아니한 사람은 있으나

未有小人而仁者也(미유소인이인자야) ⇨ 未有: 아직 있지 아니하다. 小人而: 소인이면서. 仁者也: 어진 사람은. 也는 종미사.

〈풀이〉 소인이면서 어진 사람은 아직 있지 아니하다.

8 子曰 愛之能勿勞乎 忠焉能勿誨乎

공자가 말씀하셨다. 사랑한다고 일하지 않게 할 수 있으며 충성한다고 가르치지 않을 수 있겠느냐?

愛之能勿勞乎(애지능물로호) ⇨ 愛: 사랑하다. 之: 동사 밑에 와서 어조를 고루는 종미사. 能: 가능조동사. 勿: 말다(금지사), 없다(부정사). 勞: 일하다. 乎: 의문종미사.

〈풀이〉 사랑한다고 일하지 않게 할 수 있겠느냐?

※ 乎는 '있겠느냐'로 풀어야 하나 의문형이 연결되어 있으므로, 본문에서는 '있으며'로 풀었다.

忠焉能勿誨乎(충언능물회호) ⇨ 焉: 확인의 종미사 또는 어세를 강화하는 종미사. 誨: 가르치다.

〈풀이〉 충성한다고 가르치지 않을 수 있겠느냐?

9 子曰 爲命裨諶草創之 世叔討論之 行人子羽修飾之 東里子産潤色之

공자가 말씀하셨다. 사령을 작성할 때 비심이 초안을 만들고 세숙이 이것을 검토하고 외교관 자우가 이것을 수식하고 동리에 사는 자산이 이것을 윤색하였다.

爲命裨諶草創之(위명비심초창지) ⇨ 爲命: 사령을 작성하다. 命은 사령, 교령. 裨諶: 정나라 대부. 草: 초안. 創: 만들다. 之: 동사 밑에 와서 어조를 고루는 종미사.

〈풀이〉 사령을 작성할 때는 비심이 초안을 만들고

世叔討論之(세숙토론지) ⇨ 世叔: 정나라 대부. 游吉유길. 討論: 내용을 검토·심의하다.

〈풀이〉 세숙이 내용을 검토, 심의하고

行人子羽修飾之(행인자우수식지) ⇨ 行人: 국외로 가는 사신과 빈객의 접대를 맡은 벼슬, 즉 외교관. 子羽: 公孫揮공손휘. 정의 대부. 修飾: 정돈하여 꾸미다 곧 수정하다.

〈풀이〉 외교관인 자우가 수정하고

東里子産潤色之(동리자산윤색지) ⇨ 東里: 대부인 자산이 살던 곳.

〈풀이〉 동리에 사는 자산이 아름답게 다듬었다.

※ 위의 討論之, 修飾之, 潤色之에서의 之는 앞의 사령장을 가리키는 대명사로 보아도 좋을 것이다.

10 或問子産 子曰 惠人也 問子西 曰 彼哉彼哉 問管仲 曰 人也 奪伯氏騈邑三百 飯疏食 沒齒無怨言

어떤 사람이 자산을 묻자 공자는 말씀하셨다. 은혜로운 사람이다. 자서에 대하여 묻자 공자는 그 사람인가 그 사람인가 하셨다. 관중을 묻자 공자가 말씀하셨다. 그 사람은 백씨의 병읍 땅 삼백을 몰수하였다. 변변치 못한 거친 밥을 먹고 한평생 원망하는 말을 하지 않았다.

或問子産(혹문자산) ⇨ 子産: 정의 대부. 정치가로서 공이 컸다.

〈풀이〉 어떤 사람이 자산에 대하여 물었다.

惠人也(혜인야) ⇨ 〈풀이〉 은혜로운 사람이다.

問子西(문자서) ⇨ 子西: 초나라 공자로 불리며 현명한 재상으로 평판이 높았으나 순왕이 공자를 등용하고자 하는 것을 저지하였으며 뒤에 白公백공의 내란으로 피살되었다.

〈풀이〉 자서를 묻자

彼哉彼哉(피재피재) ⇨ 〈풀이〉 그 사람인가. 그 사람인가(말할 필요도 없다) 하
셨다.

問管仲(문관중) ⇨ 管仲: 제나라 대부.

〈풀이〉 관중에 대하여 묻자

人也(인야) ⇨ 〈풀이〉 그 사람은

奪伯氏騈邑三百(탈백씨병읍삼백) ⇨ 奪: 봉토를 박탈함. 伯氏: 제나
라 대부. 이름은 偃언. 騈邑: 지명. 三百: 書社서사 三百. 주례에 25가
를 社사라 하고 各社각사에는 그 社사의 人名인명을 적었으므로 書社
라 했다. 書社 三百은 7500家戶가호이다.

〈풀이〉 백씨의 땅 병읍 삼백을 몰수하였다.

飯疏食(반소식) ⇨ 飯: 먹다. 疏食: 변변치 못한 거친 밥.

〈풀이〉 변변치 못한 거친 밥을 먹고

沒齒無怨言(몰치무원언) ⇨ 沒齒: 齒는 연령. 수명을 다할 때까지.

〈풀이〉 수명이 다할 때까지(한평생) 원망하는 말이 없었다.

11 子曰 貧而無怨難 富而無驕易

공자가 말씀하셨다. 가난하면서 원망하지 않기는 어려우나 부
자이면서 교만하지 않기는 쉽다.

⇨ 難(난): 어렵다. 驕(교): 교만하다.

12 子曰 孟公綽爲趙魏老則優 不可以爲滕薛大夫

공자가 말씀하셨다. 맹공작은 조와 위와 같은 大家의 가신인즉
충분하나 등과 설의 소구의 대부는 될 수 없다.

孟公綽爲趙魏老則優(맹공작위조위노즉우) ⇨ 孟公綽: 노의 대부. 趙魏: 晉진나라의 貴族大家귀족대가. 老: 가신. 則: 즉. 優: 충분하다. 우수하다. 뛰어나다.

〈풀이〉 맹공작은 조나 위의 가신인즉 충분하다.

不可以爲滕薛大夫(불가이위등설대부) ⇨ 不可以爲: 될 수 없다. 滕薛: 小國소국의 이름.

〈풀이〉 등과 설의 대부는 될 수 없다.

13 子路問成人 子曰 若臧武仲之知 公綽之不欲 卞莊子之勇 冉求之藝 文之以禮樂 亦可以爲成人矣 曰 今之成人者何 必然 見利思義 見危授命 久要不忘平生之言 亦可以爲成 人矣

자로가 성인에 대하여 물었다. 공자가 말씀하셨다. 만약 장무중의 지혜와 공작의 무욕과 변장자의 용맹과 염구의 재주에 예악으로써 꾸민다면 또한 성인이라고 할 수 있다. 공자가 말씀하셨다. 오늘날의 성인은 어찌 반드시 그렇게까지 할 게 있겠느냐? 이득을 보면 정의를 생각하고 위태로움을 보면 목숨을 바칠 줄 알고 옛날의 약속이라도 지난날의 말을 잊지 않으면(잊지 않고 실천한다면) 역시 성인이라고 할 수 있다.

子路問成人(자로문성인) ⇨ 成人: 학문, 덕행을 구비한 완전한 사람.

〈풀이〉 자로가 학문과 덕행을 구비한 완전한 사람을 묻자

若臧武仲之知(약장무중지지) ⇨ 若: 만약. 臧武仲: 노의 대부. 이름은 紇흘. 文仲문중의 손자. 宣叔선숙의 아들. 多知多才다지다재였다. 之: ~의. 知: 지혜.

〈풀이〉 만약 장무중의 지혜

公綽之不欲(공작지불욕) ⇨ 不欲: 무욕. 욕심이 없음.

〈풀이〉 공작의 무욕

卞莊子之勇(변장자지용) ⇨ 卞莊子: 노나라 변읍의 대부. 용감하여 호랑이를 잡았다. 〈풀이〉 변장자의 용기

冉求之藝(염구지예) ⇨ 藝: 재주. 〈풀이〉 염구의 재주

文之以禮樂(문지이예악) ⇨ 文之: 문채. 아름답다. 선미하다. 빛나다. 화려하다. 꾸미다.

〈풀이〉 예악으로 꾸미다.

亦可以爲成人矣(역가이위성인의) ⇨ 爲: ~하다. 되었다고 하다.

〈풀이〉 역시 성인이라 할 수 있다.

今之成人(금지성인) ⇨ 今之: 지금의.

〈풀이〉 지금의 성인은

何必然(하필연) ⇨ 何: 어찌. 然: 그러하다.

〈풀이〉 어찌 반드시 그렇게까지 할 게 뭐 있느냐?

見利思義(견리사의) ⇨ 〈풀이〉 이득을 보면 정의를 생각하고

見危授命(견위수명) ⇨ 〈풀이〉 위태로움을 보면 생명을 바치다.

久要不忘平生之言(구요불망평생지언) ⇨ 久要: 옛날의 약속. 不忘: 잊지 않는다. 平生之: 지난날의. 평소의. 言: 말.

〈풀이〉 옛날의 약속일지라도 지난날의 말을 잊지 않으면

14 子問公叔文子於公明賈曰 信乎 夫子不言不笑不取乎 公明賈對曰 以告者過也 夫子時然後言 人不厭其言 樂然後笑 人不厭其笑 義然後取 人不厭其取 子曰 其然 豈其然乎

공자가 공명가에게 공숙문자에 대하여 물었다. 참이냐? 공숙문자는 말하지 아니하고 웃지 아니하고 재물을 거두어들이지 아니하느냐? 공명가가 대답하였다. 이로써 고한 사람은 지나쳤습

니다. 공숙문자는 때가 된 뒤에 말하므로 남들이 그 말을 싫어하지 아니하며 즐거운 뒤에야 웃으므로 남들이 그 웃음을 싫어하지 아니하며 정의로운 후에야 취하므로(거두어들이므로) 남들이 그 취함을 싫어하지 아니합니다 하였다. 공자가 말씀하셨다. 그것은 그러할 것이다. 실지로 그러하였을까?

子問公叔文子於公明賈曰(자문공숙문자어공명가왈) ⇨ 公叔文子: 위나라 대부. 公孫拔**공손발**. 文은 시호. 公明賈: 위나라 사람. 성이 公明. 賈는 이름.

〈풀이〉 공자가 공명가에게 공숙문자를 물어 말하였다.

信乎(신호) ⇨ 信: 참으로. 乎: 의문종미사.

〈풀이〉 참이냐(참말이냐)?

夫子不言不笑不取乎(부자불언불소불취호) ⇨ 夫子: 대부의 자리에 있는 사람에 대한 존칭. 여기서는 공숙문자를 가리킴. 取: 거둬들임.

〈풀이〉 공숙문자는 말하지 아니하고 웃지 아니하고 거두어들이지 아니하느냐?

公明賈對曰(공명가대왈) ⇨ 〈풀이〉 공명가가 대답하여 말하였다.

以告者過也(이고자과야) ⇨ 以: 이상의 것으로써 또는 이상으로써. 告者: 고한 자. 過也: 지나쳤다.

〈풀이〉 위로써 고한 사람은 지나쳤습니다.

夫子時然後言(부자시연후언) ⇨ 〈풀이〉 공숙문자는 때가 된 연후에 말한다.

人不厭其言(인불염기언) ⇨ 〈풀이〉 남들이 그 말을 싫어하지 아니하다.

樂然後笑(낙연후소) ⇨ 〈풀이〉 즐거운 연후에 웃다.

人不厭其笑(인불염기소) ⇨ 〈풀이〉 남이 그 웃음을 싫어하지 아니하다.

義然後取(의연후취) ⇨ 〈풀이〉 정의로운 후에 재물을 취하다.

人不厭其取(인불염기취) ⇨ 〈풀이〉 남들이 그 취함을 싫어하지 아니한다.

其然(기연) ⇨ 其: 대용대명사 '그것'. 〈풀이〉 그것은 그러할 것이다.

豈其然乎(기기연호) ⇨ 豈: 설마. 실지로. 乎: 의문종미사. 然: 그러하다.

〈풀이〉 설마 그렇게 하였을까?

15 子曰 臧武仲以防 求爲後於魯 雖曰不要君 吾不信也

공자가 말씀하셨다. 장무중이 (죄를 지어 노나라에서 쫓겨났으나) 방읍을 기점으로 하여 후계자를 삼고자 노나라에 요구하였는데 비록 임금에 협박을 하지 아니하였다고 하나 나는 믿을 수 없다.

臧武仲以防(장무중이방) ⇨ 以: 의하여. 으로써. 防: 지명. 무중의 봉읍. 以防을 장기근 교수는 '방읍을 점유해 기점으로 삼고'로 풀이하였다. 일인 학자 金谷治는 '근거하여'로 풀었다. 이에 '방으로써'로 풀어도 될 듯하다.
〈풀이〉 장무중이(죄를 지어 노나라에서 쫓겨났으나) 방읍을 근거로 하여(방으로써 하여)

求爲後於魯(구위후어로) ⇨ 求: 요구하다. 爲後: 후계자로 삼다. 後는 후계자. 於魯: 노나라에.
〈풀이〉 후계자를 삼겠다고 노나라에 요구하였다.

雖曰不要君(수왈불요군) ⇨ 要: 협박하다. 君: 임금.
〈풀이〉 비록 임금을 협박하지 않았다 하나

吾不信也(오불신야) ⇨ 〈풀이〉 나는 믿지 않겠다.

16 子曰 晉文公譎而不正 齊桓公正而不譎

공자가 말씀하셨다. 진나라 문공은 기만하였으나(권모술수를 썼으나) 바르지 아니하였고 제나라 환공은 발랐으나 기만하지 않았다(권모술수를 쓰지 않았다).

晉文公譎而不正(진문공휼이부정) ⇨ 晉文公: 이름은 重耳중이. 譎: 속이

다. 권모술수를 쓰다.

〈풀이〉 진문공은 기만하되 바르지 아니하고

齊桓公正而不譎(제환공정이불휼) ⇨ 齊桓公: 이름은 小白소백.

〈풀이〉 제나라 환공은 발랐으나 기만하지 아니하였다.

17 子路曰 桓公殺公子糾 召忽死之 管仲不死 曰未仁乎 子
曰 桓公九合諸侯 不以兵車 管仲之力也 如其仁 如其仁

자로가 말하였다. 환공이 공자 규를 죽였다. 소홀도 죽었다. 관
중은 죽지 아니하였다. 말하되 어질지 아니하다 하겠습니까?
공자가 말씀하셨다. 환공은 제후를 규합하되 병차를 쓰지 아니
한 것은 관중의 힘이다. 누가 그 인에 미치랴 누가 그 인에 미
치랴.

桓公殺公子糾(환공살공자규) ⇨ 〈풀이〉 환공이 공자 규를 죽이다.

召忽死之(소홀사지) ⇨ 之: 어조를 고르는 종미사.

〈풀이〉 소홀은 죽었다

管仲不死(관중불사) ⇨ 〈풀이〉 관중은 죽지 않았다.

曰未仁乎(왈미인호) ⇨ 未: 부정사. 乎: 의문종미사.

〈풀이〉 어질지 못하다 하겠습니까?

桓公九合諸侯(환공구합제후) ⇨ 九合: 糾合.

〈풀이〉 환공은 제후를 규합하되

不以兵車(불이병차) ⇨ 〈풀이〉 병차로써 하지 아니하였으니

管仲之力也(관중지역야) ⇨ 〈풀이〉 관중의 힘이었다.

如其仁 如其仁(여기인 여기인) ⇨ 如: 미치다.

〈풀이〉 누가 그 인에 미치랴. 누가 그 인에 미치랴!

18 子貢曰 管仲非仁者與 桓公殺公子糾 不能死 又相之 子曰 管仲相桓公 霸諸侯 一匡天下 民到于今受其賜 微管仲 吾其被髮左衽矣 豈若匹夫匹婦之爲諒也 自經於溝瀆而莫之知也

자공이 말하였다. 관중은 어질지 않는 사람이 아닙니까? 환공이 공자 규를 죽였는데 죽지 못하고 또 그의 재상이 되었으니까요. 공자가 말씀하셨다. 관중은 환공을 도와서 제후의 우두머리가 되게 하였고 어지러운 천하를 바로잡아 다스렸다. 백성들은 오늘에 이르도록 그의 은혜를 받고 있다. 관중이 없었다면 우리가 머리를 풀고 왼섶이 안으로 들어가는 옷을 입었을 것이다(오랑캐 옷을 입었을 것이다). 어찌 보통 남녀가 하찮은 의리를 지킨다고 도랑에서 목매 아무도 모르게 죽는 것과 같겠느냐(아무도 모르게 죽는 것이 관중과 같은 사람과 같겠느냐)?

管仲非仁者與(관중비인자여) ⇨ 非仁者: 어질지 아니한 사람. 與: 의문종미사. 〈풀이〉 관중은 어질지 아니한 사람입니까?

桓公殺公子糾(환공살공자규) ⇨ 환공이 공자 규를 죽였다.

不能死(불능사) ⇨ 能: 가능조동사. 〈풀이〉 죽지 못했다.

又相之(우상지) ⇨ 相: 가신. 정승. 재상이 되다. 之: 동사 밑에 와서 어조를 고루는 종미사. 〈풀이〉 또 재상이 되었다.

管仲相桓公(관중상환공) ⇨ 相: 도우다. 보좌하다.
〈풀이〉 관중은 환공을 도우다.

霸諸侯(패제후) ⇨ 霸: 우두머리가 되다.
〈풀이〉 제후의 우두머리가 되게 하다.

一匡天下(일광천하) ⇨ 匡: 바로잡다.
〈풀이〉 어지러운 천하를 바로잡아 다스렸다.

民到于今受其賜(민도우금수기사) ⇨ 民: 백성은. 到于今: 오늘에 이르

도록 受: 받다. 其: 그(관중)의. 賜: 은혜. 은택

〈풀이〉 백성은 오늘에 이르도록 그의 은혜를 받고(입고) 있다.

微管仲(미관중) ⇨ 微: 없다. 아니다.

〈풀이〉 관중이 없었다면(또는 관중이 아니었다면)

吾其被髮左衽矣(오기피발좌임의) ⇨ 吾: 나는. 其: 그. 被髮: 머리를 풀다. 左: 왼쪽으로 하다. 왼섶이 안으로 들어가게 옷을 입다. 衽: 옷섶. 被髮左衽: 모두 야만의 풍속을 나타냄. 矣: 확신의 종미사.

〈풀이〉 우리가 머리를 풀고 왼섶이 안으로 들어가게 옷을 입었을 것이다(야만의 풍속이 되어 있을 것이다).

豈若匹夫匹婦之爲諒也(기약필부필부지위량야) ⇨ 豈若: 어찌 ~ 같이 하겠느냐? 이것은 다음 구절에 걸린다. 爲諒: 諒량은 小信소신. 조그마한 절개를 지키는 것.

〈풀이〉 어찌 보통 남녀의 하찮은 의리를 지키어

自經於溝瀆而莫之知也(자경어구독이막지지야) ⇨ 自經: 스스로 목매어 죽음. 溝瀆: 도랑. 莫: 없다. 之: 대명사(죽는 것). 知: 알다.

〈풀이〉 도랑에서 스스로 목매어 아무도 모르게 죽는 것과 같겠느냐(관중 같은 사람과 어찌 같겠느냐)?

19 公叔文子之臣大夫僎 與文子同升諸公 子聞之曰 可以爲文矣

공숙문자의 신인 대부 선이 문자와 더불어 조신에 같이 올랐다. 공자가 이를 듣고 말씀하셨다. 가히 (문자는) 문(文)이라 할 만하다.

公叔文子之臣大夫僎(공숙문자지신대부선) ⇨ 公叔文子: 위의 대부. 이름은 拔발. 〈풀이〉 공숙문자의 신하인 대부 선이

與文子同升諸公(여문자동승제공) ⇨ 同升: 같이 오르다. 諸: 之於지어.

公: 朝臣조신. 벼슬아치의 직무.

〈풀이〉 문자와 더불어 조신에 같이 올랐다.

子聞之(자문지) ⇨ 之: 지시대명사. 〈풀이〉 공자가 이를 듣고

曰(왈) ⇨ 〈풀이〉 말하였다.

可以爲文矣(가이위문의) ⇨ 可以: 가능조동사. 爲: ~하다.

〈풀이〉 (문자는) 文이라 할 만하다.

※ 文子는 사후의 시호. 文子가 생전에 私情사정에 매이지 않고 자신의
가신을 조정에 추천한 일은 사후의 文이라는 美名미명에 알맞다고
하였다.

20 子言衛靈公之無道也 康子曰 夫如是 奚而不喪 孔子曰
仲叔圉治賓客 祝鮀治宗廟 王孫賈治軍旅 夫如是 奚其喪

공자가 위나라 위공의 무도함을 말하자 강자가 말하였다. 대저
이와 같은데 어찌하여 지위를 잃지 않았습니까? 공자가 말씀하
셨다. 중숙어는 외구 손님을 다스리고 축타는 종묘를 다스리고
왕손가는 군사를 다스리니 대저 이와 같으니 어찌 그 지위를
잃겠느냐?

夫如是(부여시) ⇨ 夫: 대저. 〈풀이〉 대저 이와 같은데

奚而不喪(해이불상) ⇨ 奚: 의문부사. 어찌. 而: ~하여. 喪: 지위를 잃다.

〈풀이〉 어찌하여 지위를 잃지 않았습니까?

仲叔圉治賓客(중숙어치빈객) ⇨ 仲叔圉: 孔文子공문자. 위의 가신. 治:
다스리다. 賓客: 외국에서 오는 손님.

〈풀이〉 중숙어는 외국에서 오는 손님을 다스리고

祝鮀治宗廟(축타치종묘) ⇨ 祝鮀: 위의 가신.

〈풀이〉 축타는 종묘를 다스리다.

王孫賈治軍旅(왕손가치군려) ⇨ 王孫賈: 위의 가신. 軍: 일만 이천오백인. 旅: 오백인의 군대조직.

〈풀이〉 왕손가가 군사를 맡아 다스리다.

21 子曰 其言之不怍 則爲之也難

공자가 말씀하셨다. 그 말을 부끄러워하지 않으면 곧 그것을 이행하기란 어렵다(말이란 신중해야만 그 말대로 실행할 수 있다).

其言之不怍(기언지부작) ⇨ 之: 其言을 받는 지시대명사. 怍: 부끄러워하다.

則爲之也難(즉위지야난) ⇨ 則: 곧. 爲: 이행하다. 之: 그 말을 가리키는 지시대명사. 也: 어세를 강하게 하는 종미사. 難: 어렵다.

22 陳成子弑簡公 孔子沐浴而朝 告於哀公曰 陳恒弑其君 請討之 公曰 告夫三子 孔子曰 以吾從大夫之後 不敢不告也 君曰 告夫三子者 之三子告 不可 孔子曰 以吾從大夫之後 不敢不告也

진성자가 간공을 죽였다. 공자가 목욕하고서 조정에 출사하여 애공에게 고하였다. 진항이 그 임금을 죽였으니 그를 토벌하여 달라고 청하였다. 애공이 말하기를 그 삼자에게 말하라 하였다. 공자가 말씀하셨다. 나는 대부의 뒤를 따랐으므로 감히 고하지 않을 수 없습니다. 임금이 말하였다. 그 삼자에게 고하라 하였다. 삼자에게 가서 고하니 불가라 하였다. 공자가 말씀하셨다.

나는 대부의 뒤를 따랐으므로 감히 고하지 않을 수 없었다.

陳成子弑簡公(진성자시간공) ⇨ 陳成子: 제나라 大夫. 이름은 恒항. 시호는 成성. 陳成子진성자는 그 뒤 三代째로 제의 君位군위를 빼앗았다. 弑: 죽이다. 簡公: 제나라 임금. 이름은 恒항(또는 常). 춘추 애공 14년(BC 481)에 진성자가 간공을 죽였다. 당시 공자는 72세였다.

〈풀이〉 진성자가 간공을 죽였다.

孔子沐浴而朝(공자목욕이조) ⇨ 而: 순접. 朝: 조정에 출사하다.

〈풀이〉 공자가 목욕하고 조정에 출사하다.

請討之(청토지) ⇨ 請: 청하다. 討之: 이것(간공)을 토벌하다.

〈풀이〉 진성자를 토벌하여 달라고 청하다.

告夫三子者(고부삼자자) ⇨ 夫: 저. 三子: 노의 세 大夫. 季孫 叔孫의 三家. 哀公의 권력이 약해졌는데 당시 이들이 노의 정권을 농단하고 있었다.

〈풀이〉 저 삼자(노의 세 대부)에게 말하라 하다.

以吾從大夫之後(이오종대부지후) ⇨ 以: 때문에. ~하므로. 원인·이유를 나타냄. 大夫之後: 대부의 뒤.

〈풀이〉 나는 대부의 뒤를 따랐으므로

不敢不告也(불감불고야) ⇨ 不~不: ~하지 않을 수 없다.

〈풀이〉 감히 고하지 않을 수 없다.

之三子告(지삼자고) ⇨ 之: 가다.

〈풀이〉 삼자(노의 세 대부)에게 가서 말하다.

不可(불가) ⇨ 〈풀이〉 불가능하다. 들어 주지 않았다.

23 子路問事君 子曰 勿欺也 而犯之

자로가 임금을 섬기는 일을 물었다. 공자가 말씀하셨다. 속이지 말라. 그리고 거역하라(임금에게 간언하라).

子路問事君(자로문사군) ⇨ 事君: 임을 섬기는 일
勿欺也(물기야) ⇨ 〈풀이〉 속이지 말라.
而犯之(이범지) ⇨ 而: 그리고. 犯: 죄를 범하다. 임금 앞에서 간언하다. 之: 대명사.
〈풀이〉 그리고 그를 범하라(임금에게 간언하라).

24 子曰 君子上達 小人下達

공자가 말씀하셨다. 군자는 고심한 데 통하나 소인은 하천한 일에 통한다.

君子上達(군자상달) ⇨ 上達: 진보함. 숙달함. 고상한 데 통하다.
小人下達(소인하달) ⇨ 下達: 하천한 일에 통하다.

25 子曰 古之學者爲己 今之學者爲人

옛날의 공부한 사람은 자기(수양)를 위하였으나, 지금의 공부하는 사람은 남을 위하여(남에게 알리기 위하여) 한다.

古之學者爲己(고지학자위기) ⇨ 爲: 위하여. 爲己: 자기 수양을 위하다. 己는 자기.
今之學者爲人(금지학자위인) ⇨ 爲人: 남을 위하다. 즉 남에게 알리기 위하다.

26 蘧伯玉使人於孔子 孔子與之坐而問焉 曰 夫子何爲 對曰 夫子欲寡其過而未能也 使者出 子曰 使乎使乎

고백옥이 공자에게 사람을 부렸다. 공자가 그와 함께 앉아서 물으셨다. 말씀하시되 선생은 무엇을 하시느냐? 대답하여 말하였다. 선생은 그 허물을 적게 하고 싶어 하시나 잘 되지 않습니다. 사자가 나가거늘 공자가 말씀하셨다. 훌륭한 사자로다 훌륭한 사자로다.

蘧伯玉使人於孔子(거백옥사인어공자) ⇨ 蘧伯玉: 성은 蘧거. 명은 瑗원. 伯玉백옥은 자. 위나라의 대부. 공자가 그의 집에 묵은 일이 있고 칭찬할 만큼 훌륭한 인물이었다. 『淮南子회남자』(한나라 회남왕 유안의 찬)에 나이 50에 49년의 잘못을 안다고 기록되어 있으며 반성을 잘한 사람. 사자로서 주인의 사람됨을 잘 분별하여 답도 훌륭하였음에 감탄하였다. 使: 부리다.

〈풀이〉 거백옥이 사람을 공자에게 보냈다.

孔子與之坐而問焉(공자여지좌이문언) ⇨ 與: 더불어. 之: 使人(심부름 꾼)을 받는 지시대명사. 而: 순접. 焉: 종미사.

〈풀이〉 공자가 그와 더불어 앉아서 물었다.

曰(왈) ⇨ 〈풀이〉 말씀하셨다.

夫子何爲(부자하위) ⇨ 夫子: 선생. 何爲: 무엇을 하다.

〈풀이〉 선생께서는 무엇을 하시느냐?

對曰(대왈) ⇨ 〈풀이〉 대답하여 말하였다.

夫子欲寡其過(부자욕과기과) ⇨ 夫子: 선생. 欲: 바라다. 寡: 적다. 其過: 그 허물.

〈풀이〉 선생은 그 허물을 적게 하고자 하시나

而未能也(이미능야) ⇨ 而: 역접. 未能也: ~할 수 없다.

〈풀이〉 할 수 없습니다(되지 않습니다).

使者出(사자출) ⇨ 〈풀이〉 사자가 나가거늘

使乎使乎(사호사호) ⇨ 使: 사자. 乎: 감탄종미사.

〈풀이〉 훌륭한 사자로구나. 훌륭한 사자로구나.

27 子曰 不在其位 不謀其政

공자가 말씀하셨다. 그 자리에 있지 않으면 그 정사를 도모하지 말아야 한다.

28 曾子曰 君子思不出其位

증자가 말하였다. 군자는 그 신분이나 지위 밖으로 벗어나지 않기를 생각한다.

⇨ 思: 생각하다. 不出: 밖으로 벗어나지 않는다. 其位: 그 신분이나 지위.

29 子曰 君子恥其言而過其行

공자가 말씀하셨다. 군자는 그 말이 그 행동보다 지나치는 것을 부끄러워한다.

⇨ 恥(치): 부끄러워하다. 而: 주격. 過其行: 그 행동을 넘치다(행동보다 지나치다).

30 子曰 君子道者三 我無能焉 仁者不憂 知者不惑 勇者不
懼 子貢曰 夫子自道也

공자가 말씀하셨다. 군자의 도라는 것에 셋이 있는데 나는 (하
나도) 하지 못하고 있다. 어진 자는 근심하지 않고 지혜로운 자
는 미혹되지 아니하고 용감한 자는 무서워하지 않는다. 자공이
말하였다. 선생님은 자기 스스로를 말씀하신 것이다.

君子道者三(군자도자삼) ⇨ 君子: 군자의. 道者: 도라는 것. 者: 사물
을 나타냄. 三: 셋이다.
〈풀이〉 군자의 도는 셋이다.

我無能也(아무능야) ⇨ 無能: 할 수 있는 것이 없다. 즉 하지 못한다.
〈풀이〉 나는 하지 못한다.

勇者不懼(용자불구) ⇨ 懼: 두려워하다.

夫子自道也(부자자도야) ⇨ 自: 스스로. 몸소. 친히. 道: 말하다.
〈풀이〉 선생님은 자기 스스로 말씀하신 것이다.

31 子貢方人 子曰 賜也賢乎哉 夫我則不暇

자공이 남을 비교하여 말하자 공자가 말씀하셨다. 사는 현명하
구나. 대저 나에 이르러서는 (그렇게 할) 틈이 없다.

子貢方人(자공방인) ⇨ 方: 견주다. 비교하다. 人: 남.

賜也賢乎哉(사야현호재) ⇨ 賜也: 사는. 也는 주격. 賢: 어질다. 乎哉:
강한 반어를 나타내는 종미사.

夫我則不暇(부아즉불가) ⇨ 夫: 대저. 則: 이르러서는. 不暇: 틈이 없다.

32 子曰 不患人之不己知 患己不能也

공자가 말씀하셨다. 남이 나를 알아주지 않는 것을 걱정하지 말고 내가 할 수 없음을 걱정하다.

不患人之不己知(불환인지불기지) ⇨ 人之: 남이. 之는 주격. 不己知: 나를 알아주지 않는다.

患己不能也(환기불능야) ⇨ 患: 걱정하다. 己: 내가 不能: 할 수 없다. 也: 종미사.

33 子曰 不逆詐 不億不信 抑亦先覺者 是賢乎

공자가 말씀하셨다. 사기하지 않나 미리 추측하지 말며 나를 믿지 않는가 미리 억측하지 말며 대저 또한 먼저 깨닫는 사람이 현명하다.

不逆詐(불역사) ⇨ 逆: 미리 헤아림. 추측함. 詐: 사기.
⟨풀이⟩ 사기를 미리 추측하지 말며

不億不信(불억불신) ⇨ ⟨풀이⟩ 불신함을 억측하지 말며

抑亦先覺者(억역선각자) ⇨ 抑: 또한 문득. 대저. 亦: 또한. 先覺者: 먼저 깨달은 사람.
⟨풀이⟩ 대저 또한 먼저 깨달은 사람

是賢乎(시현호) ⇨ ⟨풀이⟩ 이가 현명하다.

34 微生畝謂孔子曰 丘何爲是栖栖者與 無乃爲佞乎 孔子曰
非敢爲佞也 疾固也

미생무가 공자를 평하여 말하였다. 구는 어찌하여 이리 바쁜
것이냐? 차라리 말재주를 부리려는 것은 아니냐? 공자가 말씀
하셨다. 감히 말재주를 부리려는 것은 아니다. 세상이 고루함
을 싫어하는 것이다.

微生畝謂孔子曰(미생무위공자왈) ⇨ 微生畝: 성은 微生. 이름은 畝.
朱子는 은자일 것이라 하였다.

〈풀이〉 미생무가 공자를 평하여 말하였다.

丘何爲是栖栖者與(구하위시서서자여) ⇨ 丘: 공자의 이름. 何爲: 어찌
하여. 是: 이. 栖栖: 바쁜 모양. 者: 것. 與: 의문종미사.

〈풀이〉 丘는 어찌하여 이리 바쁜 것이냐?

無乃爲佞乎(무내위녕호) ⇨ 無乃: 차라리. 佞: 말재주 있음. 구변이 있
음. 乎: 의문종미사.

〈풀이〉 차라리 말재주를 부리려는 것은 아니냐?

孔子曰(공자왈) ⇨ 〈풀이〉 공자가 말씀하셨다.

非敢爲佞也(비감위녕야) ⇨ 非: 아니다. 敢: 감히. 爲佞也: 말재주를
부리다.

〈풀이〉 감히 말재주를 부리려는 것은 아니다.

疾固也(질고야) ⇨ 疾: 미워하다. 싫어하다. 固: 완고하고 비루하다.
고루하다.

〈풀이〉 세상이 고루함을 싫어하다.

35 子曰 驥不稱其力 稱其德也

공자가 말씀하셨다. 천리마(良馬)는 그 힘으로 칭찬 받는 게 아니라 그 덕(성질의 좋음)으로 칭찬 받는 것이다.

驥不稱其力(기불칭기력) ⇨ 驥: 기주에서 나는 良馬양마 즉 천리마
〈풀이〉천리마는 그 힘을 칭찬 받는 것이 아니고
稱其德也(칭기덕야) ⇨ 〈풀이〉그 덕을(성질의 좋음을) 칭찬 받는 것이다.

36 或曰 以德報怨 何如 子曰 何以報德 以直報怨 以德報德

어떤 사람이 말하였다. 덕으로써 원한을 갚으면 어떠합니까? 공자가 말씀하셨다. 무엇으로 덕을 갚겠느냐? 강직으로 원한을 갚고 덕으로써 덕을 갚아라.

37 子曰 莫我知也夫 子貢曰 何爲其莫知子也 子曰 不怨天 不尤人 下學而上達 知我者其天乎

공자가 말씀하셨다. 나를 알아주지 않지? 자공이 말하였다. 어찌하여 선생님을 알아주지 않는다 하십니까? 공자가 말씀하셨다. 하늘을 원망하지 않으며 남을 탓하지 않는다. 밑으로 배워서 위로 통달하였으니 나를 아는 자는 그 하늘이로구나.

莫我知也夫(막아지야부) ⇨ 莫: 부정사. 없다. 也夫: 의문의 종미사.
〈풀이〉나를 알아주지 않지?
何爲其莫知子也(하위기막지자야) ⇨ 何爲: 어찌하여. 莫知: 알지 못한

다. 알아주지 않는다. 子: 공자. 也: 종미사.

〈풀이〉 어찌하여 그 선생님을 알아주지 않는다 하십니까?

不尤人(불우인) ⇨ 尤: 탓하다. 책망하다. 비난하다.

〈풀이〉 남을 탓하지 않는다.

下學而上達(하학이상달) ⇨ 而: 순접.

〈풀이〉 밑으로 배워서 위로 통다하다.

知我者其天乎(지아자기천호) ⇨ 乎: 감탄종미사.

〈풀이〉 나를 아는 자는 그 하늘이로구나.

38 公伯寮愬子路於季孫 子服景伯以告曰 夫子固有惑志於
公伯寮 吾力猶能肆諸市朝 子曰 道之將行也與 命也 道
之將廢也與 命也 公伯寮其如命何

공백료가 자로를 계손에게 참소하였다. 자복경백이 이로써 (공
자에게) 고하여 말하였다. 그 분(계손)은 본디부터 공백료에게 미
혹한 마음이 있었습니다. 저의 힘은 아직도 공백료를 죽여 여러
사람이 보도록 시장이나 조정에 버릴 수 있습니다. 공자가 말씀
하셨다. 도가 장차 행하여지려는 것도 천명이며 도가 장차 폐하
여지려는 것도 천명이니 공백료가 그와 같이 한들 천명을 어찌
하겠느냐?

公伯寮愬子路於季孫(공백료소자로어계손) ⇨ 公伯寮: 노나라 사람.
성은 公伯공백. 이름은 寮료. 자는 子周자주. 馬融마융은 공자의 제자라
하였으나 확실하지 않다. 愬: 참소하다.

〈풀이〉 공백료가 자로를 계손에게 참소하였다.

子服景伯以告曰(자복경백이고왈) ⇨ 子服景伯: 성이 子服. 이름은 何
하. 景은 시호. 伯은 자. 노의 대부이며 三桓삼환의 일족으로 세력이

있었고 공자 및 그 일파에게 호의를 가지고 있었다. 以: 이로써.

〈풀이〉 자복경백이 이로써 (공자에게) 고하여 말하였다.

夫子固有惑志於公伯寮(부자고유혹지어공백료) ⇨ 夫子: 그 분(계손). 固: 본디부터. 惑志: 미혹한 마음

〈풀이〉 그 분(계손)은 본디부터 공백료에게 미혹한 마음이 있었습니다.

吾力猶能肆諸市朝(오력유능사제시조) ⇨ 猶: 오히려. 아직도. 좀. 그 래도 좀. 여전히. 能: 가능조동사. 肆: 사형을 당한 시체를 여러 사 람이 보도록 저자에 버림. 諸: 之於의 합자. 市朝: 시장과 조정.

〈풀이〉 내 힘은 아직도 (그를 죽여 여러 사람이 보도록) 시장과 조정에 버릴 수 있습니다.

道之將行也與(도지장행야여) ⇨ 道之: 도가. 之는 주격. 將: 장차. 行: 행해지다. 也與: 의문의 종미사.

〈풀이〉 도가 장차 행하여지겠느냐?

命也(명야) ⇨ 〈풀이〉 운명이다.

道之將廢也與 命也(도지장폐야여 명야) ⇨ 廢: 폐하다.

〈풀이〉 도가 장차 폐하겠느냐? 운명이다.

公伯寮其如命何(공백료기여명하) ⇨ 其如: 그와 같다. 命: 천명.

〈풀이〉 공백료가 그와 같은들 천명을 어찌하랴?

39 子曰 賢者辟世 其次辟地 其次辟色 其次辟言 子曰 作者 七人矣

공자가 말씀하셨다. 현명한 사람은 어지러운 세상을 피하고 그 다음 현명한 사람은 토지를 피하고 그 다음 현명한 사람은 (군 주의) 안색을 보고 피하며 그 다음 현명한 사람은 (군주가 좋지 않은) 말을 피한다. 공자가 말씀하셨다. 이상을 행한 사람이 일 곱 사람이 있었다.

賢者辟世(현자벽세) ⇨ 辟: 피하다. 世: 여기서는 어지러운 세상.

其次辟地 其次辟色 其次辟言(기차벽지 기차벽색 기차벽언) ⇨ 其次: 그 다음 현명한 사람. 地: 땅. 토지. 色: 안색. 言: 나쁜 말.

作者七人矣(작자칠인의) ⇨ 作者: 행한 사람. 七人矣: 일곱 사람이 있었다.

40 子路宿於石門 晨門曰 奚自 子路曰 自孔氏 曰 是知其不可而爲之者與

자로가 석문에서 묵었다. 새벽에 문을 여는 문지기가 어디서 왔소 하니 자로가 말하였다. 공씨 문중에서 왔소 하니 문지기가 말하되 이는 그 불가함을 알면서 그것을 하려는 사람이군요? 하였다.

子路宿於石門(자로숙어석문) ⇨ 石門: 지명. 노의 城門이 있다.

晨門曰(신문왈) ⇨ 晨門: 새벽에 문을 여는 일을 맡은 문지기. 은사가 많았다. 曰: 말하다.

奚自(해자) ⇨ 奚: 어디. 自: 어느 곳으로부터 오다.

〈풀이〉 어디에서 왔소?

自孔氏(자공씨) ⇨ 自: 으로부터. 〈풀이〉 공씨 문중에서 왔소

是知其不可而爲之者與(시지기불가이위지자여) ⇨ 是: 이. 知其不可: 그 불가함을 알고서. 而: 순접. 爲之者: 그것을 하는 사람. 之는 그 것. 與: 의문종미사.

〈풀이〉 그 불가함을 알면서 그것을 하려는 사람이군요?

41 子擊磬於衛 有荷蕢而過孔氏之門者 曰 有心哉 擊磬乎
旣而曰 鄙哉 硜硜乎 莫己知也 斯已而已矣 深則厲 淺
則揭 子曰 果哉 末之難矣

공자가 위나라에서 경을 두들기고 있었는데 삼태기를 메고 공
자의 문을 지나가는 사람이 있었다. 그가 말하되 무슨 뜻이 있
구나. 그 경을 치는 품이. 그리고 좀 있다가 말하였다. 천하구
나. 돌이 서로 부딪치는 소리 같구나. 나를 아는 게 없으면(나를
모르면) 이는 그만 둘 따름이다. 물이 깊으면 옷을 걷고 물이 얕
으면 옷의 아랫도리를 걷는다. 공자가 말씀하셨다. 용감하구나
이것을 하기는 어렵지 아니하다.

子擊磬於衛(자격경어위) ⇨ 子: 공자. 擊: 두들기다. 磬: 옥이나 돌로
만든 악기의 한 가지. 특경, 석경 등.
〈풀이〉 공자가 위나라에서 경을 두들기고 있었다.

有荷蕢而過孔氏之門者(유하괴이과공씨지문자) ⇨ 荷~門까지는 者를
꾸미는 관형절. 有: 서술어. 荷: 물건을 어깨에 메다. 蕢: 삼태기.
〈풀이〉 삼태기를 메고 공자의 문을 통과하는(지나가는) 사람이 있었다.

曰(왈) ⇨ 〈풀이〉 말하였다.

有心哉 擊磬乎(유심재 격경호) ⇨ 心: 뜻. 의미. 哉: 감탄종미사. 乎:
감탄종미사. 〈풀이〉 어떤 뜻이 깃들어 있어 저 경을 두들기는구나!

旣而曰(기이왈) ⇨ 旣: 이미. 다 마치고. 而: 그리고.
〈풀이〉 말을 마치고 말하였다.

鄙哉 硜硜乎(비재 갱갱호) ⇨ 鄙: 촌스럽다. 더럽다. 천하다. 천하게
여기다. 속되다. 硜硜: 돌이 서로 부딪는 소리. 哉·乎: 감탄종미사.
〈풀이〉 천하구나 돌이 서로 부딪는 소리구나.

莫己知也(막기지야) ⇨ 〈풀이〉 나를 모르면

斯已而已矣(사이이이의) ⇨ 斯: 이는. 已: 그만두다. 그치다. 而已矣:

따름이다. 〈풀이〉 이는 그만 둘 따름이다.

深則厲(심즉려) ⇨ 厲: 걷다. 물을 건널 때 옷자락을 띠를 맨 데까지 걷음. 〈풀이〉 물이 깊으면 옷을 걷고

淺則揭(천즉게) ⇨ 揭: 걷다. 옷의 아랫도리를 걷다.

〈풀이〉 물이 얕으면 옷의 아랫도리를 걷는다.

果哉(과재) ⇨ 果: 용감한 과단성이 있다. 〈풀이〉 용감하구나.

末之難矣(말지난의) ⇨ 之: 이것. 옷을 걷은 것을 가리키는 대명사.

〈풀이〉 이것은 어렵지 아니하다.

42 子張曰 書云 高宗諒陰三年不言 何謂也 子曰 何必高宗 古之人皆然 君薨百官總己 以聽於冢宰三年

자장이 말하였다. 『서경』에 말하되 고종이 선제의 거상 중 삼 년을 말(정치적인 말)을 하지 않았으니 무엇을 말하는 것입니까? 공자가 말씀하셨다. 하필 고종이랴? 옛날 사람은 다 그렇게 했다. 임금이 돌아가시면 백관은 자신의 일을 모음으로써 삼 년 동안 총재를 따랐다.

高宗諒陰三年不言(고종양음삼년불언) ⇨ 高宗: 은나라 中興중흥의 王. 武丁무정(BC 1324~BC 1266?). 諒陰: 임금이 선제의 거상 중에 있음. 不言: 말하지 아니하다.

〈풀이〉 고종이 선제의 거상 중 삼 년을 말하지 않았다.

君薨百官總己(군흥백관총기) ⇨ 總己: 자기의 일을 한데 합치다.

〈풀이〉 임금이 돌아가시면 백관은 자기의 일을 한데 모았다.

以聽於冢宰三年(이청어총재삼년) ⇨ 聽: 따르다. 冢宰: 주나라 때 육관의 장. 지금의 국무총리와 같음. 후세에는 이부상서의 이칭.

〈풀이〉 삼 년 동안 총재를 따랐다.

43 子曰 上好禮 則民易使也

공자가 말씀하셨다. 윗사람이 예를 좋아하면 곧 백성을 부리기 쉽다.

則民易使也(즉민이사야) ⇨ 則使民易也의 도치형.

44 子路問君子 子曰 修己以敬 曰 如斯而已乎 曰 修己以安 人 曰 如斯而已乎 曰 修己以安百姓 修己以安百姓 堯舜 其猶病諸

자로가 군자에 대하여 물었다. 공자가 말씀하셨다. 자기 몸을 닦음으로써 공경하여야 한다. 자로가 말하였다. 이와 같을 따름입니까. 공자가 말씀하셨다. 자기 몸을 닦음으로써 남을 편안하게 해야 한다. 자로가 말하였다. 이와 같을 따름입니까. 공자가 말씀하셨다. 몸을 닦음으로써 백성을 편안하게 하여야 하는데 몸을 닦음으로써 백성을 편안하게 하는 것은 요임금과 순임금도 그것을 오히려 괴로워하셨다.

修己以敬(수기이경) ⇨ 敬: 공경하다. 삼가다.
〈풀이〉 자기 몸을 닦음으로써 공경하다.

如斯而已乎(여사이이호) ⇨ 如: 같다. 而已: ~일 따름. 乎: 의문종미사.
〈풀이〉 이와 같을 따름입니까?

其猶病諸(기유병제) ⇨ 猶: 오히려. 病: 근심. 걱정. 고통. 괴로워하다.
諸: 앞의 其와 호응하여 其~諸의 형임. 諸는 之乎로 其猶病之乎이며 之는 뜻을 강조하는 후치사. 乎는 종미사.
〈풀이〉 그것을 오히려 근심하였다(괴로워하였다).

45 原壤夷俟 子曰 幼而不孫弟 長而無述焉 老而不死 是爲
賊 以杖叩其脛

원양이 꾸부리고 앉아서 (공자를) 기다렸다. 공자가 말씀하셨
다. 어려서는 형을 공경하여 섬기는데 불손하였고 자라서는 말
함이 없고 늙어서는 죽지 않으니 이것이 도적이다 하시고는 지
팡이로 그 정강이를 때렸다.

原壤夷俟(원양이사) ⇨ 原壤: 노 사람으로 공자가 어려서부터 잘 알던
사람인 것 같다. 『예기』에 보면 그는 그 어머니가 죽었는데도 나
무에 올라가 노래를 불렀다. 공자가 그를 도와 장례 준비를 해 주
었다고 한다. 夷: 쭈그리다. 웅크리다. 책상다리를 하고 앉아 있음.
俟: 기다리다.
〈풀이〉 원양이 꾸부리고 앉아서 (공자를) 기다렸다.

幼而不孫弟(유이불손제) ⇨ 幼: 어리다. 不孫: 불손하다. 弟: 형을 공
경하여 잘 섬기다.
〈풀이〉 어려서는 형을 공경하여 섬기는데 불손하였고

長而無述焉(장이무술언) ⇨ 長而: 자라서는. 無述: 말함이 없다. 焉:
확인의 기분을 나타내는 종미사.
〈풀이〉 자라서는 말함이 없고

老而不死(노이불사) ⇨ 〈풀이〉 늙어서는 죽지 않으니

是爲賊(시위적) ⇨ 〈풀이〉 이것이 도적이다.

以杖叩其脛(이장고기경) ⇨ 以杖: 지팡이로써. 脛: 정강이. 叩: 두드리다.
〈풀이〉 지팡이로써 그 정강이를 때렸다.

46 闕黨童子將命 或問之曰 益者與 子曰 吾見其居於位也 見其與先生竝行也 非求益者也 欲速成者也

궐당의 동자가 손님의 안내인 노릇을 하였다. 어떤 이가 물어 말하였다. 도움이 될 수 있는 아이입니까. 공자가 말씀하셨다. 나는 그가 바른 위치에 앉아 있음을 보았고 선생과 더불어 나란히 걸어가는 것을 보았는데 그는 도움이 될 수 있는 사람을 구하는 것이 아니고 빨리 성공하기를 바라는 아이입니다.

闕黨童子將命(궐당동자장명) ⇨ 闕黨: 마을 이름. 黨은 500호의 마을. 將: 받들다. 실행함. 命: 명령. 뜻은 중개인. 전하여 안내인.
〈풀이〉 궐당의 동자가 손님의 안내인 노릇을 하였다.

益者與(익자여) ⇨ 者: 사람. 與: 의문종미사.
〈풀이〉 도움이 될 수 있는 아이입니까?

吾見其居於位也(오견기거어위야) ⇨ 居: 앉다. 차지하다. 位: 앉아 있는 장소. 자리를 잡다. 정하다. 바른 위치에 있다.
〈풀이〉 나는 그가 바른 위치에 앉아 있음을 보았다.

見其與先生竝行也(견기여선생병행야) ⇨ 其與先生: 그가 선생과 더불어. 其는 대용대명사. 竝行: 나란히 걸어가다.
〈풀이〉 그는 선생과 더불어 나란히 걸어가는 것을 보았다.

非求益者(비구익자) ⇨ 〈풀이〉 도움을 줄 수 있는 아이가 아니라

欲速成者也(욕속성자야) ⇨ 欲速成: 者를 꾸미는 관형구. 也: 종미사.
〈풀이〉 빨리 성공하기를 바라는 아이이다.

第十五篇 衛靈公
제15편 위령공

1 衛靈公問陳於孔子 孔子對曰 俎豆之事則嘗聞之矣 軍旅
之事 未之學也 明日遂行 在陳絶糧 從者病莫能興 子路
慍見曰 君子亦有窮乎 子曰 君子固窮 小人窮斯濫矣

위령공이 진법을 공자에게 물었다. 공자가 대답하여 말씀하셨
다. 제례에 관한 일은 일찍이 들었으나 군사에 관한 일은 아직
배우지 아니하였다. 다음날 떠나셨다. 진나라에 계실 때 식량
이 떨어져서 따라간 사람들이 병이 나서 일어날 수가 없어서
자로가 화를 내어 공자를 보고 말하였다. 군자는 또한 곤궁하
는 일이 있습니까? 공자가 말씀하셨다. 군자는 본디부터 궁하
니라. 소인은 궁하면 이에 도둑질을 하나니라.

衛靈公問陳於孔子(위영공문진어공자) ⇨ 陳: 진법.

俎豆之事則嘗聞之矣(조두지사즉상문지의) ⇨ 俎豆: 둘 다 제사 때 음
식을 담는 제기. 즉 제례. 俎豆之事는 예교, 제례를 위주로 한 문화
적 정치의 뜻. 則: ~이면. ~인즉. 嘗: 일찍이.
〈풀이〉 제례에 관한 일은 일찍이 들었다.

軍旅之事(군려지사) ⇨ 軍旅: 군대. 군사. 작전법. 軍은 일만 이천오백
명, 旅는 오백 명. 〈풀이〉 군사에 관한 일은

未之學也(미지학야) ⇨ 〈풀이〉 아직 배우지 못하였다.

明日遂行(명일수행) ⇨ 明日: 이튿날. 遂行: 나가셨다. 떠나셨다.

從者病莫能興(종자병막능흥) ⇨ 從者: 따라간 사람들. 病: 병이나서. 莫能: ~할 수 없었다. 興: 일어나다.
〈풀이〉 따라간 사람들이 병이나서 일어날 수가 없었다.

子路慍見曰(자로온견왈) ⇨ 慍: 성내다. 화내다. 見: (공자를) 보고. 曰: 말하다. 〈풀이〉 자로가 공자를 보고 화를 내어 말하였다.

君子亦有窮乎(군자역유궁호) ⇨ 君子: 군자. 亦: 또한. 有~乎: 있습니까? 乎는 의문종미사. 窮: 곤궁하다.
〈풀이〉 군자는 또한 곤궁함이 있습니까?

君子固窮(군자고궁) ⇨ 固: 본디부터. 〈풀이〉 군자는 본디부터 궁하다.

小人窮斯濫矣(소인궁사람의) ⇨ 斯: 이. 濫: 훔치다. 도둑질하다.
〈풀이〉 소인은 곤궁하면 이에 도둑질을 한다.

2 子曰 賜也 女以予爲多學而識之者與 對曰 然 非與 曰 非也 予一以貫之

공자가 말씀하셨다. 사야 너는 나로써 많이 배워서 그것을 다 아는 사람이라고 여기는가? 대답하여 말하되 그렇습니다 하였다. 아니 그렇습니까? 공자가 말씀하셨다. 아니다. 나는 하나로써 이를 꿰뚫고 있다(관철하고 있다).

賜也(사야) ⇨ 賜: 자공의 이름. 也: 호격. 〈풀이〉 사야

女以予爲多學而識之者與(여이여위다학이식지자여) ⇨ 女: 너는. 以予: 나로써. 爲: 여기는가. 多學: 많이 배워서. 之: 이것을. 識: 알다. 與: 의문종미사.
〈풀이〉 너는 나로써 많이 배워서 그것을 다 아는 사람이라고 생각하느냐.

對曰 然(대왈 연) ⇨ 然: 그러하다.

〈풀이〉대답해서 말하기를 그렇습니다 하였다.

非與(비여) ⇨ 與: 의문종미사.

〈풀이〉안 그렇습니까?

非也(비야) ⇨ 〈풀이〉아니다.

予一以貫之(여일이관지) ⇨ 〈풀이〉나는 하나로써 이를 꿰뚫고 있다.

3 子曰 由 知德者鮮矣

공자가 말씀하셨다. 유야 덕을 아는 사람은 드무니라.

⇨ 由(유): 자로의 이름. 鮮(선): 드물다.

4 子曰 無爲而治者 其舜也與 夫何爲哉 恭己正南面而已矣

공자가 말씀하셨다. 아무것도 하지 아니하고 (나라가) 다스려진 사람은 순임금이겠지? 대저 무엇을 하였을까? 몸을 공손히 하고 바르게 하며 남쪽을 향하여 있을 따름이다.

無爲而治者(무위이치자) ⇨ 無爲: 아무것도 하지 아니하고. 而: 순접. 治者: 나라가 다스려진 사람은.

〈풀이〉아무것도 하지 아니하고 나라가 잘 다스려진 사람은

其舜也與(기순야여) ⇨ 也與: 의문종미사.

〈풀이〉그는 순임금이겠지?

夫何爲哉(부하위재) ⇨ 夫: 대저. 何爲: 무엇을 하다. 哉: 의문종미사.

〈풀이〉대저 무엇을 하였을까?

恭己正南面而已矣(공기정남면이이의) ⇨ 恭己正: 몸을 공손히 하고 바르게 하며. 南面: 面은 향하다. 남쪽을 향하다. 얼굴을 남쪽으로 향하다. 천자나 제후가 정치를 할 때는 남쪽을 보고 앉는다. 而已矣: 따름이다.

〈풀이〉 몸을 공손히 하고 바르게 하여 남쪽을 향하여 있을 따름이다.

5 子張問行 子曰 言忠信行篤敬 雖蠻貊之邦行矣 言不忠信 行不篤敬 雖州里行乎哉 立則見其參於前也 在輿則見其 倚於衡也 夫然後行 子張書諸紳

자장이 사람이 행하여야 할 길을 (도의를) 물었다. 공자가 말씀하셨다. 말은 충성스럽고 미쁘게 하고 행동은 돈후하고 공경스럽게 하면 비록 오랑캐 나라일지라도 도의가 행해질 것이나 말이 충성스럽지 못하고 미쁘지 못하며 행동이 돈후하지 않거나 공경스럽지 못하면 비록 향리에서도 도의가 행하여지겠느냐? 서 있을 때는 그것이 앞으로 나아오는 듯이 보이고 수레를 타고 있을 때는 그것이 멍에에 걸려(기대어) 있는 것 같이 보인다. 대저 그런 연후에야 도의가 행하여지나니라. 자장은 그것을 큰 띠에 적었다.

子張問行(자장문행) ⇨ 行: 시행되다. 사람이 행하여야 할 길. 도의. 품행. 〈풀이〉 자장이 행하여야 할 길(도리)을 물었다.

言忠信行篤敬(언충신행독경) ⇨ 行: 행동. 篤: 돈후하다. 敬: 공경하다. 〈풀이〉 말은 충성스럽고 미쁘게 하고 행동은 돈후하고 공경스럽게 한다.

雖蠻貊之邦行矣(수만맥지방행의) ⇨ 雖: 비록. 蠻: 남만. 貊: 北狄북적. 之邦: ~의 나라. 行: 도리를 행하다. 矣: 종미사. 〈풀이〉 비록 오랑캐의 나라라도 사람이 행하여야 할 도의가 행하여진다.

雖州里行乎哉(수주리행호재) ⇨ 州里: 향리. 마을. 州는 2,500가구의 부락. 里는 25가구의 부락. 乎哉: 강한 반어의 종미사.

〈풀이〉 비록 향리에서도 도리가 행하여질까요?

立則見其参於前也(입즉견기참어전야) ⇨ 立: 서다. 則: ~할 때에는. 見: 보다. 其: 그것이. 言忠信行篤敬를 일컬음. 参: 참여하다. 나아오다. 於前: 앞으로. 也: 종미사.

〈풀이〉 서 있을 때에는 그것이 앞으로 나아오는 것같이 보이고

在輿則見其倚於衡也(재여즉견기의어형야) ⇨ 在輿則: 수레에 타고 있을 때는. 其: 그것이. 倚: 기대다. 於: ~에. 衡: 멍에. 也: 종미사.

〈풀이〉 수레를 타고 있을 때는 그것이 멍에에 기대어(걸려) 있는 것 같이 보인다.

夫然後行(부연후행) ⇨ 夫: 대저. 行: 도의가 행하여지다.

〈풀이〉 대저 그런 후에야 (도의가) 행하여지나니라.

子張書諸紳(자장서제신) ⇨ 諸: 之於. 之는 그것을. 紳: 큰 띠.

〈풀이〉 자장은 그것을 큰 띠에 적었다.

⑥ 子曰 直哉史魚 邦有道如矢 邦無道如矢 君子哉蘧伯玉 邦有道則仕 邦無道則可卷而懷之

공자가 말씀하셨다. 곧도다 사어여. 나라에 도가 있어도 화살과 같고 나라에 도가 없어도 화살과 같다. 군자로다 거백옥이로다. 나라에 도가 있으면 벼슬하고 나라에 도가 없으면 재덕을 감추고 나타나지 아니하여야 한다.

直哉史魚(직재사어) ⇨ 直: 곧다. 哉: 감탄종미사. 史魚: 위의 대부. 성은 史. 이름은 鰌추. 자는 子魚자어. 〈풀이〉 곧도다, 사어여.

邦有道如矢(방유도여시) ⇨ 如矢: 화살 같다.

〈풀이〉 나라에 도가 있어도 화살과 같다.

君子哉 蘧伯玉(군자재 거백옥) ⇨ 蘧伯玉: 위의 대부. 이름은 瑗원.

〈풀이〉군자로다. 거백옥이여.

邦有道則仕(방유도즉사) ⇨ 仕: 벼슬하다.

〈풀이〉나라에 도가 있으면 벼슬하다.

邦無道則可卷而懷之(방무도즉가권이회지) ⇨ 卷: 싸서 가림. 포위함. 而: 두 동사를 이어주는 접속사. 懷: 둘러쌈. 포위함. 생각을 품다. 可: '당연'의 조동사. 즉 '~해야 한다'. 之: 재덕을 가리키는 대명사.

〈풀이〉나라에 도가 없으면 재덕을 감추고 나타내지 아니하여야 한다.

7 子曰 可與言而不與之言 失人 不可與言而與之言 失言 知者不失人 亦不失言

공자가 말씀하셨다. 더불어 말하여야 하는데 더불어 말하지 않으면 사람을 잃고 더불어 말하지 않아야 하는데 더불어 말하면 말을 잃는다. 지혜로운 자는 사람을 잃지 않아야 하고 또한 말을 잃지 않아야 한다.

可與言而不與之言(가여언이불여지언) ⇨ 可: 당연조동사 '~하여야 한다'. 可與言는 더불어 말하여야 한다. 之: 사람을 받는 대명사.

〈풀이〉더불어 말하여야 하는데 더불어 말하지 않으면

不可與言而與之言(불가여언이여지언) ⇨ 〈풀이〉더불어 말하지 않아야 하는데 더불어 말하면

失言(실언) ⇨ 〈풀이〉말을 잃는다.

知者不失人(지자불실인) ⇨ 知者: 지혜로운 사람. 不失人: 사람을 잃지 않는다.

〈풀이〉지혜로운 사람은 사람을 잃지 않는다.

8 子曰 志士仁人 無求生以害仁 有殺身以成仁

공자가 말씀하셨다. 지사와 인자는 삶을 구함으로써 인을 해치지 아니하고 몸을 죽여서 인을 이룬다.

志士仁人(지사인인) ⇨ 〈풀이〉 지사와 어진 사람은

無求生以害仁(무구생이해인) ⇨ 無: 부정사. 求生: 생을 구하다. 以: ~으로써. 이유·조건을 나타내는 전치사. 害仁: 인을 해치다.
〈풀이〉 인을 해침으로써 생을 구하지 아니한다.

有殺身以成仁(유살신이성인) ⇨ 有가 '있다'이므로 제대로 풀면 '몸을 죽여 인을 이룸이 있다'가 된다.

9 子貢問爲仁 子曰 工欲善其事 必先利其器 居是邦也 事其大夫之賢者 友其士之仁者

자공이 인을 이루는 법을 물으니 공자가 말씀하셨다. 장인이 그 일을 잘 하기를 바라면 반드시 먼저 그 연장을 날카롭게 해야 한다. 그곳에 있으면 그곳 대부의 현명한 사람을 섬기고 그곳 선비의 인자(어진이)를 벗하는 일이다.

子貢問爲仁(자공문위인) ⇨ 爲仁: 인을 만들다. 인을 이루다.
〈풀이〉 자공이 인을 이루는 법을 물었다.

工欲善其事(공욕선기사) ⇨ 工: 장인. 欲: 바라다. 善: 잘 하다. 其事: 그 일.
〈풀이〉 장인이 그 일을 잘 하려고 바라면

必先利其器(필선리기기) ⇨ 利: 날카롭게 하다. 其器: 그 도구(연장).
〈풀이〉 반드시 먼저 그 연장을 날카롭게 하고

居是邦也(거시방야) ⇨ 居: 있다. 살다.

〈풀이〉 이 나라에 있어서는

事其大夫之賢者(사기대부지현자) ⇨ 事: 섬기다. 其: 그. 大夫之: 대부의. 賢者: 현명한 사람.

〈풀이〉 그 대부의 현명한 사람을 섬기고

友其士之仁者也(우기사지인자야) ⇨ 友: 벗하다. 其: 그. 거기. 士之: 선비의. 仁者: 어진 사람. 也: 종미사.

〈풀이〉 그곳 선비의 어진 사람과 벗하라

10 顔淵問爲邦 子曰 行夏之時 乘殷之輅 服周之冕 樂則韶舞 放鄭聲 遠佞人 鄭聲淫 佞人殆

안연이 나라를 다스림을 물었다. 공자가 말씀하셨다. 하나라의 연대를 사용하고 은나라의 큰 수레를 타고 주나라의 예관을 쓰고 음악은 곧 소무이다. 정나라의 음악은 추방하고 아첨 잘 하는 사람을 멀리하라. 정나라 음악은 음란하고 영인은 위태롭다.

顔淵問爲邦(안연문위방) ⇨ 爲邦: 나라를 다스리다.

行夏之時(행하지시) ⇨ 行: 베풀다. 사용하다. 시행하다. 時: 연대. 장기근 교수의 『논어』에서는 歷法이라 풀었고 金谷治도 같이 풀었다. 그러나 『자전』에는 연대밖에 없다. 장기근 교수에 의하면 夏 나라는 음력을 썼는데 농사짓기에 중요했다고 한다.

〈풀이〉 하나라의 연대(역법)를 사용하고

乘殷之輅(승은지로) ⇨ 輅: 큰 수레. 周禮주례에는 玉옥, 金象금상, 革혁, 木輅목로 등이 있는데 은나라의 것은 가장 검소한 本輅본로였다. 乘: 타다. 〈풀이〉 은나라의 큰 수레를 타고

服周之冕(복주지면) ⇨ 冕: 예관. 〈풀이〉 주나라의 예관을 쓰고

樂則韶舞(악즉소무) ⇨ 韶: 舞王무왕의 악곡. 옛날 궁중에서는 樂과 舞가 일치하는 경우가 많았다. 공자는 韶를 최상의 음악으로 쳤다.

〈풀이〉 음악은 곧 소무이다.

放鄭聲(방정성) ⇨ 放: 추방하다. 鄭: 정나라. 聲: 음악.

〈풀이〉 정나라의 음악은 추방하고

遠佞人(원녕인) ⇨ 遠: 멀리하다. 佞人: 구변이 좋아 아첨 잘 하는 사람.

〈풀이〉 구변이 좋아 아첨 잘 하는 사람을 멀리 하라

鄭聲淫(정성음) ⇨ 〈풀이〉 정나라 음악은 음란하고

佞人殆(영인태) ⇨ 〈풀이〉 영인(아첨 잘 하는 사람)은 위태롭다.

11 子曰 人無遠慮 必有近憂

공자가 말씀하셨다. 사람이 먼 데까지의 배려가 없으면 반드시 가까운 근심이 있다.

人無遠慮(인무원려) ⇨ 無: 주어를 뒤에 가지는 동사. 遠慮: 먼데. 배려.

必有近憂(필유근우) ⇨ 近憂: 가까운 근심.

12 子曰 已矣乎 吾未見好德如好色者也

공자가 말씀하셨다. 끝났구나. 나는 아직까지 덕을 좋아하는 것을 여색을 좋아하는 것 같이 하는 사람을 보지 못하였다.

已矣乎(이의호) ⇨ 已: 끝나다. 矣乎: 강조. 영탄의 종미사.

〈풀이〉 끝났구나.

吾未見好德如好色者也(오미견호덕여호색자야) ⇨ 未見: 아직 보지 못

했다. 未는 부정사. 好德: 덕을 좋아하다. 如: ~와 같이. 色: 여색.
여색을 좋아하는 자. 也: 종미사.

〈풀이〉 나는 아직까지 덕을 좋아하는 것을 여색을 좋아하는 것 같이 하는 사람
을 보지 못하였다.

13 子曰 臧文仲 其竊位者與 知柳下惠之賢 而不與立也

공자가 말씀하셨다. 장문중은 그는 지위를(자리를) 훔치는 사람
이 아닌가! 유하혜의 어짊을 알면서도 같은 자리에 있지 아니
하였다(같은 자리를 하지 아니하였다).

臧文仲(장문중) ⇨ 노의 大夫.

其竊位者與(기절위자여) ⇨ 竊: 훔치다. 與: 의문·반어의 종미사.

知柳下惠之賢 而不與立也(지유하혜지현 이불여립야) ⇨ 知: 알다. 柳
下惠: 노의 賢大夫현대부. 성은 展전. 이름은 獲획. 자는 子禽자금. 惠혜는
시호. 柳下류하의 땅에 살았으므로 이렇게 부른다. 而: 역접. 立: 지
위에 앉다. 자리·위치에 있다. 어떤 상태에 몸을 두다.

〈풀이〉 유하혜의 현명함을 알면서도 같은 자리에 있지 아니하였다.

14 子曰 躬自厚 而薄責於人 則遠怨矣

공자가 말씀하셨다. 몸소 스스로의 책망은 무겁게 하고 남에게
는 책망을 가볍게 하면 (곧) 원망은 멀어진다.

躬自厚(궁자후) ⇨ 躬: 몸소. 自: 스스로. 몸소. 친히. 厚: 무겁다. 그
다음의 薄責이 있으므로 여기의 厚를 '책망을 무겁게 하다'로 푼다.

而薄責於人(이박책어인) ➡ 薄: 厚의 반대이므로 '가볍게 하다'가 됨.

責: 책망. 於人: 남에 대해서는 혹은 남에게는.

〈풀이〉 남에게는 책망을 가볍게 하면

則遠怨矣(즉원원의) ➡ 矣: 강조의 종미사. 〈풀이〉 원망이 멀어진다.

15 子曰 不曰如之何如之何者 吾末如之何也已矣

공자가 말씀하셨다. 어찌할꼬. 어찌 할꼬. 말하지 않는 자는 나도 어찌 할꼬. 할밖에 없다.

不曰如之何如之何者(불왈여지하여지하자) ➡ 不曰: 말하지 않는다.

如之何: 如何와 같다. 어찌할꼬. 不曰~如之何까지는 者를 꾸미는 관형절.

〈풀이〉 어찌 할꼬. 어찌 할꼬. 말하지 않는 자

吾末如之何也已矣(오말여지하야이의) ➡ 末: 말다(勿과 같은 뜻). 없다

(無와 같은 뜻). 여기서는 '없다'로 풀었다. 也已矣: 한정의 종미사.

〈풀이〉 나도 어찌 할꼬. 할 밖에 없다.

16 子曰 羣居從日 言不及義 好行小慧 難矣哉

공자가 말씀하셨다. 여럿이 종일 앉아 있으면서 말이(말하여도) 도의에 미치지 아니하고 자질구레한 슬기를 행하기(부리기)를 좋아하면 곤란하다.

羣居終日(군거종일) ➡ 羣: 群의 본자. 무리. 여럿. 같은 부류. 동류.

居: 앉아 있다.

〈풀이〉 여러 사람이 종일 앉아 있으면서

言不及義(언불급의) ⇨ 不及: 미치지 못하다. 義: 의.

　〈풀이〉 말하여도 도의에 미치지 못하고

好行小慧(호행소혜) ⇨ 慧: 슬기. 총명하다. 行: 부리다. 小: 미세하다. 자질구레하다.

　〈풀이〉 자질구레한 슬기(재주)만 부리기를 좋아한다면

難矣哉(난의재) ⇨ 難: 어렵다. 矣哉: 矣는 종미사. 哉는 감탄종미사. 고로 矣哉는 감탄성 종미사.

　〈풀이〉 어렵구나(곤란하도다).

17 子曰 君子義以爲質 禮以行之 孫以出之 信以成之 君子哉

공자가 말씀하셨다. 군자는 의로써 그 바탕을 삼고 예로써 행하며 겸손하게 말하며 믿음으로써 성취하나니 (참으로) 군자로다.

君子義以爲質(군자의이위질) ⇨ 以: 으로써. 義以는 의로써. 爲: 삼다. 質: 바탕.

　〈풀이〉 군자는 의로써 그 바탕을 삼는다.

禮以行之(예이행지) ⇨ 禮以: 예로써. 行之: 의를 행하다. 之는 의를 가리키는 대명사.

　〈풀이〉 예로써 의를 행하다.

孫以出之(손이출지) ⇨ 孫: 겸손. 以: '~으로써'로 읽고 而와 같은 접속사의 구실을 함. 出: (속에서 바깥으로) 나타내다. 말을 하다. 생각하여 내다.(『한한대자전』)

　〈풀이〉 겸손으로써 의를 말하다.

信以成之(신이성지) ⇨ 信以: 믿음으로써. 以는 으로써. 之: ~의.

　〈풀이〉 믿음으로써 의를 이루다.

君子哉(군자재) ⇨ 哉: 감탄종미사. 〈풀이〉 군자로다.

18 子曰 君子病無能焉 不病人之不己知也

공자가 말씀하셨다. 군자는 무능함을 걱정한다. 남이 나를 알
아주지 않음을 걱정하지 않는다.

不病人之不己知也(불병인지불기지야) ⇨ 不病: 걱정하지 않는다. 病
은 근심하다. 걱정하다. 人之: 사람이. 之는 주격조사. 不己知也: 不
知己也로 '나를 알지 않는다'.
〈풀이〉 남이 나를 알아주지 않는 것을 걱정하지 않는다.

19 子曰 君子疾沒世而名不稱焉

공자가 말씀하셨다. 군자는 일생을 마치고 나서 이름이 일컬어
지지 않음을 근심한다.

君子疾沒世而名不稱焉(군자질몰세이명불칭언) ⇨ 疾: 근심하다. 걱정
하다. 沒: 마치다. 世: 일생. 而: 순접. 名: 이름이 不稱: 일컬어지지
아니하다. 焉: 종미사.

20 子曰 君子求諸己 小人求諸人

공자가 말씀하셨다. 군자는 자기에게 책망하고 소인은 남에게
책망한다.

君子求諸己(군자구제기) ⇨ 求: 책망하다. 諸: 之於. 즉 求諸己는 자기
에게 책망한다.

小人求諸人(소인구제인) ⇨ 求諸人: 남에게 책망한다.

21 子曰 君子矜而不爭 群而不黨

공자가 말씀하셨다. 군자는 삼가고 다투지 아니하며 무리를 이루어도 당파를 만들지 않는다.

君子矜而不爭(군자긍이부쟁) ⇨ 矜: 삼가다. 敬愼경신함.
群而不黨(군이부당) ⇨ 群: 무리를 이루다. 黨: 무리 짓다.

22 子曰 君子不以言擧人 不以人廢言

공자가 말씀하셨다. 군자는 말로써(훌륭한 말을 했다고 해서) 남을 기용하지 아니하고(발탁하지 아니하고) 사람 때문에(성격이 나쁘다는 것으로) 말을 버리지 아니한다.

君子不以言擧人(군자불이언거인) ⇨ 擧: 천거하다. 人: 사람. 남.
不以人廢言(불이인폐언) ⇨ 以: 이유·조건을 나타내는 전치사. 廢: 파기하다. 없어지다. 버리다.

23 子貢問曰 有一言而可以終身行之者乎 子曰 其恕乎 己所不欲 勿施於人

자공이 물어 말하였다. 한 마디 말을 하여 종신토록 이를 행할 것이 있습니까? 공자가 말씀하셨다. 그것은 용서이다. 내가 바라지 아니하는 바를 남에게 베풀지 말라.

有一言而可以終身行之者乎(유일언이가이종신행지자호) ⇨ 一言: 한
마디 말을 하다. 而: 순접. 可以: ~할 수 있다. 終身: 몸이 마치도록.
行: 행하다. 之: 대명사 이것. 즉 한마디 말. 者: 것. 乎: 의문종미사.
〈풀이〉 한 마디 말을 하여 종신토록 이를 행할 것이 있습니까?

其恕乎(기서호) ⇨ 其: 그것은. 恕: 용서하다. 乎: 종미사.
〈풀이〉 그것은 용서이다.

己所不欲(기소불욕) ⇨ 己: 내가. 所: ~하는 바. 不欲: 바라지 아니하다.
〈풀이〉 내가 바라지 아니하는 바를

勿施於人(물시어인) ⇨ 勿: 금지사. 施: 베풀다. 於: 위치의 전치사.
人: 남.
〈풀이〉 남에게 베풀지 말라.

24 子曰 吾之於人也 誰毁誰譽 如有所譽者 其有所試矣 斯 民也 三代之所以直道而行也

공자가 말씀하셨다. 나의 남에게 있어서는(나는 남에 대하여) 누구
를 험담하고 누구를 칭찬하겠느냐. 만일 칭찬할 사람이 있다면
그것은 살펴본 바가 있음이다(있기 때문이다). 이제 백성들이 삼
대의 바른 길을 따라 행하여 온 때문이다.

吾之於人也(오지어인야) ⇨ 〈풀이〉 나의 남에게 있어서는

誰毁誰譽(수훼수예) ⇨ 毁: 험담하다. 譽: 기리다. 칭찬하다.
〈풀이〉 누구를 험담하며 누구를 칭찬하겠느냐?

如有所譽者(여유소예자) ⇨ 如: 만일.
〈풀이〉 만일 칭찬할 바 사람이 있으면

其有所試矣(기유소시의) ⇨ 其: 그것은(바로 위의 구를 가리킴). 試: 살펴
보다.
〈풀이〉 그것은 살펴본 바 있기 때문이다.

斯民也(사민야) ⇨ 〈풀이〉 이제 백성이

三代之所以直道而行也(삼대지소이직도이행야) ⇨ 三代之: 삼대의. 三
代는 夏·殷·周. 所以: 까닭. 直: 곧다. 바르다. 道: 인도하다. 말미암
다. 좇다. 따르다. 而: 순접. ~하여서.
〈풀이〉 삼대의 바른 길을 따라 행하였기 때문이다.

25 子曰 吾猶及史之闕文也 有馬者借人乘之 今亡矣夫

공자가 말씀하셨다. 나는 오히려 사관이(의아한 일을 적지 않고) 글
을 비워두었고 말이 있는 사람은 남에게 이를 빌려 주어 타게
하는데 이르렀는데 지금은 그런 일이 없어졌다.

吾猶及史之闕文也(오유급사지궐문야) ⇨ 吾: 나는. 猶: 오히려. 及: 미
치다. ~에 이르다. 史之: 사관의. 闕: 빠뜨리다.
〈풀이〉 나는 오히려 사관이 글을 비워두었다.

有馬者借人乘之(유마자차인승지) ⇨ 借: 빌려주다. 乘之: 타게 하다.
〈풀이〉 말이 있는 사람은 남에게 빌려 주어 타게 하다.

今亡矣夫(금망의부) ⇨ 亡: 없어지다. 矣夫: 감탄종미사. 夫를 강조하
는 종미사.
〈풀이〉 지금은 (그런 일이) 없어졌다.

26 子曰 巧言亂德 小不忍 則亂大謀

공자가 말씀하셨다. 간교한 말은 덕을 어지럽힌다. 작은 일을 참지 못하면 곧 큰일을 어지럽힌다.

巧言亂德(교언난덕) ⇨ 〈풀이〉 간교한 말은 덕을 어지럽힌다.

小不忍(소불인) ⇨ 〈풀이〉 작은 일을 참지 못하면

則亂大謀(즉란대모) ⇨ 〈풀이〉 곧 큰 계획(큰 일)을 어지럽게 한다.

27 子曰 衆惡之 必察焉 衆好之 必察焉

공자가 말씀하셨다. 뭇사람(민중)이 미워하여도 반드시 살펴보아야 하고 뭇사람(민중)이 좋아하여도 반드시 살펴보아야 한다.

衆惡之(중악지) ⇨ 衆: 뭇사람. 惡: 미워하다. 之: 서술어 뒤에 붙어 뜻 없이 쓰는 종미사. 〈풀이〉 뭇사람이 미워하다.

必察焉(필찰언) ⇨ 察: 살피다.

衆好之(중호지) ⇨ 好之: 좋아하다.

28 子曰 人能弘道 非道弘人

공자가 말씀하셨다. 사람이 도는 넓힐 수 있으나 도는 사람을 넓히는 것이 아니다.

人能弘道(인능홍도) ⇨ 弘道: 도를 넓히다. 弘은 넓히다. 넓다.

非道弘人(비도홍인) ⇨ 非: 부정사.

29 子曰 過而不改 是謂過矣

공자가 말씀하셨다. 잘못하고서 고치지 아니하면 이것을 잘못
이라 한다.

30 子曰 吾嘗終日不食 終夜不寢 以思 無益 不如學也

공자가 말씀하셨다. 나는 일찍이 종일토록 먹지 않고 밤새도록
자지 않고 이로써 생각하여도 유익함이 없고 배우는 것만 같지
못하더라.

不如學也(불여학야) ⇨ 不如: ~와 같지 못하다.

31 子曰 君子謀道 不謀食 耕也餒在其中矣 學也祿在其中矣
君子憂道 不憂貧

공자가 말씀하셨다. 군자는 도를 생각하나 밥을 생각하지 아니
한다. 농사하여도 굶주림은 그 중에 있다. 배움은 녹이 그 중에
있다. 군자는 도를 근심하나 가난을 근심하지 않는다.

君子謀道(군자모도) ⇨ 謀: 꾀하다. 생각하다. 〈풀이〉 군자는 도를 생각한다.
耕也餒在其中矣(경야뇌재기중의) ⇨ 耕也: 논밭을 갈아도. 餒: 굶주
리다. 〈풀이〉 농사를 지어도 굶주림은 그 가운데 있다.
君子憂道(군자우도) ⇨ 憂: 근심하다. 걱정하다.
  〈풀이〉 군자는 도를 근심한다.
不憂貧(불우빈) ⇨ 〈풀이〉 가난을 근심하지 않는다.

32 子曰 知及之 仁不能守之 雖得之必失之 知及之 仁能守之 不莊以涖之 則民不敬 知及之 仁能守之 莊以涖之 動之不以禮 未善也

공자가 말씀하셨다. 지능으로 나라를 얻었다 해도 인으로 이(인민)를 지킬 수 없으면 비록 이(인민)를 얻었더라도 반드시 잃는다. 지능으로 이를 얻고 인으로 인민을 지킨다하더라도 엄함으로써 이에(인민에게) 임하지 않으면 곧 인민은 존경하지 아니한다. 지능으로 얻고 인으로 인민을 지킬 수 있고 엄함으로 인민에게 임하여도 인민을 움직이는데(부리는데) 예로써 하지 않으면 좋다고 인정할 수 없다.

知及之(지급지) ⇨ 知: 지혜. 及: 미치다. 얻다. 잡다. 之: 국민. 국가. 인민.
〈풀이〉 지능이 나라를 얻다.

仁不能守之(인불능수지) ⇨ 不能: ~ 수 없다. 之: 이것. 즉 국민. 국가.
〈풀이〉 인으로 이를 지킬 수 없으면

雖得之必失之(수득지필실지) ⇨ 〈풀이〉 비록 이를 얻었다 하더라도 반드시 잃는다.

不莊以涖之(부장이리지) ⇨ 莊: 예의범절이 엄정함(엄격함). 涖: 임하다.
〈풀이〉 엄격함으로써 임하지 않으면

動之不以禮(동지불이례) ⇨ 動: 움직이다. 之: 이를(백성을 가리키는 대명사). 動의 목적어. 不以: ~으로써 하지 않으면. 禮: 예.
〈풀이〉 백성을 움직이는데 예로써 하지 않으면

未善也(미선야) ⇨ 美: 옳게 여기다. 훌륭하다.
〈풀이〉 아직 훌륭하지 아니하다.

33 子曰 君子不可小知 而可大受也 小人不可大受 而可小
知也

공자가 말씀하셨다. 군자는 작은 일은 맡길 수 없으나 큰일은
수용할 수 있다. 소인은 큰일은 떠맡을 수 없으나 작은 일은 맡
길 수 있다.

君子不可小知 而可大受也(군자불가소지 이가대수야) ▷ 不可: ~할 수
없다. 小: 작은 일. 知: 맡다. 而: 역접. 大: 큰일. 受: 수용하다. 받아
들이다.
〈풀이〉 군자는 작은 일은 맡길 수 없으나 큰일은 받아들일 수 있다(떠맡을 수
있다).
小人不可大受 而可小知也(소인불가대수 이가소지야) ▷
〈풀이〉 소인은 큰일은 떠맡을 수 없으나 작은 일은 맡길 수 있다.

34 子曰 民之於仁也 甚於水火 水火吾見蹈而死者矣 未見蹈
仁而死者也

공자가 말씀하셨다. 백성의 인에 있어서는 물과 불에 있어서보
다 대단하다(중요하다). 나는 물과 불을 밟고 죽은 자는 보았으나
인을 밟고 죽은 자는 아직 보지 못하였다.

民之於仁也(민지어인야) ▷ 〈풀이〉 사람의 인에 있어서는
甚於水火(심어수화) ▷ 甚: 정도에 지나다. 대단하다. 심하다. 중요하
다. 於: ~에 있어서보다. 즉 비교전치사.
〈풀이〉 물과 불보다 중요하다.

水火吾見蹈而死者矣(수화오견도이사자의) ⇨ 水火吾見蹈: 나는 물과 불을 밟다. 而: 순접. 死者: 죽은 자. 矣: 종미사.
〈풀이〉 나는 물과 불을 밟고 죽은자를 보았다.

未見蹈仁而死者也(미견도인이사자야) ⇨ 未見: 보지 못했다.
〈풀이〉 인을 밟고 죽은 자를 아직 보지 못했다.

35 子曰 當仁不讓於師

공자가 말씀하셨다. 인을 마땅히 행함은 스승에게도 양보하지 않는다.

當仁不讓於師(당인불양어사) ⇨ 當: 지키다. 주관하다. 맡다. 마땅히 하여야 함. 不讓: 양보하지 않는다. 於師: 스승에게도.

36 子曰 君子貞而不諒

공자가 말씀하셨다. 군자는 곧고서 하찮은 의리를 지키지 아니 한다.

君子貞而不諒(군자정이불량) ⇨ 貞: 곧다. 바르다. 諒: 하찮은 의리를 지키다.

37 子曰 事君敬其事而後其食

공자가 말씀하셨다. 임금을 섬김에 있어 그 일을 경계하여 조심하고(정성껏 섬기고) 그 녹봉은 뒤로 미룬다.

事君敬其事而後其食(사군경기사이후기식) ⇨ 事君: 임금을 섬기다.
敬: 공경하다. 경계하여 조심하다. 後: 나중에 하다. 뒤로 미루다.
食: 녹봉. 녹.

38 子曰 有敎無類

공자가 말씀하셨다. 가르침은 있으나 유별은 없다.

有敎無類(유교무류) ⇨ 有: 주어를 뒤에 가지는 동사. 無: 주어를 뒤에
가지는 동사. 類: 類別유별. 즉 교육에 의한 차이는 있으나 선천적으
로 유별은 없다. 곧 누구나 교육에 의하여 훌륭하게 된다는 뜻.

39 子曰 道不同 不相爲謀

공자가 말씀하셨다. (뜻하는) 도가 같지 아니하면 서로 모의하
지 않는다.

40 子曰 辭達而已矣

공자가 말씀하셨다. 말은 그 뜻을 전하여 주면 그만이다.

辭達而已矣(사달이이의) ⇨ 辭: 말. 達: 전하다. 而已矣: 한정·단정의
종미사. 따름이다.

41 師冕見 及階 子曰 階也 及席 子曰 席也 皆坐 子告之曰
某在斯 某在斯 師冕出 子張問曰 與師言之道與 子曰 然
固相師之道也

악사 면이 공자를 만나뵈러 왔다. 계단에 이르면 공자가 말씀
하셨다. 계단입니다 하시고 자리에 이르면 공자가 말씀하셨다.
자리입니다 하셨다. 모두가 앉자 공자가 그에게 고하여 말씀하
셨다. 아무개는 여기에 있고 아무개는 거기에 있소 하고 가르
쳐 주셨다. 악사 면이 나가거늘 자장이 물어 말하였다. (그것
이) 악사와 더불어 (악사에게) 말하는 도리입니까? 공자가 말씀
하셨다. 그렇다. 물론 악사를 도우는 도리이다.

師冕見(사면견) ⇨ 師: 악사. 옛날은 소경이 악사가 되었다 함. 冕: 면.
見: 공자를 뵙다.
〈풀이〉 악사 면이 공자를 뵈었다.

及階(급계) ⇨ 〈풀이〉 계단에 이르다

階也(계야) ⇨ 〈풀이〉 층계이다.

及席(급석) ⇨ 〈풀이〉 자리에 이르다.

皆坐(개좌) ⇨ 〈풀이〉 모두가 앉다.

某在斯 某在斯(모재사 모재사) ⇨ 某: 누구. 斯: 여기.
〈풀이〉 아무개는 여기 있고, 아무개는 거기 있다.

與師言之道與(여사언지도여) ⇨ 與: 더불어. 言之: 道를 꾸미는 관형
구. 與: 의문종미사.
〈풀이〉 악사와 더불어 말하는 도리입니까?

固相師之道也(고상사지도야) ⇨ 固: 물론. 相: 도우다. 之: 목적격 조
사. 相師之는 道를 꾸미는 관형구.
〈풀이〉 물론 악사를 도우는 도리이다.

第十六篇 季氏

제16편 계씨

1 季氏將伐顓臾 冉有季路見於孔子曰 季氏將有事於顓臾
孔子曰 求 無乃爾是過與 夫顓臾 昔者先王以爲東蒙主
且在邦域之中矣 是社稷之臣也 何以伐爲 冉有曰 夫子欲
之 吾二臣者 皆不欲也 孔子曰 求 周任有言曰 陳力就列
不能者止 危而不持 顚而不扶 則將焉用彼相矣 且爾言過
矣 虎兕出於柙 龜玉毁於櫝中 是誰之過與 冉有曰 今夫
顓臾 固而近於費 今不取 後世必爲子孫憂 孔子曰 求 君
子疾夫舍曰欲之而必爲之辭 丘也聞 有國有家者 不患寡
而患不均 不患貧而患不安 蓋均無貧 和無寡 安無傾 夫
如是 故遠人不服 則修文德以來之 旣來之則安之 今由與
求也相夫子 遠人不服而不能來也 邦分崩離析 而不能守
也 而謀動干戈於邦內 吾恐季孫之憂 不在顓臾 而在蕭牆
之內也

계씨가 장차 전유를 치려고 하였다. 염유와 계로가 공자를 뵙
고 말하였다. 계씨가 장차 전유에 대하여 공격하려 합니다. 하
니 공자가 말씀하셨다. 구야, 바로 너의 잘못이 아니겠느냐? 대
저 전유는 옛날 선왕이 그(전유)로써 몽산의 제주로 삼은 데다가
또한 (전유의 나라가) 노나라의 구경(경계) 안에 있다. 이는(전유는)

노나라의 신하이다. 어찌하여 치겠느냐? 염유가 말하였다. 계씨는 치기를 바랄지라도 우리 두 신하는 모두 바라지 않습니다. 공자가 말씀하셨다. 구야, 주임이 말한 게 있다. 힘을 펼쳐 반열(벼슬자리)에 나아가서 할 수 없는 사람은 그만 둔다 하였다. 위태로운 데도 떠받치지 아니하고 엎어졌는데도 도우지 아니하면(일으키지 아니하면) 장차 그런 가신(신하)을 어떻게 쓰겠느냐? 또한 너의 말이 잘못이다. 호랑이와 외뿔소가 우리 안에서 나오고 귀옥이 궤 속에서 깨어졌다면 이것은 누구의 과실이겠느냐? 염유가 말하였다. 지금 저 전유는 성이 견고하고 계씨의 읍인 비에 가까우니 지금 빼앗지 아니하면 후세에 반드시 자손의 걱정거리가 될 것입니다. 공자가 말씀하셨다. 구야, 군자는 대저 이것을 탐낸다고 말하는 것을 그만두고(말하지 아니하고) 반드시 말을 가장하는 것을 미워한다. 구(내가) 듣기로는 나라를 가진 자와 집을 가진 자는 백성이 먹을 것을 걱정하지 아니하고 고르지 아니함을 걱정하며 가난함을 걱정하지 아니하며 불안함을 걱정한다. 대개 고르면 가난하지 아니하고 화락하면 백성이 적어지지 아니하고 편안하면 기울지 아니한다. 대저 이와 같다. 고로 먼데 사람이 복종하지 아니하면 곧 문의 덕을 닦음으로써 이를 오게 하고 이미 온즉은 이를 편안하게 하여야 한다. 이제 유와 구는 계씨를 돕고 있으면서 먼데 사람이 복종하지(따르지) 아니하는데 그들을 오게 할 수도 없고 나라가 산산이 분리하고 떨어져 나가는데도 지킬 수 없으면서 나라 안에서 전쟁을 일으키고자 하니(도모하니) 내가 두려워함은 계씨의 걱정이 전유에 있지 아니하고 담장 안에 있을 것이라는 것이다.

季氏將伐顓臾(계씨장벌전유) ⇨ 季氏: 노나라 공실을 침해하여 자기 영지를 넓혔다. 將: 미래를 나타내는 부사. 顓臾: 복희의 후손. 風姓풍성으로 노의 부용국(큰 나라에 붙어 있는 작은 나라).

〈풀이〉 계씨가 장차 전유를 치려하였다.

冉有季路見於孔子曰(염유계로현어공자왈) ⇨ 冉有·季路: 계씨의 가
신. 見: 만나 뵙다. 於: ~에게. ~를/을.

〈풀이〉 염유와 계로가 공자를 만나 뵙고 말하였다.

季氏將有事於顓臾(계씨장유사어전유) ⇨ 將: 장차. 有: 일어나다. 事:
반역. 모반. 변고. 공격하다.

〈풀이〉 계씨가 장차 전유에 대하여 공격하려 합니다.

無乃爾是過與(무내이시과여) ⇨ 無: 아니다. 乃: 곧. 즉. 바로. 是: 대
저. 이다. 지나치다. 爾: 너. 잘못. 與: 의문종미사.

〈풀이〉 바로 너의 잘못이 아니겠느냐?

夫顓臾 昔者先王以爲東蒙主(부전유 석자선왕이위동몽주) ⇨ 夫: 대
저. 昔者: 옛날. 以: 그로써(전유로써). 爲: 삼다. 東蒙主: 몽산의 제
주. 즉 선왕이 전유로 몽산 밑에 봉하고 그로 하여금 산제를 지내
게 했다. 몽손이 동쪽에 있으므로 동몽이라 했다.

〈풀이〉 대저 전유는 옛날 선왕이 그로써 동몽산의 제주로 삼은(유서 바른 나라
   이다) 데다

且在邦域之中矣(차재방역지중의) ⇨ 且: 또한. 邦域: 나라의 경계. 국
경. 之: ~의. 中: 가운데.

〈풀이〉 또한 나라의 경계 안에 (전유라는 나라가) 있다.

是社稷之臣也(시사직지신야) ⇨ 社稷: 나라.

〈풀이〉 이는(전유는) 노나라의 신하이다.

何以伐爲(하이벌위) ⇨ 何以: 어찌하여. 伐: 치다. 爲: 하다.

〈풀이〉 어찌하여 치기를 하겠느냐?

夫子欲之(부자욕지) ⇨ 夫子: 季氏. 之: 치는 것을 가리키는 대명사.

〈풀이〉 계씨가 치기를 바랄지언정

吾二臣者(오이신자) ⇨ 〈풀이〉 우리 두 신하는

皆不欲也(개불욕야) ⇨ 〈풀이〉 모두 원하지 않습니다.

周任有言曰(주임유언왈) ⇨ 周任: 옛날의 사람.

〈풀이〉 주임이 말한 게 있다.

陳力就列(진력취렬) ⇨ 陳: 벌여 놓다. 力: 힘. 능력. 就: 일자리. 벼슬 자리에 나아가다. 列: 반열.

〈풀이〉 힘을 펼쳐 반열에 나아가서

不能者止(불능자지) ⇨〈풀이〉 할 수 없는 사람은 그만 둔다 (하였다).

危而不持(위이부지) ⇨ 而: 역접. 持: 떠받치다. 도우다. 보존하다.

〈풀이〉 위태로운데도 떠받치지 아니하고

顚而不扶(전이불부) ⇨ 而: 역접.

〈풀이〉 엎어졌는데도 도우지 아니하면

則將焉用彼相矣(즉장언용피상의) ⇨ 將: 미래를 뜻하는 부사. 장차. 焉: 어찌. 彼: 그 자기에 대한 제삼자. 저. 相: 인도자. 안내자. 주인 을 도우는 家臣가신.

〈풀이〉 곧 장차 그런 가신을 어찌 쓰겠느냐?

且爾言過矣(차이언과의) ⇨ 且: 또한. 爾言: 너희의 말. 過: 잘못.

〈풀이〉 또한 너희의 말은 잘못이다.

虎兕出於柙(호시출어합) ⇨ 兕: 외뿔소. 柙: 외양간. 우리.

〈풀이〉 호랑이와 외뿔소가 우리에서 나오다.

龜玉毁於櫝中(귀옥훼어독중) ⇨ 龜玉: 보석이름. 毁: 깨지다. 櫝: 함. 궤.

〈풀이〉 귀옥이 궤 속에서 깨어지다.

是誰之過與(시수지과여) ⇨ 與: 의문종미사.

〈풀이〉 이것은 누구의 과실이겠느냐?

今夫顓臾(금부전유) ⇨ 今: 지금. 夫: 저.

〈풀이〉 지금 저 전유는

固而近於費(고이근어비) ⇨ 固: 성이 견고하다. 費: 季氏의 읍.

〈풀이〉 성이 견고하고 계씨의 읍인 費에 가까우니

今不取(금불취) ⇨ 取: 빼앗다. 〈풀이〉 지금 빼앗지 아니하면

後世必爲子孫憂(후세필위자손우) ⇨〈풀이〉 후세에 반드시 자손의 걱정거 리가 될 것입니다.

君子疾夫舍曰欲之而必爲之辭(군자질부사왈욕지이필위지사) ➪ 疾: 싫어하다. 미워하다. 夫: 저. 대저. 欲之: 탐내는 것을. 舍: 그만두다. 曰: 하면서. 必: 반드시. 辭: 말을. 爲之: 꾸미는 것을.

〈풀이〉군자는 대저 이것을 탐낸다고 말하는 것을 그만 두고(겉으로는 탐내지 않는 척하고) 반드시 말을 가장하는 (꾸며서 하는) 것을 미워한다.

丘也聞(구야문) ➪ 〈풀이〉구가 듣건대.

有國有家者(유국유가자) ➪ 有: 가지다. 有國有家는 者를 꾸며주는 관형절. 〈풀이〉나라를 가진 자와 집을 가진 자는

不患寡而患不均(불환과이환불균) ➪ 寡: (백성이) 적다. 均: 고르다.

〈풀이〉백성이 적은 것을 걱정하지 아니하고 고르지 아니함을 걱정하다.

不患貧而患不安(불환빈이환불안) ➪ 貧: 가난하다.

〈풀이〉가난함을 걱정하지 아니하며 불안함을 걱정한다.

蓋均無貧(개균무빈) ➪ 蓋: 대개. 均: 고르다.

〈풀이〉대개 고르면 가난하지 아니하고

和無寡(화무과) ➪ 〈풀이〉화락하면 백성이 적지 아니하고

安無傾(안무경) ➪ 〈풀이〉편안하면 기울지 아니한다.

夫如是(부여시) ➪ 〈풀이〉대저 이와 같다

故遠人不服(고원인불복) ➪ 遠人: 먼 곳에 있는 사람. 먼데 사람. 服: 복종하다.

〈풀이〉고로 먼데 사람이 복종하지 않으면

則修文德以來之(즉수문덕이래지) ➪ 〈풀이〉곧 문의 덕을 닦음으로써 이를 (먼데 사람을) 오게 하고

旣來之則安之(기래지즉안지) ➪ 〈풀이〉이미 이들이 온즉 이를 편안하게 해야 한다.

今由與求也相夫子(금유여구야상부자) ➪ 與: 더불어. 也: 주격 조사. 相: 돕다. 夫子: 季氏계씨.

〈풀이〉이제 유와 구는 계씨를 돕고 있으면서

遠人不服(원인불복) ➪ 〈풀이〉먼데 사람이 복종하지 아니하는데

而不能來也(이불능래야) ⇨ 而: 則과 같음. 不能來: 오게 할 수 없다.

〈풀이〉 그들을 오게 할 수도 없으면서

邦分崩離析(방분붕리석) ⇨ 分崩: 산산이 분리함. 離析: 떨어져 나감. 분열함.

〈풀이〉 나라가 산산이 분리하고 떨어져 나가는데도

而不能守也(이불능수야) ⇨ 而: 則과 같음.

〈풀이〉 지킬 수 없으면서

而謀動干戈於邦內(이모동간과어방내) ⇨ 而: 則과 같음. 謀: 도모하다. 動: 일어나다. 시작하다. 干戈: 전쟁.

〈풀이〉 나라 안에서 전쟁을 일으키고자 도모하니

吾恐季孫之憂 不在於顓臾 而在蕭牆之內也(오공계손지우 불재어전유 이재소장지내야) ⇨ 而: 則과 같음. 蕭牆: 담.

〈풀이〉 내가 두려워하는 것은 계씨의 걱정이 전유에 있지 아니하고 담장 안에 있을 것이라는 것이다.

2 孔子曰 天下有道則禮樂征伐自天子出 天下無道則禮樂 征伐 自諸侯出 自諸侯出 蓋十世希不失矣 自大夫出 五 世希不失矣 陪臣執國命 三世希不失矣 天下有道 則政不 在大夫 天下有道 則庶人不議

공자가 말씀하셨다. 천하에 도가 있으면 예악 정벌이 천자로부터 나오고 천하에 도가 없으면 예악 정벌이 제후로부터 나온다. 제후로부터 나오면 대개 10세에 잃지 않음이 드물고 대부로부터 나오면 오세에 잃지 않음이 드물며 배신(가신)이 구령(나라의 정령)을 집행하면 삼세에 잃지 않음이 드물다. 천하에 도가 있으면 정사가 대부에 있지 아니하고 천하에 도가 있으면 서민이 논의하지 않는다.

禮樂征伐自天子出(예악정벌자천자출) ⇨ 征伐: 무력으로 반란·역적을 제압하다. 〈풀이〉 예악과 정벌은 천자로부터 나온다.

自諸侯出(자제후출) ⇨ 自: ~으로부터. 諸侯: 제후.
〈풀이〉 제후로부터 나온다.

蓋十世希不失矣(개십세희불실의) ⇨ 希: 드물다. 不失: 잃지 아니함.
〈풀이〉 대개 10세에 잃지 않음이 드물다.

陪臣執國命(배신집국명) ⇨ 陪臣: 家臣가신. 執: 집행한다.
〈풀이〉 가신이 국령을 집행하면

則政不在大夫(즉정불재대부) ⇨ 政: 정사.
〈풀이〉 즉 정사가 대부에 있지 아니하다.

則庶人不議(즉서인불의) ⇨ 〈풀이〉 즉 서민이 논의하지 않는다.

3 孔子曰 祿之去公室五世矣 政逮於大夫四世矣 故夫三桓
之子孫微矣

공자가 말씀하셨다. 작록이 공실에서 떠난 지가 오세이고 정권
이 대부에게 돌아간 것이 사세이다. 그러므로 저 삼환의 자손
이 미약하였다.

祿之去公室五世矣(녹지거공실오세의) ⇨ 祿: 작록. 公室: 魯公노공의 公
室공실. 노국은 文公문공 사후 동문의 襄中양중의 文公의 아들인 赤적을
죽이고 宣公선공을 세운 때부터 成성·襄양·昭소·定公정공에 이르는 吾
世오세 동안 정권은 三桓삼환이라고 하는 仲孫중손(孟孫맹손). 季孫계손 三
大夫삼대부 수중에 있었다.

政逮於大夫四世矣(정체어대부사세의) ⇨ 政: 정권. 逮: 미치다(及). 돌
아가다.

故夫三桓之子孫微矣(고부삼환지자손미의) ⇨ 夫: 저. 微: 미약하다.

4 孔子曰 益者三友 損者三友 友直 友諒 友多聞 益矣 友便辟 友善柔 友便佞 損矣

공자가 말씀하셨다. 유익한 벗이 셋이요 해로운 벗이 셋이니, 정직한 사람과 벗하고 성실한 사람과 벗하며 박학다식한 사람과 벗하면 유익하다. 편벽한 사람과 벗하고 굽실거리는 사람과 벗하며 성의 없이 말만 잘 하는 사람과 벗하면 해롭다.

友諒(우량) ⇨ 諒: 성실하다. 〈풀이〉 성실한 사람과 벗하다.

友便辟(우편벽) ⇨ 友: 벗하다. 便辟: 겉치레만 하고 속이 바르지 못하다. 남의 비위를 맞추다. 〈풀이〉 편벽한 사람과 벗하다.

友便佞(우편녕) ⇨ 便佞: 성의 없이 말만 잘하다.
〈풀이〉 말만 잘 하는 사람과 벗하다.

5 孔子曰 益者三樂 損者三樂 樂節禮樂 樂道人之善 樂多賢友 益矣 樂驕樂 樂佚遊 樂宴樂 損矣

공자가 말씀하셨다. 좋아하는 일 중에 유익한 것이 셋이요, 좋아하는 것 중에 해로운 것이 셋이다. 예악을 절도에 맞추기를 좋아하며 남의 착한 것을 말하기 좋아하며 현명한 벗이 많음을 좋아하면 유익하다. 교만한 쾌락을 좋아하며 하는 일 없이 태만하게 놀기를 좋아하며 주색의 쾌락을 좋아하면 해롭다.

益者三樂(익자삼요) ⇨ 樂: 좋아하다.
〈풀이〉 좋아하는 일 중에 유익한 것이 셋이요

※ 樂의 발음은 다음과 같다. ① 좋아한다는 뜻은 요. ② 禮樂의 경우는 악. ③ 驕樂·安樂의 경우는 락이다.

樂節禮樂(요절예악) ⇨ 〈풀이〉 예악을 절도에 맞추기를 좋아하다.

樂道人之善(요도인지선) ⇨ 樂: 좋아하다. 道人之善: 남의 착한 것을 말하기 좋아하다. 道는 말하다.
〈풀이〉 남의 착한 것을 말하기 좋아하고,

樂驕樂(요교락) ⇨ 樂: 좋아하다. 驕樂: 교만한 쾌락. 방자한 쾌락.
〈풀이〉 교만한 쾌락을 좋아하다.

樂佚遊(요일유) ⇨ 佚遊: 하는 일 없이 태만하게 놀기만 하다.
〈풀이〉 하는 일 없이 태만하게 놀기를 좋아하다.

樂宴樂(요연락) ⇨ 宴樂: 주색의 쾌락.
〈풀이〉 주색의 쾌락을 좋아하다.

6 孔子曰 侍於君子有三愆 言未及之而言 謂之躁 言及之而
不言 謂之隱 未見顏色而言 謂之瞽

공자가 말씀하셨다. 군자를 모시는데 있어 (저지르기 쉬운) 세 가지 과실이 있다. 말하기에 이르지 아니하였는데 말하는 것을 이를 조급하다고 하고 (웃어른이) 말을 하였는데도 말하지 않는 것은 (속을) 감추는 것이요, (웃어른의) 안색을 살피지 아니하고 말하는 것은 맹목적인 짓이다.

侍於君子有三愆(시어군자유삼건) ⇨ 侍: 모시다. 君子: 군자 또는 존장자. 愆: 허물. 과실.
〈풀이〉 군자를 모시는데 있어서 세 가지 과실이 있다.

言未及之而言(언미급지이언) ⇨ 言: 말하다. 未及之: 이르지 아니하다. 〈풀이〉 말하기에 이르지 아니하였는데 말하는 것

謂之躁(위지조) ⇨ 躁: 조급하다. 경망하다.
〈풀이〉 조급하다고 한다.

言及之而不言(언급지이불언) ⇨ 〈풀이〉 말하기에 이르렀는데 말하지 아니하는 것

謂之隱(위지은) ⇨ 隱: 감추다. 〈풀이〉 감추는 것이라 한다.

未見顏色而言(미견안색이언) ⇨ 〈풀이〉 얼굴빛을 보지 아니하고 말하는 것

謂之瞽(위지고) ⇨ 瞽: 소경. 맹목적.

〈풀이〉 맹목적이라고 한다.

7 孔子曰 君子有三戒 少之時 血氣未定 戒之在色 及其壯
也 血氣方剛 戒之在鬪 及其老也 血氣旣衰 戒之在得

공자가 말씀하셨다. 군자는 세 가지 경계할 것이 있다. 소년기
는 혈기가 안정되지 아니하였으니 경계할 것은 색에 있고 그
장년기에 이르러서는 혈기가 바야흐로 굳세므로 경계할 것은
싸움에 있고, 노년기에 이르면 혈기가 이미 쇠잔하여 졌으므로
경계할 것은 탐욕에 있다.

少之時(소지시) ⇨ 少之: 時를 꾸미는 관형어. 〈풀이〉 소년기

血氣未定(혈기미정) ⇨ 定: 안정되다. 〈풀이〉 혈기가 안정되지 않았다.

戒之在得(계지재득) ⇨ 得: 명리를 얻다. 탐욕.

〈풀이〉 경계할 것은 탐욕에 있다.

8 孔子曰 君子有三畏 畏天命 畏大人 畏聖人之言 小人不
知天命而不畏也 狎大人 侮聖人之言

공자가 말씀하셨다. 군자는 세 가지 두려워할 것이 있다. 천명
을 두려워하며 높은 어른을 두려워하며 성인의 말씀을 두려워

한다. 소인은 천명을 알지 못하므로 두려워하지 아니하고 높은 어른을 존경하지 않으며 성인의 말씀을 업신여긴다.

畏大人(외대인) ⇨ 畏: 두려워하다. 大人: 고귀한 사람. 높은 어른.
狎大人(압대인) ⇨ 狎: 존경하지 않는다. 친압하다.
侮聖人之言(모성인지언) ⇨ 侮: 경멸하다. 업신여기다.
〈풀이〉 성인의 말씀을 업신여기다.

9 孔子曰 生而知之者 上也 學而知之者 次也 困而學之 又
其次也 困而不學 民斯爲下矣

공자가 말씀하셨다. 태어나서 (저절로) 아는 자는 으뜸이요, 배워서 아는 자는 그 다음이요, 막히자 배우는 자는 또 그 다음이요, 막혔는데도 배우지 아니하는 자는 백성이 이를 하등이라 한다(친다).

上也(상야) ⇨ 〈풀이〉 으뜸이다.
次也(차야) ⇨ 〈풀이〉 그 다음이다.
困而學之(곤이학지) ⇨ 困: 괴롭다. 난처하다. 막히다.
〈풀이〉 막혀서 배우다.
困而不學 民斯爲下矣(곤이불학 민사위하의) ⇨ 斯: 이. 그. 爲: 삼다.
〈풀이〉 막혀도 배우지 아니하면 백성이 이를 하등으로 삼는다.

10 孔子曰 君子有九思 視思明 聽思聰 色思溫 貌思恭 言思
忠 事思敬 疑思問 忿思難 見得思義

공자가 말씀하셨다. 군자는 아홉 가지 생각해야 할 것이 있다.
보면 밝기를 생각하고 들으면 총명하기를 생각하며 얼굴빛은
온화하기를 생각하고 태도는 공손하고자 생각하고 말은 성실
하고자 생각하고 일은 경계하여 조심하고자 생각하고 의문이
생기면 묻고자 생각하고 분하면 어려움을 생각하고 이득을 볼
때는 의로움을 생각한다.

事思敬(사사경) ➪ 敬: 삼가다. 경계하여 조심하다.
〈풀이〉 일을 할 때는 경계하여 조심하고자 생각한다.

11 孔子曰 見善如不及 見不善如探湯 吾見其人矣 吾聞其語
矣 隱居以求其志 行義以達其道 吾聞其語矣 未見其人也

공자가 말씀하셨다. 좋은 일을 보면 그에 미치지 못할 것같이
하고 좋지 못한 일을 보면 열탕에 손을 넣듯 한다. 나는 그런
사람을 보았고 나는 그런 말을 들었다. 은퇴하여 있으면서도
자기의 뜻을 구하고 의를 행함으로써 그 도를 이룬다(달성시킨
다). 나는 그런 말(그런 사람들의 이야기)을 들었으나 아직 그런 사
람을 보지는 못하였다.

見善如不及(견선여불급) ➪ 〈풀이〉 좋은 일을 보면 그에 미치지 못하는 것같
이 하고
見不善如探湯(견불선여탐탕) ➪ 探湯: 열탕에 손을 넣다. 두려워서 경
계하다.

〈풀이〉 좋지 못한 일을 보면 열탕에 손을 넣는 것 같이 하고

隱居以求其志(은거이구기지) ⇨ 隱居: 은퇴하여 있다.

〈풀이〉 은퇴하여 있으면서 자기의 뜻한 바 도를 찾다.

行義以達其道(행의이달기도) ⇨ 行義: 의를 행하다. 達其道: 그 도를 이룬다(달성시킨다).

〈풀이〉 의를 행함으로써 그 도를 달성시킨다.

未見其人也(미견기인야) ⇨ 〈풀이〉 그런 사람을 보지 못하였다.

12 齊景公有馬千駟 死之日 民無德而稱焉 伯夷叔齊餓于首陽之下 民到于今稱之 其斯之謂與

제나라 경공이 말4천 필이 있었으나 죽은 날에 백성들이 덕을 베풀지 아니하여서 칭찬하지 않았다. 백이·숙제는 수양의 밑에서 굶어 죽었으나 백성들은 지금까지도 칭찬한다. 그것은(『시경』의 말) 이를 두고 하는 말이 아닐까.

齊景公有馬千駟(제경공유마천사) ⇨ 駟: 말 네 마리. 千駟이므로 사천 필. 〈풀이〉 제나라 경공이 말 사천 필이 있었다.

民無德而稱焉(민무덕이칭언) ⇨ 德: 덕을 베풀다. 동사. 而: 접속사(두 월을 이어줌).

〈풀이〉 백성들이 덕을 베풀지 않아서 칭찬하지 않았다.

民到于今稱之(민도우금칭지) ⇨ 于今: 지금까지. 稱: 칭찬하다. 之: 백이·숙제를 가리키는 대명사.

〈풀이〉 백성들은 지금까지 칭찬한다.

其斯之謂與(기사지위어) ⇨ 與: 반어·의문의 종미사.

〈풀이〉 그것은 이를 두고 하는 말이 아닐까?

13 陳亢問於伯魚曰 子亦有異聞乎 對曰 未也 嘗獨立 鯉趨
而過庭 曰 學詩乎 對曰 未也 不學詩無以言 鯉退而學
詩 他日又獨立 鯉趨而過庭 曰 學禮乎 對曰 未也 不學
禮無以立 鯉退而學禮 聞斯二者 陳亢退而喜曰 問一得
三 聞詩聞禮 又聞君子之遠其子也

진항이 백어에게 물어 말하였다. 그대는 (아버지로부터) 달리
들은 것이 있느냐? 대답하여 말하였다. 없다. 일찍이 홀로 서
계실 때에 리가 종종걸음으로 빨리 걸어서 뜰을 지나갔더니 말
씀하셨다. 시를 배웠느냐 하시기에 대답하여 말씀드리되 못 배
웠습니다. 시를 배우지 아니하면 말할 것이 없다 하시므로 리
는 물러가 시를 배웠다. 훗날 또 홀로 서 계시거늘 리가 종종걸
음으로 빨리 걸어 뜰을 지나가는데 말씀하셨다. 예를 배웠느냐
하시기에 아직 못 배웠습니다 하고 아뢰었더니 예를 배우지 못
하면 설 수가 없다 하시므로 리는 물러가 예를 배웠다. 들은 것
은 이 두 가지이다. 진항이 물러가서 기뻐하였다. 하나를 물어
서 셋을 얻었다. 시를 들어서 알았고 예를 들어서 알았고 또 군
자는 그 아들을 멀리 함을 듣고 알았다.

陳亢問於伯魚曰(진항문어백어왈) ⇨ 陳亢: '學而篇' 제10장의 陳子禽을
말함. 伯魚: 공자의 아들. 이름은 鯉리.
〈풀이〉 진항이 백어에게 물어 말하였다.

子亦有異聞乎(자역유이문호) ⇨ 子: 그대. 亦: 또한. 有: 있다. 異聞:
남달리 공자로부터 들은 것. 乎: 의문종미사.
〈풀이〉 그대는 달리 들은 것이 있느냐(배운 것이 있느냐)?

嘗獨立(상독립) ⇨ 嘗: 일찍이. 獨立: (공자가) 혼자 서 있다.

鯉趨而過庭(리추이과정) ⇨ 趨: 종종걸음으로 빨리 걷다. 而: 접속사.
〈풀이〉 리가 종종걸음으로 빨리 걸어서 뜰을 지나가다.

學詩乎 對曰(학시호 대왈) ⇨ 詩: 詩三百. 乎: 의문종미사.

〈풀이〉 시를 배웠느냐 하니 대답하여 말하였다.

陳亢退而喜曰(진항퇴이희왈) ⇨ 〈풀이〉 진항이 물러가서 기뻐하였다.

聞詩聞禮(문시문례) ⇨ 聞: 들어서 알다.

〈풀이〉 시를 들어서 알고 예를 들어서 알다.

又聞君子之遠其子也(우문군자지원기자야) ⇨ 之: 주격 조사. 遠: 멀리
하다. 〈풀이〉 또 군자는 그 아들을 멀리함을 들었다(듣고 알았다).

14 邦君之妻 君稱之曰夫人 夫人自稱曰小童 邦人稱之曰君
夫人 稱諸異邦曰寡小君 異邦人稱之 亦曰君夫人

나라 임금의 처를 임금이 이를 부를 때는 부인이라 말하고 부
인이 스스로를 부를 때는 소동이라 한다. 그 나라 사람이 이를
부를 때는 군부인이라 하고 여러 다른 나라 사람에게 말할 때
는 과소군이라 한다. 다른 나라 사람이 이를 부를 때는 역시 군
부인이라 한다.

邦君之妻(방군지처) ⇨ 妻: 齊의 뜻. 즉 夫와 일심동체라는 뜻.

〈풀이〉 나라 임금의 처

稱諸異邦曰寡小君(칭제이방왈과소군) ⇨ 諸: 之於. 寡: 덕이 적다는 뜻.

〈풀이〉 다른 나라 사람에게 말할 때는 과소군이라 한다.

異邦人稱之 亦曰君夫人(이방인칭지 역왈군부인) ⇨ 之: 대용대명사.
즉, 임금의 처를 가리킴.

〈풀이〉 다른 나라 사람이 이를 칭할 때는 역시 군부인이라 한다.

第十七篇 陽貨

제17편 양화

1 陽貨欲見孔子 孔子不見 歸孔子豚 孔子時其亡也 而往拜
之 遇諸塗 謂孔子曰 來 予與爾言 曰 懷其寶而迷其邦 可
謂仁乎 曰 不可 好從事而亟失時 可謂知乎 曰 不可 日月
逝矣 歲不我與 孔子曰 諾 吾將仕矣

양화가 공자를 만나고자 하였다. 공자가 만나 주지 않으셨다.
(양화가) 공자에게 돼지를 보냈다. 공자가 그가 없을 때에 가서
이를 배려하려 하였으나 도중에서 만났다. (양화가) 공자에게
말하여 가로되, 오시오. 나는 그대와 더불어 이야기하겠소. 공
자가 말씀하셨다. 나라를 다스릴 보배로운 도덕을 지니고 있으
면서 그 나라를 혼란하게 두는 것을 인이라 할 수 있겠습니까?
(양화가) 말하되 할 수 없습니다. 일에 종사하기를 좋아하면서
자주 때를 놓치는 것을 지혜롭다 할 수 있습니까? (양화가) 말
하되 할 수 없습니다. 해와 달은 간다. 세월은 나와 함께 하지
않습니다. 공자가 말씀하셨다. 예, 하고 대답하였다. 나는 장차
봉사하겠습니다.

陽貨欲見孔子(양화욕현공자) ⇨ 陽貨: 陽虎양호 季氏의 家臣으로 季桓
子계환자를 잡아 가두고 국정을 전권하였다. 欲見: 만나고자 하다.

〈풀이〉양화가 공자를 만나기를 바랐다.

孔子不見(공자불견) ⇨ 〈풀이〉공자가 만나주지 않았다.

歸孔子豚(귀공자돈) ⇨ 歸: 보내다. 물건을 보내다.

〈풀이〉공자에게 돼지를 보냈다.

孔子時其亡也(공자시기망야) ⇨ 時其亡: 그가 없을 때. 也: 때·장소를 나타내는 후치사. 〈풀이〉공자가 그가 없을 때에

而往拜之(이왕배지) ⇨ 之: 이를. 〈풀이〉이를 배려하러 가다.

遇諸塗(우제도) ⇨ 諸: 之於. 塗: 도중에서. 〈풀이〉도중에서 만나다.

謂孔子曰 來(위공자왈 래) ⇨ 〈풀이〉양화가 공자에게 말하여 가로되, 오시오.

予與爾言(여여이언) ⇨ 〈풀이〉나는 당신과 더불어 말하겠다.

曰(왈) ⇨ 〈풀이〉공자가 말씀하셨다.

懷其寶而迷其邦(회기보이미기방) ⇨ 懷其寶: 그 보물을 품고 있다. 즉 나라를 다스릴 지식과 덕성, 도덕을 속에 간직하고 있다는 뜻. 迷 其邦: 그 나라를 어지럽게 둔다.

〈풀이〉나라를 다스릴 보배를 품고 있으면서 그 나라를 어지럽게 둔다는 것

可謂仁乎(가위인호) ⇨ 〈풀이〉인이라고 말할 수 있습니까?

曰(왈) ⇨ 〈풀이〉양화가 말하였다.

不可(불가) ⇨ 〈풀이〉할 수 없습니다.

好從事而亟失時(호종사이극실시) ⇨ 亟: 수차. 여러 번. 失時: 때를 놓치다. 못 만나다. 而: 순접.

〈풀이〉일에 종사하기를 좋아하면서 여러 번 때를 놓치다.

可謂知乎(가위지호) ⇨ 知: 지혜롭다. 乎: 의문종미사.

〈풀이〉지혜롭다고 말할 수 있습니까?

日月逝矣(일월서의) ⇨ 〈풀이〉해와 달은 간다.

歲不我與(세불아여) ⇨ 〈풀이〉세월은 나와 더불어 하지 않는다.

諾(낙) ⇨ 〈풀이〉예 하고 대답하다.

吾將仕矣(오장사의) ⇨ 仕: 일삼다. 〈풀이〉나는 장차 일삼겠습니다.

2 子曰 性相近也 習相遠也

공자가 말씀하셨다. 천성은 서로 비슷하나 습성으로 서로 멀어
진다.

性相近也(성상근야) ⇨ 性: 천성. 相: 서로. 近: 비슷하다. 닮다.
習相遠也(습상원야) ⇨ 習: 습성 습관. 遠: 차이가 있다

3 子曰 唯上知與下愚不移

공자가 말씀하셨다. 다만 선천적으로 탁월한 지혜를 가진 사람
과 바보 천치와는 서로 바꾸지 못한다.

唯上知與下愚不移(유상지여하우불이) ⇨ 唯: 다만. 上知: 선천적으로
탁월한 지혜를 가진 사람. 與: ~과. 下愚: 대단히 미련한 사람. 바보
천치. 移: 위치를 바꾸다. 서로 바꾸다.

4 子之武城 聞弦歌之聲 夫子莞爾而笑曰 割雞焉用牛刀 子游對曰 昔者偃也 聞諸夫子 曰 君子學道則愛人 小人學道 則易使也 子曰 二三者 偃之言是也 前言戲之耳

공자가 무성에 가셨을 때 거문고를 타며 노래하는 소리를 듣고
선생이 빙그레 웃으면서 말씀하셨다. 닭을 베어 끊는데 어찌
소고기를 써는 큰칼을 쓰느냐 하셨다. 자유가 대답하여 말하기
를 옛날에 언은 선생님에게서 들었습니다 하고 말하되 군자는
도를 배우면 백성(사람)을 사랑하고 소인이 도를 배우면 부리

기 쉽다 하셨습니다. 공자가 말씀하셨다. 얘들아 언의 말이 옳
다. 아까 말한 것은 농담일 뿐이다.

子之武城(자지무성) ⇨ 之: 가다. 武城: 노나라의 변경에 있는 邑名.
자유가 무성의 읍재를 지냈다.
〈풀이〉 공자가 무성에 갔다.

聞弦歌之聲(문현가지성) ⇨ 弦: 거문고. 聞: 듣다.
〈풀이〉 거문고를 하며 부르는 노래 소리를 들으셨다.

夫子莞爾而笑曰(부자완이이소왈) ⇨ 夫子: 선생(공자). 莞爾: 빙그레
웃는 모양. 笑: 웃다.
〈풀이〉 선생께서 빙그레 웃으면서 말씀하셨다.

割雞焉用牛刀(할계언용우도) ⇨ 割雞: 닭을 칼로 베어 끊음. 焉: 어찌.
의문사. 牛刀: 쇠고기를 써는 큰 칼.
〈풀이〉 닭을 가르는데 어찌 소고기를 써는 큰 칼을 쓰느냐?

昔者偃也(석자언야) ⇨ 昔者: 옛날. 偃: 자유의 이름. 也: ~은. 주격 조사.
〈풀이〉 옛날에 언은

聞諸夫子(문제부자) ⇨ 諸: 之於. 〈풀이〉 선생님에게서 들었다.

則易使也(칙역사야) ⇨ 易: 쉽다. 使: 부리다.
〈풀이〉 부리기 쉽다.

二三者(이삼자) ⇨ 〈풀이〉 얘들아.

偃之言是也(언지언시야) ⇨ 是也: 옳다.
〈풀이〉 언의 말이 옳다.

前言戱之耳(전언희지이) ⇨ 戱之: 희롱하다. 耳: 따름이다.
〈풀이〉 아까 말한 것은 농담일 따름이다.

5 公山弗擾以費畔 召 子欲往 子路不說曰 末之也已 何必
公山氏之之也 子曰 夫召我者 而豈徒哉 如有用我者 吾
其爲東周乎

공산불요가 비로부터 반란하고 공자를 부르자 공자가 가려고
하였다. 자로가 기뻐하지 아니하고 말하였다. 가지 않으시겠
죠. 하필 공산씨에게로 가시렵니까? 공자가 말씀하셨다. 대저
나를 부르는 즉 어찌 허망하게 하겠느냐? 만약 나를 쓰는 사람
이 있으면 나는 그것을 동의 주로 만들겠다.

公山弗擾以費畔(공산불요이비반) ⇨ 公山弗擾: 公山은 성. 弗擾는 이
름. 계씨의 가신으로 費의 邑宰읍재였다. 以費畔: 費의 宰로서 季氏
에게 반란했다. 畔는 배반하다.

召(소) ⇨ 〈풀이〉 불렀다.

末之也已(말지야이) ⇨ 末之: 가지 아니하다. 之는 가다. 也已: 한정의
종미사. 〈풀이〉 가지 않으시겠지요?

何必公山氏之之也(하필공산씨지지야) ⇨ 何必: 하필 ~하려고 하느냐?
公山氏之之: 공산씨의 고장 즉 費邑으로 가다. 앞의 之는 향방을 정
함. 뒤의 之는 가다.
〈풀이〉 하필 공산씨 쪽으로 가려고 합니까?

夫召我者(부소아자) ⇨ 夫: 대저. 召: 부르다. 我: 나를. 者: 則과 같이
가정·조건을 나타낸다.
〈풀이〉 대저 나를 부르는즉

而豈徒哉(이기도재) ⇨ 而: 조건을 나타냄. 豈: 어찌. 徒: 허망하게 하
다. 哉: 의문종미사.
〈풀이〉 어찌 허망하게 하겠느냐?

如有用我者(여유용아자) ⇨ 如: 만약. 用: 쓰다.
〈풀이〉 만약 나를 쓰는 사람이 있으면

吾其爲東周乎(오기위동주호) ⇨ 爲東周: 동의 주를 이루겠다. 爲는 만들다. 곧 이루다.

〈풀이〉 나는 그것을 동의 주로 이루겠다

6 子張問仁於孔子 孔子曰 能行五者於天下 爲仁矣 請問之 曰 恭寬信敏惠 恭則不侮 寬則得衆 信則人任焉 敏則有 功 惠則足以使人

자장이 공자에게 인을 묻자 공자가 말씀하셨다. 천하에 다섯 가지를 행할 수 있으면 인이라 할 수 있다. 그 다섯 가지를 간청하여 물으니 공자가 말씀하셨다. 공·관·신·민·혜이다. 공손한즉 모욕을 당하지 않고 관대하면 많은 사람(인망)을 얻고 신의가 있으면 사람이(남이) 일을 맡기고 민첩하면 공을 세울 수 있고 은혜로우면 충분히 남을 부릴 수 있다.

請問之(청문지) ⇨ 之: 五者를 가리키는 지시대명사.

恭寬信敏惠(공관신민혜) ⇨ 恭: 공손. 敏: 민첩하다. 惠: 남에게 은혜롭다.

恭則不侮(공즉불모) ⇨ 不侮: 모욕을 당하지 않는다.

〈풀이〉 공손하면 모욕을 당하지 않는다.

信則人任焉(신즉인임언) ⇨ 任: 일을 맡기다.

〈풀이〉 신의가 있으면 사람이 일을 맡긴다.

敏則有功(민즉유공) ⇨ 〈풀이〉 민첩하면 공을 세울 수 있다.

惠則足以使人(혜즉족이사인) ⇨ 使人: 남을 부리다. 以: 足 밑에 어조를 고루기 위해 쓰인 종미사.

〈풀이〉 은혜로우면 충분히 남을 부릴 수 있다.

7 佛肸召 子欲往 子路曰 昔者由也聞諸夫子 曰 親於其身
爲不善者 君子不入也 佛肸以中牟畔 子之往也如之何 子
曰 然 有是言也 不曰堅乎 磨而不磷 不曰白乎 涅而不緇
吾豈匏瓜也哉 焉能繫而不食

필힐이 (공자를) 부르자 공자가 가고자 하니 자로가 말하였다.
옛날에 유는 선생님에게 들었습니다. 말하기를 그 몸에 손수(자
기 자신) 좋지 아니한 짓을 하는 자에게 군자는 들어가지 않는다
하셨습니다. 필힐은 중모로부터 반란하고 있는데 선생께서 가
신다니 어찌된 일입니까? 공자가 말씀하셨다. 그렇다. 이런 말
이 있었다. 갈아도 닳지 않으니 굳다고 하지 않겠느냐? 검은 물
을 들여도 검지 않으니 희다고 하지 않겠느냐? 어찌 나는 포과
이겠느냐? (나는 포과(박)가 아닌데) 어찌 (줄거리에) 매달려서
사람에게 먹히지 않고 있겠느냐?

佛肸召(필힐소) ⇨ 佛肸: 晉의 대부. 趙簡子조간자의 邑인 中牟중모의 宰.
〈풀이〉 필힐이 공자를 부르다.

親於其身爲不善者(친어기신위불선자) ⇨ 親於其身: 그 몸에게 손수.
자기 자신. 爲: 하다. 不善: 착하지 아니하다.
〈풀이〉 자기 자신이 착하지 않은 일을 하는 자에게

君子不入也(군자불입야) ⇨ 〈풀이〉 군자는 들어가지 않는대(친구로 들어가지
않는다).

佛肸以中牟畔(필힐이중모반) ⇨ 以: '~로부터'의 전치사. 畔: 모반하다.
〈풀이〉 필힐이 중모로부터 모반하다.

子之往也如之何(자지왕야여지하) ⇨ 之: 주격조사. 如之何: 어떤 일입
니까? 〈풀이〉 선생님이 가시려 하시니 어찌된 일입니까?

然 有是言也(연 유시언야) ⇨ 是: 이.
〈풀이〉 그렇다. 이런 말이 있었다.

不曰堅乎(불왈견호) ⇨ 乎: 의문종미사.

〈풀이〉 굳다고 말하지 않겠느냐?

磨而不磷(마이불린) ⇨ 磷: 닳다. 마손되다.

〈풀이〉 갈아도 닳지 않으니

不曰白乎(불왈백호) ⇨ 〈풀이〉 희다고 말하지 않겠느냐?

涅而不緇(열이불치) ⇨ 涅: 고운 검은 흙. 검은 물을 들이다. 緇: 검다. 검은 빛 검은 비단. 〈풀이〉 검은 물을 드려도 검게 물들지 않으니(나쁜 사람 틈에 끼어도 걱정이 없다는 뜻)

吾豈匏瓜也哉(오기포과야재) ⇨ 豈: 어찌하여서. 반어를 나타냄. 匏瓜: 박. 也哉: ~이랴? 〈풀이〉 나는 어찌 포과이겠느냐?

焉能繫而不食(언능계이불식) ⇨ 繫: 매달다. 매달리다.

〈풀이〉 어찌 매달려서 사람에게 먹히지 않겠느냐? (나를 써 줄 사람이 있으면 쓰이고 싶다.)

子曰 由也女聞六言六蔽矣乎 對曰 未也 居 吾語女 好仁不好學 其蔽也愚 好知不好學 其蔽也蕩 好信不好學 其蔽也賊 好直不好學 其蔽也絞 好勇不好學 其蔽也亂 好剛不好學 其蔽也狂

공자가 말씀하셨다. 유야 너는 육언 속에 숨은 육폐를 들었느냐? 대답하여 못 들었습니다 하였다. 앉아라. 내가 너에게 말하겠다. 인을 좋아하면서 배우기를 좋아하지 않으면 그 폐는 어리석은 것이요 알기를 좋아하며 배우기를 좋아하지 않으면 그 폐는 방탕한 것이요 믿음을 좋아하면서 배우기를 좋아하지 않으면 그 폐는 남에게 해를 끼칠 것이요 정직을 좋아하면서 배우기를 좋아하지 않으면 그 폐는 각박하고 용기를 좋아하며 배우기를 좋아하지 않으면 그 폐는 난폭하게 된다. 굳세기를 좋아하면서 배우기를 좋아하지 않으면 그 폐는 경솔하고 조급할 것이다.

由也女聞六言六蔽矣乎(유야녀문육언육폐의호) ⇨ 六言: 여섯 가지 말 즉 知·仁·信·直·勇·剛. 六蔽: 뒤에 숨어 있는 여섯 가지 폐단. 矣乎: 乎를 강조하는 종미사.

〈풀이〉 유야, 너는 육언, 육폐를 들었느냐?

未也(미야) ⇨ 〈풀이〉 못 들었습니다.

居 吾語女(거 오어녀) ⇨ 〈풀이〉 앉거라. 내가 너에게 말하겠다.

其蔽也愚(기폐야우) ⇨ 其蔽: 그 폐. 愚: 어리석다.

其蔽也蕩(기폐야탕) ⇨ 蕩: 방탕하다.

其蔽也賊(기폐야적) ⇨ 賊: 남을 해롭게 하다. 해를 끼치다.

其蔽也絞(기폐야교) ⇨ 絞: 결박하다. 조금도 여유가 없어 각박하다.

其蔽也亂(기폐야란) ⇨ 亂: 난폭하다.

其蔽也狂(기폐야광) ⇨ 狂: 경솔하고 조급함. 사납다.

9 **子曰 小子 何莫學夫詩 詩可以興 可以觀 可以羣 可以怨 邇之事父 遠之事君 多識於鳥獸草木之名**

공자가 말씀하셨다. 너희들은 어찌 저 시를 배우지 아니하느냐? 시는 감흥을 북돋우고 관찰하게 하며 그것으로 모이게 할 수 있다. 원망도 잘 말하게 하고 가까운 곳에서는 부모를 섬기고 멀리는 임금을 섬기게 한다. 조수·초목의 이름도 많이 알 수 있다.

小子(소자) ⇨ 小子: 제자.

何莫學夫詩(하막학부시) ⇨ 何: 어찌. 莫學: 배우지 아니하냐. 夫: '저'

의 뜻인데 사물을 가리키는 말.

〈풀이〉 어찌 저 시를 배우지 않느냐?

詩可以興(시가이흥) ⇨ 可以: ~할 수 있다. 興: 분발시키다.

〈풀이〉 시는 감흥을 북돋우고

可以觀(가이관) ⇨ 觀: 관찰시키다. 〈풀이〉 관찰하게 하며

可以羣(가이군) ⇨ 群: 대중과 사이좋게 하고. 모이게 하다. 같은 부류.

〈풀이〉 그것으로 모이게 할 수 있다.

可以怨(가이원) ⇨ 怨: 원망함도 잘 말하다.

〈풀이〉 원망도 잘 하게 할 수 있고

邇之事父(이지사부) ⇨ 邇: 가깝다. 가까운 데(곳).

〈풀이〉 가까운 곳에서는 부모를 섬긴다.

遠之事君(원지사군) ⇨ 〈풀이〉 멀리는 임금을 섬긴다.

多識於鳥獸草木之名(다식어조수초목지명) ⇨ 多: 많이. 識: 알다.

〈풀이〉 조수초목의 이름도 많이 안다.

10 子謂伯魚曰 女爲周南召南矣乎 人而不爲周南召南 其猶正牆面而立也與

공자가 백어에게 말하였다. 너는 주남·소남을 배웠느냐? 사람으로서 주남과 소남을 배우지 아니하면 그것은 오히려 바로 담장을 보고 서있는 것과 같겠지.

子謂伯魚曰(자위백어왈) ⇨ 伯魚: 공자의 아들.

〈풀이〉 공자가 백어에게 말씀하셨다.

女爲周南召南矣乎(여위주남소남의호) ⇨ 爲: 배우다. 周南召南:『시경』의 시편. 그 내용이 수신과 제가인 바 학습하기를 권하는 편임. 矣乎: 乎를 강조하는 의문종미사. 〈풀이〉 너는 주남소남을 배우느냐?

人而不爲周南召南(인이불위주남소남) ⇨ 人而: 사람으로서. 사람인즉. 而는 則과 같이 조건형으로 읽는다.

〈풀이〉 사람으로서 주남소남을 배우지 아니하면

其猶正牆面而立也與(기유정장면이립야여) ⇨ 猶: 오히려 ~와 같다. 正: 바로. 也與: 의문의 뜻을 나타내는 종미사.

〈풀이〉 그것은 오히려 바로 담장을 보고 서 있는 것과 같다.

11 子曰 禮云禮云 玉帛云乎哉 樂云樂云 鍾鼓云乎哉

공자가 말씀하셨다. 예라 하고 예라 하여도 구슬과 비단만을 말하겠느냐? 음악이라 하고 음악이라 하여도 종과 북만을 말하겠느냐?

玉帛云乎哉(옥백운호재) ⇨ 帛: 비단. 명주. 乎哉: ~이겠느냐. 강한 반어의 종미사. 〈풀이〉 구슬과 비단만을 말하겠느냐?

鍾鼓云乎哉(종고운호재) ⇨ 鐘鼓: 종과 북.

〈풀이〉 종과 북만을 말하겠느냐?

12 子曰 色厲而內荏 譬諸小人 其猶穿窬之盜也與

공자가 말씀하셨다. 겉으로는 엄해 보여도 안심으로는 의지가 약한 것을 소인에 비유하면 그것은 오히려 벽을 뚫거나 울을 넘어 들어가서 훔치는 좀도둑에 같지 않을까?

色厲而內荏(색려이내임) ⇨ 色: 厲: 엄하다. 荏: 부드러움. 유순함.

〈풀이〉 겉으로는 엄해보여도 안심으로는 의지가 약하다.

譬諸小人(비제소인) ⇨ 譬: 비유하다. 諸: 之於.

〈풀이〉 소인에게 비유하다.

其猶穿窬之盜也與(기유천유지도야여) ⇨ 猶: 오히려 ~와 같다. 穿窬
之盜: 벽을 뚫거나 문을 넘어 들어가서 훔치는 좀도둑. 也與: ~겠느
냐? 강한 의문의 종미사.

〈풀이〉 그것은 오히려 벽을 뚫고 문을 넘어 들어가 훔친 도둑과 같다.

13 子曰 鄕原德之賊也

공자가 말씀하셨다. 속인들의 마을에서 착하다고 하는 사람은
덕의 도둑이다.

鄕原德之賊也(향원덕지적야) ⇨ 鄕: 속인들의 마을. 原: 근후한 사람.
성실한 사람.

〈풀이〉 속인들의 마을에서 성실하다고 하는 사람은(도덕가인 것처럼 보이므로)
오히려 덕의 도둑이다.

14 子曰 道聽而塗說 德之棄也

공자가 말씀하셨다. 길에서 듣고 길에서 말하는 것은 덕을 버
리는 것이다.

道聽而塗說(도청이도설) ⇨ 塗: 途도, 즉 길을 뜻함.

〈풀이〉 길에서 듣고 길에서 말하는 것은(길에서 말해 버리고 마는 것은 잘 듣고
몸에 간직하려고 하지 아니하므로)

德之棄也(덕지기야) ⇨ 之: 목적격조사. 〈풀이〉 덕을 버리는 것이다.

15 子曰 鄙夫可與事君也與哉 其未得之也患得之 旣得之 患失之 苟患失之 無所不至矣

공자가 말씀하셨다. 비루한 남자는 남과 더불어 임금을 섬길 수 있겠느냐? 그들은 얻지 못하면 그것을 얻으려고 근심하고 이미 얻었으면 그것을 잃을까 걱정한다. 진실로 그것을 잃을까 근심하면 이르지 아니할 바가 없느니라.

鄙夫可與事君也與哉(비부가여사군야여재) ⇨ 鄙夫: 비루한 남자. 鄙는 천하다. 천대하다. 可: 가능의 조동사. 與: 함께. 也與哉는 의문종미사.

〈풀이〉 비루한 남자는 남과 더불어 임금을 섬길 수 있겠느냐?

其未得之也患得之(기미득지야환득지) ⇨ 其: 그들은. 之: 그것을. 患: 근심하다. 환고. 걱정하다. 애쓰다.

〈풀이〉 그들은 그것을 얻지 못하면 얻고자 근심한다.

無所不至矣(무소불지의) ⇨ 無所: ~할 바가 없다. 不至: 이르지 아니할.

〈풀이〉 이르지 아니할 바가 없다.

16 子曰 古者民有三疾 今也或是之亡也 古之狂也肆 今之狂也蕩 古之矜也廉 今之矜也忿戾 古之愚也直 今之愚也詐而已矣

공자가 말씀하셨다. 옛날 사람은 세 가지 결점이 있었다. 이제는 혹 이것이 없어졌다. 옛날의 미침은 발랐으나 지금의 미침은 방탕하다. 옛날의 자만은 청렴하였으나 지금의 자만은 성내어 다툰다. 옛날의 어리석음은 정직했으나 지금의 어리석음은 남을 속일 따름이다.

古者民有三疾(고자민유삼질) ⇨ 古者: 옛날. 疾: 결점. 흠.

今也或是之亡也(금야혹시지망야) ⇨ 今也: 이제는. 是之: 이것이. 亡也: 없어졌다.

古之狂也肆(고지광야사) ⇨ 狂: 미치다. 肆: 곧다. 바르다.

今之狂也蕩(금지광야탕) ⇨ 蕩: 방탕하다.

古之矜也廉(고지긍야렴) ⇨ 矜: 자만. 廉: 청렴하다. 검소하다. 곧다. 바르다.

今之矜也忿戾(금지긍야분려) ⇨ 忿戾: 성내어 다툼.

今之愚也詐而已矣(금지우야사이이의) ⇨ 詐: 속이다. 而已矣: 따름이다. 한 자, 두 자의 경우보다 뜻이 강해진다. 종미사.

〈풀이〉 지금의 어리석음은 남을 속일 뿐이다.

17 子曰 巧言令色 鮮矣仁

공자가 말씀하셨다. 번드르르하게 겉을 꾸미는 말과 남의 비위를 맞추려고 표정을 꾸미며 아첨하는 사람은 인이 드물다.

巧言令色(교언영색) ⇨ 巧言: 꾸미는 말. 令色: 남의 비위를 맞추려고 아첨하는 얼굴빛.

鮮矣仁(선의인) ⇨ 鮮: 드물다. 鮮矣仁은 仁鮮矣의 도치형.

18 子曰 惡紫之奪朱也 惡鄭聲之亂雅樂也 惡利口之覆邦家者

공자가 말씀하셨다. 자색이 붉은 색을 빼앗는 것을 미워하며 정나라의 음탕한 음곡이 아악을 문란하게 하는 것을 미워하며 말을 잘 하는 것이 나라를 무너뜨리는 것을 미워한다.

惡紫之奪朱也(오자지탈주야) ⇨ 惡: 미워하다. 之: 주격조사. 奪朱: 주색을 빼앗다.

惡鄭聲之亂雅樂也(오정성지란아악야) ⇨ 鄭聲之: 정나라의 음악이. 雅樂: 정도의 음악.

惡利口之覆邦家者(오리구지복방가자) ⇨ 利口: 말을 잘함. 覆: 뒤집다. 엎다. 전복시키다. 무너뜨리다. 멸망시킴. 邦家: 나라. 국가.

19 子曰 予欲無言 子貢曰 子如不言 則小子何述焉 子曰 天何言哉 四時行焉 百物生焉 天何言哉

공자가 말씀하셨다. 나는 말이 없고자 한다. 자공이 말하였다. 선생께서 만약 말씀하지 않으시면 저희들은 무엇을 말하겠습니까? 공자가 말씀하셨다. 하늘이 무슨 말을 하더냐? 사시가 바뀌어 가고 백물이 자라고 있다. 하늘이 무슨 말을 하겠느냐?

子如不言(자여불언) ⇨ 子: 선생. 如: 만약.

則小子何述焉(즉소자하술언) ⇨ 小子: 저희들. 何述: 무엇을 말하겠습니까? 焉: 확인하는 기분의 종미사.

天何言哉(천하언재) ⇨ 哉: 의문종미사. 〈풀이〉하늘이 어찌 말하겠느냐?

20 孺悲欲見孔子 孔子辭以疾 將命者出戶 取瑟而歌 使之聞之

유비가 공자를 만나고자 하였다. 공자는 병을 핑계로 사양하였다. 공자의 명을 전달하는 자가 문을 나가자 거문고를 들고 노래하며 이것을 듣게 하였다.

孺悲欲見孔子(유비욕견공자) ⇨ 孺悲: 노사람 애공의 신으로 공자에게 士喪禮사상례를 배웠다. 欲見: 만나고자 하다.

孔子辭以疾(공자사이질) ⇨ 辭: 면회를 사절하다. 以疾: 병 때문에. 병을 핑계로.

將命者出戶(장명자출호) ⇨ 將命者: 명을 가진 자. 중간에 서서 전달하는 사람. 將는 가지다. 소지하다.

〈풀이〉(공자의) 말을 전달하는 자가 문을 나가자.

21 宰我問 三年之喪期已久矣 君子三年不爲禮 禮必壞 三年不爲樂 樂必崩 舊穀旣沒 新穀旣升 鑽燧改火 期可已矣 子曰 食夫稻 衣夫錦 於女安乎 曰 安 女安則爲之 夫君子之居喪 食旨不甘 聞樂不樂 居處不安 故不爲也 宰我出 子曰 予之不仁也 子生三年 然後免於父母之懷 夫三年之喪 天下之通喪也 予也有三年之愛於其父母乎

재아가 물었다. 삼 년의 상은 기한이 너무 오래입니다. 군자가 삼 년이나 예를 행하지 않으면 예는 반드시 무너질 것이요, 삼 년이나 음악을 하지 아니하면 음악은 허물어질 것이다. 옛 곡식이 이미 다 없어지고 새 곡식이 이미 익었으니 철이 바뀌어 그 계절의 나무를 비비대어 새로이 불을 얻으니 1년(돌)이 좋을 것입니다. 공자가 말씀하셨다. 저 쌀을 먹고 저 비단옷을 입으니 너에게는 편하냐? 편합니다고 말하였다. 네가 편안하면 그리하라. 대저 군자가 상을 입고 있으면 맛있는 음식을 먹어도 달지 않고 음악을 들어도 즐겁지 않고 있는 곳이 편하지 않으니라. 그러므로 그렇게 하지 않는 것이다. 이제 네가 편안하면 그렇게 하라. 재아가 나가거늘 공자가 말씀하셨다. 재아는 어질지 아니하구나. 자식은 삼 년이 되어야 부모의 품을 벗어나니 대저 삼년상은 천하에 공통된 상이거늘 여도 그 부모에게서 삼 년의 사랑을 받았을 터인데.

宰我問(재아문) ⇨ 宰我: 공자의 제자.

三年之喪期已久矣(삼년지상기이구의) ⇨ 三年之喪: 우리가 태어나서 3년 동 어머니 품속에서 자라기 때문에 부모가 돌아가시고 나면 최소 3년을 상을 입어야 한다고 함. 27개월 동안 상제 노릇을 해야 한다. 期: 기간. 已: 너무. 대단히. 矣: 종미사.
〈풀이〉삼 년의 상은 기간이 너무 심하다.

禮必壞(예필괴) ⇨ 壞: 무너지다.
〈풀이〉예는 반드시 무너진다.

新穀旣升(신곡기승) ⇨ 升: 익다.
〈풀이〉새 곡식이 이미 익었다.

鑽燧改火(찬수개화) ⇨ 鑽燧: 나무를 송곳으로 뚫어 그 마찰하는 힘으로 불을 일으킴.
〈풀이〉철이 바뀔 때마다 그 계절의 나무를 비비대어 새로이 불을 얻다.

期可已矣(기가이의) ⇨ 期: 돌(1년)을 가리킴. 已矣: 뜻을 강조하는 종미사. 〈풀이〉일 년이 좋다.

於女安乎(어녀안호) ⇨ 於女: 너에게는. 安: 마음이 편안함. 乎: 의문 종미사.
〈풀이〉너에게는 편안하냐?

曰 安(왈 안) ⇨ 〈풀이〉편합니다.

女安則爲之(여안즉위지) ⇨ 女: 汝와 같음. 之: 사물을 지시하는 뜻을 나타내는 대용대명사.
〈풀이〉네가 편한즉 그렇게 하라.

食旨不甘(식지불감) ⇨ 旨: 맛있는 음식.

〈풀이〉 맛있는 음식을 먹어도 달지 아니하다.

居處不安(거처불안) ⇨ 居處: 있는 곳.

故不爲也(고불위야) ⇨ 故: 그러므로. 不爲也: ~하지 않는 것이다.

然後免於父母之懷(연후면어부모지회) ⇨ 然後: ~된 후에야. 免: 벗어

나다. 父母之懷: 부모의 품.

夫三年之喪(부삼년지상) ⇨ 夫: 저.

予也有三年之愛於其父母乎(여야유삼년지애어기부모호) ⇨ 予: 재아.

予는 재아의 자. 也: 주격의 후치사. 有: 받다. 於: ~에게. 其父母:

그 부모. 乎: 반어.

〈풀이〉 재아도 부모에게서 삼년의 사랑을 받았을 터인데!

22 子曰 飽食終日 無所用心 難矣哉 不有博奕者乎 爲之 猶賢乎已

공자가 말씀하셨다. 종일 배부르게 먹고 마음 쓰는 데가 없으
면 곤란하다(딱하다). 주사위 놀이나 바둑이라는 것이 있지 않으
냐. 그것을 하는 것이 오히려 현명하다.

難矣哉(난의재) ⇨ 難: 곤란하다. 딱하다. 矣哉: 강조의 종미사.

不有博奕者乎(불유박혁자호) ⇨ 不~乎: 의문형. ~아니하냐? 博: 도박

또는 주사위를 던져서 하는 놀이. 奕: 바둑. 者: 사물을 나타냄.

〈풀이〉 주사위 놀이나 바둑이 있지 아니하냐?

爲之猶賢乎已(위지유현호이) ⇨ 爲之: 그것(주사위 놀이와 바둑을 가리킴)

을 하는 것. 猶: 오히려 ~하다. 賢: 현명하다. 乎已: 감탄의 반어를

나타내는 종미사.

〈풀이〉 그것을 하는 것이 오히려 현명하구나.

23 子路曰 君子尙勇乎 子曰 君子義以爲上 君子有勇而無義
爲亂 小人有勇而無義 爲盜

자로가 말하였다. 군자는 용맹을 높게 여깁니까? 공자가 말씀
하셨다. 군자는 의로써 으뜸으로 삼는다. 군자가 용맹하나 의
가 없으면 난을 일으키게 되고 소인이 용맹은 있으나 의리가
없으면 도둑이 된다.

君子尙勇乎(군자상용호) ⇨ 尙: 높이다. 높게 함. 고상하게 여기다.
君子義以爲上(군자의이위상) ⇨ 義以: 의로써. 爲上: 으뜸으로 삼다.
〈풀이〉 군자는 의로써 으뜸으로 삼는다.

24 子貢曰 君子亦有惡乎 子曰 有惡 惡稱人之惡者 惡居下
流而訕上者 惡勇而無禮者 惡果敢而窒者 曰 賜也 亦有
惡乎 惡徼以爲知者 惡不孫以爲勇者 惡訐以爲直者

자공이 말하였다. 군자는 역시 미워하는 것 있습니까? 공자가
말씀하셨다. 미워하는 것이 있다. 남의 나쁜 것을 일컫는 자를
미워하며 하위에 있으면서 윗사람을 헐뜯는 자를 미워하며 용
맹하면서 무례한 자를 미워하며 과감하면서 막힌 자를 미워한
다. 말씀하시되 사야 너 역시 미워하는 것이 있느냐? 남의 것을
훔쳐보고 아는 척하는 자를 미워하며 불손한 것으로써 용감하
다고 여기는 자를 미워하며 (남의 비밀을) 들추어내는 것으로
써 정직하다고 하는 자를 미워합니다.

君子亦有惡乎(군자역유오호) ⇨ 惡: 싫어하다. 미워하다. 乎: 의문종
미사. 〈풀이〉 군자는 역시 미워하는 것이 있습니까?

惡居下流而訕上者(오거하류이산상자) ⇨ 下流: 낮은 지위. 訕: 헐뜯다. 비방하다. 〈풀이〉 낮은 지위에 있으면서 윗사람을 헐뜯는 자를 미워한다.

惡果敢而窒者(오과감이질자) ⇨ 窒: 막히다. 틀어막다. 통하지 아니함. 〈풀이〉 과감하나 통하지 않는 자를 미워한다.

惡徼以爲知者(오요이위지자) ⇨ 徼: 훔치다(훔쳐보다). 표절하다. 〈풀이〉 훔쳐보고서 아는 척하는 자를 미워한다.

惡訐以爲直者(오알이위직자) ⇨ 訐: 들추어내다. 爲: 하다. 〈풀이〉 (남의 비밀을) 들추어 내어서 정직하다고 하는 자를 미워한다.

25 子曰 唯女子與小人 爲難養也 近之則不孫 遠之則怨

공자가 말씀하셨다. 다만 여자와 소인은 다루기 어렵다. 가까이 하면 불손하고 멀리 하면 원망한다.

爲難養也(위난양야) ⇨ 爲難: 어렵게 되다. 즉 어렵다. 養: 여기서는 '다루다'의 뜻으로 쓰였다.

近之則不孫(근지즉불손) ⇨ 近之: 가까이 하다. 不孫: 불손하다.

遠之則怨(원지즉원) ⇨ 遠之: 멀리 하다. 怨: 원망하다.

26 子曰 年四十而見惡焉 其終也已

공자가 말씀하셨다. 나이 사십이 되어서 미움을 사면 그것은 마지막이다.

年四十而見惡焉(연사십이견오언) ⇨ 見惡: 見은 수동적임을 나타냄. 즉 당하다. 고로 '미움을 사다'.

第十八篇 微子
제18편 미자

1 微子去之 箕子爲之奴 比干諫而死 孔子曰 殷有三仁焉

미자는 가고 기자는 그 종이 되고 비간은 간하다가 죽었다. 공자가 말씀하셨다. 은나라에는 세 어진이가 있었다.

微子去之(미자거지) ⇨ 微子: 은나라 紂주의 서형. 微는 國名국명. 자는 爵작이다. 명은 啓계. 紂주를 간했으나 듣지 않으므로 은나라를 떠났다.
箕子爲之奴(기자위지노) ⇨ 爲: 되다. 之奴: 그 종. 之는 지시사.
比干諫而死(비간간이사) ⇨ 比干: 紂의 숙부. 주왕은 기자를 잡아 가두었고 비간은 죽였다. 諫: 간하다.

2 柳下惠爲士師 三黜 人曰 子未可以去乎 曰 直道而事人 焉往而不三黜 枉道而事人 何必去父母之邦

유하혜가 사사가 되었다가 세 번이나 쫓겨났다. 어떤 사람이 말하되 자네는 아직도 가지 않는가(아직도 떠날 수 없는가)? 하니 말하되 도를 곧게 지키면서 남에게 벼슬하면 어찌 가더라도 세 번이나 쫓겨나지 않겠는가? 도를 굽히고 남에게 벼슬하면 하필

부모의 나라를 떠나겠는가(떠날 필요가 있겠는가)?

柳下惠爲士師(유하혜위사사) ⇨ 柳下惠: 노나라 현대부다. 士師: 관명.
司寇사구에 속하는 형리의 장. (위령공 13 참조)

三黜(삼출) ⇨ 黜: 쫓아내다. 물리치다.

〈풀이〉 세 번이나 벼슬에서 물러나다.

子未可以去乎(자미가이거호) ⇨ 子: 너(유하혜). 이인칭대명사. 未: 아
직 ~하지 않겠느냐? 可以: 할 수 있다. 去: 떠나다. 乎: 의문종미사.

〈풀이〉 자네는 아직 떠나지 않겠는가(떠날 수 있지 않겠느냐)?

直道而事人(직도이사인) ⇨ 事人: 인민을 다스리다.

〈풀이〉 도를 곧게 지키고 사람을 다스린다.

焉往而不三黜(언왕이불삼출) ⇨ 焉: 의문사. 어찌 ~하겠느냐? 黜: 쫓
아내다.

〈풀이〉 어찌 가더라도 세 번이나 쫓겨나지 않겠는가?

枉道而事人(왕도이사인) ⇨ 枉道: 도를 굽히다. 枉는 굽히다.

〈풀이〉 도를 굽히고 사람을 다스리다.

何必去父母之邦(하필거부모지방) ⇨ 何必: 어찌 반드시 ~하겠는가?
去: 떠나다. 父母之邦: 부모의 나라.

〈풀이〉 어찌 반드시 부모의 나라를 떠나겠는가?

3 齊景公待孔子曰 若季氏則吾不能 以季孟之間待之 曰 吾
老矣 不能用也 孔子行

제나라 임금 경공이 공자를 대우하여 말하였다. 계씨와 같이
저는 할 수 없습니다마는 계씨와 명씨와의 중간으로 대우하겠
습니다 하니 공자가 말씀하셨다. 나는 이미 늙었다. 쓸 수가 없
다 하고 가셨다.

若季氏則吾不能(약계씨즉오불능) ⇨ 若: 같다.

〈풀이〉 계시와 같게는 즉(같게는) 나는 할 수 없다.

以季孟之間待之(이계맹지간대지) ⇨ 以: ~으로써. 季孟之間: 노우 삼경 중 계씨는 상경이고 맹씨는 하경이다. 그 중간 정도로 대우하여 주겠다 하였다. 間: 중간. 待之: 이를 대우하다. 待는 대우하다.

〈풀이〉 계씨와 맹씨의 중간으로써 대접하겠다.

4 齊人歸女樂 季桓子受之 三日不朝 孔子行

제나라 사람이 여우의 가무단을 보내 왔다. 계환자는 이를 받고 삼일 동안 조례를 하지 않았다. 공자는 가 버리셨다(벼슬을 그만두고 노나라를 떠났다).

齊人歸女樂(제인귀녀악) ⇨ 歸: 보내다. 女樂: 기녀. 가희. 여우의 가무단.

季桓子受之(계환자수지) ⇨ 季桓子: 노의 대부. 명은 斯사.

三日不朝(삼일부조) ⇨ 朝: 제왕이 정사를 보다. 조례를 받다.

〈풀이〉 삼일 동안 조례를 하지 않았다.

5 楚狂接輿歌而過孔子 曰 鳳兮鳳兮 何德之衰 往者不諫 來者猶可追 已而已而 今之從政者殆也 孔子下欲與之言 趨而辟之 不得與之言

초나라의 미치광이 접여가 노래하며 공자 곁을 지나갔다. 가로되 봉아봉아 어찌하여 덕이 감퇴하였구나. 지난 일은 비방하지 말라. 앞으로는 오히려 쫓을 수 있을 것이다. 그만 두어라. 그만 두어라. 지금의 정치에 종사하는 것은 위태롭다. 공자가 내려가서 그와 더불어 말하고자 하였으나 빨리 달아나 피하여서 그와 더불어 말하지 못하였다.

楚狂接輿歌而過孔子(초광접여가이과공자) ⇨ 楚狂接輿: 초인으로 미친 척하고 천하의 무도함을 탄하여 은거한 사람. 성은 陸육. 이름은 通통. 자가 접여이다.
〈풀이〉초나라의 미친 접여가 노래하며 공자 곁을 지나갔다.

鳳兮鳳兮(봉혜봉혜) ⇨ 鳳: 신령한 새(신령스런 새)로 천하에 도가 있으면 나타난다. 여기서는 공자를 비유함.
〈풀이〉봉이여, 봉이여.

何德之衰(하덕지쇠) ⇨ 何: 감탄사. 德之: 덕이. 之는 주격조사. 衰: 줄다. 〈풀이〉어찌하여 덕이 줄었도다.

往者不諫(왕자불간) ⇨ 往者: 지난 일. 諫: 탓하다.
〈풀이〉지나간 일을 탓하지 말라.

來者猶可追(내자유가추) ⇨ 來者: 장래. 猶: 오히려. 도리어. 可追: 쫓을 수 있다. 〈풀이〉앞으로는 오히려 쫓을 수 있다.

已而已而(이이이이) ⇨ 已: 그치다. 그만두다.
〈풀이〉그만두어라, 그만두어라.

今之從政者殆也(금지종정자태야) ⇨ 今之: 지금의. 從政者: 정치에 종사함은. 者는 사실을 가리킴. 殆也: 위태하다.
〈풀이〉지금의 정치에 종사하는 것은 위태롭다.

孔子下欲與之言(공자하욕여지언) ⇨ 下: 내려가다. 與: ~와 더불어. 之: 그. 〈풀이〉공자가 내려가서 그와 더불어 말하고자 하였으나

趨而辟之(추이벽지) ⇨ 趨: 빨리 가다. 辟: 놀라서 피하다. 之: 공자. 〈풀이〉빨리 달아나 피하였다.

6 長沮傑溺耦而耕 孔子過之 使子路問津焉 長沮曰 夫執輿
者爲誰 子路曰 爲孔丘 曰 是魯孔丘與 曰 是也 曰 是
知津矣 問於傑溺 傑溺曰 子爲誰 曰 爲仲由 曰 是魯孔丘
之徒與 對曰 然 曰 滔滔者天下皆是也 而誰以易之 且而
與其從辟人之士也 豈若從辟世之士哉 耰而不輟 子路行
以告 夫子憮然曰 鳥獸不可與同羣 吾非斯人之徒與 而誰
與 天下有道 丘不與易也

장저와 걸익 두 사람이 나란히 밭을 가는데 공자가 거기를 지
나가다가 자로로 하여금 나루를 묻게 하였다. 장저가 말하였
다. 저 수레를 잡고 있는 사람이 누구요? 자로가 말하였다. 공
구이시오. 말하되, 이분이 노나라 공구이시오? 말하되 그렇소.
가로되 이분은 나루를 아실 것이오. 걸익에게 물으니 걸익이
말하였다. 당신은 누구시오? 가로되 중유이오. 가로되 이이는
노나라 공구의 문도이시오? 대답하여 말하였다. 그렇소. 가로
되 물이 도도히 흐르는 것이 천하가 다 이러한데 누가 하여 이
것을 바꾸리오. 또한 당신도 그 사람(악독한 군주)을 피하는 선비
를 따르는 것보다 일찍이 세상을 피하는 선비를 쫓아야 하지
않을까요? 밭을 갈면서 멈추지 아니하였다. 자로가 가서 그렇
게 아뢰니 공자가 놀라면서 말하였다. 새와 짐승은 함께 무리
를 같이할 수 없으니 나는 이 사람의 무리와 함께 하지 아니하
고 누구와 같이 하겠느냐? 천하에 도가 있으면 구는 그에 쫓아
바꾸지 않을 것이다.

長沮傑溺耦而耕(장저걸익우이경) ⇨ 長沮桀溺: 장저와 걸익 둘 모두
　　은자이다. 耦: 두 사람이 나란히 서서. 耕: 밭을 갈다.
使子路問津焉(사자로문진언) ⇨ 使: 사동사. 시켜서 ~하게 하다. 津:
　　나루. 焉: 확인의 종미사. 〈풀이〉 자로를 시켜 나루를 묻게 하니

夫執輿者爲誰(부집여자위수) ⇨ 夫: 저. 執: 잡다. 輿: 수레.

〈풀이〉 저 수레를 잡은 자가 누구요?

子爲誰(자위수) ⇨ 子: 이인칭대명사. 당신. 〈풀이〉 당신은 누구시오?

是魯孔丘之徒與(시로공구지도여) ⇨ 是: 삼인칭 근칭대명사. 徒: 문도. 與: 의문종미사. 〈풀이〉 이 분이 노나라 공구의 문도이시오?

滔滔者天下皆是也(도도자천하개시야) ⇨ 滔滔: 물이 도도하게 흐르듯. 者: 사물을 가리키는 불완전명사. 是也: 그렇다.

〈풀이〉 물이 도도히 흐르는 것이 천하가 다 이러하다.

而誰以易之(이수이역지) ⇨ 以: ~에 의하여. 易: 바꾸다. 之: 이를.

〈풀이〉 누구에 의하여 이를 바꾸겠는가?

且而與其從辟人之士也(차이여기종피인지사야) ⇨ 且而: 또한 당신도. 而는 너. 당신. 與其從: 그를 쫓느니보다. 與는 비교하는 말 '보다'. 辟人之士: 辟人之는 士를 꾸미는 관형구. 사람(여기서는 임금)을 피하는 선비. 〈풀이〉 또한 당신이 왕을 피하는 사람(공자)을 따르는 것보다

豈若從辟世之士哉(기약종피세지사재) ⇨ 豈: 어떠하다. 若: 만약. 같다. 哉: 의문종미사.

〈풀이〉 만약 세상을 피하여 있는 선비를 따르는 것이 어떻겠소.

耰而不輟(우이불철) ⇨ 耰: 갈다. 輟: 하던 일을 잠시 멈추다. 그치다.

夫子憮然曰(부자무연왈) ⇨ 憮然: 놀란 모양.

鳥獸不可與同羣(조수불가여동군) ⇨ 與: 더불어. 羣: 무리 짓다. 가족.

〈풀이〉 조수와 더불어 같은 무리를 지을 수 없다(사람은 조수와 같이 어울려 살지 못한다).

吾非斯人之徒與(오비사인지도여) ⇨ 非: ~하지 아니하다. 斯人: 이 사람. 之: ~의. 徒: 무리. 與: 함께. 더불어.

〈풀이〉 나는 이 사람의 무리와 함께 하지 아니하고

而誰與(이수여) ⇨ 〈풀이〉 누구와 같이 하겠느냐?

丘不與易也(구불여역야) ⇨ 與: 쫓다. 易: 바꾸다.

〈풀이〉 구는 쫓아서 바꾸지 아니할 것이다.

7 子路從而後 遇丈人以杖荷蓧 子路問曰 子見夫子乎 丈人
曰 四體不勤 五穀不分 孰爲夫子 植其杖而芸 子路拱而
立止子路宿 殺鷄爲黍而食之 見其二子焉明日子路行以
告 子曰 隱者也 使子路反見之 至則行矣 子路曰 不仕無
義 長幼之節不可廢也 君臣之義 如之何其廢之 欲潔其身
而亂大倫 君子之仕也 行其義也 道之不行 已知之矣

자로가 공자를 수행하다가 뒤에 처졌다. 지팡이를 짚고 삼태기를 멘 노인을 만났다. 자로가 물어 말하였다. 노인장은 선생을 보셨습니까? 노인이 말하였다. 사지가 제 구실을 하지 못하여 오곡을 분별하지 아니하면서 누구를 선생이라 하시오? 하고 지팡이를 땅에 꽂아 놓고 풀을 매었다. 자로가 공수하고 서 있었는데 자로를 멈추게 하고 묵게 하여 닭을 잡고 기장밥을 지어 이것을 먹게 하고 그 두 아들을 보였다. 다음날 자로가 가서 고하니 공자가 말씀하셨다. 은자이다. 자로를 되돌려 그를 찾아보게 하였다. 이르자(도착하자) 가 버렸다(가 버리고 없었다). 자로가 말하였다. 벼슬하지 않으면 군신의 의가 없으나 장유의 관례(지조, 절차)는 없어질 수 없다. 군신의 의를 이와 같이 어찌 그것을 없애겠느냐? 그 몸을 깨끗이 하고자 바라면서 큰 인륜을 어지럽히고 있다. 군자가 벼슬한다는 것은 그 의리(대의)를 행하는 것이다. 도가 행하여 지지 않고 있다는 것은 이미 알려져 있다.

子路從而後(자로종이후) ⇨ 從: 수행하다. 後: 뒤에 처지다.
〈풀이〉 자로가 수행하다가 뒤에 처졌다.

遇丈人以杖荷蓧(우장인이장하조) ⇨ 丈人: 노인. 以杖: 지팡이를 짚다. 荷: 메다. 蓧: 대 삼태기.
〈풀이〉 지팡이를 짚고 삼태기를 멘 노인을 만났다.

子見夫子乎(자견부자호) ⇨ 子: 이인칭대명사. 당신(노인). 乎: 의문종미사. 〈풀이〉 노인장은 선생님을 보셨습니까?

四體不勤(사체불근) ⇨ 四體: 사지. 不勤: 제 구실을 못하다. 勤은 임무를 다하다. 〈풀이〉 사지가 제 구실을 못하다.

五穀不分(오곡불분) ⇨ 不分: 분별하지 아니하다. 分: 분별하다. 변별하다. 〈풀이〉 오곡을 분별하지 아니하다.

孰爲夫子(숙위부자) ⇨ 孰: 누구. 爲: ~라 하다.

〈풀이〉 누구를 선생이라 하리오.

植其杖而芸(식기장이운) ⇨ 植: 땅에 꽂다. 芸: 풀을 베다.

子路拱而立(자로공이립) ⇨ 拱: 공수하다. 손을 마주 잡다.

殺鷄爲黍而食之(살계위서이식지) ⇨ 黍: 기장. 爲: 하다. 여기서는 밥을 짓다. 食: 그것을 먹게하다. 之는 그것. 기장밥을 가리키는 대명사. 〈풀이〉 닭을 잡고 기장으로 밥을 짓고 그것을 먹게 하다.

使子路反見之(사자로반견지) ⇨ 之: 그. 노인을 가리키는 대명사. 見: 찾아보다. 反: 돌아가다.

〈풀이〉 자로를 되돌려 그 노인을 찾아보게 하다.

不仕無義(불사무의) ⇨ 벼슬하지 않으면 군신의 의가 없다.

長幼之節不可廢也(장유지절불가폐야) ⇨ 不可廢: 없어지다.

〈풀이〉 장유의 관례는 없어질 수 없다.

如之何其廢之(여지하기폐지) ⇨ 如之: 이와 같이. 何: 어찌. 其: 그것을.

〈풀이〉 어찌 이와 같이 없애겠느냐?

而亂大倫(이란대륜) ⇨ 大倫: 큰 인륜 즉 군신의 의.

〈풀이〉 큰 인륜을 어지럽히다.

⏺ 逸民 伯夷 叔齊 虞仲 夷逸 朱張 柳下惠 少連 子曰 不降其志不辱其身伯夷叔齊與謂 柳下惠 少連 降志辱身矣言中倫 行中慮 其斯而已矣 謂虞仲 夷逸 隱居放言 身中清廢中權 我則異於是 無可無不可

일민·백이·숙제·우중·이일·주장·유하혜·소련이 있다. 공자가 (이들을 평하여) 말씀하셨다. 그 뜻을 굽히지 않고 그 몸을 욕되지 않게 함은 백이·숙제인가 한다. 유하혜와 소련을 말한다면 뜻은 굽히고 몸을 욕되게 하였으나 말은 도리에 맞고 행동은 사려에 맞게 하였으니 그것은 이것뿐이다. 우중과 이일을 말하면 은거하면서도 하고 싶은 말은 다 하였으나 처신은 청렴했고 세상을 버리는 품이 적절했다. 나는 곧 이들과 다르다. 할 수 있는 것도 없고 할 수 없는 것도 없다(다만 도의에 따라서 진퇴가 자재다).

逸民(일민) ⇨ 절행이 뛰어났으면서 은거한 현자.

虞仲(우중) ⇨ 仲雍중옹이다. 泰伯태백과 함께 荊蠻형만으로 피했다.

夷逸(이일) ⇨ 朱張주장(잘 알 수 없다함).

少連(소련) ⇨ 東夷동이 사람.

不降其志不辱其身伯夷叔齊與謂(불강기지불욕기신백이숙제여위) ⇨ 不降其志: 그 뜻을 굽히지 않는다. 與: 의문·반어의 종미사.

降志辱身矣言中倫(강지욕신의언중륜) ⇨ 言中倫: 말은 윤리에 맞는다. 中은 맞다.

行中慮(행중려) ⇨ 行: 행동. 慮: 思慮사려. 中: 맞다.
〈풀이〉 행동은 사리에 맞게 하다.

其斯而已矣(기사이이의) ⇨ 其: 그것. 斯: 이것. 而已矣: 단정의 종미사. 〈풀이〉 그것은 이것 뿐이다.

隱居放言(은거방언) ⇨ 放言: 말을 함부로 하다.

身中淸(신중청) ⇨ 中: 적절하다. 〈풀이〉 몸은 청렴했다.

廢中權(폐중권) ⇨ 權: 임기응변의 방도. 경중대소를 분별하다. 수단은 정도에 맞지 아니하나 결과는 정도에 맞다.
〈풀이〉 임기응변하고 적절히 맞추는 것을 버린 것이 적절했다.

無可無不可(무가무불가) ⇨ 〈풀이〉 할 수 있는 것도 없고, 할 수 없는 것도 없다(도의에 따라서 진퇴를 자유롭게 하다).

9 大師摯適齊 亞飯干適楚 三飯繚適蔡 四飯缺適秦 鼓方叔
入於河 播鼗武入乎漢 少師陽擊磬襄入於海

대사(악관장)의 지는 제나라로 갔고 아반의 간은 초나라로 갔고
삼반의 료는 채나라로 갔고 사반의 결은 진나라로 갔고 북 치
는 방숙은 하내로 들어갔고 작은 북을 흔드는 무는 한중으로
들어갔고 소사 양과 경쇠를 치는 양은 섬으로 갔다.

大師摯適齊(대사지적제) ⇨ 大師摯: 大師는 노의 악관의 장. 摯는 이
름. 適: 가다. 〈풀이〉 대사 지는 제나라로 갔다.

亞飯干適楚(아반간적초) ⇨ 亞飯: 亞는 次의 뜻. 악장별로 정해진 악
관이다. 두 번째의 식사를 권할 때의 음악계. 干: 악사의 이름.
즉 亞飯의 악장을 다스리는 악사의 뜻.
〈풀이〉 아반의 간은 초나라로 갔다.

三飯繚適蔡(삼반료적채) ⇨ 繚: 악사의 이름.
〈풀이〉 삼반의 료는 채나라로 갔다.

四飯缺適秦(사반결적진) ⇨ 缺: 악사의 이름.
〈풀이〉 사반의 결은 진나라로 갔다.

鼓方叔入於河(고방숙입어하) ⇨ 鼓: 북 치다. 方叔: 사람 이름. 河: 河內.

播鼗武入乎漢(파도무입호한) ⇨ 播: 흔든다. 鼗: 작은 북. 武: 이름.
漢: 漢中. 한중으로 들어가고.

少師陽擊磬襄入於海(소사양격경양입어해) ⇨ 少師: 악관의 보좌. 陽:
인명. 磬: 쇠경. 襄: 師襄子. 공자가 琴을 배웠다. 海: 海島. 섬.

※ 亞飯, 三飯, 四飯의 飯은 악관을 뜻하는데 亞는 두 번째, 三은 세
번째, 四는 네 번째, 악장을 뜻한다. 따라서 亞飯은 두 번째 악장의
악관명, 三飯은 세 번째 악장의 악장명, 四飯은 네 번째 악장의 악
관명을 뜻한다.

10 周公謂魯公曰 君子不施其親 不使大臣怨乎不以 故舊無 大故 則不棄也 無求備於一人

주공이 노공에게 말하였다. 군자는 그 일가친족을 버리지 아니 하고 대신으로 하여금 임용하여 주지 않는다고 하여 원망하지 말고 옛 친구가 큰 잘못이 없으면 버리지 아니하며 한 사람에 게 완전함을 구하지 말아야 한다.

周公謂魯公曰(주공위노공왈) ⇨ 周公: 이름은 旦. 성왕을 보좌한 성 인. 魯公: 周公의 子. 伯禽백금 魯노에 봉했다.

〈풀이〉 주공이 노공에게 말하였다.

君子不施其親(군자불시기친) ⇨ 施: 버리지 아니한다. 其親: 그 친척. 일가. 〈풀이〉 군자는 그 친척을 버리지 아니한다.

不使大臣怨乎不以(불사대신원호불이) ⇨ 怨乎: 원망하다. 不以: 以는 임용하다. 고로 不以는 임용해 주지 않는다. 怨乎不以의 뜻은 '임용 하여 주지 않는다고 원망하다'이다.

〈풀이〉 대신으로 하여금 임용하여 주지 않는다고 원망하는 것을 못하게 하다.

故舊無大故(고구무대고) ⇨ 故舊: 사귄 지 오래된 친구. 大故: 큰 잘못.

〈풀이〉 잘못이 없으면 옛 친구를 버리지 아니한다.

無求備於一人(무구비어일인) ⇨ 無求: 구하지 말다. 備: 족함. 부족함 이 없음. 於一人: 한 사람에게.

〈풀이〉 한 사람에게 족함을 구하지 말아야 한다.

11 周有八士 伯達 伯适 仲突 仲忽 叔夜 叔夏 季隨 季騧

주나라에 여덟 선비가 있었다. 백달 백괄 중돌 중흘 숙야 숙하 계수 계와이다(이들은 쌍둥이였다).

※伯·仲·叔·季는 장유의 순서. 古注에는 네 번의 쌍둥이로 다 훌륭하 게 되었으므로 기록했을 뿐이라고 했다.

第十九篇 子張

제19편 자장

1 子張曰 士見危致命 見得思義 祭思敬 喪思哀 其可已矣

자장이 말하였다. 선비는 위험을 보면 생명을 버리고 이득을 보면 도의를 생각하고 제사에는 경건하기를 생각하고 상에는 애통함을 생각한다. 그것으로 좋을 따름이다.

士見危致命(사견위치명) ⇨ 致命: 생명을 버리다.
其可已矣(기가이의) ⇨ 已矣: 단정의 종미사. 〈풀이〉 그것으로 족하니라

2 子張曰 執德不弘 信道不篤 焉能爲有 焉能爲亡

자장이 말하였다. 덕을 지키는데 넓지 아니하며 도를 믿어도 성실하지 아니하면 어찌 도나 덕이 있을 수도 있고 없을 수도 있다고 하겠느냐?

執德不弘(집덕불홍) ⇨ 執德: 덕을 지키다. 不弘: 넓지 아니하다.
焉能爲有(언능위유) ⇨ 焉: 의문사. 能爲有: 있을 수도 있다 하다. 爲는 '~라 하다'.

〈풀이〉 있을 수도 있다 하겠느냐?

焉能爲亡(언능위망) ⇨ 亡: 없다. 〈풀이〉 없을 수도 있다 하겠느냐?

3 子夏之門人 問交於子張 子張曰 子夏云何 對曰 子夏曰
可者與之 其不可者拒之 子張曰 異乎吾所聞 君子尊賢而
容衆 嘉善而矜不能 我之大賢與 於人何所不容 我之不賢
與 人將拒我 如之何其拒人也

자하의 문인이 자장에게 벗을 사귀는 것을 물었다. 자장이 말
하였다. 자하가 뭐라고 하더냐 하니까 좋은 사람과는 사귀고
좋지 않은 사람은 거절하라고 말씀하셨습니다(하고 대답하였다).
자장이 말하였다. 내가 들은 바와는 다르다. 군자는 현인을 존
중하고 일반 대중도 포용하면서 착한 사람은 가상히 여기면서
그렇지 못한 사람도 가엾게 여긴다. 내가 크게 어질면 남에게
받아 주지 못할 바가 무엇이며 내가 크게 어질지 못하면 남이
나를 장차 거절할 것이니 어찌 그 남을 거절하겠느냐?

問交於子張(문교어자장) ⇨ 交: 交友. 교제.
〈풀이〉 자장에게 벗을 사귀는 것을 물었다.

可者與之(가자여지) ⇨ 可者: 좋은 사람. 與之: 이와 같이 하다(사귀다).

其不可者拒之(기불가자거지) ⇨ 拒: 거절하다.

君子尊賢而容衆(군자존현이용중) ⇨ 尊: 오로지 하다. 賢: 어진 사람.
衆: 일반 대중.
〈풀이〉 군자는 현인을 존중하고 일반인을 포용한다.

嘉善而矜不能(가선이긍불능) ⇨ 嘉: 가상히 여기다. 善: 착한 사람.
矜: 불쌍히 여기다. 가엾이 여기다. 不能: 착하지 못한 사람.

4 子夏曰 雖小道必有可觀者焉 致遠恐泥 是以君子不爲也

자하가 말하였다. 비록(일기일예의) 작은 길이라도 볼 만한 것이 있다. 극진한 데까지 멀리 이르는 데는 구애함을 두려워한다. 이로써 군자는 배우지 아니한다.

雖小道必有可觀者焉(수소도필유가관자언) ⇨ 小道: 百工백공의 기예. 者: 것. 焉: 확인의 종미사.
〈풀이〉 비록 백공의 기예라도 반드시 볼 만한 것이 있다.

致遠恐泥(치원공니) ⇨ 致遠: 군자의 길로 멀리 이르다. 원대한 뜻을 달성하다. 恐泥: 막힘을 두려워하다. 泥는 막히다. 구애하다.
〈풀이〉 원대한 뜻을 이룸에는 막힘이 있을까 두려워 한다.

是以君子不爲也(시이군자불위야) ⇨ 是以: 이로써. 爲: 배우다. 학습하다.
〈풀이〉 이로써 군자는 배우지 아니한다.

5 子夏曰 日知其所亡 月無忘其所能 可謂好學也已矣

자하가 말하였다. 날로 그 잃은 바(모르는 바)를 알고 달로 그 할 수 있는 바 잊음이 없으면 배움을 좋아한다 하겠다.

日知其所亡(일지기소망) ⇨ 日: 날마다. 其所亡: 그 잃은 바. 즉 모르는 바.

月無忘其所能(월무망기소능) ⇨ 無忘: 잊음이 없으면. 其所能: 그 할 수 있는 바.

可謂好學也已矣(가위호학야이의) ⇨ 也已矣: ~할 따름이다. 한정의 종미사.

6 子夏曰 博學而篤志 切問而近思 仁在其中矣

자하가 말하였다. 널리 배워서 뜻을 돈독하게 하고 절실한 것을 묻고 몸 가까이를 생각하면 인은 그 가운데 있다.

博學而篤志(박학이독지) ⇨ 而: 순접.

7 子夏曰 百工居肆以成其事 君子學以致其道

자하가 말하였다. 모든 공장이 일터에 있으면서 그 일을 이루고 군자는 배움으로써 그 도를 성취한다.

百工居肆以成其事(백공거사이성기사) ⇨ 百工: 모든 工匠공장. 肆: 가게. 점포. 작업장.

8 子夏曰 小人之過也必文

자하가 말하였다. 소인은 잘못하면 그럴 듯하게 꾸민다.

⇨ 文: 꾸미다. 참이 아닌 것을 그럴 듯하게 꾸미다.

9 子夏曰 君子有三變 望之儼然 卽之也溫 聽其言也厲

자하가 말하였다. 군자는 세 가지 변화가 있다. 멀리서 바라보면 엄연하고 가까이 하면 온화하고 그 말을 들으면 엄격하다.

君子有三變(군자유삼변) ⇨ 變: 변화.

望之儼然(망지엄연) ⇨ 望之: 바라보다. 먼데서 보다. 儼然: 엄연하다.

卽之也溫(즉지야온) ⇨ 卽~也: 가까이 하다. 즉 가까이서 보면.

聽其言也厲(청기언야려) ⇨ 厲: 엄하다. 엄격하다. 엄정하다.

10 子夏曰 君子信而後勞其民 未信則以爲厲已也 信而後諫 未信則以爲謗已也

자하가 말하였다. 군자는 신임을 받고 나서 그 백성을 부려야 한다. 신임을 받지 않은데도 불구하고 다스리면(부리면) 학대한다고 할 따름이다. 신임을 얻은 후에 간해야 한다. 신임을 얻지 못한 경우에도 불구하고 간하면 비방한다고 생각한다(비방한다고 할 따름이다).

君子信而後勞其民(군자신이후로기민) ⇨ 信: 신임을 받다. 而後: ~하고 나서. 후에. 勞: 부리다. 일하다.

未信則以爲厲已也(미신칙이위려이야) ⇨ 則: ~한 경우에. 以: ~에도 불구하고. 爲: 다스리다. 앞의 勞를 뜻한다. 厲: 사납다. 학대하다. 증오하다. 已也: 단정의 종미사.

未信則以爲謗已也(미신칙이위방이야) ⇨ 未信: 신임을 얻지 못하다. 爲: 앞의 諫을 뜻한다. 謗: 헐뜯다. 비방하다.

11 子夏曰 大德不踰閑 小德出入可也

자하가 말하였다. 대덕은 법도를 넘어서는 되지 아니하고 소덕은 출입이 있어도 좋다(출입을 할 수 있다).

大德不踰閑(대덕불유한) ➡ 大德: 오륜의 기본적 덕행. 효제 등. 踰: 넘어서다. 閑: 법도.

小德出入可也(소덕출입가야) ➡ 小德: 사소한 행동. 出入: 출입 즉 융통성. 可也: 좋다.

12 子游曰 子夏之門人小子 當灑掃應對進退則可矣 抑末也 本之則無 如之何 子夏聞之曰 噫 言游過矣 君子之道 孰先傳焉 孰後倦焉 譬諸草木區以別矣 君子之道焉可誣也 有始有卒者 其惟聖人乎

자유가 말하였다. 자하의 문인인 아이들은 물을 뿌리고 비로 쓰는 일과 손님을 응대하고 진퇴하는 일을 맡아서는 잘 할 수 있으나 (그것은) 문득 사소한 일이다. 근본에 이르러서는 아무 것도 없으니 어떻게 하겠느냐? 자하가 이것을 듣고 말하였다. 아아! 언유는 틀렸다(잘못이다). 군자의 도는 어느 것을 먼저 전한다든가 어느 것을 뒤로 하여 게을리 한다 하겠느냐? 초목에 비유하건대 구별함으로써 분별한다. 군자의 도는 어찌 거짓으로 꾸며서 말하겠느냐? 처음이 있고 끝이 있는 것 그것은 오직 성인뿐일 것이다.

子夏之門人小子(자하지문인소자) ➡ 小人: 어린 아이.

當灑掃應對進退則可矣(당쇄소응대진퇴즉가의) ➡ 當: 일을 만나다. 맡다. 당하다. 灑掃: 물을 뿌리고 비로 쓸다. 則: ~한 경우에는. 可矣: 잘 할 수 있다.

抑末也(억말야) ➡ 抑: 문득. 末: 중요하지 않은 일.

本之則無(본지즉무) ➡ 本: 근본. 之: 이르다.

〈풀이〉 근본에 이르러서는 아무것도 없다.

如之何(여지하) ⇨ 之: 어조를 고루기 위하여 가운데 끼어 넣었다.

〈풀이〉 어떻게 하겠느냐?

譬諸草木區以別矣(비제초목구이별의) ⇨ 譬諸: 譬之於. 區以: 구별함
으로써. 別: 분별하다.

〈풀이〉 초목에 빙하건대 구별함으로써 분별한다.

君子之道焉可誣也(군자지도언가무야) ⇨ 焉: 의문사. 의문종미사. 誣:
꾸미다. 속이다.

〈풀이〉 군자의 도는 어찌 거짓으로 꾸며서 말할 수 있겠느냐?

13 子夏曰 仕而優則學 學而優則仕

자하가 말하였다. 벼슬하여서 여유가 있으면 배우고 배워서 여
유가 있으면 벼슬을 한다.

仕而優則學(사이우즉학) ⇨ 優: 여유가 있다.

14 子游曰 喪致乎哀而止

자유가 말하였다. 상은 극진히 하며 슬픔을 다하여야 한다.

喪致乎哀而止(상치호애이지) ⇨ 致: 극진한 데까지 이르다. 극진히 하
다. 乎: 뜻을 강조하기 위한 종미사. 哀而止: 슬퍼하면서는 충분히
하다. 止는 만족하다. 충분하다. 멈추다.

15 子游曰 吾友張也 爲難能也 然而未仁

자유가 말하였다. 나의 벗 자장은 어려운 일을 능히 한다. 그러나 아직 인은 아니다(인애롭지는 못하다).

吾友張也(오우장야) ⇨ 張: 자장.
爲難能也(위난능야) ⇨ 爲難能: 어려운 일을 능히 한다.
然而未仁(연이미인) ⇨ 然而: 그러나. 而는 역접. 未: 아직. ~아니다.

16 曾子曰 堂堂乎張也 難與並爲仁矣

증자가 말하였다. 당당하구나 자장이여. 함께 나란히 인을 하기는 어렵다.

堂堂乎張也(당당호장야) ⇨ 堂堂乎: 당당하구나. 也: 호격의 종미사.
難與並爲仁矣(난여병위인의) ⇨ 難: 어렵다. 與: 더불어. 並: 나란히.
　爲仁: 인을 행하다. 矣: 어미가 강한 종미사.

17 曾子曰 吾聞諸夫子 人未有自致者也 必也親喪乎

증자가 말하였다. 나는 선생님에게 들었다. 사람은 아직 자기(의 진정)를 다하는 일은 없으나 있다면 부모의 상일 것이다.

吾聞諸夫子(오문제부자) ⇨ 諸: 之於. 致: 다하다.
　〈풀이〉 내가 부자께 들으니

必也親喪乎(필야친상호) ➩ 必也: 반드시 있다면. 乎: 의미를 강조하는 종미사. 〈풀이〉 반드시 있다면 부모의 상일 것이다.

18 曾子曰 吾聞諸夫子 孟莊子之孝也 其他可能也 其不改父之臣與父之政 是難能也

증자가 말하였다. 나는 선생님께 들었다. 맹장자는 효도했다. 다른 것은 (누구나) 할 수 있으나 그 아버지의 신하와 아버지의 정치를 고치지 않은 것은 이것은 하기 어려운 일이다.

孟莊子之孝也(맹장자지효야) ➩ 孟莊子: 노의 대부. 仲孫중손 速속이다. 그의 父, 獻子헌자는 현덕한 사람이었다. 孟莊子는 父의 臣신과 政정을 그대로 썼다.
其他可能也(기타가능야) ➩ 其他: 다른 것. 也: 주격조사의 구실을 하는 종미사.

19 孟氏使陽膚爲士師 問於曾子 曾子曰 上失其道 民散久矣如得其情 則哀矜而勿喜

맹씨가 양부로 하여금 사사로 삼았을 때 증자에게 물었다. 증자가 말하였다. 윗사람이 그 바른 도를 잃어 백성이 흐트러진 지 오래다. 만일 그 실정을 안 즉 불쌍히 여기고 기뻐하지 말라.

孟氏使陽膚爲士師(맹씨사양부위사사) ➩ 陽膚: 曾子증자의 제자. 士師: 법을 다스리는 벼슬. 사법관.
〈풀이〉 맹씨가 양부로 하여금 사사가 되게 하였다.

民散久矣(민산구의) ⇨ 久矣: 오래다. 矣는 종미사.

如得其情(여득기정) ⇨ 如: 만일. 得: 얻다. 알다. 情: 실정.

〈풀이〉 만일 그 실정을 알다.

則哀矜而勿喜(칙애긍이물희) ⇨ 哀矜: 불쌍하게 여기다.

20 子貢曰 紂之不善 不如是之甚也 是以君子惡居下流 天下
之惡 皆歸焉

자공이 말하였다. 주가 좋지 않다는 것은 이와 같이 심하지는
않았다. 그러므로 군자는 하류에 있는 것을 싫어한다. 천하의
악이 다 (그에게) 돌아가기 때문이다.

紂之不善(주지불선) ⇨ 之: 주격.

〈풀이〉 주가 좋지 아니하다.

不如是之甚也(불여시지심야) ⇨ 如是之: 이와 같이. 不~甚: 심하지 않다.

是以君子惡居下流(시이군자악거하류) ⇨ 是以: 그러므로.

〈풀이〉 그러므로 군자는 하류에 있는 것을 싫어한다.

21 子貢曰 君子之過也 如日月之蝕焉 過也人皆見之 更也人
皆仰之

자공이 말하였다. 군자의 잘못은 일식과 월식과 같다. 잘못하
면 사람(남)들이 다 보니 고치면 남들이 다 우러러 본다.

君子之過也(군자지과야) ⇨ 過也: 잘못하면.

如日月之蝕焉(여일월지식언) ⇨ 如: 같다. 日月之蝕: 일식과 월식.

更也人皆仰之(경야인개앙지) ⇨ 更也: 고치면. 也는 결정의 조사.

〈풀이〉 고치면 남들이 다 우러러 본다.

22 衛公孫朝問於子貢曰 仲尼焉學 子貢曰 文武之道 未墜於
地 在人 賢者識其大者 不賢者識其小者 莫不有文武之道
焉夫子焉不學 而亦何常師之有

위의 공손조가 자공에게 물어 말하였다. 공자는 어디서 배웠습니까? 자하가 말하였다. 문왕과 무왕의 도는 아직 땅에 떨어지지 않고 사람에게 남아 (살아) 있습니다. 현명한 사람은 그 큰 것을 알고 현명하지 못한 사람은 그 작은 것을 압니다. 문왕, 무왕의 도가 어디에나 있지 아니한 데가 없습니다. 공자께서는 어디에서나 배우지 않았겠습니까? 그리고 또 정해진 스승이 있었겠습니까?

衛公孫朝問於子貢曰(위공손조문어자공왈) ⇨ 公孫朝: 위의 大夫.

仲尼焉學(중니언학) ⇨ 仲尼: 공자의 자. 焉: 의문대명사. 어디.

莫不有文武之道焉夫子焉不學(막불유문무지도언부자언불학) ⇨ 莫不:
이중부정. ~아닌 것이 없다. 즉 ~게 있다. 莫은 부정동사로 '없다'.
不有: 있지 아니하다. 焉: 의문대명사. 어디.

〈풀이〉 문왕, 무왕의 도가 어디에나 없는데가 없습니다. 공자께서는 어디에서나
배우지 않았겠습니까?

而亦何常師之有(이역하상사지유) ⇨ 而: 그리고. 亦: 또. 常: 항상. 정
해진. 師: 일정한 스승. 之: ~이.

〈풀이〉 그리고 또 어찌 정해진 스승이 있었겠습니까?

23 叔孫武叔語大夫於朝曰 子貢賢於仲尼 子服景伯以告子
貢 子貢曰 譬之宮牆 賜之牆也及肩 窺見室家之好 夫子
之牆數仞 不得其門而入 不見宗廟之美百官之富 得其門
者或寡矣 夫子之云 不亦宜乎

숙손무숙이 조회에서 대부에게 말하여 가로되 자공이 공자보
다 현명하다고 하였다. 자복경백이 이를 자공에 알렸다. 자공
이 말하였다. 이것을 궁궐의 담장에 비교하면 나의 담장은 어
깨에 미쳐서 방이나 집의 아름다움을 엿볼 수 있으나 선생의
담장은 여러 길이다. 그 문으로 하여 들어가지 않으면 종묘의
아름다움이나 백관의 부유함을 볼 수 없습니다. 그 문으로 들
어갈 수 있는 사람은 혹 적습니다. 선생에 관하여 말한 것은 또
한 옳지 않겠느냐?

叔孫武叔語大夫於朝曰(숙손무숙어대부어조왈) ⇨ 叔孫武叔: 노의 大
夫. 州仇주구는 이름. 武는 시호. 叔은 자.

子貢賢於仲尼(자공현어중니) ⇨ 於: 비교전치사.

子服景伯以告子貢(자복경백이고자공) ⇨ 子服景伯: 노의 大夫. 이름
은 何하.

賜之牆也及肩(사지장야급견) ⇨ 賜: 子貢. 牆: 담장. 也: 주격. 及肩: 어
깨에 미치다. 즉 어깨높이.

〈풀이〉 자공의 담장은 어깨에 미치다.

窺見室家之好(규견실가지호) ⇨ 窺見: 엿보다. 好: 아름답다.

夫子之牆數仞(부자지장수인) ⇨ 數仞: 여러 길이다. 仞는 八尺.

〈풀이〉 선생의 담장은 여러 길이다.

不得其門而入(불득기문이입) ⇨ 〈풀이〉 그 문을 얻어 들어가지 않으면

不亦宜乎(불역의호) ⇨ 不亦~乎: 또한 ~하지 않겠느냐? 宜: 옳다.

〈풀이〉 또한 옳지 않겠느냐?

24 叔孫武叔毀仲尼 子貢曰 無以爲也 仲尼不可毀也 他人之
賢者丘陵也 猶可踰也 仲尼日月也 無得而踰焉 人雖欲自
絕 其何傷於日月乎 多見其不知量也

숙손무숙이 공자를 험담하였다. 자공이 말하였다. 그런 말을
하지 마시오. 공자는 헐뜯을 수 없습니다. 다른 사람이 현명하
다고 한 것은 언덕과 같은 것이다(언덕이다). 오히려 넘을 수가
있으나 공자는 해와 달과 같아서 남들은 알아서 넘을 수가 없
습니다. 남은 비록 자기로부터 거절하고자 하나 해와 달에게
그 무슨 지장(해)이 되겠습니까? 마침 그 분수를 모름을 보이는
것입니다.

叔孫武叔毀仲尼(숙손무숙훼중니) ⇨ 毀: 험담하다.

無以爲也(무이위야) ⇨ 無~爲: 하지 말라. 以: 앞의 말을 받는 말. 즉
공자를 헐뜯는 말을 한 것.
〈풀이〉 헐뜯지 말라, 하지 못한다.

他人之賢者丘陵也(타인지현자구릉야) ⇨ 丘陵也: 언덕과 같다. 丘陵
는 언덕.

猶可踰也(유가유야) ⇨ 踰: 넘다.
〈풀이〉 오히려 넘을 수가 있다.

人雖欲自絕(인수욕자절) ⇨ 自絕: 자기로부터 거절하다.
〈풀이〉 사람들은 비록 스스로 거절하고자 하나

其何傷於日月乎(기하상어일월호) ⇨ 傷: 남을 해치다. 何~乎: 의문.
어찌 ~하겠는가?
〈풀이〉 해와 달에게 그 무슨 해가 되겠습니까?

多見其不知量也(다견기부지량야) ⇨ 多: 마침. 不知量: 분수를 모르다.
〈풀이〉 마침 그 분수를 모름을 보일 것이다.

25 陳子禽謂子貢曰 子爲恭也 仲尼豈賢於子乎 子貢曰 君子
一言以爲知 一言以爲不知 言不可不愼也 夫子之不可及
也 猶天之不可階而升也 夫子之得邦家者 所謂立之斯立
道之斯行 綏之斯來 動之斯和 其生也榮 其死也哀 如之
何其 可及也

진자금이 자공에게 말하였다. 그대는 공손하니, 공자가 어찌
그대보다 현명하겠는가? 자공이 말하였다. 군자는 한 마디 말
로써 슬기롭다고도 하고 한 마디 말로써 어리석다고도 한다.
말을 삼가해야 한다. 선생이 미칠 수 없는 것은 마치 하늘이 사
닥다리를 놓고도 올라갈 수 없음과 같다. 선생이 나라를 다스
린다면 소위 이것을 세우면 이것이 서고 이것을(백성을) 이끌면
이것이(백성이) 곧고 이것을(백성을) 편안하게 하면 이것이 따르
고(돌아오고) 이것을 감응케 하면 이것이 화합(화답)한다. 그게 살
아 있으면은 번영하고 그게 죽으면 슬퍼하니 어떻게 그에 미칠
수 있겠는가?

子爲恭也(자위공야) ⇨ 子: 이인칭대명사. 당신. 그대. 爲恭也: 공손하
다. 也는 종미사.

仲尼豈賢於子乎(중니기현어자호) ⇨ 豈: 어찌. 於: ~보다. 비교전치사.
乎: 의문종미사.
〈풀이〉 공자가 어찌 그대보다 현명하겠는가?

君子一言以爲知(군자일언이위지) ⇨ 爲知: 슬기롭다고 하다. 知는 슬기
롭다. 〈풀이〉 군자는 한 마디로써 슬기롭다 한다.

言不可不愼也(언불가불신야) ⇨ 不可不: ~하지 않으면 안 된다. 愼:
삼가다. 〈풀이〉 말은 삼가지 않으면 안 된다.

夫子之不可及也(부자지불가급야) ⇨ 之: 주격. 也: ~은.
〈풀이〉 선생이 미칠 수 없는 것은

猶天之不可階而升也(유천지불가계이승야) ⇨ 猶: ~와 같다. 階: 사닥다리를 놓다. 升: 오르다.

〈풀이〉 하늘이 사닥다리를 놓고도 올라갈 수 없음과 같다.

夫子之得邦家者(부자지득방가자) ⇨ 得: 나라를 얻다. 즉 다스리다. 邦家: 나라. 국토와 왕실. 者: 則과 같음 '~하면'.

〈풀이〉 선생이 나라를 다스린다면

所謂立之斯立(소위립지사립) ⇨ 之: 대명사. 여기서는 백성. 斯: 이것. 여기서는 나라를 뜻함.

道之斯行(도지사행) ⇨ 道: 이끌다. 지도하다. 斯: 이게. 行: 가고.

綏之斯來(수지사래) ⇨ 綏: 편안하게 하다. 來: 따르다. 돌아오다.

動之斯和(동지사화) ⇨ 動: 감응하다. 和: 화답하다. 화목하다.

如之何其(여지하기) ⇨ 如之何: 如何에 之가 들어간 것인데 '어떻게 ~하겠는가'.

第二十篇 堯曰

제20편 요왈

1 堯曰 咨爾舜 天之曆數在爾躬 允執其中 四海困窮 天祿
永終 舜亦以命禹 曰 予小子履 敢用玄牡 敢昭告于皇皇
后帝 有罪不敢赦 帝臣不蔽 簡在帝心 朕躬有罪 無以萬
方 萬方有罪 罪在朕躬 周有大賚 善人是富 雖有周親 不
如仁人 百姓有過 在予一人 謹權量 審法度 修廢官 四方
之政行焉 興滅國繼絶世 擧逸民 天下之民歸心焉 所重民
食喪祭 寬則得衆 信則民任焉 敏則有功 公則說

요임금이 말하였다. 아 너 순아, 하늘의 운명이 네 몸에 있으니
참으로 그 중용의 도를 지켜라. 사해가 곤궁하면 하늘의 녹도
영원히 끊어질 것이다. 순임금이 또한 웃임금에게 이와 같은
교훈을 말했다. 가라사대, 나의 아이 리는 감히 검은 숫소를
(제물로) 쓰고 (다음과 같이 서약했다.) 감히 밝혀 천제에게 아
뢰옵니다. 죄가 있으면 감히 용서하지 않겠으며 상제의 신하라
도 (현명한 사람은) 덮어 두지 아니하고 쓸 것이니, (이것들을)
살피심은 천제의 마음에 있습니다. 짐의 몸에 죄가 있음은 만
방과는 상관없으나 만방에 죄 있음은 그 죄는 짐의 몸에 있습
니다. 주나라에는 하늘의 큰 선물이 있었는데 훌륭한 인재가
많았습니다. 비록 아주 친한 사람이 있다 하여도 어진 사람만

같지 못했습니다. 백성들에게 허물이 있어도 제 한 사람에게 있습니다. 저울을 삼가고(바로잡고) 예악제도를 살피며 폐했던 관청을 정비하면 사방의 정치가 잘 이루어진다(시행된다/베풀어진다). 멸망했던 나라를 일으키고 끊어졌던 대를 이어 주고 은거하는 사람을 기용하니 천하의 백성이 마음이 돌아왔다. 인민과 식량과 상례와 제례를 소중히 하였다. 너그러우면 민중을 얻고 신의가 있으면 백성이 신임하게 되고 힘써 하면 공절이 있으며 공평하면 기뻐한다.

咨爾舜(자이순) ⇨ 咨: 감탄사. 〈풀이〉 아, 너 순아.

天之曆數在爾躬(천지력수재이궁) ⇨ 曆數: 운명. 운수. 즉 하늘이 정해 준 운명. 躬: 자신.

〈풀이〉 하늘이 정해 준 임금이 될 차례는 너 자신에게 있다.

允執其中(윤집기중) ⇨ 允: 참으로. 執: 지키다. 其中: 그 가운데. 中: 중용의 도. 〈풀이〉 참으로 그 중용의 도를 지켜라.

予小子履(여소자리) ⇨ 履: 은나라 탕왕의 이름.

〈풀이〉 나의 아이 리는

敢用玄牡(감용현모) ⇨ 玄牡: 검은 희생물로 牡牛모우를 썼다.

〈풀이〉 감히 검은 모우를 쓰고

敢昭告于皇皇后帝(감소고우황황후제) ⇨ 皇皇: 크다. 큰 모양. 后帝: 君帝 고로 皇皇后帝는 天帝의 뜻.

〈풀이〉 감히 천제에게 아뢰나이다.

有罪不敢赦(유죄불감사) ⇨ 〈풀이〉 죄 있는 걸왕은 감히 용서할 수 없다.

簡在帝心(간재제심) ⇨ 簡: (조사하기 위하여) 살펴보다.

〈풀이〉 이것들을 살피심은 천제의 뜻에 있습니다.

周有大賚(주유대뢰) ⇨ 大賚: 賚는 하사의 뜻. 고로 하늘이 주신 복. 고로 周에는 善人이 많았다[善人是富].

〈풀이〉 주나라에는 대뢰가 있다.

雖有周親(수유주친) ⇨ 周: 至. 지극하다.

〈풀이〉 비록 아주 친한 자가 있다 하여도

謹權量(근권량) ⇨ 謹: 삼가다. 權量: 저울의 추와 斗斛두곡 되. 곧 저울. 〈풀이〉 권량을 소중히 하다(도량형을 바로잡다).

審法度(심법도) ⇨ 審: 살피다. 法度: 禮樂制度예악제도.

〈풀이〉 예악제도를 살피며,

興滅國繼絶世(흥멸국계절세) ⇨ 繼絶世: 후손이 없는 종가를 다시 이어 주다. 〈풀이〉 멸망한 나라를 일으키고, 끊어졌던 종가를 다시 일으키다.

敏則有功(민즉유공) ⇨ 敏: 힘쓰다. 功: 보람.

〈풀이〉 힘써 하면 보람이 있다.

2 子張問於孔子曰 何如斯可以從政矣 子曰 尊五美屛四惡 斯可以從政矣 子張曰 何謂五美 子曰 君子惠而不費 勞 而不怨 欲而不貪 泰而不驕 威而不猛 子張曰 何謂惠而 不費 子曰 因民之所利而利之 斯不亦惠而不費乎 擇可勞 而勞之 又誰怨 欲仁而得仁 又焉貪 君子無衆寡 無小大 無敢慢 斯不亦泰而不驕乎 君子正其衣冠 尊其瞻視 儼然 人望而畏之 斯不亦威而不猛乎 子張曰 何謂四惡 子曰 不教而殺 謂之虐 不戒視成謂之暴 慢令致期 謂之賊 猶 之與人也 出納之吝 謂之有司

자장이 공자에게 물어 말하였다. 어떻게 하면 정치를 할 수 있습니까(정치에 종사할 수 있습니까)? 공자가 말씀하셨다. 다섯 가지 미덕을 존중하고 네 가지 악덕을 버리면 이게 (바로) 정치를 할 수 있는 것이다. 자장이 말하였다. 다섯 가지 미덕은 무엇을 말합니까? 공자가 말씀하셨다. 군자는 베풀되 낭비하지 않고 (스스로) 힘써 일하면서 원망하지 아니하고 (착한 일을)

욕망하되(하고저 하되) 탐욕하지 아니하고 편안하여 구애됨이 없으나 교만하지 아니하고 위엄이 있으나 사납지 아니한다. 자장이 말하였다. 베풀되 낭비하지 아니한다는 것은 무엇을 말하는 것입니까? 공자가 말씀하셨다. 백성의 이로운 바에 의지하여 백성을 이롭게 하면 이 또한 베푼다고 하지 않으며 낭비하지 않는다고 하지 않겠느냐? 노역시킬 수 있는 것을 택하여 노역을 시키니 또 누가 원망하겠느냐? 인을(인정을) 구하여(바라서) 인을(인정을) 얻으니(베푸니) 또한 어찌 탐하겠느냐(탐욕을 부리겠느냐)? 군자는 많은 사람이건 적은 사람이건 없으며 작고 큰 것이 없으니 감히 교만함이 없다. 이것이 넉넉하지 아니하며 교만하지 않음이 아니겠는가? 군자는 그 의관을 바르게 하고 그 바라보는 것을 존엄하게 하여 근엄한 모습을 하면 남이 우러러보고 경외하게 되니 이것이 또한 위엄은 있되 사납지 않음이 아니겠느냐? 자장이 말하였다. 네 가지 악덕은 무엇입니까? 공자가 말씀하셨다. 가르치지 아니하고 죽이는 것은 이것을 가혹이라 하고 훈계하지 않고 그 결과(성적)를 보아 살피는 것은 이를 포악이라 하고, 법령은 느슨하게 해 놓고 기한을 조이는 것은 이를 적해라 하고, 오히려 사람에게 주는데 출납을 인색케 하는 것을 이를 벼슬의 근성이라고 한다.

何如斯可以從政矣(하여사가이종정의) ⇨ 斯는 무의미한 전성후치사. 可以: ~할 수 있다. 가능조동사. 矣: 의문종미사(何와 연결하여). 〈풀이〉 어떻게 하면 정치를 할 수 있습니까?

尊五美屛四惡(존오미병사악) ⇨ 五美: 다섯 가지 좋은 점. 屛: 물리치다. 버리다.

君子惠而不費(군자혜이불비) ⇨ 惠: 베풀다. 不費: 소비하지 않는다.

勞而不怨(노이불원) ⇨ 〈풀이〉 노역시키나 원망하지 않는다.

欲而不貪(욕이불탐) ⇨ 〈풀이〉 욕망은 가지되 탐욕하지 않는다.

泰而不驕(태이불교) ⇨ 〈풀이〉 편안하나(편안하여 구애됨이 없으나) 교만하지
아니함.

威而不猛(위이불맹) ⇨ 〈풀이〉 위엄이 있으나 사납지 않다.

因民之所利而利之(인민지소리이리지) ⇨ 因: 의지하다. 까닭. 之: 여
기서는 '백성'을 가리키는 대용대명사.

〈풀이〉 백성의 이로운 바에 의지하여 백성을 이롭게 하다.

尊其瞻視(존기첨시) ⇨ 瞻視: 바라보다. 보는 바. 용모. 正視.

〈풀이〉 그 용모를 존귀하게 하다.

不戒視成謂之暴(불계시성위지포) ⇨ 不戒視成는 之에 걸린다.

〈풀이〉 훈계하지 않고 그 결과를 살피는 것, 이를 포악이라 한다.

慢令致期(만령치기) ⇨ 〈풀이〉 법을 완만하게 하고 기일을 촉박하게 정하다.

謂之賊(위지적) ⇨ 賊: 적. 〈풀이〉 이를 적해라 한다.

猶之與人也(유지여인야) ⇨ 猶之: 어차피. 오히려. 之는 어조를 고루
기 위한 후치사. 與: 주다. 〈풀이〉 어차피 남에게 주는데

謂之有司(위지유사) ⇨ 有司: 출납을 맡아 보는 벼슬아치.

〈풀이〉 이를 유사라 한다.

3 子曰 不知命 無以爲君子也 不知禮 無以立也 不知言 無
以知人也

공자가 말씀하셨다. 천명을 모르면 그로써 군자라 할 수 없고
예의를 모르면 그로써 확고하게 설 수 없고(사회에 나설 수 없고)
말을 모르면 그로써 남을 알 수 없다.

無以爲君子也(무이위군자야) ⇨ 無~爲: ~할 수 없다. 以: 위의 말을 받
을 때 쓰인 종미사.

無以立也(무이립야) ⇨ 〈풀이〉 사회에 나설 수 없다.

孔子의 年表
공자의 연표

B.C.	周	魯	나이	사적	시사	비고
552	靈王 20	襄公 21	1	공자 노의 昌平 鄕陬邑에서 탄생		
551	靈王 21	襄公 22	2	사기에서는 이 해 탄생		
550	靈王 22	襄公 23	3	父叔梁紇 죽음		
548	靈王 24	襄公 25	5		齊의 崔杼 임금을 죽임	
543	景王 2	襄公 30	10		子産 鄭의 正卿이 됨	仲由(子路) 탄생
537	景王 8	昭公 5	16		三桓氏 國軍을 三分하여 私兵으로함	閔損(子騫) 탄생
534	景王 11	昭公 8	19	宋의 开官氏와 결혼		
533	景王 12	昭公 9	20	아들 鯉 탄생		
529	景王 16	昭公 13	24	古傳에서는 이해 어머니가 죽었다 하나 확실치 않다.		
525	景王 20	昭公 17	28	노에 來朝하여 郯子에게 고대의 관제를 배움 이 해까지 노에 벼슬하여 委吏乘田이 됨		
523	景王 22	昭公 19	30			冉子(子有) 탄생

B.C.	周	魯	나이	사적	시사	비고
522	景王 23	昭公 20	31		子産 죽음	顔回 탄생 이설 많음
521	景王 24	昭公 21	32			端木賜(子貢) 탄생
517	敬王 3	昭公 25	36	昭公의 뒤를 따라 齊에 外遊	魯의 三桓氏가 昭公을 쳐서 齊로 亡命시킴	
516	敬王 4	昭公 26	37	齊에서 魯로 돌아옴		
510	敬王 10	昭公 32	43			公西赤(子華) 탄생
509	敬王 11	定公 1	44		定公 卽位하여 魯의 空位時代 끝남	有若 탄생
508	敬王 12	定公 2	45			卜商(子夏)탄생 익년 言偃(子游)탄생
504	敬王 15	定公 5	48	이무렵 魯의 陽虎가 孔子를 任官시키려 함	魯 陽虎의 전제 시작됨	
503	敬王 16	定公 6	49			子張 탄생
502	敬王18	定公 8	51	魯의 公山弗擾반역		
501	敬王19	定公 9	52	魯에 任官함	陽虎 齊로 도망	
500	敬王 20	定公 10	53	夾谷의 會盟에 隨行하여 공을 세움	魯와 齊가 夾谷에서 會盟함 齊의 晏嬰사망	
498	敬王 22	定公 12	55	三桓의 세력을 꺾으려다 실패		
497	敬王 23	定公 13	56	魯를 떠나 외유, 위에 가다 그 후 曹, 宋, 鄭, 陳, 衛, 陳, 蔡, 楚, 衛를 유력하기 14년 衛와 陳에 오래 머뭄		
496	敬王 24	定公 14	57	衛 內亂 太子 蒯聵 宋으로 도망		
494	敬王 26	哀公 1	59		魯 哀公 卽位	
484	敬王 36	哀公 11	69	衛에서 魯로 감. 子鯉 50세로 죽음		

B.C.	周	魯	나이	사적	시사	비고
482	敬王 38	哀公 13	71			顔回 41세로 죽음
481	敬王 39	哀公 14	72	魯 哀公이 수렵하여 기린을 잡다	齊의 陳恒 그의 임금을 죽이다.	
480	敬王 40	哀公 15	73		衛의 蒯聵 나라로 돌아와 임금을 추방	子路 衛의 내란으로 전사
479	敬王 41	哀公 16	74	孔子死去		

※ 이 孔子의 간략한 年表는 가나야 오사무(金谷治) 선생의 『論語』(2007, 岩波書店, 2.23 제7판, 403~406쪽)에 의거함.